Découvrez l'histoire par les archives de presse

RETRONEWS
Le site de presse de la BnF

www.retronews.fr

REVUE

DES

SOCIÉTÉS SAVANTES

DES DÉPARTEMENTS,

PUBLIÉE SOUS LES AUSPICES

DU MINISTÈRE DE L'INSTRUCTION PUBLIQUE

ET DES BEAUX-ARTS.

SEPTIÈME SÉRIE.

TOME III.

1ʳᵉ livraison.

PARIS.

IMPRIMERIE NATIONALE.

M DCCC LXXX.

SOMMAIRE DES MATIÈRES

CONTENUES

DANS LA PREMIÈRE LIVRAISON.

COMITÉ DES TRAVAUX HISTORIQUES.

SÉANCES.

RAPPORTS SUR DES PROJETS DE PUBLICATIONS.

RAPPORTS SUR LES PUBLICATIONS DES SOCIÉTÉS SAVANTES.

(Voir la suite à la page 3 de la couverture.)

REVUE

DES

SOCIÉTÉS SAVANTES.

COMITÉ DES TRAVAUX HISTORIQUES

ET DES SOCIÉTÉS SAVANTES.

SECTION D'HISTOIRE ET DE PHILOLOGIE.

SÉANCE DU 10 NOVEMBRE 1879.

PRÉSIDENCE DE M. LÉOPOLD DELISLE,
MEMBRE DE L'INSTITUT.

M. le Président donne lecture d'un arrêté ministériel, en date du
3o octobre dernier, par lequel la bibliothèque des Sociétés savantes
est transférée provisoirement dans un local dépendant de la bibliothèque Mazarine. Le même arrêté décide que cette bibliothèque
demeurera néanmoins placée sous le contrôle du chef de bureau des
travaux historiques.

M. Édouard de Barthélemy, membre de la section d'archéologie,
adresse deux documents tirés du cartulaire de Notre-Dame de Signy
(Ardennes).

Le premier est un testament daté de 1328;

Le deuxième est une charte d'accommodement entre l'abbé de
Signy et la communauté des habitants de Draize (Ardennes) (1305).

Renvoi à M. Longnon.

M. le baron de Girardot, membre non résidant, signale cinq

lettres de Catherine de Médicis imprimées dans l'histoire du premier duc de Montpensier, Louis II de Bourbon.

Renvoi à M. le comte de La Ferrière.

M. Victor Advielle, à Paris, signale cinq lettres du cardinal Mazarin au roi sur son attachement pour Mlle Mancini. Ces documents originaux sont entre ses mains.

Renvoi à M. Chéruel.

M. l'abbé André, correspondant à Lagnes (Vaucluse), adresse la copie d'un document en latin, daté de 1546, intitulé : *Pénitence expiatoire imposée à Jean de Magnier, baron d'Oppède, premier président du Parlement de Provence et lieutenant du Roi.*

Renvoi à M. Georges Picot.

M. Charles Aubertin, correspondant à Sombernon (Côte-d'Or), adresse les documents suivants :

1° *Recherches historiques sur la corporation des arquebusiers de la ville de Beaune;*

2° *Mémoire contenant ce que les officiers du bailliage de Gray estiment le plus convenable pour l'établissement du nouveau collège;*

3° Un imprimé intitulé : *Lettres patentes pour la capitation en Bourgogne.*

Renvoi à M. Léopold Delisle.

M. l'abbé Cerf, correspondant à Reims, adresse une notice intitulée : *Les écoles de Cormicy avant 1789.*

Renvoi à M. Jourdain.

M. Charvet, correspondant à Alais, adresse la copie d'une délibération des habitants, nouveaux convertis, de la commune de Ribaute, délibération prise à la suite de la révocation de l'édit de Nantes (25 novembre 1786).

Renvoi à M. Marty-Laveaux.

M. de Marsy, correspondant à Compiègne :

1° Deux notes relatives à des lettres de Richelieu, de Mazarin et de Catherine de Médicis, conservées à la bibliothèque de l'Université de Harvard (États-Unis).

Renvoi à M. Chéruel.

2° Six copies de pièces extraites des archives du grand-duché de Luxembourg (lettres de Henri IV, de Louis XIV, de Louis de Bourbon, prince de Condé, etc.).

Renvoi à M. de Boislisle.

M. Mireur, correspondant à Draguignan : Bulle du pape Eugène III en faveur de l'ancienne église collégiale de Pignans (Var).

Renvoi à M. de Mas Latrie.

M. Gragnon-Lacoste, à Talence (Gironde) :

1° Copie d'une lettre de Charles VIII, du 23 décembre 1491;

2° Extrait des *Rolles gascons de l'an 16ᵉ du règne d'Édouard IIIᵉ*;

3° Trois lettres patentes d'Édouard III, roi d'Angleterre, seigneur des Indes et duc de Guyenne, portant autorisation au seigneur de Podensac de construire une maison forte avec fossés murés, pont-levis, etc.;

4° Copie de l'édit de Henri II portant érection du duché d'Albret en faveur du roi et de la reine de Navarre (1556).

Renvoi à M. Siméon Luce.

M. Nepveu, à Paris : liste de nombreux documents qu'il a en sa possession et qu'il offre gratuitement à la Bibliothèque ou aux Archives nationales.

Renvoi à M. Alfred Maury.

M. Parmentier, docteur ès lettres, professeur agrégé d'histoire au lycée de Grenoble, adresse une étude sur le manuscrit de la Bibliothèque nationale coté sous les nᵒˢ 3754 à 3757 du fonds français (supplément aux *Mémoires de Richelieu*).

Renvoi à la commission nommée dans la séance du 3 juin 1878, à l'effet d'examiner la proposition de M. Parmentier, relative à la publication de ce manuscrit.

M. Bonnal, conservateur des archives du Dépôt de la guerre, propose la publication, dans la collection des documents inédits, des *Mémoires du maréchal de Belle-Isle*.

Renvoi à l'examen d'une commission composée de MM. Francis Wey, Georges Picot et de Boislisle.

— 4 —

Les hommages suivants sont faits au Comité :

Par M. Marchegay, membre non résidant, aux Roches-Baritaud (Vendée) :

1° *Chartes anciennes de Saint-Florent, près Saumur, pour le Périgord* [1];

2° *Documents relatifs à Prégent de Coëtivy, seigneur de Taillebourg et amiral de France, tirés du chartrier de Thouars* (Extrait des *Archives historiques de la Saintonge et de l'Aunis*, t. VI, 1878 [2]);

3° *Documents sur la justice criminelle (1486-1549), tirés du chartrier de Thouars* [3];

4° *Vieux portraits saintongeois, non flattés, tirés de documents originaux et inédits* (Extrait de la *Chronique charentaise* du 18 mai 1879 [4]).

Par M. Aubertin, correspondant à Sombernon (Côte-d'Or) : *Quelques mots d'histoire sur le drapeau de la France* [5].

Par M. de Backer, correspondant à Noordpeene (Nord) : *Histoire de la ville de Bourbourg, depuis son origine jusqu'en 1789* [6].

Par M. de Fierville, correspondant au Havre : *Documents inédits sur Philippe de Commynes* [7].

Par M. l'abbé Richard, correspondant à Baume-les-Dames :

1° *Essai sur l'histoire de la maison et baronnie de Montjoie;*

2° *Exposé des diverses significations du mot* Montjoie *et des vraies causes de cette dénomination* [8].

Par M. Tamizey de Larroque : trois lettres inédites de Bertrand d'Échaud, évêque de Bayonne (Extrait de la *Revue de Gascogne* [9]).

Par M. Desnoyers, membre du Comité : *Rapport sur les travaux de la Société de l'histoire de France depuis sa dernière assemblée jusqu'à ce jour,* lu à l'assemblée générale du 6 mai 1879 [10].

[1] Périgueux, 1879, in-8°, 55 pages.
[2] Tours, 1878, in-8°, 66 pages.
[3] Paris, 1879, in-12, 16 pages.
[4] Les Roches-Baritaud, 1879.
[5] Dijon, 1879, in-12, 23 pages.
[6] Paris et Dunkerque, 1879, in-8°, 283 pages.
[7] Le Havre, 1879, in-8°, 27 pages.
[8] Besançon, 1860, in-8°, 86 pages.
[9] Auch, 1879, in-8°, 32 pages.
[10] Paris, 1879, in-8°, 26 pages.

M. le Président désigne, pour rendre compte des publications des Sociétés savantes : MM. de Mas Latrie, de Mofras, Jourdain, Marty-Laveaux, A. de Barthélemy, Desjardins, Michelant, Longnon, Paul Meyer et Francis Wey.

M. Desnoyers lit un rapport sur les *Mémoires de la Société académique d'agriculture, des sciences, arts et belles-lettres du département de l'Aube*[1].

M. Bellaguet : sur les *Mémoires de la Société des lettres, sciences et arts de Bar-le-Duc*[2].

M. Francis Wey : sur les *Mémoires de l'Académie des lettres et des sciences d'Amiens*[3].

M. Marty-Laveaux : 1° *Recueil de l'Académie des Jeux floraux*[4] ; 2° *Mémoires de la Société d'émulation du Jura*[5].

Ces rapports sont renvoyés à la commission de la *Revue*.

Des rapports sont lus par MM. de Mas Latrie, Francis Wey, Longnon et Bellaguet sur les communications manuscrites de MM. Roman, Alart, Lucien Gap, Finot, Adrien Maquet et Matton.

C. HIPPEAU,

Secrétaire de la section d'histoire et de philologie.

SÉANCE DU 1ᵉʳ DÉCEMBRE 1879.

PRÉSIDENCE DE M. LÉOPOLD DELISLE,

MEMBRE DE L'INSTITUT.

M. Aubertin, correspondant à Sombernon (Côte-d'Or), adresse la copie d'un manuscrit intitulé : *Remarques sur l'origine et l'ancienneté*

---

[1] Tome XLII, 1878.
[2] Tome VIII, 1879.
[3] 3ᵉ série, t. V, 1879.
[4] Toulouse, 1879.
[5] 2ᵉ série, 3ᵉ vol., 1877.

*de la ville de Beaune, tirées d'un recueil de M. de Lacurne, avocat, père
du chanoine, et de différents auteurs.*
Renvoi à M. Bellaguet.

M. Finot, correspondant à Vesoul : *Titres concernant l'affranchissement des habitants de Semmadon (Haute-Saône),* déposés aux archives
de cette commune (1337-1606).
Renvoi à M. Francis Wey.

M. de Grandmaison, correspondant à Tours, document intitulé :
Ce qui est à faire pour l'ordre de la seurté des Troys Estats (1484), tiré
des archives municipales de Tours.
Renvoi à M. Georges Picot.

M. Nozot, correspondant à Sedan : *Diverses ordonnances relatives à
l'ancienne principauté de Sedan.*
Renvoi à M. Bellaguet.

M. Pouy, correspondant à Amiens : 1° *Édit du roi Louis XV relatif
à la cession faite à la France des droits de la République de Gênes sur le
royaume de Corse.*
Renvoi à M. de Mofras.
2° *Note sur un ancien usage qui aurait existé à Mitry (Seine-et-Marne).*
Renvoi à M. Georges Picot.

M. L. Barthélemy, à Marseille : *Documents sur les fortifications de
Provence au moyen âge.*
Renvoi à M. A. de Barthélemy.

M. Gragnon-Lacoste, à Talence (Gironde) : *Lettre patente de
Louis XIII, datée du 2 mars 1691, révoquant les évocations générales
accordées antérieurement.*
Renvoi à M. Georges Picot.

M. Divry, percepteur à Montlhéry (Seine-et-Oise) : *Extrait de
l'inventaire des titres du comté et châtellenie de Montlhéry.*
Renvoi à M. Longnon.

M. Castan, membre non résidant, à Besançon, adresse une note
relative à l'histoire de l'imprimerie en Franche-Comté.
Cette note est renvoyée à la commission de la *Revue.*

M. le Préfet de police appelle l'attention du Ministre sur un travail de M. l'archiviste de la préfecture présentant la série des ordres
d'arrestation, de transfèrement et de mise en liberté décernés pendant la période de 1789 à l'an v (1797). M. le Préfet pense que
la publication de ces documents serait fort désirable. La section
regrette de ne pouvoir s'en occuper, le Comité ayant limité ses recherches aux documents antérieurs à 1789.

M. Victor Advielle, en rappelant une proposition, faite en 1840
par M. Charrière, de publier, sous le titre de *Lettres des anciens Valois*, les lettres de François Ier, Henri II, François II, Charles IX et
Henri III, demande si le moment n'est pas venu de donner suite à
ce projet.

La section d'histoire est toujours d'avis que ces correspondances
sont d'un grand intérêt; mais de nombreux documents de cette
nature et appartenant également au xvie siècle étant en cours de
publication, elle ajourne toute décision à cet égard.

M. Tamizey de Larroque transmet la première partie du tome II
des *Lettres de Jean Chapelain*. Cette première partie se compose de
cent cinquante lettres.

Renvoi à M. Marty-Laveaux.

Les ouvrages suivants sont offerts au Comité par leurs auteurs :

M. Aubertin, correspondant à Sombernon (Côte-d'Or), une bro-
chure intitulée : *Quelques renseignements sur la bibliothèque publique de
Beaune* [1].

M. Bréard, membre du Comité archéologique et historique de
Noyon :

1° *Les anciennes chartes de Chauny, leur situation et leur dénomination, avec des notes historiques et biographiques, accompagnées d'un plan
de la ville* [2];

2° *Histoire des églises Notre-Dame et Saint-Martin de Chauny* [3];

3° *Notes historiques sur Honfleur* [4];

[1] Beaune, 1879, in-12, 43 pages.
[2] Paris, 1874, in-12, 250 pages.
[3] Paris, 1877, in-8°, 243 pages.
[4] 1878, in-8°, 96 pages.

4° *Histoire du collège d'Eu*, d'après des documents inédits [1];
5° *Notice sur les Vrevin, lieutenants généraux au bailliage de Chauny* [2].

M. Vignat, membre de la Société historique et archéologique de l'Orléanais : *Cartulaire et histoire de l'abbaye de Notre-Dame de Beaugency*, publiés d'après l'original et le manuscrit de A. Duchalais [3].

M. Cherest, vice-président de la Société des sciences historiques et naturelles de l'Yonne : *L'Archiprêtre; épisodes de la guerre de Cent ans au xiv° siècle* [4].

Des remerciements seront adressés aux auteurs de ces divers ouvrages, déposés à la bibliothèque du Comité.

M. le Président désigne, pour rendre compte des publications des Sociétés savantes : MM. Anatole de Barthélemy, Francis Wey, Servois et Marty-Laveaux.

M. Paul Meyer lit un rapport sur l'ouvrage suivant : *Dictionnaire patois-français du département de l'Aveyron*, par feu l'abbé Vayssier, publié par la Société des sciences et arts de l'Aveyron [5].

Des rapports sur des mémoires des Sociétés savantes sont faits par MM. Desjardins, le comte de Luçay, de Mofras, Tardif, Jourdain et Georges Picot.
Ces rapports sont renvoyés à la commission de la *Revue*.

M. Jourdain fait un rapport sur les communications suivantes :
1° De M. Mireur, correspondant à Draguignan : *Note et divers documents sur l'enseignement primaire en Provence.*
Renvoi à la commission de la *Revue*.
2° De M. Dupré, correspondant à Bordeaux : *Légende de saint Martial, évéque de Limoges.*
Dépôt aux archives.

M. Georges Picot lit un rapport sur une communication de

[1] Eu, 1879, in-8°, 109 pages.
[2] Paris, 1875, in-8°, 15 pages.
[3] Orléans, 1879, in-4°, 528 pages.
[4] Paris, 1879, in-8°, 411 pages.
[5] 1 vol. in-4°.

M. l'abbé André, correspondant à Lagnes (Vaucluse) : *Pénitence imposée au baron d'Oppède, premier président du Parlement de Provence.*
Dépôt aux archives.

M. Léopold Delisle, sur les communications suivantes de M. Aubertin, correspondant à Sombernon (Côte-d'Or) :
1° *Recherches historiques sur les arquebusiers de la ville de Beaune.*
Dépôt aux archives.
2° *Mémoire contenant ce que les officiers du bailliage de Gray estiment le plus convenable pour l'établissement d'un nouveau collège.*
Dépôt aux archives.
3° Imprimé intitulé : *Lettres patentes pour la capitation de Bourgogne.*
Renvoi à la Bibliothèque nationale qui ne possède pas ce document.

M. de Boislisle : Communication de M. Mireur, correspondant à Draguignan : *Les chevauchées d'un maître de requêtes en Provence (1556).*
Renvoi à la commission de la *Revue.*

La section décide que les documents rapportés de Saint-Pétersbourg par M. Gustave Bertrand, membre de la section d'archéologie : *Lettres des rois, princes et personnages de France, depuis le règne de Louis XI jusqu'au règne de Henri III,* seront déposés à la Bibliothèque nationale.

C. Hippeau,

Secrétaire de la section d'histoire et de philologie.

SÉANCE DU 5 JANVIER 1880.

PRÉSIDENCE DE M. LÉOPOLD DELISLE,

MEMBRE DE L'INSTITUT.

M. Édouard de Barthélemy, membre de la section d'archéologie, adresse au Comité la copie d'une lettre de Sully à M. de Roquetaillade.
Renvoi à M. de Boislisle.

M. le baron de Girardot, membre non résidant à Ferrières (Loiret) : *Extrait du livre de dépenses journalières de l'évêque d'Avranches, Daniel Huet* (de 1660 à 1691).
Renvoi à M. Servois.

M. de Marsy, correspondant à Compiègne : *Ordonnance de Jean de Soissons, sire de Mareuil, relative aux mesures à prendre pour la défense de la ville de Compiègne en mai 1411.*
Renvoi à M. Siméon Luce.

M. Pouy, correspondant à Amiens : *Extrait du testament de Charles Godefroy de la Tour-d'Auvergne, duc de Bouillon* (4 octobre 1869).
Renvoi à M. de Mofras.

M. Nozot, correspondant à Sedan : *Consultation d'un chirurgien de Sedan, en* 1586.
Renvoi à M. Desnoyers.

M. de Richemond, correspondant à la Rochelle : *Copie d'un Motus proprius du pape Sixte IV au chapitre de Saintes, portant concession d'indulgences* (1477).
Renvoi à M. de Mas Latrie.

M. Bertrand, vice-président de la Société historique et archéologique du Maine : *État des lettres de Henri IV qu'il croit utile de faire entrer dans le supplément aux « Lettres missives ».*
Renvoi à M. de Boislisle.

M. Albert Trochon, procureur de la République aux Andelys : *Nombreux extraits de la Cour des Grands Jours tenue à Bayeux en* 1540.
Renvoi à M. Georges Picot.

M. Pilot de Thorey, secrétaire de la Société de statistique de l'Isère : *Documents relatifs aux règnes de Charles VIII, Louis XII et François Ier.*
Renvoi à M. de Boislisle.

Les ouvrages suivants sont offerts au Comité par leurs auteurs :
Cahier de doléances du clergé et des gens de bien du bailliage

d'Aval (Poligny, 1739), par M. Bernard Prost, correspondant à Lons-le-Saunier (Poligny, 1879, in-8°, 22 pages).

Lettre inédite de Henri IV, extraite de la Revue de l'Agenais, par M. Adolphe Magen, correspondant à Agen (Agen, 1879, in-8°, 11 pages).

Inventaire sommaire des archives départementales antérieures à 1790, par M. Blancard, archiviste des Bouches-du-Rhône (Marseille, 1879, 2 vol. grand in-4°).

Histoire de France pendant la minorité de Louis XIV, t. III, par M. Chéruel, membre du Comité (Paris, 1879, in-8°, 432 pages).

Remerciements aux auteurs et dépôt à la bibliothèque.

M. de Mas Latrie propose de publier dans un volume des *Mélanges* un choix de documents inédits, recueillis principalement dans les archives de Venise et pouvant servir de preuves à l'histoire de l'île de Chypre sous le règne des princes de la maison de Lusignan.

Renvoi à la commission de la *Revue*.

M. de Boislisle, à propos d'une communication renvoyée à son examen et qui aurait été préalablement publiée dans un recueil, rappelle que les correspondants ne doivent adresser au Comité que des documents inédits; il estime qu'il y aurait lieu de leur transmettre, à ce sujet, de nouvelles instructions.

Il sera tenu compte des observations présentées par M. de Boislisle.

M. Marty-Laveaux, au nom de la commission chargée d'examiner la proposition de M. J. Parmentier, professeur agrégé d'histoire au lycée de Grenoble, relative à la publication du manuscrit de la Bibliothèque nationale coté sous les n°° 3755-3757 du fonds français, lit un rapport qui, tout en faisant ressortir l'intérêt paraissant résulter d'une semblable publication, conclut néanmoins qu'il n'y a pas lieu d'accueillir la proposition dont il s'agit, faute d'éléments suffisants pour qu'il puisse être pris une résolution définitive.

M. Anatole de Barthélemy, au nom de la commission chargée de l'examen de la proposition de M. Longnon relative à la publication de documents sur le comté de Champagne antérieurement à sa réunion à la couronne en 1361, lit un rapport qui conclut à leur publication.

Il est procédé à un scrutin par suite duquel les conclusions du rapport de la commission sont adoptées à l'unanimité des suffrages.

M. le Président désigne, pour rendre compte des publications des Sociétés savantes : MM. Marty-Laveaux, Desjardins, de Boislisle et Servois.

Des rapports sur des publications de Sociétés savantes sont faits par MM. de Boislisle et Marty-Laveaux.

Ces rapports sont envoyés à la commission de la *Revue*.

M. de Boislisle lit un rapport sur les communications suivantes :

1° De M. Charvet, correspondant à Alais : *Une lettre inédite de Jean Cavalier.*

Renvoi à la Commission de la *Revue*.

2° De M. l'abbé Hyver, à Pont-à-Mousson : *Deux lettres relatives à l'Université de Pont-à-Mousson.*

Dépôt de la première aux archives et renvoi de la deuxième à la commission de la *Revue*.

3° De M. de Marsy, correspondant à Compiègne : *Pièces extraites des archives du grand-duché de Luxembourg.*

Dépôt de ces pièces aux archives, à l'exception de deux lettres de Henri IV qui prendront place dans le supplément dont la publication a été projetée.

De M. de Mofras : Communication de M. Pouy, correspondant à Amiens : *Documents relatifs à la cession faite à la France des droits de la République de Gênes sur le royaume de Corse.*

Dépôt aux archives.

De M. Bellaguet sur une communication de M. Nozot, correspondant à Sedan : *Documents relatifs à la principauté de Sedan.*

Dépôt aux archives.

C. HIPPEAU,

Secrétaire de la section d'histoire et de philologie.

SÉANCE DU 2 FÉVRIER 1880.

PRÉSIDENCE DE M. LÉOPOLD DELISLE,
MEMBRE DE L'INSTITUT.

M. Anatole de Barthélemy lit un rapport sur la publication du Recueil des chartes de l'abbaye de Cluny. Les conclusions de ce rapport sont : 1° que la collection de ces chartes formera en tout cinq volumes; 2° qu'il ne sera publié aucun acte postérieur à la date de l'an 1200; 3° que le cinquième tome devra être terminé par une table générale des noms·d'hommes et de lieux mentionnés dans le recueil.

Ces conclusions sont adoptées par la section.

M. Blancard, correspondant à Marseille, adresse au Comité le texte d'une lettre de change rédigée à Trani, en 1237.
Renvoi à M. Georges Picot.

M. Boucher de Molandon, membre non résidant, à Orléans : Document daté du 16 mars 1484, relatif aux franchises communales d'Orléans.
Renvoi à M. Siméon Luce.

M. Catrin, correspondant au Nouvion (Aisne) : Analyse du cartulaire de l'abbaye de Saint-Étienne de Fesmy-sur-Sambre.
Renvoi à M. Léopold Delisle.

M. Mireur, correspondant à Draguignan : Une nouvelle série de documents sur l'enseignement primaire en Provence avant 1789.
Renvoi à M. Jourdain.

M. l'abbé Richard, correspondant à Baume-les-Dames (Doubs) : Aperçu général sur l'état ancien et actuel du département du Doubs.
Renvoi à M. Francis Wey.

M. Tholin, correspondant à Agen : Procès-verbal de la nomina-

tion d'un régent des écoles de Casteljaloux (sénéchaussée d'Albret),
1590.
Renvoi à M. Jourdain.

M. l'abbé René, professeur à la Capelle par Uzès (Gard) : Établissement d'une école d'équitation, danse et escrime au pays de Languedoc, à Pezénas, en 1599.
Renvoi à M. de Mofras.

M. le Président fait connaître les propositions de la commission
des récompenses en vue de la prochaine réunion de la Sorbonne. Il
appelle l'attention de la section sur les titres des candidats et les
travaux des trois Sociétés qui ont mérité le prix.
Ces propositions sont adoptées.

Sont désignés, pour rendre compte des publications des Sociétés
savantes : MM. A. de Barthélemy, Paul Meyer, Marty-Laveaux, de
Boislisle et Servois.

Des rapports sur des publications de Sociétés savantes sont lus
par MM. Servois, Paul Meyer et Francis Wey.
Ces rapports sont renvoyés à la commission de la *Revue*.

M. G. Picot au nom de la commission chargée de l'examen de la
proposition de M. Bonnat, archiviste du Dépôt de la guerre, relative
à la publication des Mémoires du maréchal de Belle-Isle, lit un rapport dont les conclusions sont que cette proposition n'est pas de
nature à être accueillie ; conclusions sur lesquelles il est voté et qui
sont adoptées à l'unanimité.

Des rapports sont lus par MM. Siméon Luce, G. Servois, Francis
Wey, Desnoyers, Chéruel, de Mofras, A. de Barthélemy, sur des
communications manuscrites faites par MM. de Marsy, Gragnon-
Lacoste, le baron de Girardot, J. Finot, Nozot, Leroy, Pouy, Hérelle,
l'abbé André, l'abbé Terris et le docteur Barthélemy.
Ces rapports sont renvoyés à la commission de la *Revue*.

C. HIPPEAU,
Secrétaire de la section d'histoire et de philologie.

SECTION D'ARCHÉOLOGIE.

SÉANCE DU 17 NOVEMBRE 1879.

PRÉSIDENCE DE M. LÉON RENIER,
MEMBRE DE L'INSTITUT.

M. Cournault, membre non résidant, à Malzeville, près Nancy, adresse une notice sur un étrier antique trouvé près de l'embouchure de la Thielle, dans le lac de Bienne (Suisse). Un dessin est joint à cette notice.

Renvoi à M. Jules Quicherat.

M. Revoil, membre non résidant, à Nimes, adresse l'estampage de deux inscriptions romaines gravées sur deux cippes qui viennent d'être découverts par suite des travaux de transfèrement de l'arc antique de Cavaillon.

Renvoi à M. Léon Renier.

M. le chanoine Barbier de Montault, correspondant à Poitiers, adresse la description ainsi que les empreintes de deux fers à hosties du xiiie siècle et de huit sceaux du xiie au xviiie siècle.

M. Joseph de Baye, correspondant au château de Baye (Haute-Marne), adresse un deuxième rapport sur les sépultures franques de Joches (Marne).

Renvoi à M. Alex. Bertrand.

M. le comte de Mellet, correspondant à Chaltrait (Marne), adresse la copie de quatre inscriptions funéraires des xviie et xviiie siècles.

Renvoi à M. de Lasteyrie.

M. Terninck, correspondant à Bois-Bernard (Pas-de-Calais), adresse *Quelques notes sur les anciens souterrains de l'Artois.*

Renvoi à M. J. Quicherat.

M. Bertrand, vice-président de la Société historique et archéologique du Maine, annonce au Comité une importante découverte de monnaies romaines dans la Mayenne.

Renvoi à M. Chabouillet.

M. Brun, secrétaire de la Société des lettres, sciences et arts des Alpes-Maritimes, adresse le plan d'une description des nouvelles découvertes qui viennent d'être faites à l'emplacement de l'ancienne ville romaine de Cemenelum, aujourd'hui Cimiez (Alpes-Maritimes).

Renvoi à M. Ch. Robert.

M. l'abbé Cerf, correspondant à Reims, adresse une notice sur deux statues de la cathédrale de Reims (Pépin et Charlemagne).

Renvoi à M. de Montaiglon.

M. Gouellain, membre de la Commission des antiquités de la Seine-Inférieure, adresse une empreinte de sceau de la fin du xiiie siècle.

Renvoi à M. Douët d'Arcq.

M. l'abbé Hamard, curé à Hermes, adresse le résultat des fouilles qui ont lieu sous sa direction dans le cimetière mérovingien d'Hermes et envoie le dessin d'une boucle de ceinturon en argent avec le nom du fabricant.

M. le comte d'Héricourt, à Souches (Pas-de-Calais), adresse l'estampage de trois inscriptions funéraires qui se trouvent à Vimy (arrondissement d'Arras).

Renvoi à M. Robert de Lasteyrie.

M. Mayaud, membre de la Société des sciences naturelles et archéologiques de la Creuse, à Guéret, adresse le manuscrit du *Mémoire sur l'emplacement de Prætorium* qu'il a lu cette année à la Sorbonne.

Renvoi à M. Chabouillet.

M. Richard, correspondant à Laval, adresse : 1° une copie de l'inventaire du mobilier de la maison épiscopale à Arras, dressé le 2 janvier 1322; 2° une copie de l'inventaire du mobilier de la maison possédée par les évêques d'Arras à Mareuil-lès-Arras, dressé le 4 janvier 1322.

Renvoi à M. Darcel.

M. Nonce Rocca, homme de lettres à Tunis, adresse le fac-similé d'un talisman antique gravé sur pierre dure, trouvé aux environs de Tunis.

Renvoi à M. Edmond Le Blant.

M. Roman, au château de Pécomtal, près Embrun, adresse le fac-similé d'une inscription de la fin du xive siècle, qui se trouve dans la chambre de la chapelle de Sainte-Anne de la cathédrale d'Embrun.

Renvoi à M. Robert de Lasteyrie.

M. Florian Vallentin, juge suppléant au tribunal de première instance de Grenoble, adresse : 1° les estampages de quatre inscriptions romaines, dont deux viennent d'être découvertes à Valence, qui sont renvoyés à M. L. Renier; 2° l'estampage d'une inscription funéraire du moyen âge, qui est renvoyé à M. de Lasteyrie.

M. Léon de Vesly, membre de la Société libre d'émulation du commerce et de l'industrie de la Seine-Inférieure à Rouen, adresse l'empreinte d'un sceau du xiiie siècle trouvé dans les fouilles exécutées pour la construction de la nouvelle église de Saint-Hilaire de Rouen.

Renvoi à M. Douët d'Arcq.

M. Braquehaye, vice-président de la Société archéologique de Bordeaux, adresse le dossier relatif au procès en diffamation qu'il a intenté à MM. Leo Drouyn, Chauliac et Marionneau au sujet de la lecture qu'il a faite à la dernière session de la Sorbonne. M. Braquehaye a joint à ce dossier copie du jugement de la Cour d'appel de Bordeaux, lequel donne gain de cause au vice-président de la Société archéologique de Bordeaux, en ce qui concerne M. L. Drouyn et renvoie de la plainte MM. Chauliac et Marionneau. La section donne acte de la réception de ce dossier qui sera déposé aux archives du Comité, et passe à l'ordre du jour.

M. l'abbé F. Baudry, correspondant au Bernard (Vendée), fait hommage de son Mémoire intitulé *Statuette gallo-romaine en bronze du Bernard (Vendée)* [1].

M. le chanoine Barbier de Montault, correspondant à Poitiers, de deux dissertations dont il est l'auteur, intitulées : 1° *Les tabernacles de la Renaissance à Rome* (Extrait de la *Revue de l'art chrétien* 2° série [2]); 2° *Inventaire de la chapelle papale sous Paul III en 1547* (Extrait du *Bulletin monumental*, p. 5, 1878 [3]).

M. de Fleury, correspondant à Angoulême, de sa dissertation intitulée : *Les anciennes orgues de la cathédrale d'Angoulême* (Extrait de la *Semaine religieuse d'Angoulême* [4]).

M. l'abbé Grimot, correspondant à l'Isle-Adam, de deux notices dont il est l'auteur : 1° *Notice historique et archéologique sur l'église paroissiale de l'Isle-Adam, diocèse de Versailles* [5]; 2° *Notice sur le monument de la forêt de l'Isle-Adam, dit « la pierre turquaise »* (Extrait des *Mémoires de la Société historique du Vexin* [6]).

M. J. Richard, correspondant à Arras, de son mémoire intitulé : *Deux anciens plans de Thérouanne, publiés avec documents inédits* [7].

M. Terninck, correspondant à Bois-Bernard (Pas-de-Calais), d'un travail dont il est l'auteur et qu'il a intitulé : *Répertoire des monuments et objets gaulois, gallo-romains et francs qui se trouvaient dans le Pas-de-Calais, indiqués par communes* [8].

M. Florian Vallentin, juge suppléant au tribunal de Grenoble, de sa dissertation intitulée : *Inscription romaine récemment découverte à Grenoble; Lettre à M. Eugène Chaper, président de l'Académie delphinale* [9].

M. Darcel, du tirage à part de sa notice nécrologique sur Ferdinand de Guilhermy, rédigée par notre collègue sur la demande de la section d'archéologie [10]. Ce tirage à part, intitulé : *Le baron de*

[1] La Roche-sur-Yon, 1879, in-8° de 11 pages.
[2] Arras, 1879, in-8° de 28 pages.
[3] Tours, 68 pages.
[4] Angoulême, petit in-4° de 7 pages, sans date.
[5] Paris, 1879, 31 pages.
[6] Pontoise, 1878, in-8° de 8 pages.
[7] Paris, 1879, in-8° de 27 pages avec planches.
[8] Arras, 1879, in-8° de 29 pages.
[9] Grenoble, 1879, in-8° de 16 pages.
[10] Paris, 1879, in-8° de 12 pages.

Guilhermy, membre du Comité des travaux historiques, est augmenté d'un portrait du baron de Guilhermy.

M. Darcel reçoit, séance tenante, les remerciements de la section dont M. le Président se fait l'interprète. Des remerciements seront adressés aux autres donateurs.

M. le Président désigne, pour rendre compte des publications des Sociétés savantes; MM. A. Ramé, Ed. de Barthélemy, Quicherat, A. Bertrand, de Montaiglon, Douët d'Arcq et le colonel Le Clerc.

M. Edmond Le Blant lit un rapport sur le *Bulletin de la Société historique et archéologique de la Corrèze* [1].

M. de Montaiglon, sur les *Mémoires de l'Académie de Stanislas à Nancy* [2].

M. J. Quicherat, sur le *Bulletin de l'Académie delphinale* [3].

Ces trois rapports sont renvoyés à la commission de la *Revue.*

M. Darcel lit un rapport sur une communication de M. Alphonse Roserot, archiviste adjoint du département de l'Aube : *L'Inventaire du mobilier du château de Courson (Aube),* dressé en 1482.

Ce document et le rapport de M. Darcel sont renvoyés à la commission de la *Revue.*

M. A. Bertrand lit une note de M. Castan, membre non résidant à Besançon, sur les fouilles du tumulus d'Apremont, près Gray, qui ont amené la découverte des débris d'un char gaulois et une série de bijoux en or dont les photographies sont placées sous les yeux des membres de la section. Ces photographies sont dues à M. Perron, receveur municipal à Gray.

La note de M. Castan est renvoyée à la commission de la *Revue.*

M. Alfred Ramé lit un rapport sur la destruction déjà commencée de l'église paroissiale de Guignen (Ille-et-Vilaine). La section, qui s'associe unanimement aux regrets si bien exprimés par M. Ramé sur cet acte déplorable, décide non seulement l'impression du rapport de notre collègue, mais émet le vœu qu'une copie en soit faite

[1] Tome Ier, 1878.
[2] 1877, 128e année, 4e série, t. X.
[3] Tome XIII de la 3e série, 1877.

pour être adressée à M. le sous-secrétaire d'État au département des beaux-arts, avec prière de saisir la Commission des monuments historiques de cette affaire.

CHABOUILLET,

Secrétaire de la section d'archéologie.

SÉANCE DU 8 DÉCEMBRE 1879.

PRÉSIDENCE DE M. LÉON RENIER,

MEMBRE DE L'INSTITUT.

M. Berthomieu, correspondant à Narbonne, adresse : 1° le fac-similé de treize inscriptions romaines; 2° l'estampage d'une inscription du moyen âge; 3° une notice sur de nombreux monuments provenant de la démolition des remparts de Narbonne.

Les inscriptions romaines sont renvoyées à M. L. Renier, l'inscription du moyen âge à M. Robert de Lasteyrie; en ce qui concerne la notice sur les découvertes faites par suite de la démolition des remparts de Narbonne, la section en ordonne le renvoi à la commission de la *Revue des Sociétés savantes.*

M. Imbert, correspondant à Thouars (Deux-Sèvres), adresse la copie d'un marché, daté de 1635, par lequel Jacques Despieds, maître peintre à Thouars, s'engage à fournir et à peindre les vitraux du couvent des Augustins de Montreuil-Bellay.

Renvoi à M. de Montaiglon.

M. Mallay, correspondant à Clermont-Ferrand, annonce qu'il est l'auteur d'une monographie de la cathédrale du Puy et propose d'abandonner son travail à l'État qui, dans ce cas, devrait le publier.

La lettre de M. Mallay est renvoyée à la Commission de l'Inventaire des richesses d'art de la France.

M. Nozot, correspondant à Sedan, adresse des notices sur les villages de Buzancy, Balham, Sauville, Autry et Villers-le-Tilleul (Ardennes).

Renvoi à M. de Lasteyrie.

M. Edmond Michel, à Touvent, par Fontenay-sur-Loing (Loiret), adresse une notice sur un tombeau mérovingien, découvert au hameau de Grandvillon, commune de Girolles (Loiret). Sept dessins accompagnent cette notice qui est renvoyée à M. J. Quicherat.

M. Nonce Rocca, à Tunis, adresse le fac-similé de dix-huit inscriptions phéniciennes.
Renvoi à l'Académie des inscriptions et belles-lettres.

M. Florian Vallentin, juge suppléant au tribunal de première instance de Grenoble, adresse la copie d'une inscription romaine, récemment découverte à Die.
Renvoi à M. L. Renier.

M. le président de la Société archéologique d'Ille-et-Vilaine adresse la copie d'une délibération par laquelle cette compagnie s'associe au vœu émis par la Société polymathique du Morbihan pour que des mesures efficaces soient prises par l'État afin d'assurer la conservation des monuments préhistoriques du littoral sud de la Bretagne.
Notre collègue, M. du Sommerard, qui est aussi membre de la Commission des Monuments historiques, fait savoir à la section que l'attention du Ministre de l'instruction publique et des beaux-arts a déjà été appelée sur cette question. Il pense, et la section pense comme M. du Sommerard, qu'il y a lieu d'ajourner cette question jusqu'au vote de la loi sur la conservation des monuments historiques en ce moment soumise aux Chambres.

M. Hucher, membre non résidant du Comité, fait hommage de la *Monographie du roi René, de Jeanne de Laval*, etc., dont il est l'auteur et qui a été publiée au Mans en 1879.

M. le chanoine Barbier de Montault, correspondant à Poitiers, de deux brochures dont il est l'auteur : 1° *Le sacré collège des cardinaux de l'église romaine*[1]; 2° *Le transport du saint sacrement quand le pape est en voyage*[2].
Des remercîments seront adressés à MM. Hucher et Barbier de Montault.

[1] Paris, 1879.
[2] Tours, 1879.

MM. Leo Drouyn, Chauliac et Marionneau adressent un mémoire imprimé, relatif au procès en diffamation qui leur a été intenté par M. Braquehaye. La section qui, dans sa séance du 17 novembre 1879, donnait acte de la réception d'un dossier relatif à ce procès, ainsi que de la copie du jugement intervenu, envoyés par M. Braquehaye, et qui antérieurement a déclaré son intention de rester étrangère à ce regrettable débat, comme à tous autres semblables s'il s'en produisait, donne acte de la réception du mémoire de MM. Drouyn, Chauliac et Marionneau, en ordonne le dépôt dans les archives du Comité et passe à l'ordre du jour.

M. le Président désigne MM. le colonel Le Clerc, Albert Lenoir et L. Renier pour rendre compte des publications des Sociétés savantes.

CHABOUILLET,

Secrétaire de la section d'archéologie.

SÉANCE DU 12 JANVIER 1880.

PRÉSIDENCE DE M. LÉON RENIER,

MEMBRE DE L'INSTITUT.

M. Bulliot, membre non résidant du Comité, à Autun, envoie un nouveau mémoire sur les fouilles du mont Beuvray, avec plan.
Renvoi à M. Alexandre Bertrand.

M. le chanoine Barbier de Montault, correspondant à Poitiers, adresse : 1° La copie de trois inscriptions tumulaires recueillies à Pavie, à la Souterraine et à Vercel (1504, 1506, 1705);
2° Une lithographie représentant les inscriptions de l'église abbatiale de Saint-Savin (Vienne).
Renvoi à M. Robert de Lasteyrie.

3° Une note sur un autel du vi^e ou du viie siècle qui se trouve à Saint-Savin.
Renvoi à M. Edmond Le Blant.

M. le capitaine Bordier, membre de la Société des lettres, sciences et arts de l'Aveyron, adresse :

1° Le dessin d'une pierre tumulaire du xve siècle qui se trouve à Villefranche (Aveyron);

2° Le dessin d'une pierre d'autel qui se trouve dans l'église de Granfuel (Aveyron);

3° Le plan, avec sa légende, de bains romains découverts dans la plaine de Balquières (Aveyron);

4° Le dessin de la pierre branlante de Peyrelade, près Salmiech (Tarn).

Renvoi à M. de Lasteyrie.

M. Treny, à Corbeil, a reçu une notice relative à l'emplacement du Metiosedum de Jules César (*De Bell. Gall.*, VII).

Renvoi à M. Quicherat.

M. Florian Vallentin, juge suppléant au tribunal de première instance de Grenoble, adresse les estampages des inscriptions du musée épigraphique de Grenoble, publiées par M. Allmer (Inscriptions antiques de Vienne).

Des remerciements seront adressés à M. Vallentin, dont l'importante communication sera conservée dans les archives du Comité.

M. le chanoine Barbier de Montault, correspondant à Poitiers, fait hommage d'un travail de lui, intitulé : *Un tableau de l'abbaye de Fontevrault* (Extrait de la *Revue de l'Anjou*, in-8°, 1879).

M. de Linas, membre non résidant du Comité, à Arras, adresse une dissertation dont il est l'auteur : *Coffret incrusté et émaillé du musée archiépiscopal d'Utrecht* (Extrait de la *Revue de l'art chrétien*, 1879).

M. Bernard Prost, correspondant à Lons-le-Saunier, fait hommage de deux notices dont il est l'auteur : 1° *Notice sur deux inscriptions du xiie siècle de l'abbaye de Baume-les-Messieurs* (Jura), 1879; 2° *Notice sur sept dalles funéraires franc-comtoises* (Extrait des *Mémoires de la Société d'émulation du Jura*, 1879).

M. de Cessac, correspondant à Guéret, de divers mémoires de lui,

intitulés : 1° *Quelques notes sur l'église paroissiale de Guéret* (Creuse)[1] ;
2° *Le prieuré de Malval* (Creuse)[2] ; 3° *Le grand bourg de Salagnac*
(Creuse)[3].

Des remerciements seront adressés à MM. le chanoine Barbier
de Montault, de Linas, B. Prost et de Cessac.

M. le Président désigne, pour rendre compte des publications des
Sociétés savantes : MM. Clément de Ris et Robert de Lasteyrie.

M. Alexandre Bertrand entretient la section d'un projet de publication. Il s'agirait de reproduire une série de monuments conservés au musée de Saint-Germain, originaux ou moulages, ayant
trait à la religion des Gaulois. Cette publication comprendrait environ 20 planches, autant de bois, et peut-être 250 pages de texte.
La section renvoie ce projet de publication à une commission
spéciale, composée de MM. Henri Martin, Quicherat et Ch. Robert.

M. Ch. Robert lit un rapport sur une communication de M. Brun,
secrétaire de la Société des lettres, sciences et arts des Alpes-Maritimes, intitulée : *Nouvelles découvertes sur l'emplacement de l'ancienne
ville romaine de Cemenelum, aujourd'hui Cimiez* (Alpes-Maritimes). Ce
rapport est renvoyé à la commission de la *Revue;* la communication sera déposée aux archives du Comité.

M. Edmond Le Blant, chargé du rapport sur une communication
de M. Nonce Rocca, à Tunis, relative à un talisman trouvé aux
environs de cette ville, déclare verbalement qu'il s'agit d'un objet
sans intérêt et sur lequel, par conséquent, il n'y a pas de rapport
à faire. Il faut cependant remercier M. Nonce Rocca de son empres-
sement à signaler au Comité toutes les curiosités qu'il rencontre. Dans
le nombre, il peut se trouver, et il s'est déjà trouvé des objets dignes
de notre attention.

M. Cournault, membre non résidant du Comité, à Malzeville, près
Nancy, lit un rapport sur *Une lettre de bronze trouvée sur le territoire
de l'ancienne Nasium, Nuix.* Ce rapport est renvoyé à la commission

[1] Guéret, 1878.
[2] Châteauroux, 1879.
[3] Châteauroux, 1879.

de la *Revue*, qui est priée de faire graver le dessin de la lettre R qui l'accompagne.

M. Charmes, chef du bureau des Travaux historiques et des Sociétés savantes, appelle l'attention de la section sur certaines lacunes et sur de fâcheuses erreurs qui ont été signalées par divers érudits dans le tome Ier du *Recueil des documents monétaires* publié par M. de Saulcy, et fait remarquer aussi que l'on a généralement blâmé la reproduction des abréviations, parfois obscures, des textes manuscrits. M. Charmes ajoute qu'un livre publié sous les auspices du Ministre de l'instruction publique et aux frais de l'État, ne devant pas encourir de semblables reproches, l'Administration supérieure a décidé qu'il y avait lieu de consulter le Comité sur le parti à prendre dans cette regrettable occurrence.

L'examen de l'importante question soulevée par l'Administration supérieure est renvoyé à une Commission spéciale composée de quatre membres de la section d'archéologie auxquels deux membres de nos collègues de la section d'histoire seront priés de vouloir bien se joindre.

Après avoir fixé le jour de la réunion de cette commission à une époque assez éloignée pour que ses membres aient le temps d'examiner attentivement le *Recueil des documents monétaires*, la section décide qu'une autre commission, celle des médailles et des distinctions honorifiques, se réunira le 15 janvier.

CHABOUILLET,

Secrétaire de la section d'archéologie.

SÉANCE DU 9 FÉVRIER 1880.

PRÉSIDENCE DE M. LÉON RENIER,

MEMBRE DE L'INSTITUT.

M. l'abbé Grimot, curé de l'Isle-Adam et correspondant du Ministère de l'instruction publique, adresse une notice sur le monument mégalithique dit le *Galet de Gargantua*.

Renvoi à M. A. Bertrand.

M. Edmond Michel, à Touvent (Loiret) adresse une notice sur différents objets antiques, découverts à Neuflize.

Renvoi à M. J. Quicherat.

M. Blancard, correspondant à Marseille, archiviste du département des Bouches-du-Rhône, fait hommage de ses derniers ouvrages : 1° *Le Millarès*, étude sur une monnaie du xiiie siècle imitée des Arabes par les chrétiens [1]; 2° *Essai sur les monnaies de Charles Ier*, *comte de Provence* [2]; 3° *Le besant d'or Sarrazinas* [3] *pendant les croisades*.

Des remerciements seront adressés à M. Blancard.

M. le Président désigne, pour rendre compte des publications des Sociétés savantes : MM. Douët d'Arcq et du Sommerard.

M. le Président fait connaître les propositions de la commission des récompenses qui doivent être décernées à la prochaine réunion de la Sorbonne. Ces propositions sont adoptées à l'unanimité par la section.

M. Chabouillet est chargé de rédiger le rapport qui devra être lu à la séance solennelle du 3 avril 1880.

Le secrétaire de la section d'archéologie rend compte verbalement de la séance de la commission spéciale, chargée de donner son avis sur la question posée au nom de l'Administration supérieure à la section d'archéologie par M. Charmes, au sujet du *Recueil des documents monétaires* et donne lecture d'une note exposant les conclusions de la commission spéciale.

Après délibération approfondie sur cette note, qui avait été rédigée séance tenante par un membre de la commission spéciale et adoptée à l'unanimité par ladite commission, la section invite les commissaires à se réunir de nouveau et les prie de vouloir bien réunir les éléments d'un rapport dans lequel seraient énumérées les principales omissions ou inexactitudes signalées dans le tome Ier du *Recueil des documents monétaires*. Les membres de la commission spéciale acceptent la décision de l'assemblée. Jour est pris pour cette nouvelle réunion.

[1] Marseille, 1876.
[2] Paris, 1879, in-8° de 556 pages.
[3] Marseille, 1880.

M. A. Bertrand lit un rapport sur le *Bulletin de la Société de statistique du département de l'Isère* [1].

Renvoi du rapport à la commission de la *Revue*.

M. le colonel Le Clerc lit un rapport sur le tome V de la *Société archéologique de Bordeaux*. Ce rapport, comme le précédent, est renvoyé à la commission de la *Revue*.

M. Charles Robert fait observer que le monument attribué sans hésitation à Sirona dans un travail de feu Pierre Sansas, qui figure dans le tome V des *Mémoires de la Société archéologique de Bordeaux* [2], ne laissant voir que les lettres O N A E, ne peut être attribué avec certitude à cette divinité. Notre savant collègue ajoute que le mot Phoebé, qui se lit sur une des faces de ce même autel, n'est pas là, comme le pensait Sansas, pour désigner sous un autre nom la parèdre d'Apollon. On lit SVLPICIA PHOEBH sur cette face de l'autel; il est donc évident que Phoebé n'est pas autre chose que le second nom de la Sulpicia qui avait pris part à l'érection du monument [3].

M. A. Bertrand lit un rapport sur une communication de M. Bulliot, membre non résidant à Autun. «*Fouilles de Bibracte* (mont Beuvray). *Grande maison du parc aux chevaux.*»

Renvoi à la commission de la *Revue* de la communication et du rapport.

M. le Président met en délibération, de nouveau, une question qui intéresse les deux sections d'histoire et d'archéologie.

Il s'agit de savoir si l'on imprimera, oui ou non, tout ou partie des mémoires lus à la Sorbonne par les membres des Sociétés savantes et les correspondants du Ministère. En 1869, les sections d'histoire et d'archéologie, mises en demeure par le Ministre de

---

[1] 5ᵉ série, t. VIII.

[2] Voyez t. V, p. 180. Le mémoire intitulé : *Notes archéologiques sur les fouilles exécutées à Bordeaux de 1863 à 1876*, est une réimpression d'articles publiés dans le journal *Le Progrès*, en 1865. (Note de la Commission de rédaction.)

[3] Sur la déesse Sirona, on peut voir dans le tome IV de la *Revue celtique*, publié en 1879, un mémoire intitulé : *Sirona*, par M. Ch. Robert, membre de l'Institut. (Note de la Commission de rédaction.)

donner un avis à ce sujet, avaient décidé qu'on cesserait d'imprimer ces mémoires[1]; mais plusieurs années après, en 1879[2], sur la proposition d'un de ses membres, la section discuta de nouveau cette mesure, qu'elle n'avait adoptée qu'à une faible majorité et dont l'expérience semblait avoir démontré les inconvénients. Après délibération, la section d'archéologie, cette fois à l'unanimité des membres présents, décida que le Ministre serait prié d'autoriser la reprise de la publication, non pas de tous les mémoires lus à la Sorbonne, mais de ceux qui auraient eu le plus de succès aux séances et qui, après un second examen, seraient jugés dignes de cet honneur. La section d'histoire, consultée à son tour sur ce sujet, ayant émis un avis contraire[3], l'Administration supérieure, avant de statuer, a voulu consulter les deux sections réunies. En conséquence, sur la demande de M. X. Charmes, chef du bureau des Travaux historiques et des Sociétés savantes, M. L. Renier, président de la section d'archéologie, a désigné trois membres auxquels il a donné la mission d'étudier encore une fois cette importante question dans une commission mixte composée de trois membres de la section d'histoire. Selon l'usage, les membres des bureaux de ces deux sections feront partie de cette commission.

CHABOUILLET,

Secrétaire de la section d'archéologie.

[1] *Rev. des Soc., sav.* 4ᵉ série, t. X. Séance de la section d'histoire du 7 juin 1869, voyez p. 148 et *ibid.* Séance du 14 juin 1869 de la section d'archéologie, même tome, p. 165.

On fera observer que par une inexplicable fatalité, soit faute d'impression, non aperçue alors, soit résultat d'un *lapsus calami*, on lit : « Après une délibération approfondie, la section d'archéologie, consultée par M. le Président, se prononce *pour* la continuation de la publication des mémoires lus à la Sorbonne, à la majorité de huit voix contre cinq. » Au lieu de *pour* la continuation, c'est *contre* la continuation qu'il aurait fallu et que l'on a voulu écrire.

[2] Séance extraordinaire tenue le 1ᵉʳ avril 1879. Le compte rendu de cette séance n'a pas été publié par la *Rev. des Soc. sav.*, mais on en a pu consulter le procès-verbal manuscrit dans le registre du Ministère.

[3] Séance de la section d'histoire du 7 avril 1879.

RAPPORTS

DES MEMBRES DU COMITÉ SUR DES PROJETS DE PUBLICATIONS.

SECTION D'HISTOIRE ET DE PHILOLOGIE.

*RAPPORT SUR LA PUBLICATION DU RECUEIL DES CHARTES
DE L'ABBAYE DE CLUNY.*

(Séance du 3 février 1880.)

Le second volume du *Recueil des chartes de l'abbaye de Cluny*, dressé
par feu Aug. Bernard, revu, complété et édité par M. Bruel, est sur
le point d'être terminé; quatre-vingt-cinq feuilles sont tirées sur
les quatre-vingt-quinze dont il doit se composer, et le bon à tirer
de la feuille 90 vient d'être donné. Permettez-moi, comme commissaire responsable, de vous soumettre quelques réflexions qui m'ont
été suggérées par l'examen attentif des textes édités et par un entretien que j'ai eu avec M. Bruel.

A la dernière séance dans laquelle nous nous sommes occupés de
cette importante collection, vous avez reconnu qu'il était nécessaire
d'imprimer ce second volume que, dans quelques semaines, vous
aurez entre les mains. Deux volumes, contenant 1,727 actes relatifs au ixe et au xe siècle, représentent un ensemble de textes tel
que l'on n'en connaît pas encore d'aussi important pour l'histoire
de cette période. En s'arrêtant à l'année 994, nous arrivons au xie et
au xiie siècle, qui sont le moment du développement et de l'exten-
sion de l'ordre de Cluny.

Sous la direction des abbés Maïeul, Odilon, saint Hugues, Pierre
le Vénérable, tous personnages qui appartiennent à l'histoire,
Cluny envoie ses colonies en Gascogne, en Quercy, en Saintonge,
en Champagne, en Flandre; franchissant la frontière de France,
celles-ci s'étendent au loin, en Suisse, en Espagne, en Italie, dans
les pays germaniques, en Angleterre, en Pologne et jusqu'en Pales-

tine. Avec les deux premiers volumes du *Recueil*, nous assistons à la fondation et à l'établissement de Cluny; laisserons-nous de côté l'histoire de son développement? C'est justement la période pendant laquelle l'histoire du monastère est mêlée à celle de l'Europe occidentale sur laquelle son influence se manifeste à tout moment.

Laissez-moi vous le dire franchement, Messieurs : en agissant ainsi, nous aurions fait une œuvre incomplète; nous risquerions de laisser à d'autres, moins bien préparés, le soin de terminer le *Recueil;* ces derniers venus recueilleraient l'honneur d'un travail dont la brusque interruption ne pourrait être expliquée ni par le groupement critique des documents, ni par aucun prétexte de difficultés matérielles. Remarquez, en effet, que nous avons entre les mains tous les éléments de la collection, telle que je la comprends. Les copies réunies par Aug. Bernard ont été singulièrement complétées par les acquisitions faites depuis dix ans par la Bibliothèque nationale, par les transcriptions empruntées à Lambert de Barive, par les recherches heureuses et multipliées de M. Bruel.

A partir du xiiie siècle, les chartes de Cluny, de même que celles de la plupart des grandes abbayes, n'ont plus cet intérêt général qui s'attache aux actes des siècles précédents; on peut, sans scrupule, les laisser de côté, ou, du moins, abandonner aux érudits de la province, qu'ils concernent plus spécialement, le soin de s'en servir. Dans les dernières années du xiie siècle, il y a même certains actes qu'il suffira de faire connaître par des analyses soigneusement rédigées; il ne faut donc pas se laisser effrayer par les 2,000 chartes que je désire vous voir joindre aux 1,727 qui sont déjà publiées.

Nous sommes arrivés à plus du tiers du chemin à parcourir; pourquoi nous arrêterions-nous? A plusieurs reprises, le Comité n'a pas craint de consacrer un certain nombre de volumes à plusieurs séries de documents intéressants, sans doute, mais qui se rattachent exclusivement à des temps très modernes, et qui, par conséquent, ont moins besoin d'être élucidés. Dans ces circonstances, le Comité n'a pas hésité à demander l'impression d'un nombre de volumes bien supérieur à celui que rempliraient les chartes de Cluny des ixe, x^e, xie et xiie siècles. Or, je ne crains pas d'être accusé d'exagération en affirmant que celles-ci ont pour l'histoire, la chronologie, la géographie et même l'archéologie, une bien autre valeur que l'ensemble des documents auxquels je viens de faire allusion.

J'ai donc l'honneur de proposer à la section d'adopter irrévocablement : 1° que la collection des chartes de l'abbaye de Cluny formera, en tout, cinq volumes; 2° qu'il ne sera publié aucun acte postérieur à la date de l'an 1200; 3° que le cinquième tome sera terminé par une table générale des noms d'hommes et de lieux mentionnés dans le recueil.

L'exactitude et le soin minutieux dont M. Bruel a fait preuve jusqu'à ce jour sont une sérieuse garantie de la manière dont l'édition continuera à être conduite; au fait de la question, en possession, dès à présent, de tous les matériaux, on peut être assuré que M. Bruel n'ira ni trop vite ni trop lentement.

ANATOLE DE BARTHÉLEMY,
Membre du Comité.

Rapport sur un projet de publication de documents inédits sur la Champagne, par M. Aug. Longnon.

(Séance du 5 janvier 1880.)

La commission désignée pour émettre son avis sur l'opportunité de donner suite au projet, proposé par M. Aug. Longnon, de publier un certain nombre de documents inédits relatifs au comté de Champagne antérieurement à sa réunion définitive à la couronne en 1361, a pris connaissance de ces textes et étudié la question sous ses différents aspects; j'ai l'honneur de vous exposer ses conclusions [1].

Jusqu'au moment où notre savant collègue, M. d'Arbois de Jubainville, a publié l'*Histoire des ducs et des comtes de Champagne*, les sources si abondantes de l'histoire de cette province étaient à peu près inconnues; on n'avait guère que la grande publication de Varin, mais elle concerne exclusivement la ville de Reims et forme un tout qui est à peu près étranger à l'histoire du comté. En même temps que M. d'Arbois de Jubainville, ou postérieurement à ses publications, plusieurs chercheurs fouillèrent les archives et éditèrent des textes; nous citerons entre autres MM. Ed. de Barthélemy et l'abbé Lalore qui ont fait une abondante moisson dans les fonds ecclésiastiques. Si, au point de vue de la transcription, les

---

[1] Cette commission était composée de MM. le comte de Luçay, Siméon Luce et Anatole de Barthélemy.

publications de ces érudits ne présentent pas toujours l'exactitude diplomatique que l'on exige aujourd'hui, on doit reconnaître cependant que leurs travaux ont une utilité incontestable; ils fournissent aux travailleurs des documents restés inédits jusqu'à ce jour. M. d'Arbois de Jubainville, par le catalogue analytique de nombreux documents d'archives qui complètent le livre dont nous parlions plus haut, a formé une véritable école et, par le fait, a ouvert la voie que suit aujourd'hui M. Longnon.

En effet, à côté des textes empruntés aux chartriers ecclésiastiques, il y a toute une série de documents appartenant à l'ordre féodal et administratif, connus seulement jusqu'ici par quelques citations éparses dans les ouvrages de Brussel, de Bourquelot et de M. d'Arbois de Jubainville. Ce sont ces documents que M. Longnon propose de réunir dans un volume; il les a soigneusement colligés à Troyes, aux Archives de l'État et à la Bibliothèque nationale. Le travail de transcription est terminé; nous l'avons sous les yeux. Dans l'état où il est, au moment où nous parlons, on peut affirmer que deux mois tout au plus suffiront pour que le manuscrit puisse être donné à l'imprimerie.

La commission, tout d'abord, avait l'intention de vous exposer en détail tout le bien qu'elle pense du recueil projeté; son importance n'est pas contestable quand on réfléchit qu'il touche à l'histoire d'une dizaine de départements et que, souvent, il intéresse l'histoire générale de la France. Nous craindrions aujourd'hui d'abuser du temps de nos collègues de la section en répétant, en moins bons termes, ce que notre Président a si clairement exposé devant nous, il y a quelques jours, à M. le Ministre de l'instruction publique, avec l'autorité qui s'attache à toutes ses appréciations. Nous nous bornerons donc à énumérer les divers documents qui sont destinés à former le recueil :

1° Les *Feoda Campanie* (1172-1234). — M. Longnon en a publié autrefois, sous le titre de *Livre des vassaux du comté de Champagne*, une version française du xiii° siècle assez défectueuse. Grâce à un texte, alors inconnu, de la bibliothèque de Troyes, à des copies partielles exécutées au xvi° siècle, et aux extraits faits au xviii°, on peut aujourd'hui reconstituer ce recueil, détruit par l'incendie de la Chambre des comptes de 1737. Le manuscrit de Troyes est la copie d'un autre manuscrit que M. Corrard de Bréban a eu en sa possession;

les recherches minutieuses qui ont été faites pour retrouver cette version plus ancienne n'ont pas donné jusqu'ici de résultat. Néanmoins la copie de Troyes sera d'un grand secours pour la restitution du texte des *Feoda;*

2° Les rôles des fiefs de Champagne, vers 1274, selon les quatre bailliages et leurs châtellenies, d'après les enquêtes faites au début de la régence de Blanche d'Artois;

3° L'énumération des fiefs qui, vers le même temps, passèrent de la mouvance du comte de Champagne en celle du comte de Bar;

4° Des fragments d'un registre de fiefs de Champagne, rédigé en 1308, au temps de Louis le Hutin.

Ces quatre textes formeront une première partie. La seconde partie contiendra un registre des Archives nationales, intitulé : *Extenta comitatus Campanie et Brie*, document considérable, offrant l'état du domaine comtal vers 1275; M. d'Arbois de Jubainville a donné dans son *Histoire des comtes de Champagne* (t. II, p. 19 et suiv.) la table de ce registre en regrettant que l'étendue du texte ne lui permît pas de le publier. M. Longnon joindra à l'*Extenta* un document sur la jurée que les bourgeois devaient au roi de Navarre dans la châtellenie de Montéclaire, ainsi que l'état des revenus de la châtellenie de Nogent-en-Bassigny; ces deux derniers textes remontent au milieu du XIII° siècle.

Dans la troisième partie on trouvera :

1° L'enquête, faite en 1269 ou 1270, de ce que les bourgeois avaient acquis en fiefs et arrière-fiefs du roi, depuis quarante ans, dans la châtellenie de Bar-sur-Aube;

2° L'enquête des fiefs acquis, de 1229 à 1269, par les églises dans les châtellenies de Bar-sur-Aube et de Montéclaire;

3° Une enquête analogue, faite en 1289, pour la châtellenie de Bray et de Montereau;

4° L'estimation des biens d'église du bailliage de Troyes, vers l'an 1300;

5° Le rôle des finances levées en 1328 sur les acquêts des gens d'église et des non nobles, dans les bailliages de Meaux, de Vitry, de Vermandois et une partie de la vicomté de Paris.

Dans la quatrième partie, M. Longnon donne le compte du domaine de Champagne pendant le second semestre de 1287 et le second semestre de l'année suivante, des fragments de comptes de 1317 et 1323, un compte de 1341 et, enfin, le compte des eaux et forêts (en Brie et en Champagne) du douaire de la reine Jeanne, veuve de Charles le Bel; ce dernier document en date de 1348.

La cinquième et dernière partie contiendra les coutumes des foires de Troyes d'après un manuscrit de la bibliothèque de Troyes, provenant du fonds de Saint-Étienne, ainsi que celles des foires de Lagny.

On estime que l'ensemble de ces textes, imprimés sur deux colonnes, donnera 600 pages environ. Avec la préface, dans laquelle l'auteur résumera toutes les données relatives à la date et à la provenance de chaque document, et la table qui forcément sera très copieuse, on voit que le volume proposé pourra être un des mieux remplis de la Collection des Documents inédits.

Nous pensons qu'on n'hésitera pas à y joindre une grande carte du comté de Champagne, donnant les divisions administratives à l'époque du mariage de Philippe le Bel avec l'héritière de ce vaste domaine. M. Longnon a fait graver la carte physique de la Champagne; il en possède les pierres, et s'empressera de les mettre à la disposition du ministère. La commission estime, en outre, qu'il y aura lieu d'autoriser l'auteur à y joindre deux ou trois autres cartes ne dépassant pas la justification du volume et représentant le comté de Champagne à diverses périodes de cette existence.

Anatole de Barthélemy,

Rapporteur.

RAPPORTS

DES MEMBRES DU COMITÉ SUR LES PUBLICATIONS
DES SOCIÉTÉS SAVANTES.

SECTION D'HISTOIRE ET DE PHILOLOGIE.

MÉMOIRES DE LA SOCIÉTÉ ACADÉMIQUE D'AGRICULTURE, DES SCIENCES, ARTS ET BELLES-LETTRES DU DÉPARTEMENT DE L'AUBE.

Tome XLIII, année 1878. Troyes, 1 vol. in-8° de 466 pages.

(Séance du 10 novembre 1879.)

Des onze mémoires qui composent ce volume, six seulement se rapportent aux études dont s'occupe la section historique du Comité. Ce sont, en suivant l'ordre chronologique des sujets traités :

1° *Le dieu de la mort et les origines mythologiques de la race celtique*, par M. d'Arbois de Jubainville;

2° *Une page d'Agathias le Scholastique*, par M. Charles des Guerrois;

3° *Documents inédits pour servir à l'histoire de la collégiale de Saint-Urbain de Troyes*, par M. Méchin, chanoine honoraire, curé de Saint-Urbain;

4° *Le guet et la milice bourgeoise à Troyes*, par M. Albert Babeau, secrétaire de la Société;

5° *Précis historique de la seigneurie de Gyé, depuis le XIIIᵉ siècle jusqu'à la Révolution de 1789*, par M. l'abbé Pascal Chauvet;

6° *Le château de Paslis et sa bibliothèque*, par M. Albert Babeau.

I. *Le dieu de la mort et les origines mythologiques de la race celtique* (p. 425 à 432).

M. d'Arbois de Jubainville, auteur de ce mémoire, après avoir

3.

longtemps et avec succès appliqué ses études à l'histoire du moyen
âge et principalement de la Champagne, est devenu, depuis quelques
années, l'un des disciples les plus fervents et des maîtres les plus
autorisés de l'école philologique qui recherche, dans les textes et
les traditions de l'Armorique, de l'Irlande et du pays de Galles
transmis au moyen âge, les origines et l'histoire des migrations des
anciennes populations celtiques de la Gaule.

La nouvelle étude dont il s'agit lui a été suggérée par une dissertation que M. Anatole de Barthélemy publia, en 1870, dans le
tome Ier de la *Revue celtique*, sur la divinité gauloise *assimilée à Dis
pater* ou dieu de la mort, le Pluton du panthéon gaulois, dont ce
peuple prétendait descendre, selon l'enseignement des druides,
mentionné par César. (*De Bell. Gall.*, VI, 18.)

Le but du mémoire de M. d'Arbois est de démontrer, d'après un
texte de Nennius et d'autres textes plus anciens, modifiés par l'influence des traditions chrétiennes et des légendes du moyen âge, que
la race irlandaise était originaire de la péninsule ibérique; que l'un
des noms sous lesquels l'Espagne est indiquée dans ces textes est
identique avec l'un des quatre noms irlandais attribués au dieu de
la mort et dont l'un, *Miled*, désigne aussi un ancêtre de la nation
irlandaise. M. d'Arbois en tire cette conséquence, déduite de nombreux arguments, que le *Dis pater* de César, ou dieu de la mort
« gaulois, ancêtre des Celtes du continent, est identique à la divinité
« dont étaient issus les Celtes d'Irlande. C'est du pays des morts que,
« suivant la tradition mythologique de la Gaule et de l'Irlande, la
« race celtique est sortie à l'origine du genre humain. » Des érudits,
plus compétents que nous, pourront apprécier la valeur historique
et philologique de ces déductions.

II. *Une page d'Agathias le Scholastique*, par M. des Guerrois (p. 388
à 411).

Le second mémoire, selon l'ordre chronologique, inséré dans ce
volume, est aussi fort étranger à l'histoire de la ville de Troyes et
du département de l'Aube, mais il se rapporte à une époque moins
ancienne et moins obscure que le précédent.

Agathias de Myrène, poète du vi^e siècle, contemporain de Pro-
cope, l'un des biographes de Justinien, l'un des fonctionnaires de
son gouvernement, est plus connu par ses Annales que par ses
poésies. Celles-ci, cependant, figurent dans les collections d'antho-

logies grecques, publiées et traduites plusieurs fois. M. des Guerrois regrette que l'auteur de la traduction la plus récente, feu
M. Dehèque, ait omis l'introduction d'Agathias, dans laquelle est
tracé, entre autres sujets divers, un tableau de la cour et de l'empire
de Justinien; c'est une lacune qu'il a voulu combler. Toutefois, reconnaissant combien ces poésies, pour la plupart érotiques et élé-
giaques, étaient étrangères aux études historiques dont s'occupe la
Société académique de l'Aube, M. des Guerrois a joint à sa traduction celle de deux fragments de l'histoire d'Agathias retraçant le
portrait des Francs et d'autres nations barbares au vɪᵉ siècle, et le
récit d'une peste qui fit alors de grands ravages en Italie. Probablement, afin de donner à ces extraits une apparence plus archaïque, M. des Guerrois a reproduit une traduction française du
xvɪᵉ siècle.

III. *Documents inédits pour servir à l'histoire de la collégiale de Saint-
Urbain de Troyes* (p. 5 à 128).

Avec ce mémoire de M. l'abbé Méchin, on rentre en plein moyen
âge, dans les études relatives à l'histoire de la ville de Troyes et
dans l'histoire de l'une des institutions ecclésiastiques les plus
importantes. L'organisation des collégiales présente, en effet, les
renseignements les plus variés et les plus précis sur la vie intérieure du clergé, en partie régulier et en partie séculier.

L'origine de la collégiale de Saint-Urbain se rattache intimement
à la mémoire d'un des plus illustres enfants de Troyes. Le pape
Urbain IV, issu d'une pauvre famille de cette ville, voulut conserver,
par la fondation d'un monument religieux important, le souvenir
de son origine populaire, du lieu de sa naissance et de la modeste
échoppe où son père avait exercé le métier de cordonnier. Il était,
depuis plusieurs années déjà, souverain pontife, lorsque, en 1262,
il fit commencer les travaux préparatoires de ce nouvel établissement religieux. Il eut d'abord à surmonter des difficultés pour l'ac-
quisition de la maison même où il était né, qu'il racheta de l'abbaye
de Notre-Dame-aux-Nonnains, à laquelle il en avait fait don précédemment. Plus d'une fois les supérieures de cette communauté mani-
festèrent leurs prétentions ambitieuses, qui suscitèrent des luttes
avec les autorités ecclésiastiques et civiles du diocèse. Aux dons
considérables du pape, administrés par deux procureurs spéciaux,
et après lui à ceux de son neveu, le cardinal Ancher, qui poursuivit

l'œuvre commencée par Urbain IV, s'ajoutèrent successivement les
ressources ordinaires des grandes fondations ecclésiastiques, telles
que les prédications, les indulgences, les donations territoriales, qui
facilitèrent l'érection du monument. Cette église est encore aujour-
d'hui l'une des plus remarquables de Troyes et, suivant l'opinion
de M. Viollet-le-Duc, un des plus intéressants et des plus précieux
monuments de l'architecture ecclésiastique pendant la seconde
moitié du xiii° siècle. Cependant, malgré ses nombreuses ressources,
la dédicace solennelle de Saint-Urbain n'eut lieu qu'en 1389, plus
d'un siècle après sa fondation. Mais l'organisation disciplinaire de
la collégiale devança l'achèvement matériel de l'édifice, et le chapitre était en plein exercice avant le xiv° siècle. Il était composé
de douze chanoines ou chapelains, au nombre desquels étaient le
doyen, le chantre, le trésorier, et, comme fonctionnaires secondaires, des vicaires, d'abord au nombre de quatorze. Il était soumis
à la juridiction directe du Saint-Siège, et avait une officialité propre,
distincte de celle de l'évêque de Troyes.

M. l'abbé Méchin a publié l'histoire de chacun des fonctionnaires
de la collégiale, celle de ses chapitres généraux et particuliers; il
énumère les nombreux privilèges dont elle jouissait. Sous le titre
de *Distribution*, il reproduit le détail des sommes perçues par les
membres de la fabrique pour chaque cérémonie religieuse. Il décrit,
avec les plus complets détails, chacune des treize chapelles de cette
église, leurs origines, leurs revenus; il fait connaître leurs fondateurs,
les vestiges de monuments et d'ornements, ainsi que les tombes
qu'on y voit encore. Le souvenir des bienfaiteurs de Saint-Urbain
était fréquemment conservé, soit par des plaques commémoratives,
la plupart du xvii° siècle, placées près des portes de l'église, soit
surtout par des prières inscrites au *Livre du prône*, comme dans les
anciens nécrologes des abbayes. L'auteur fait aussi mention des
prières spéciales demandées par les donateurs. Le mémoire de
M. Méchin est terminé par un document qui mérite d'être cité :
c'est la protestation, à la fois ferme et modérée, du chapitre contre
la destruction du monument projetée en 1790, protestation qui eut
un succès complet.

Comme on le voit, l'auteur de l'*Histoire de la collégiale de Saint-
Urbain* n'a rien négligé dans ce mémoire, qui n'a pas moins de
123 pages, de ce qui pouvait l'éclairer; il a reproduit de nombreux
documents originaux, extraits des archives municipales et départe-

mentales de Troyes, et il a beaucoup ajouté aux descriptions déjà
publiées par les historiens précédents de la ville de Troyes : Camu-
sat, Courtalon, Grosley et Boutiot.

IV. *Le guet et la milice bourgeoise à Troyes* (p. 307 à 361).

Ce mémoire de M. Babeau, ayant été lu en avril 1878, dans la
réunion des délégués des Sociétés savantes à la Sorbonne, a déjà
été analysé dans la *Revue* (t. VII, p. 205). Il n'y a donc pas lieu
d'en donner de nouveaux extraits détaillés qu'il mériterait par
son importance. Il est, en effet, l'un des plus développés de ce
volume. Je me bornerai à en rappeler le sujet, en signalant d'abord
l'erreur, probablement typographique, qui en a altéré le titre dans
la *Revue*, où se lit : *Le guet de la milice bourgeoise*, au lieu de : *Le guet et
la milice bourgeoise*, titre du mémoire original. Cette double énoncia-
tion indique, en effet, deux services militaires municipaux différents :
le service de guet ou de garde, distingué en plusieurs sortes, de
jour aux portes, de nuit sur les murailles ou devant les maisons, de
parcours dans les rues, etc., était imposé à toute la population;
tandis que le service de la milice bourgeoise, sorte de garde nationale, tantôt sédentaire, tantôt mobile, suivant les nécessités, n'était
obligatoire que pour une partie des habitants organisés militairement, mais toujours d'après les désignations municipales des quartiers et souvent aussi des fortunes. On y distinguait, d'après leur
position sociale, et suivant les circonstances plus ou moins urgentes,
pour les obligations de service intérieur ou extérieur, les *hommes
de pourpoint* (la bourgeoisie plus ou moins riche) et les *hommes
de fer* (les ouvriers de diverses professions) armés militairement
et assujettis à un service plus rigoureux en cas de guerre extra-
urbaine; mais l'échevinage défendait le droit de cette partie de son
administration contre les prétentions du bailliage. L'histoire des
divers éléments de cette double organisation, municipale et militaire,
se retrouve, pendant le moyen âge, dans toutes les grandes villes
de France qui prétendaient se protéger elles-mêmes contre les dangers extérieurs, aussi bien que contre les discordes civiles. L'histoire
des diverses modifications qu'elle a subies à Troyes, depuis le
xiii⁰ siècle jusqu'à 1789, est retracée par M. Babeau avec les détails
les plus précis et les plus nombreux, d'après les documents originaux conservés dans les archives de Troyes, dont plusieurs, inédits,
sont reproduits textuellement.

V. *Précis historique de la seigneurie de Gyé, depuis le XIIe siècle jusqu'à la Révolution de 1789*, par M. l'abbé Chauvet (p. 363 à 388).

Cette ancienne seigneurie comprenait, dès le milieu du XIIIe siècle, trois bourgs, dont Gyé était le chef-lieu. Des vestiges de fortifications indiquent une certaine importance, qu'explique sa situation sur les frontières du duché de Bourgogne et du comté de Champagne, dont ce fief a dépendu alternativement, par suite d'alliances diverses des familles qui l'ont successivement possédé et parmi lesquelles figure même, au XIVe siècle, la maison royale de France dans la personne de Blanche et de Jeanne de Navarre. Cette situation explique pourquoi Gyé a été attribué, par les topographies locales, à l'une ou à l'autre de ces deux provinces.

M. l'abbé Chauvet en a retracé l'histoire depuis le milieu du XIIIe siècle, époque à laquelle se rapporte le plus ancien document qui en fasse mention, jusqu'en 1789, alors que furent détruits les droits féodaux et les privilèges locaux de cette seigneurie, souvent discutés et mutuellement combattus entre les habitants de la commune et les possesseurs successifs du fief. La liste des seigneurs de Gyé, dont l'auteur de cette notice retrace l'histoire, commence à Béatrix de Coulans, qui, par un acte de 1277, engagea à Robert II, duc de Bourgogne, une partie de la terre située dans le duché, et se réserva l'autre, qui était du comté de Champagne, jusqu'au marquis de Montmort, qui soutint contre la commune, pour les droits de sa châtellenie, depuis 1770 jusqu'à 1789, un procès célèbre dans les annales de cette petite localité. Pour défendre ses privilèges, il en avait fait afficher, aux portes des auditoires des trois communes, une longue énumération qui n'en mentionnait pas moins de vingt, tous plus vexatoires les uns que les autres. Les détails de ce long procès, alternativement perdu et gagné par chacune des parties, jusqu'à la destruction définitive de tous ces privilèges, sont minutieusement énumérés dans le mémoire de M. l'abbé Chauvet. On y voit aussi indiquées les dates des différents documents cités par l'auteur et qui se poursuivent depuis le XIIIe siècle jusqu'au XVIIIe. Les notes portent toutes, même celles qui sont relatives aux documents les plus anciens, des mentions telles que celles-ci : Archives communales, 11 mars 1771; — 5 février 1776; — 15 mai 1786, etc. Peut-être ces documents ont-ils été rappelés dans les délibérations du conseil de la commune, à l'occasion du procès contre le dernier seigneur; mais cette explication, ou toute autre, n'eût pas été inutile.

VI. *Le château de Paslis et sa bibliothèque* (p. 413 à 424).

M. Babeau décrit les origines, les dépendances, les droits féodaux et autres privilèges des possesseurs successifs de ce château, depuis le xiiiᵉ siècle jusqu'en 1789. Mais la partie vraiment intéressante du mémoire est l'inventaire de la bibliothèque qui en faisait partie, dressé en 1792, après l'émigration du dernier propriétaire, François Desmarets, avocat et jurisconsulte distingué. Cette bibliothèque, dont l'origine explique l'importance, était riche en éditions rares du xvᵉ et du xviᵉ siècle et en manuscrits de jurisprudence et d'histoire concernant surtout la Champagne et la ville de Troyes. Ces manuscrits étaient au nombre de soixante environ, indépendamment de recueils de pièces, de titres et d'autres documents historiques. L'un de ces manuscrits, le seul que l'on ait indiqué, était intitulé : *Origines tricassines*. Il n'était pas difficile de reconnaître la source d'un tel trésor, et M. Babeau a constaté avec certitude, quoiqu'il n'en fût pas fait mention dans l'inventaire, que la plus grande partie, et très probablement la totalité de ces livres et manuscrits, provenaient des Pithou (deux frères, Pierre et François, et un neveu), célèbres tous trois, surtout le premier, par leur savoir, par leurs publications sur la jurisprudence du moyen âge et sur l'histoire de la Champagne, ainsi que par leur goût ardent pour les manuscrits et les livres rares. La bibliothèque des Pithou a joui, en effet, dès le xviiᵉ et le xviiiᵉ siècle, d'une juste renommée ; elle a été plusieurs fois mentionnée avec de grands éloges, et d'abord dans les biographies de Pierre Pithou par Boivin en 1715 et par Grosley en 1756. Les manuscrits de ces érudits champenois sont fort estimés ; les plus importants ont été publiés, mais il en est encore plusieurs inédits. Les autres manuscrits dont ils avaient enrichi leurs bibliothèques étaient, pour la plupart, très précieux et sont encore comptés au nombre des plus importants de ceux que possède la bibliothèque de la ville de Troyes ; il en est aussi plusieurs qui figurent dignement dans les collections de la Bibliothèque nationale.

L'histoire et le sort des manuscrits de la famille Pithou, depuis le xviᵉ siècle jusqu'en 1837, ont été brièvement, mais très clairement exposés par M. L. Delisle dans son précieux et savant ouvrage : *Le Cabinet des manuscrits de la Bibliothèque nationale*, t. II, p. 8. On y voit la mention succincte, d'après le manuscrit latin 10395, fol. 135, d'une collection assez considérable des manuscrits de Pithou que

possédait le cabinet de Desmarets de Paslis. Il s'agit évidemment de
la collection mentionnée dans le mémoire de M. Babeau, et qui fut
dispersée, malgré la proposition des commissaires chargés alors d'en
faire l'inventaire et l'évaluation, qui demandaient qu'on la réservât
pour être transférée à Troyes, lorsqu'il en serait temps. C'est ce qu'on
lit dans le procès-verbal du 22 décembre 1792, conservé dans les
archives de l'Aube et consulté par M. Babeau. Celui-ci explique,
avec une complète certitude, comment les manuscrits des Pithou,
existant alors dans le château de Paslis, y avaient été successivement
réunis par dons, par héritage, par acquêts, par échanges. Il rappelle
aussi comment ceux qui avaient été légués par François Pithou au
collège de l'Oratoire de Troyes, n'y ont été transmis qu'en partie et
comment ils ont ensuite fait partie de la bibliothèque de cette ville.
Ils sont mentionnés, avec l'indication de cette dernière origine,
dans le catalogue de cette bibliothèque, publié en 1855 et qui
forme le second volume du *Catalogue général des manuscrits des bibliothèques publiques des départements*. M. L. Delisle, dans l'ouvrage précédemment cité, fait connaître les principales circonstances qui ont
occasionné, depuis 1793, la dispersion des manuscrits des Pithou;
ce que M. Babeau n'avait connu qu'incomplètement, tout en ajoutant des renseignements nouveaux et intéressants à cette petite histoire bibliographique.

Telle est, en résumé, la part considérable et méritoire par l'intérêt et la variété des sujets traités, que la Société académique de
l'Aube a fourni, par le dernier volume de ses mémoires, à l'ensemble des études historiques que les Sociétés savantes de France
tendent à enrichir, chaque année, avec la plus méritoire émulation.

J. Desnoyers,
Membre du Comité.

Mémoires de la Société des lettres, sciences et arts de Bar-le-Duc.
Tome VIII, 1879.

(Séance du 10 novembre 1879.)

Les mémoires que comprend ce volume se rapportent tous, à
l'exception d'un seul, à l'histoire locale. Le premier est une monographie de la ville de Vaucouleurs, par M. Bonnabelle, qui a

puisé la plupart des éléments de son travail soit dans Dom Calmet, soit dans les différents ouvrages qui ont été publiés sur le Barrois, soit dans quelques documents inédits conservés dans les archives de Bar et de Vaucouleurs. Outre le récit des événements historiques importants ou secondaires qui se sont passés à Vaucouleurs, on y trouve un exposé de l'état actuel de cette ville et des renseignements biographiques, très succincts d'ailleurs, sur les personnages marquants qui y sont nés. Parmi ces personnages figure la comtesse du Barry, dont M. Bonnabelle a transcrit l'acte de baptême extrait de l'état civil de Vaucouleurs, jadis édité par feu Leroy, bibliothécaire à Versailles. Il résulte de cet acte que le nom de Gomart de Vaubernier, que lui ont attribué presque tous les biographes, ne lui appartenait pas et qu'elle était la fille naturelle d'une femme appelée Anne Bécu, dite Quantigny.

Ce mémoire est suivi d'une notice historique sur les établissements de bienfaisance de Vaucouleurs par M. le docteur Baillot, qui a déjà inséré dans plusieurs volumes du recueil de la Société de Bar-le-Duc des renseignements très intéressants sur les institutions charitables des diverses localités de ce pays.

Les deux mémoires de MM. Bonnabelle et Baillot sont accompagnés d'un certain nombre de pièces justificatives, dont quelques-unes, ayant pour objet des fondations et dotations de chapelles, remontent au xiiiᵉ siècle.

Vient ensuite un document original du xvᵉ siècle relatif à l'ancien duché de Bar, que M. Victor Servais a découvert dans les archives du département de la Meuse, et qui lui a paru mériter d'être publié : ce sont les instructions de René Iᵉʳ, roi de Sicile, duc d'Anjou et de Bar, données à Angers le 3 septembre 1454 aux délégués des officiers de Bar, pour le gouvernement du Barrois, en l'absence de ce prince et de Jean d'Anjou, duc de Calabre, son fils aîné. Elles furent remises à Jeannot Merlin, président de la Chambre des comptes du duché, qui avait été envoyé en mission à Angers par les membres du conseil chargé de la direction des affaires du duché pendant l'absence du souverain, et qui, à son retour, les présenta à ce conseil. Elles se composent d'une quinzaine d'articles, qui sont, pour la plupart, des résolutions du duc en réponse à des avis de son conseil sur des questions politiques, administratives, litigieuses et domaniales que lui seul pouvait trancher, ou des ordres émanant de son initiative. M. Servais a cherché à faire ressortir l'intérêt de ce do-

cument en y ajoutant quelques observations et commentaires qui
en exagèrent peut-être l'importance, mais qui dénotent une étude
attentive et une connaissance particulière de l'histoire du Barrois.

M. Royer a payé sa bienvenue, comme nouveau membre de la
Société, par la publication de notes recueillies par lui pour servir à
l'histoire de l'ancienne châtellenie de Pierrefitte, village aujourd'hui
chef-lieu de canton de l'arrondissement de Commercy. Dans la première partie de son travail, M. Royer a essayé d'établir, en comparant les opinions émises à ce sujet par les principaux annalistes du
Barrois, la filiation des personnages de la famille des comtes de Bar
qui possédèrent successivement la châtellenie de Pierrefitte. Ces
recherches ont apporté, il le reconnaît lui-même, peu de lumière
sur cette question, les auteurs qu'il a consultés l'ayant laissé dans
des doutes difficiles à éclaircir. La seconde partie, qui est réservée
pour le prochain volume, sera consacrée à l'état féodal des villages
qui faisaient partie de la châtellenie.

Nous devons encore à M. le docteur Baillot quelques renseignements curieux sur un ancien droit dont jouissaient les habitants de
la ville de Bar, de prendre des mais dans le bois du Petit-Juré,
pendant l'octave de la Fête-Dieu.

Un des souverains du Barrois, selon la tradition, voulant donner
plus de solennité à cette fête, prescrivit aux habitants, sous peine
d'amende, de décorer leurs maisons dans les rues où devait passer
le saint sacrement. Mais la plupart d'entre eux, ne pouvant subvenir à la dépense occasionnée par cette décoration, y suppléèrent en
recourant à la verdure et aux fleurs. De là l'usage autorisé d'aller,
à cette époque, prendre dans les bois du voisinage les feuillages nécessaires à l'ornement des rues, des maisons et des reposoirs. Cet
usage ayant dégénéré en abus, et les habitants abattant à tort et à
travers tout ce qu'ils trouvaient à leur convenance, on le réglementa
par des dispositions restrictives. La grande maîtrise des eaux et
forêts de France essaya à plusieurs reprises de les dépouiller de ce
privilège. Mais ils n'en furent privés que momentanément et, grâce
à leurs réclamations incessantes, ce droit d'usage, bien que consi-
dérablement restreint et amoindri, leur fut conservé jusqu'à l'époque
de la Révolution.

On voit, d'après le compte rendu de ce volume, que la Société
de Bar-le-Duc s'y est surtout préoccupée de recherches locales. Nous
ne pouvons que l'en féliciter. Le seul sujet qui ne s'y rattache pas

est la seconde partie d'une étude de M. Bonne, docteur en droit,
sur la condition des étrangers en France depuis l'origine de la monarchie jusqu'à nos jours, commencée dans le volume précédent[1].
Nous avons déjà fait mention de ce travail, qui sera continué dans
le volume suivant. Nous n'avons pas à y insister.

L. Bellaguet,

Membre du Comité.

Mémoires de l'Académie des lettres et des sciences d'Amiens.

4ᵉ série, t. V, 1879.

(Séance du 10 novembre 1879.)

Sous ce titre : *Le pape Zacharie et la consultation de Pépin le Bref,*
M. l'abbé Crampon, dans une dissertation bien conduite, remet en
discussion une question souvent débattue, mais qui peut-être n'avait
pas été traitée à fond d'une manière aussi complète, par l'examen,
non seulement des textes afférents au sujet, mais des opinions
diverses soutenues par les historiens et par les docteurs en théologie. La question par elle-même est bien connue : savoir s'il est
réel, comme l'ont avancé trois ou quatre chroniqueurs et, d'après
eux, nos historiens du xviiiᵉ siècle, y compris M. Guizot, que Pépin ait envoyé deux ambassadeurs au pape pour le pressentir sur la
succession au trône des Mérovingiens, démarche suivie de la dépo-
sition de Childéric III, prononcée par Zacharie. Les deux émissaires
du père de Charlemagne auraient été Burchard, évêque de Wurtz-
bourg, et Fulrad, abbé de Saint-Denis.

Grégoire VII est le premier pontife qui, trois siècles après, ait
invoqué dans un document public l'autorité d'un fait aussi considérable pour l'affirmation de la puissance temporelle. C'est depuis
lors qu'il a acquis tant d'importance et que les historiens l'ont enregistré. Au xviiᵉ siècle, le Père Lecointe, de l'Oratoire, a ouvert la
série des érudits tentés de regarder comme une légende la consultation de Zacharie; quelques écrivains graves ont partagé cette opinion, même avant que le *Dictionnaire* de Moreri traitât de pure fable
la députation à Zacharie.

---

[1] Cette seconde partie s'étend du xᵉ au xvᵉ siècle.

Cependant nos historiens ont accepté cette tradition tour à tour. M. Henri Martin l'adopte sans la discuter, d'après les *Annales* de Lorsch et la *Chronique* de Frédégaire. Quelques Allemands s'étaient montrés moins faciles, lorsque, en 1875, le docteur Uhrig publia à Leipsick ses *Doutes* à propos de cette question, lesquels concluent à une négation absolue. Son opinion, deux ans après, fut confirmée par les *Analecta juris pontificii* et par la *Revue des questions historiques*.

La cause étant ainsi posée, M. l'abbé Crampon la discute à l'aide des diverses autorités et d'un attentif examen des textes. Sa thèse donne lieu à un mémoire historique admirablement conduit, mais où nous ne pourrions l'escorter sans reproduire presque tout le travail, tant il paraît logique et serré; ce commentaire nous entraînerait trop loin. Il en serait autrement si, n'étant pas forcément réduit à argumenter sur une note posthume des *Annales* d'Éginhard, sur les continuateurs anonymes et tardifs de Frédégaire, sur un passage intercalé dans les *Annales Lauricenses*, et un fragment introduit à la marge d'un manuscrit de Molsheim, perdu depuis quatre-vingts ans, M. l'abbé Crampon avait à faire entendre un nouveau témoignage, révélé par la découverte d'un document enfoui. Si nerveux, si bien soutenu qu'il soit, le long, l'intéressant article de M. l'abbé Crampon n'est donc qu'un plaidoyer attachant d'une cause plus d'une fois entendue, et où sont rappelés avec à propos des faits, des circonstances à demi oubliés de bien des lecteurs.

Deux bancs dans le chœur de l'église d'Albert, par M. H. Daussy.

Ce travail historique se présente ici comme la pièce légère après un drame sérieux. Esprit critique et enjoué, l'auteur, quand il exploite des documents, en extrait les peintures de mœurs qui peuvent captiver ses lecteurs. L'aventure qu'il raconte semble remonter au moyen âge; beaucoup plus récente, elle n'a pas cent ans. Mais, bien qu'elle soit étayée sur des recherches exactes et sur une connaissance approfondie des institutions de l'ancien régime, on sent que, si les péripéties en étaient moins comiques, M. Daussy dédaignerait de les retracer. Voici le point de départ de cette grosse affaire :

« A la fin de 1786, on fit, dans le chœur de l'église d'Albert, deux bancs, l'un pour le curé et les marguilliers, l'autre pour le maire et les officiers municipaux. » Jusque-là, ni le maire, ni ses officiers municipaux, ni même le curé et ses marguilliers n'avaient eu des places dans le chœur.

Pour expliquer cette situation, l'auteur rappelle que cette église était une dépendance d'un ancien couvent de bénédictins qui avaient conservé l'usage exclusif du chœur, tandis que la nef de l'église seule était affectée à la paroisse. On y officiait sur un autel particulier. A la suite des guerres du xviie siècle, la ville ayant été incendiée, les religieux l'abandonnèrent et n'y revinrent pas. Leur église fut donc restaurée par les habitants et les fonctions curiales se firent dès lors dans le chœur, qui leur fut concédé en 1673 par l'abbé Hennequin, à qui appartenaient le prieuré et l'échevinage d'Albert. Mais, par respect pour les traditions, peut-être aussi à raison de quelque privilège de suzeraineté persistant, ni le curé, ni le maire, ni les échevins n'avaient introduit leurs bancs dans l'enceinte du chœur, lorsque le maire de 1786, M. Latiffy, estimant que sa dignité lui donnait le droit d'avoir place au chœur, y fit, d'accord avec le curé, mettre des bancs pour le conseil municipal et pour la fabrique. Personne ne s'opposa à la nouvelle installation « aux endroits les plus honorables » des autorités municipale et ecclésiastique. Les bancs étaient pourvus de dossiers, d'accoudoirs, de clôtures, etc.

Cette hardie innovation suscita bientôt de violentes jalousies, de sourdes révoltes, que rendit redoutables l'accord des gens de qualité de l'endroit : subdélégué de l'intendant, officiers du prieuré, du marquisat, bref tout ce qui constituait l'aristocratie nobiliaire, administrative de la petite ville, lesquels, primés dans leurs préséances, restaient confinés à leurs anciennes places dans la nef. Dans cette bourgade de 1,500 âmes, peu industrielle et peu vivante, deux officiers en retraite, chevaliers de Saint-Louis, représentaient à eux seuls la noblesse, mais il y avait grand nombre de gens de loi.

Albert comptait cinq juridictions différentes : la justice du marquisat, comprenant douze paroisses; la justice civile et criminelle, rendue par le bailli ou son lieutenant. Ce magistrat jugeait en première instance, à charge d'appel au bailliage de Péronne. En matière criminelle, les cas présidiaux étaient réservés aux juges royaux; ces sortes de causes étaient déférées au siège de Laon, et les appels des sentences du bailli au criminel ressortissaient au Parlement de Paris. Outre le subdélégué de l'intendant de Picardie, le marquisat avait un procureur fiscal, un greffier, des notaires royaux, des notaires du marquisat.

Mais tout ce qui appartenait à l'ancien prieuré échappait à la juridiction du marquisat. Le prieur absent était figuré par un autre seigneur ayant ses droits et ses officiers de justice. Une autre juridiction encore était celle du seigneur de Boullant, aux portes de la ville, ayant aussi son personnel d'officiers pour haute, moyenne et basse justice. C'était alors une dame Lemarchand. Enfin, l'hôtel de ville avait sa juridiction particulière ; l'échevinage formait un tribunal auquel revenaient certaines causes définies, telles que les difficultés résultant des appositions de scellés et de la confection des inventaires. Il jugeait en référé et statuait sur les actes de renonciation à communauté et héritages ; il pourvoyait aux tutelles et curatelles. Ajoutons à ces éléments les jugements de police, qui étaient sans appel, plus huit fonctionnnaires du grenier à sel, sept huissiers répondant à chacune des juridictions, et l'on appréciera la milice de fonctionnaires que subissait cette bourgade de 4oo feux.

Après avoir ainsi dressé la liste des personnages, M. Daussy les met en action dans un récit grave, bien étudié et par là fort plaisant, des conflits et des procédures inextricables poursuivies plusieurs années (au sujet des bancs introduits dans le chœur de l'église) contre la mairie d'Albert, par une coalition de tous ces spectres féodaux. Il nous représente la bourgade en rumeur, les opinions qui partageaient les citoyens, les haines et les cancans des bourgeois, les arrêts pour ou contre les diverses juridictions ; la mairie tantôt victorieuse et tantôt battue, les pamphlets circulant de part et d'autre et la cause plus embrouillée que jamais dans les plus singulières procédures, jusqu'au 4 août 1789, où la féodalité fut abolie. Bientôt les justices seigneuriales, la vénalité des offices de judicature et d'échevinage étant supprimées, les biens du clergé furent mis à la disposition de la nation. Ces grands personnages d'un si petit format qui luttaient depuis plusieurs années contre toutes les forces de l'ancien régime, mettant en cause les plus grandes seigneuries, ne sont plus que des fantômes.

Cette narration, conduite sur des documents authentiques serrés de près, démontre tout l'attrait que peuvent donner à un récit littéraire l'étude des textes et l'exactitude des faits.

Francis Wey,
Membre du Comité.

1879.

(Séance du 10 novembre 1879.)

Ce volume contient, outre les poésies récompensées dans les divers concours:

Un remerciement en vers provençaux de M. Mistral, nommé maître ès jeux floraux;

Un discours de M. Camus, intitulé : *De l'immortalité en littérature et de son action sur la société française contemporaine*, récompensé par une violette réservée;

Un *éloge* intéressant de M. de Rocquemaurel, qui, mort le 1er avril 1878, capitaine de vaisseau et commandeur de la Légion d'honneur, était lieutenant en pied de *l'Astrolabe* et second de Dumont d'Urville, lors de son voyage autour du monde, et a laissé une relation inédite de cette expédition. Les extraits et la courte analyse qu'en donne M. le comte de Toulouse-Lautrec permettent de supposer qu'elle pourrait servir d'utile complément et parfois même de rectification nécessaire au récit officiel de cette exploration.

Nous mentionnerons surtout le rapport sur le prix du Conseil général, le seul qui soit décerné à des études historiques. Le sujet remis au concours cette année était une *Étude littéraire sur les historiens du Languedoc, en particulier sur Dom Vaissette et Dom de Vic.* C'est M. Benezet qui l'a emporté dans cette lutte, surtout, d'après la juste appréciation des juges, parce qu'il a nettement fait ressortir la prédominance marquée de l'ouvrage des deux bénédictins sur tous ceux qui l'avaient précédé. M. Redier de la Villate, qui a été classé le second, a au contraire énuméré tous les historiens du Languedoc, puis en a choisi vingt-cinq des plus importants, qu'il a lus, analysés, appréciés, sans que rien rattache l'une à l'autre ces diverses notices. Les bénédictins eux-mêmes sont traités de cette façon, et leur ouvrage est résumé page à page. Le rapporteur, M. le comte de Toulouse-Lautrec, semble croire que c'est le temps qui a manqué à l'auteur pour donner aux excellents matériaux qu'il avait préparés une forme définitive, et il termine en disant que c'est sans doute cet honorable échec « qui a inspiré à l'Académie la résolution de donner désormais deux années pour le concours des études historiques, qui doivent être l'objet de longues recherches et de pénibles investigations. »

CH. MARTY-LAVEAUX,

Membre du Comité.

MÉMOIRES DE LA SOCIÉTÉ D'ÉMULATION DU JURA.

2ᵉ série, t. III, 1877.

(Séance du 10 novembre 1879.)

Ce volume est composé de mémoires qui tous ont leur utilité et leur intérêt pour l'histoire locale.

Les trois suivants sont purement archéologiques :

Note sur la découverte, à Saint-Lupicin, d'un soc de charrue antique, par Léon Benoit.

Le camp de Coldres, près Lons-le-Saûnier, par L. Clos.

Les tumulus de la Combe-d'Ain, par Jules Le Mire.

Deux autres mémoires touchent par beaucoup de points à l'histoire proprement dite :

L'étude archéologique sur Grégoire de Tours, par Paul-Noël Le Mire, est un recueil habilement commenté des renseignements archéologiques fournis par les ouvrages de notre vieil historien.

Les dalles funéraires de l'ancienne église abbatiale de Baume-les-Messieurs, par Bernard Prost, nous présentent quarante-quatre inscriptions dont plusieurs constatent des faits d'une réelle importance. La date de mort de Jean Molyné, abbé de Baume (12 mars 1389) et celle de l'entrée en fonctions de Louis de Chassal, succédant, le 11 octobre 1462, à Étienne de Chassal, son oncle, comblent deux lacunes du *Gallia Christiana* et de sa continuation.

Enfin quatre autres travaux appartiennent exclusivement à l'histoire :

D'abord la première moitié d'un *Catalogue des manuscrits relatifs à la Franche-Comté qui sont conservés dans les bibliothèques de Paris,* par M. Ulysse Robert. C'est la seconde édition revue et surtout fort augmentée de l'*Inventaire des manuscrits relatifs à la Franche-Comté,* publié par le même auteur dans l'*Annuaire du Doubs* de 1874. Ce nouveau recueil, formé avec beaucoup de soin et de critique, ne laisse rien à désirer.

Puis une *Notice historique sur le village de Saint-Georges-des-Champs,*

près Lons-le-Saunier, par M. J.-E. Baudy, instituteur à Frébuans, et
M. C.-D. Poirier de Saint-Georges; c'est une étude consciencieuse,
comme il serait à désirer que l'on en possédât relativement à chaque
commune assez riche en documents pour que la reconstitution de
son passé soit possible. Ici, rien n'est oublié. Le village, la seigneurie,
l'église, passent tour à tour sous les yeux du lecteur, et les pièces
justificatives, imprimées en petit texte, ont une étendue au moins
égale à la notice elle-même.

Deux années de la vie municipale à Lons-le-Saunier, au xviie siècle,
tel est le titre donné par M. Philippe Perraud à une série d'extraits
de délibérations habilement commentées, qui nous font assister à
ce qui s'est passé dans la ville en 1673 et en 1674, c'est-à-dire lors
de la fin de la domination espagnole et de l'annexion définitive de
la province à la France.

Enfin, dans *Trois mois de l'année 1795 à Lons-le-Saunier,* M. Guil-
lermet raconte, plutôt d'après ce qu'il a recueilli de vive voix qu'à
l'aide de documents écrits, les cruelles représailles qui suivirent la
réaction thermidorienne. En finissant, l'auteur semble regretter
d'avoir abordé ce douloureux sujet. « Quarante ans après, dit-il,
sauf certains vieillards trembleurs qui n'osaient pas la raconter,
personne ne savait un mot de cette lugubre histoire, que j'ai commentée avec courage et que je termine avec tristesse, car enfin, si
c'est un devoir de récriminer quelquefois, c'est peut-être plus cha-
ritable d'oublier..... surtout quand le mal est sans remède. »

CH. MARTY-LAVEAUX,

Membre du Comité.

DICTIONNAIRE PATOIS-FRANÇAIS DU DÉPARTEMENT DE L'AVEYRON, *par feu
l'abbé* VAYSSIER, *publié par la Société des lettres, sciences et arts de
l'Aveyron.*

1 vol. in-4° de xliii-656 pages.

(Séance du 1er décembre 1879.)

M. l'abbé Vayssier, natif de l'Aveyron, est mort, le 27 août 1875,
directeur du petit séminaire de Belmont (arrondissement de Saint-
Affrique). Pendant les dernières années de sa vie, il avait consacré
ses loisirs à la composition d'un dictionnaire du patois de son pays,

4.

que la Société des lettres, sciences et arts de l'Aveyron vient de publier, en le faisant précéder d'une notice sur l'auteur. L'ouvrage de l'abbé Vayssier méritait cet honneur, et l'on ne peut que savoir gré à la Société de l'Aveyron de la peine et des dépenses qu'elle s'est imposées pour en procurer la publication.

Ce n'est pas que ce dictionnaire puisse être cité, à tous égards, comme un modèle du genre. Il laisse, au contraire, à désirer par bien des côtés; mais, si l'auteur fait paraître en maint endroit une grande inexpérience des matières linguistiques, il ne faut pas oublier que la même inexpérience peut être constatée chez tous les auteurs de dictionnaires patois, et que ceux-ci n'ont pas toujours apporté à la recherche des mots et à leur interprétation le même zèle et la même conscience que feu l'abbé Vayssier. De sorte que, si l'on tient compte à l'auteur du dictionnaire que nous allons examiner de cette circonstance que la mort l'a empêché de mettre la dernière main à son œuvre, on ne peut lui refuser un juste tribut d'éloges.

Cela dit, je vais examiner ce livre en insistant principalement sur les points où, pour avoir méconnu la méthode applicable à ces sortes d'études, l'abbé Vayssier me paraît n'avoir pas satisfait complètement à l'objet d'un dictionnaire patois.

Je ne m'attarderai pas à examiner en détail l'introduction, dans laquelle M. Vayssier s'est engagé, au sujet des patois en général et de celui du Rouergue en particulier, dans des considérations dénuées de toute portée. Les noms mêmes des auteurs qu'il cite, M. Louis de Backer et M. Granier de Cassagnac, par exemple, indiquent suffisamment qu'il n'a pas su se renseigner aux bonnes sources; les questions qu'il traite, notamment l'examen des rapports du patois du Rouergue avec le latin, l'italien, l'espagnol et l'anglais, montrent qu'il ne s'est pas rendu compte des conditions historiques au milieu desquelles s'est formé et s'est développé le patois de l'Aveyron. Mieux inspirée, la Société de l'Aveyron se serait dispensée d'imprimer une étude que l'abbé Vayssier aurait sagement fait de ne pas écrire.

L'œuvre d'un dictionnaire patois présente des difficultés qui ne sont pas les mêmes que celles que l'on a à surmonter lorsque l'on rédige le dictionnaire d'un idiome cultivé, ayant une littérature considérable. La grande difficulté d'un dictionnaire français, anglais, allemand ou italien, consiste moins dans la collection des mots (tra-

·vail que l'on trouve généralement fait dans les dictionnaires antérieurs) que dans la disposition et le classement des sens. Les patois, par cela seul qu'ils ne sont pas ou qu'ils ne sont plus idiomes littéraires, sont pauvres en mots exprimant ces idées abstraites dont la définition est un si rude labeur pour les lexicographes. Les expressions concrètes abondent, chacune ayant son emploi nettement limité, de sorte que les difficultés d'interprétation et de définition sont relativement peu considérables. Les principales difficultés consistent dans la collection des mots et dans la notation des sons. Dans le cas présent, la collection des mots était d'autant plus laborieuse que M. Vayssier n'a eu, que je sache, aucun devancier dans le champ qu'il a exploré. C'est tout au plus si les dictionnaires du patois de Castres, par l'abbé Couzinié, et du patois languedocien, par l'abbé de Sauvages, ont pu, jusqu'à un certain point, lui servir d'aide-mémoire. Je ne suis pas en état, ne sachant du patois de l'Aveyron que ce que j'en ai appris par l'abbé Vayssier, d'apprécier jusqu'à quel point ce dictionnaire est complet; toujours est-il qu'il m'a paru fort copieux. On pourrait même trouver parfois qu'il l'est trop. Ainsi je ne conçois pas l'utilité qu'il peut y avoir à insérer dans un dictionnaire patois des mots aussi visiblement français que *centimo*, *chancre*, *chantre*, *chocolat*, *credo*, etc. C'est là, du reste, une erreur qui est commune à beaucoup de dictionnaires patois. Je ne veux pas dire qu'il faille exclure de ces dictionnaires tous les mots d'origine française, mais je pense que l'on ne doit admettre que ceux dont la forme ou le sens ont éprouvé quelque modification, qui ont été, en un mot, quelque peu *patoisés*.

La notation des sons est une entreprise fort délicate, dont la difficulté réside en ceci que les sons à noter sont beaucoup plus nombreux que les signes, à savoir les lettres de l'alphabet, que nous avons à notre disposition pour les noter. Je m'abstiendrai d'entrer présentement dans aucune discussion sur ce point, ayant l'intention de soumettre prochainement au Comité un traité élémentaire de la façon de rédiger le dictionnaire et la grammaire d'un patois [1], dans lequel la notation des sons aura naturellement un chapitre spécial.

J'ajoute que la notation des sons laisse peu à désirer dans l'ou-

---

[1] Voyez le procès-verbal de la séance du 6 mai 1878, *Revue des Sociétés savantes*, 6ᵉ série, VIII, 4-5.

vrage de M. l'abbé Vayssier. La place de l'accent tonique, le son ouvert ou fermé de certaines voyelles, sont indiqués avec clarté; les sons ont été notés de manière à figurer le mieux possible la prononciation sans préoccupation étymologique, et c'est là l'essentiel. Certaines nuances auraient pu être marquées avec plus de précision, mais, en somme, il n'y a de ce chef aucune critique sérieuse à adresser à l'auteur, et il s'en faut que tous les dictionnaires patois que nous possédons donnent la même satisfaction. Ce qui peut être reproché à l'abbé Vayssier, comme, hélas! à presque tous les ouvrages du même genre qui me sont passés sous les yeux, c'est d'avoir trop souvent négligé d'indiquer le lieu où telle prononciation enregistrée dans le dictionnaire est en usage. A cet égard, l'abbé Vayssier a procédé d'une façon fort irrégulière. Ainsi au mot *plonto* (latin *planta*) je vois indiquée la variante *plánto* comme étant la prononciation usitée à Milhau. D'où je conclus légitimement que la forme *plónto*, dont la provenance n'est pas marquée, doit être usitée dans le reste du département, et notamment dans le centre, le dictionnaire de l'abbé Vayssier ayant plus particulièrement pour point de départ l'idiome parlé à Rodez ou aux environs. M'en tenant à cette conclusion, lorsque je trouve, dans la même page, des formes doubles, telles que *plontá* et *plantá*, *plosé* et *plasé*, sans aucune indication d'origine, je suis porté à supposer, d'après les habitudes générales du dictionnaire, que la forme donnée en premier, celle avec *o*, appartient au centre et au nord du département, tandis que celle avec *a* est propre au sud et au sud-est; mais mon embarras est grand lorsque je rencontre le mot correspondant au français *plant* enregistré sous la forme *plant* avec *plont* en variante, le tout sans marque d'origine. Où dit-on *plant?* où dit-on *plont?* Pourquoi, dans ce cas particulier, M. Vayssier donne-t-il d'abord la forme en *a* et en second lieu la forme avec *o*, lorsque, dans la plupart des cas, il suit l'ordre inverse? C'est ainsi encore que le produit du latin *grandis* est enregistré sous la forme *grond*, avec la variante *grand* (sans indication d'origine); tandis que le même mot, avec le sens de «grand-père» est enregistré quelques pages plus haut sous la forme *gran*, cette fois sans variante.

L'incertitude est bien plus grande lorsque les variantes sont causées par des modifications phoniques dont les exemples sont peu fréquents. Ainsi, comment deviner à quels lieux divers du département de l'Aveyron appartiennent les formes *blermá*, *blarmá*, *blesmá*, *bleymá*, *bloymá*, *blaymá*, données en un seul article sans plus d'explication? De même *dimergue* et *dimenje*, formes qui constatent deux résultats différents du suffixe *inicus*, qui ne peuvent se rencontrer au même lieu.

L'inconséquence dans le choix de la forme type, et en même temps l'absence d'indications de provenance, jettent dans un grand embarras ceux qui veulent noter sur la carte les résultats phoniques fournis par le dictionnaire; et cependant, si l'on veut arriver un jour à se former une idée précise de la variété de nos patois, il importe de déterminer les limites géographiques dans lesquelles se contient chacun des faits linguistiques qu'ils présentent, au lieu de se contenter, comme on le fait ordinairement, de quelques faits recueillis au hasard sur un point quelconque du territoire qu'ils occupent.

Entre les nombreuses observations auxquelles pourrait donner lieu le travail de l'abbé Vayssier, je me borne à celles qui ont trait à la méthode applicable à l'étude des patois, et j'exclus toute remarque de pur détail. Je m'abstiens notamment de toute critique des étymologies semées çà et là, avec parcimonie, il faut le reconnaître, mais encore trop nombreuses, eu égard à leur peu de valeur.

Le dictionnaire de l'abbé Vayssier aurait pu être allégé sans inconvénient, ainsi que je l'ai dit plus haut, de nombreux mots français que personne ne songera à y chercher. Il y aurait aussi bien à émonder dans le corps d'articles où se sont introduites trop de matières étrangères au sujet. Ainsi, de quoi servent les observations, d'ailleurs judicieuses, sur la génération spontanée que l'auteur a présentées au mot *coungrega*? Et qui pensera à ouvrir le *Dictionnaire du patois de l'Aveyron* au mot presque français *coustipotieu* pour y trouver que « le meilleur remède contre la constipation, c'est un purgatif». En échange, il n'eût pas été inutile de joindre aux noms patois de plantes et d'animaux (surtout pour ceux qui n'ont pas en français de noms bien fixes) les dénominations scientifiques, en latin. C'est, dans beaucoup de cas, le seul moyen d'obtenir une synonymie rigoureusement exacte.

J'ai montré plus haut que M. Vayssier choisissant pour type, sinon toujours, du moins le plus souvent, la forme usitée dans le centre de l'Aveyron, avait placé à la suite de cette forme celles usitées sur d'autres points du département. En ce cas, il est essentiel que ces variantes soient enregistrées à leur rang alphabétique avec renvoi à l'article principal, ce qui n'a été fait que d'une manière irrégulière dans le dictionnaire qui nous occupe. Une disposition très défectueuse consiste à réunir en un même article non pas seulement les variantes d'un même mot, ce qui est légitime et même nécessaire, mais des mots n'offrant qu'une analogie de sens, bien que très divers d'origine. Ainsi, sous le mot *ats*, par lequel on désigne les balles et débris du blé vanné, M. Vayssier a placé *poulses, bentun, bentèlo*, mots qui désignent non seulement les vannures, mais toute espèce de débris. Bien qu'il y ait des renvois de *bentun*, de *bentèlo*, de *poulses* à *ats*, je ne vois à ce système que des inconvénients.

Somme toute, le dictionnaire de l'abbé Vayssier, quelles que soient les imperfections qu'on y puisse relever, demeure une œuvre estimable autant qu'utile, exécutée aussi bien qu'elle le pouvait être par un travailleur laborieux et attentif, à qui il n'a manqué pour mieux faire qu'une bonne direction.

Paul Meyer,

Membre du Comité.

Mémoires de l'Académie des sciences, belles-lettres et arts de Besançon.

Années 1876, 1877 et 1878.

(Séance du 1er décembre 1879.)

Les mémoires de l'Académie de Besançon se composent de rapports sur des concours, de comptes rendus d'ouvrages écrits par des Francs-Comtois, d'éloges de personnages célèbres de la province, enfin de morceaux historiques rédigés en vue de lectures publiques. Ces derniers, par ce motif, ont la brièveté et la forme d'un discours. Parfois, cependant, ils sont accompagnés de quelques pièces justificatives inédites.

Années 1876-1877. — Citons d'abord les éloges de Mgr Doney, évêque de Montauban; du marquis de Pezay, homme du monde écrivant des vers aimables, officier chargé d'enseigner la tactique à Louis XVI, encore dauphin, mêlé aux intrigues auxquelles succombèrent l'abbé Terray et Turgot, et qui publia en 1771 les *Soirées alsaciennes, helvétiennes et franc-comtoises*; du comte Costa de Beau-

regard, ami de Joseph de Maistre; de M. Tissot, doyen de la Faculté
des lettres de Dijon, auteur d'ouvrages de philosophie estimés; de
Jules Chifflet, abbé de Balerne, chancelier de l'ordre de la Toison
d'or, qui vécut de 1610 à 1676, et dont l'Académie de Besançon
a édité les mémoires dans sa collection de *Documents inédits*.

M. le chanoine Suchet présente un récit agréable de l'entrevue
*de Charles-Quint et de François I*er à Aigues-Mortes, qui ne révèle aucun
fait nouveau. Dans une étude sur l'industrie en Franche-Comté avant
et après la conquête de Louis XIV, le même auteur fait une revue
rapide des diverses industries de la province à toutes les époques de
son histoire, mais on y cherche en vain un état précis de ce qu'elle
a pu gagner ou perdre par sa réunion à la France.

On regrette que M. l'abbé Morey n'ait pu donner plus de développements au tableau d'une colonie agricole au xiie siècle. Il paraît
cependant avoir assez approfondi le sujet et puisé aux sources inédites. La description, trop sommaire, des établissements ruraux
fondés par les Prémontrés pour défricher le Jura est néanmoins
instructive et intéressante.

Trois courtes notices de M. Jules Gauthier, archiviste du département du Doubs, sur les dalles funéraires du prieuré de Marast
(Haute-Saône), sur le cimetière burgonde d'Uzelle, sur des am-
poules, sur des procès-verbaux de consécration d'autel, trouvés dans
l'ancien diocèse de Besançon, méritent une mention particulière.

On doit à M. Gauthier le travail le plus remarquable du volume.
Je veux parler d'une étude sur la fête des fous au chapitre de Besançon. Chaque année, à la fête des saints Innocents, le bas-chœur
prenait en main l'autorité, pour un jour, dans les deux cathédrales
de la ville. Les dignitaires des chapitres se prêtaient à ces satur-
nales et figuraient même dans une grande procession, qui prome-
nait par les rues le char des Innocents sur lequel se prélassaient
un pape, un cardinal et un archevêque, nommés pour la circonstance.
Le cortège faisait station devant les principales églises où il recueil-
lait des offrandes. L'abbé de Saint-Vincent présentait au pape une
lance de tournoi qu'un des cavaliers de l'escorte saisissait aussitôt,
et, se mettant en arrêt devant la porte du monastère, brisait contre
les vantaux. M. Gauthier cite un événement plaisant qui se produisit en 1539. Cette année, la cavalcade canoniale rencontra sur le
pont de Battant une procession rivale, formée par les religieux et les
novices de l'hôpital du Saint-Esprit qui s'étaient également donné

un pape, un cardinal et un évêque. Il y eut échange de menaces et de coups de poing, et les gens du Saint-Esprit l'emportèrent. Mais, le lendemain, les chanoines intentèrent un procès contre le recteur et les religieux qui durent faire amende honorable. La fête des fous fut supprimée définitivement à Besançon en 1587. M. Gauthier a joint à son mémoire des extraits inédits des délibérations du chapitre, de la liturgie des Saints-Innocents, des statuts capitulaires qui confirment ses assertions et en rehaussent l'intérêt.

Année 1878. — M. Gauthier, dans une séance du 21 novembre, a résumé en quelques pages les caractères des sceaux des archevêques de Besançon. Cette notice très substantielle est suivie d'un excellent catalogue de ces monuments, qu'illustrent une vingtaine de dessins au trait.

Le volume de l'année 1878 contient deux mémoires de M. le chanoine Suchet, dénotant dans la méthode de l'auteur une heureuse modification qu'il convient de signaler ici. M. Suchet ne s'est pas contenté de puiser dans des ouvrages déjà publiés, il a été lui-même aux sources. C'est d'abord une notice sur Jean de Granson, seigneur de Pesmes, qui fut condamné à mort pour avoir essayé de soulever les seigneurs comtois contre Philippe le Bon. A ce travail est jointe une lettre de rémission tirée d'un manuscrit de la Bibliothèque nationale, lettre que le duc de Bourgogne avait accordée à Oudot de Doubs, écuyer, complice de Jean de Granson dans le fait de fabrication de fausse monnaie. Le second morceau dû à la plume de M. Suchet est relatif aux rosières et à la dot des filles pauvres en Franche-Comté, et contient plusieurs pièces inédites.

Enfin on trouve dans les éloges contenus dans ce volume des renseignements biographiques sur le marquis de Lezay-Marnésia, auteur d'un poème sur les paysages, qui fit une tentative sans succès pour fonder une colonie française en Amérique, député du Jura aux états généraux de 1789; le sculpteur Perraud; les professeurs Bugnet et Valette, de l'École de droit de Paris, et sur l'académicien Suard.

G. Desjardins,
Membre du Comité.

Mémoires de la Société académique des sciences, arts, belles-lettres, agriculture et industrie de Saint-Quentin.

4ᵉ série, t. I. Travaux de juillet 1876 à janvier 1878. Saint-Quentin, 1878, 1 vol. in-8° de 634 pages.

(Séance du 1ᵉʳ décembre 1879.)

Le volume dont j'ai à rendre compte aujourd'hui au Comité inaugure une nouvelle série des publications que la Société académique de Saint-Quentin poursuit depuis cinquante-trois ans avec une louable persévérance. Il comprend les travaux de dix-huit mois, de juillet 1876 à janvier 1878.

Les anciennes abbayes situées dans la circonscription actuelle du département de l'Aisne ont fait l'objet de deux études de valeur.

L'une de ces études est consacrée à l'abbaye de Fervaques, la première des maisons de filles que l'ordre de Cîteaux ait possédées dans le Vermandois. M. l'abbé Poquet retrace les origines de ce monastère fondé par saint Bernard lui-même aux sources de la Somme, et peuplé avec une colonie tirée de l'abbaye de Montreuil-en-Thiérache. Il expose son organisation, le genre de vie de ses religieuses vouées au travail manuel aussi bien qu'aux œuvres ascétiques, les pouvoirs de son abbesse qui s'étendaient jusqu'à la direction des frères convers que le fondateur avait préposés aux soins agricoles extérieurs; énumère ses possessions territoriales et ses revenus; indique enfin à la suite de quelles vicissitudes, de quels désastres le couvent fut transféré en 1648 à Saint-Quentin, où ses vastes bâtiments, reconstruits au xviiiᵉ siècle, sont actuellement affectés aux diverses administrations de la cité. Cette notice est intéressante, bien rédigée et ne laisse qu'un regret, celui qu'elle n'ait pas reçu plus de développements; le cartulaire, aujourd'hui conservé aux archives départementales, en eût fourni à l'auteur de précieux éléments; son travail eût gagné encore à de plus fréquentes indications des sources.

L'autre étude est due à la plume féconde de notre savant collègue, le comte Édouard de Barthélemy. Ce n'est pas l'histoire même de l'abbaye Saint-Pierre de Chezy que celui-ci s'est proposé d'entreprendre,—elle a été déjà faite,—mais seulement la publication de son cartulaire, dans la juste pensée qu'au temps où nous vivons il est utile de mettre les documents de nos anciens âges à l'abri de destructions « dont depuis quelques années nous avons vu trop de dépôts publics victimes soit par de malheureux hasards, soit par d'abominables forfaits ». Le cartulaire original de Chezy n'existe plus ; la Bibliothèque nationale en possède toutefois, dans la collection Dom Grenier, une copie du xviii° siècle, à laquelle la signature du bénédictin Dom Mulcy, « archiviste nommé par le roi pour la Picardie, le Soissonnois, le Laonnois et la Brie », donne un véritable caractère d'authenticité. Les chartes sont au nombre de 65, depuis l'année 1063 jusqu'à l'année 1412. Sauf quelques exceptions qu'on pourrait désirer plus nombreuses, M. de Barthélemy n'a pas cru devoir reproduire les pièces intégralement ; il s'est borné à les analyser, très minutieusement il est vrai, et les a accompagnées de notes bien faites, ainsi que d'une table alphabétique des noms d'hommes et de lieux. La Société académique a décerné à son mémoire le deuxième prix, avec médaille de vermeil, du concours d'histoire locale de 1877.

M. Patoux, membre titulaire, a recherché et noté « en curieux » certaines particularités jusqu'à présent mal connues des origines et de la vie privée du conventionnel Saint-Just. Il établit d'abord, à l'aide de documents probants, que lorsque l'ancien maréchal des logis de la compagnie de gendarmerie de Berry, son père, quitta le service en 1766 pour occuper l'emploi de receveur du domaine seigneurial de Morsain, puis pour se retirer à Blérancourt, il ne faisait que revenir au berceau de sa famille, puisque c'était précisément à Morsain qu'il était né en 1715, de parents Picards tous deux. L'auteur reprend ensuite l'historique des relations de Saint-Just avec Mme Thorin, et n'a pas de peine à démontrer que le biographe qui les a le premier signalées leur a donné, dans la vie du trop célèbre représentant de l'Aisne, une importance et une place qu'elles n'y ont jamais eues, et les a entourées de circonstances inexactes de nature à fausser la vérité.

M. le conseiller Desmaze, membre correspondant, a fourni au recueil de 1876-1877 son contingent de documents inédits. (La ville de Saint-Quentin devant le Parlement de Paris et le Conseil d'État du roi 1211-1725 ; — la chapelle de Saint-Jean-Baptiste en l'église de Saint-Quentin, xiv° siècle.)

Le dernier mémoire, dont il me reste à parler au Comité, a pour titre : *Essai sur l'histoire de Saint-Quentin.* C'est une œuvre considérable tant par son étendue que par le soin avec lequel l'auteur, M. Emmanuel Lemaire, l'a traitée, ainsi que par les connaissances dont il fait preuve. Toutefois, comme le présent volume n'en contient qu'un premier fragment, qui commence par un aperçu sur le Vermandois dans les temps préhistoriques et s'arrête à la chute de la domination romaine dans le même pays, je crois qu'il conviendrait mieux de réserver mes appréciations pour le moment où aura paru l'ensemble du travail, dont fait bien augurer ce début.

Cte de Luçay,

Membre du Comité.

Mémoires de l'Académie nationale des sciences, arts et belles-lettres de Caen.

1 vol. in-8°. Caen, 1878.

(Séance du 1er décembre 1879.)

Le volume de l'Académie des sciences, arts et belles-lettres de Caen nous donne la suite des Études de M. Lanfranc de Panthou, ancien procureur général, sur les Codes français, en matière criminelle, comparés aux nouveaux Codes de Genève, de Belgique et d'Allemagne. En affirmant, pour la société et pour le magistrat, le droit de punir, l'auteur discute les causes qui excluent ou atténuent la culpabilité, telles que l'âge, l'état mental et le défaut de discernement. Il faut remarquer que les lois belges et allemandes y ajoutent la *surdi-mutité* et considèrent comme mineur, durant toute sa vie, le malheureux atteint de cette cruelle infirmité. La provocation, l'obéissance à un ordre de l'autorité, la légitime défense, les cas d'excuses légales sont examinés avec sagacité, ainsi que la définition des délits et des crimes, et la nature et le degré de leur punition. Quant au droit de grâce qui s'exerce d'une manière presque analogue dans les quatre pays, l'auteur du mémoire appelle l'attention des légistes et du lecteur sur le caractère conditionnel de la grâce, dans la législation de la Grande-Bretagne. En effet, on voit, en Angleterre, l'individu gracié, repris par la justice pour une nouvelle infraction, perdre le bénéfice de l'indulgence et commencer par payer l'amende ou subir le temps de prison qui lui restait à faire pour la peine précédemment encourue. Nous pensons avec l'auteur que rien n'est plus légitime et plus salutaire, et, comme lui, nous croyons que les études des législations comparées doivent amener les nations éclairées à des emprunts réciproques qui ne peuvent que concourir à la moralisation générale de la société.

M. Girault, professeur à la Faculté des sciences, a soumis à l'Académie un travail dont les conclusions ne peuvent que causer une douloureuse émotion aux lecteurs qui ont parcouru le riche et beau département du Calvados. A l'aide des documents les plus dignes de foi, M. Girault a établi le mouvement comparatif de la population totale en 1851 et en 1876. A la première date, le Calvados avait 491,210 âmes, en 1876 il n'en avait plus que 450,220; la diminution a donc été de 40,990 âmes. Dans la même période, on compte 284,534 décès et seulement 239,377 naissances. L'excès des immigrants sur les émigrants a été de 4,197 habitants, et ne saurait atténuer cette funèbre statistique dont les chiffres démontrent qu'en vingt-cinq ans la mort, plus expéditive que la vie, a décimé la population. Les tableaux joints au travail de M. Girault sont dressés avec beaucoup de soin, mais nous regrettons profondément qu'il ne les ait pas accompagnés de réflexions sur les causes physiques et morales d'une aussi déplorable décadence dans une des plus belles provinces de France.

M. de Charencey, dans une étude sur la Chronologie des âges ou soleils, d'après la mythologie mexicaine, a continué les recherches commencées par l'illustre Humboldt dans son « Essai sur la nouvelle Espagne », par lord Kingsborough, l'abbé Brasseur, dont il repousse le système, et par plusieurs autres écrivains qui se sont livrés à ces investigations et à l'exégèse du *Codex Vaticanus*, tels que Veytia, Botturini, Clavijero, M. Robiou et ceux qui ont étudié le grand zodiaque de la cathédrale de Mexico. Ces questions, qui sont loin d'être épuisées, ont appelé l'attention des membres du Congrès des Américanistes, réunis d'abord à Nancy, puis à Luxembourg et tout récemment à Bruxelles.

M. Joly, doyen de la Faculté des lettres, grand admirateur de Bossuet, a écrit un mémoire plein d'érudition, traitant de « Quelques oraisons funèbres avant Bossuet et de Bossuet lui-même ». M. Joly, citant les auteurs grecs et latins, fait ressortir les différences qui existent entre eux et les auteurs modernes; par exemple, le panégyrique de Périclès en l'honneur des guerriers morts pendant la guerre du Péloponèse, l'éloge funèbre fait par saint Grégoire de

Nazianze à la mort de son frère Césaire, les nombreux discours en
l'honneur de Jeanne d'Arc et les trente-quatre oraisons sur le trépas
du grand roi Henry IV. Les discours des prédécesseurs de Bossuet
semblent avoir un tour plus élogieux, plus oratoire, et il a été réservé à l'*Aigle de Meaux* de réunir à un degré suprême la plus
haute éloquence et la philosophie chrétienne.

M. Chauvet, professeur de philosophie à la Faculté des lettres de
Caen, dans un travail condensé, encourage le développement de la
gymnastique, trop négligée dans les écoles, et rappelle les sages
conseils d'Hippocrate, de Galien, de Platon sur les exercices de
l'*Athlétique*, aussi utiles au corps qu'à l'esprit. M. Gasté, maître de
conférences à la Faculté des lettres, et M. Fierville, proviseur au
lycée du Havre ont imprimé dans le recueil de l'Académie deux mémoires déjà lus par eux à la Sorbonne, à la réunion des Sociétés
savantes, et dont nous nous bornons à rappeler le titre : «Deux
lettres inédites de la princesse Palatine, mère du Régent, et une
étude sur Philelphe, bibliophile au xv⁰ siècle». M. Denis, professeur à la Faculté des lettres, a étudié avec sagacité un écrit de Julien,
son Apologie de l'Hellénisme, et il a discuté les leçons et les traductions diverses de cet intéressant travail.

M. Dupont, conseiller à la Cour d'appel de Caen, a donné un
très curieux chapitre du troisième volume, encore inédit, de son
histoire du Cotentin et de ses îles, et du rôle de la Normandie aux
états généraux de 1484, lorsque Geoffroy Herbert, évêque de Coutances, et quatre autres prélats furent appelés au Conseil du roi, en
même temps que Jean de Bourbon, beau-frère d'Anne Beaujeu, était
nommé connétable et lieutenant général du royaume. Le travail de
M. Gustave Dupont, une fois terminé, sera digne de figurer auprès
de ceux de M. Floquet et de notre honorable collègue, M. Georges
Picot. Nous devons signaler encore une *Étude sur les mœurs publiques*,
par M. Desdevize du Dézert, professeur à la Faculté des lettres; un
remarquable travail du doyen de la Faculté de droit de Lyon,
M. Caillemer, correspondant de l'Institut, sur les *Disputations* dans
les écoles de droit aux xiii⁰ et xiv⁰ siècles; des observations critiques
du secrétaire de l'Académie, M. Julien Travers, sur le volume de
M. Francisque Bouillier : l'*Institut et les Académies de province*, et enfin
un curieux travail d'un professeur de musique, M. Carlez, sur le
premier opéra biblique représenté à l'Académie royale de musique,
à Paris, le 28 février 1732. La tragédie lyrique de *Jephté* fut tirée

de l'Écriture sainte par l'abbé Pellegrin et mise en musique par le
contrebassiste Pinolet, plus connu sous le pseudonyme de Monté-
clair.

L'archiviste du grand Opéra, M. Charles Nuitter, a habilement
utilisé ces documents ainsi que les rares manuscrits de Mahelot,
Michel Laurent, Parfait et Beffara.

Le volume de l'Académie de Caen se termine par une biographie
de M. Théry, notre regretté collègue, qui avait été recteur de l'Académie de cette ville et président de la Compagnie. Il appartenait à
M. Joly, doyen de la Faculté des lettres, de rendre à une mémoire
vénérée un hommage mérité auquel le Comité des travaux historiques s'était associé, à l'avance, en imprimant dans un de ses derniers Bulletins, la notice de M. Hippeau, son secrétaire.

E. DE MOFRAS,

Membre du Comité.

ANNUAIRE DE LA SOCIÉTÉ D'ÉMULATION DE LA VENDÉE.

25ᵉ année, 1878, 2ᵉ série, t. VIII.

(Séance du 1ᵉʳ décembre 1879.)

Ce nouveau volume, publié par la Société d'émulation de la Vendée, contient la suite des *Recherches historiques* de M. Marchegay sur
le département de la Vendée et en particulier sur l'Olonnais et le
Talmondais. Ces recherches ont produit une quarantaine de documents de toute nature dont le plus ancien est de 989 et le plus
récent de 1774. Ces documents, choisis avec le plus grand soin, sont
accompagnés de notices préliminaires et de notes qui augmentent
l'intérêt de cette publication. On doit seulement regretter que l'éditeur, en traduisant les pièces latines et en rajeunissant l'orthographe
des pièces rédigées en langue vulgaire, se soit livré à un travail
assez long et dont l'utilité est très contestable. Nous signalerons
encore dans ce volume une *Notice* de Mercier du Rocher, *sur Gallot,
médecin, philanthrope, député du Poitou aux états généraux de 1789*,
publiée par M. Dugast-Matifeux, et la continuation d'un travail de
M. Eug. Louis, qui se compose d'extraits de mémoires adressés en
1788 à l'assemblée d'élection de Fontenay par diverses municipalités des cantons actuels de Mareuil, Sainte-Hermine et Luçon. Ces

mémoires, qui répondent à un questionnaire posé aux assemblées municipales de l'élection, sont rédigés sur un plan uniforme. Ils fournissent des renseignements intéressants sur l'état de la population, la répartition de l'impôt, les récoltes, les chemins publics, les manufactures, etc., et donnent pour l'année 1788 une statistique assez complète d'une partie du bas Poitou.

Jules Tardif,

Membre du Comité.

Mémoires de la Société d'agriculture, de sciences et d'arts séant à Douai.

2ᵉ série, t. XIII. Douai, 1878.

Souvenirs de la Flandre wallonne, t. XVII. Douai, 1877, 1 vol. in-8°.

(Séance du 1ᵉʳ décembre 1879.)

Le XIIIe volume de la deuxième série des *Mémoires de la Société d'agriculture, de sciences et d'arts de Douai,* contient plusieurs rapports sur les travaux de la Société, un Mémoire de M. Abel Desjardins sur Guicciardini lu, en 1877, à la réunion des délégués des Sociétés savantes, diverses études purement littéraires ou scientifiques qui ne sont pas de notre compétence. Nous pouvons donc nous dispenser de rendre compte de ce volume. Mais nous en recevions en même temps un autre, qui a pour titre : *Souvenirs de la Flandre wallonne.* C'est un recueil de documents relatifs à Douai et aux anciennes provinces du nord de la France. Ce recueil, parvenu à son dix-neuvième volume, est publié sous les auspices de la Société d'agriculture de Douai ; il mérite que nous nous y arrêtions un moment.

Nous y trouvons trois mémoires de M. Brossard sur l'origine du comté de Flandre, sur la mort du bailli de Douai, Meliador de Lalaing (15 août 1469), et sur un manuscrit inédit du baron de Wuorden (1689-1690). Le premier a été lu à la Sorbonne, en 1877, et notre secrétaire, M. Hippeau, en a donné l'analyse dans le compte des réunions tenues par les délégués des Sociétés savantes ; il serait donc superflu d'y revenir. La seconde communication de M. Brossard est un document très curieux sur la mort du bailli de Douai, à la suite d'une altercation avec Bourbon, seigneur de Rochefort, altercation dans laquelle, il faut bien le dire, tous les torts étaient du côté du bailli. Quant au manuscrit du baron de Wuorden, il offre de curieux détails sur les familles flamandes, françaises, allemandes, espagnoles de son temps. M. Brossard a mérité d'avoir restitué l'ouvrage à son véritable auteur qui, vivant, comme Saint-Simon, dans la société la plus haute, n'était pas étranger aux lettres, et a laissé plusieurs écrits, épars dans divers recueils. Vient ensuite, sous le titre de *Miscellanées douaisiens*, dans le volume qui est sous nos yeux, une série de notes, de documents dont nous devons nous borner à donner les titres : *Bans du XIIIᵉ siècle sur les jeux défendus; — Des hommes d'armes lillois venant à Douai assaillir un bourgeois dans sa propre maison* (1379-1380); — *Le chancelier du duc de Bourgogne réconcilie deux bourgeois de Douai* (vers 1396); — *Cérémonial de l'installation du doyen de Saint-Amé en 1441; — Évasion de prisonniers français le 31 octobre 1543; — Mascarades interdites à l'occasion des troubles en 1566; — Un concours à l'arquebuse en 1568; — Duel entre bourgeois en 1630.* On voit combien ce volume des *Souvenirs de la Flandre wallonne* contient de documents, peu étendus il est vrai, mais nouveaux et curieux, dont chacun jette quelque jour sur les anciennes mœurs du pays. Citons encore le *Blason des armes de Lalaing*, publié d'après un manuscrit de la Bibliothèque nationale et suivi de documents et de recherches relatives à l'histoire de cette famille illustre dans la Flandre. Le volume se termine par deux notices, l'une sur la pierre au Quéviron, plantée en 1288 à Flines; l'autre sur une émeute de gentilshommes à Douai en 1612. Cette émeute n'avait rien de politique; elle n'était que l'escapade de quelques jeunes jeunes gens ivres qui, au sortir d'un repas, s'étaient rués sur le corps de garde de la maison de ville. Ce qu'il y a de mieux, c'est que le fils du gouverneur de la ville faisait partie de la bande. Les coupables, condamnés au bannissement, obtinrent par la suite des lettres de rémission. Un malheureux valet qu'ils avaient fait leur complice paya pour eux et fut pendu.

C. JOURDAIN,

Membre du Comité.

Mémoires de la Société d'émulation d'Abbeville.

3ᵉ série, t. II. Abbeville, 1878, 1 vol. in-8°.

(Séance du 1ᵉʳ décembre 1879.)

Une des tâches les plus recommandables qui s'offrent au zèle des Sociétés savantes, c'est assurément la publication des chroniques inédites qu'elles ont sous la main. Quand ces chroniques ont une certaine étendue, comme le Journal d'Étienne de Médicis, si utilement mis au jour par notre savant correspondant, M. Chassaing, il est naturel qu'elles fassent l'objet d'une publication séparée ; quand leur dimension plus modeste permet de les insérer dans le recueil des mémoires d'une société, elles ne sont nullement déplacées et contribuent à l'enrichir. C'est la réflexion qui nous venait à l'esprit en parcourant le présent volume des Mémoires de la Société d'émulation d'Abbeville, qui renferme la Chronique de Pierre Le Prestre, abbé de Saint-Riquier au xvᵉ siècle. Le manuscrit de l'ouvrage a passé tout récemment du cabinet d'un amateur dans la bibliothèque de la ville. A considérer l'écriture et les notes qui couvrent les marges on n'en saurait contester l'authenticité. L'auteur né en 1419, mort en 1480, avait assisté dans son âge mûr à toutes les péripéties de la lutte entre Louis XI et Charles le Téméraire ; il avait eu même à en souffrir, car il habitait un pays objet de la commune ambition des deux princes rivaux ; et bien que toutes ses affections fussent pour le duc de Bourgogne, l'armée du Bourguignon ne se conduisit pas mieux à son égard que les troupes du roi de France. Obligé de quitter l'abbaye de Saint-Riquier, où il était entré dès l'âge de vingt ans et qu'il aimait, réfugié à Saint-Omer qui ne lui offrit même pas jusqu'à la fin de ses jours un asile sûr, il chercha des consolations dans l'étude, et se mit à composer des « Croniques depuis le temps monseigneur saint Louys, roy de France. » Mais les titres sont souvent trompeurs. La première partie des Chroniques de Pierre Le Prestre est une chronologie abrégée des rois de France, depuis saint Louis jusqu'en 1444 ; la seconde partie, qui est de 1444 à 1448, est copiée dans Monstrelet ; la troisième, de 1448 à 1467, est copiée dans Jacques du Clercq ; de 1467 à 1472, l'auteur suit pas à pas Jean de Wavrin ; il ne se réveille, son récit n'offre un peu d'animation et d'originalité qu'à dater de 1472, quand il résume des faits dont il a été lui-même témoin.

5.

Cette partie méritait seule de voir le jour, et, à part quelques frag-
.ments, c'est aussi la seule que la Société d'Abbeville ait insérée
dans ses mémoires. Celui de ses membres à qui elle a dû cette publication est M. le marquis de Belleval qu'elle a perdu depuis, et
sur la tombe duquel M. Prarond a prononcé quelques paroles. M. de
Belleval fait précéder d'une notice judicieuse et impartiale les chapitres qu'il a extraits des Chroniques de Pierre Le Prestre. Il a
comparé le texte du manuscrit de la bibliothèque d'Abbeville avec
la copie qu'en possède la Bibliothèque nationale dans le fonds Dupuy, n° 724. Enfin l'éditeur a joint au texte un grand nombre de
notes qui le complètent, l'éclaircissent ou le justifient.

La Chronique de Le Prestre est suivie, dans le volume renvoyé à
notre examen, d'une traduction du poème de Manfred, de lord
Byron, par B. Boullon de Martel, traduction que nous nous conten-
terons de signaler, puisqu'elle n'appartient pas à l'ordre de nos travaux habituels. Nous ne nous arrêterons pas non plus aux *Notes
d'archéologie, d'histoire et de numismatique*, de M. A. Van Robay, ni à
l'*Étude archéologique sur Port-le-Grand*, de M. E. Hecquet d'Orval,
double travail dont l'examen est de la compétence de nos collègues
de la section d'archéologie. Nous omettons, pour le même motif,
diverses communications de M. Émile Delignières et de M. Prarond, et nous dirons seulement quelques mots d'un assez court
mémoire de M. L. de Bonnault sur la *Nomination d'un magistrat à
Abbeville, en 1666*. M. L. de Bonnault expose tout d'abord l'organisation des présidiaux, leurs fonctions et leurs privilèges; il rappelle
la façon singulière dont les épices des juges étaient quelquefois
taxées. Ainsi un verrier fut condamné à offrir pour épices deux
coupes de verre; la corporation des joueurs de violon, à donner
une aubade; un couvent, à prier pour la famille du juge rapporteur. Après ces détails préliminaires, l'auteur arrive à son sujet; il
raconte comment, en l'année 1666, un conseiller au présidial d'A-
miens, M. Philippe Rohault, se trouvant débiteur envers M. Lefébure
d'une rente rachetable de 50 livres et d'une autre somme de 2,700 livres, le créancier fit saisir l'office du conseiller, lequel fut vendu à
la barre du Parlement de Paris. Jean Griffon, seigneur de Saint-
Severin, se rendit acquéreur moyennant le prix de 5,900 livres;
mais avant d'entrer en fonctions il dut produire son diplôme
de bachelier en droit, et deux certificats constatant qu'il avait
suivi, à Paris, les cours de la Faculté; à Abbeville, les séances du

présidial. Mais, dans l'ancien temps, la réception d'un conseiller ne manquait jamais d'être fêtée par un repas. M. L. de Bonnaud a transcrit le menu somptueux d'un festin de magistrats au xviiie siècle. On ne saurait nier que ce mémoire trop court ne renferme des détails curieux, et nous ne sommes pas étonné de l'accueil favorable qu'il a reçu de la Société d'émulation d'Abbeville.

C. JOURDAIN,

Membre du Comité.

BULLETIN DE LA SOCIÉTÉ DÉPARTEMENTALE D'ARCHÉOLOGIE ET DE STATISTIQUE DE LA DRÔME.

Tomes IX, X, XI et XII.

(Séance du 1er décembre 1879.)

Notre regretté collègue, M. Lascoux, vous a plus d'une fois entretenu de la Société d'archéologie et de statistique de la Drôme. Les beaux travaux qu'elle a publiés dans son Bulletin lui ont valu des éloges mérités. Nous devons aujourd'hui en renouveler devant vous le témoignage.

Nous ne nous arrêterons longtemps, ni aux articles de peu d'étendue, ni aux notices de biographie. Il nous suffit de signaler les extraits d'un mémoire officiel sur le Dauphiné, donnant, en 1754, une minutieuse description de cette province, publié par M. Lacroix; une notice généalogique sur le capitaine Joachim de Suffise, sieur de le Croix, gentilhomme ordinaire de la chambre de Henri III, par M. de Coston; un épisode de la vie de Louis XI lorsqu'il était dauphin, et les privilèges accordés par ce roi à une femme de ce pays, par M. Lacroix; une notice biographique, par M. François, sur Simon de Sucy, l'un des plus brillants enfants de Valence, devenu, par son rare mérite et l'amitié du général Bonaparte, qui l'avait connu dans sa jeunesse, ordonnateur en chef de l'expédition d'Égypte et qui périt misérablement assassiné sur les côtes de Sicile, et enfin la continuation des savantes recherches, dans lesquelles M. Brun-Durand, approfondissant l'histoire ecclésiastique du Dauphiné, donne sur le diocèse de Die des notes qui doivent servir de complément et d'additions au *Gallia Christiana*. Ce dernier travail, digne de ceux qui l'ont précédé, fait sur des sources authentiques et à tout instant appuyé sur des citations précises, mérite d'être signalé et sera consulté avec fruit.

Dans une *Étude sur l'ancienne organisation de la ville de Valence,* M. Fayard a consulté tous les ouvrages imprimés qu'il cite consciencieusement. Nous regrettons que l'auteur n'ait pas suivi une méthode plus rigoureuse. Trop souvent, il se laisse entraîner à traiter de l'histoire de la ville et de la province, tandis qu'il ne devrait en parler que pour faire comprendre l'organisation judiciaire qu'il s'était donné la tâche de décrire. C'est, à vrai dire, une histoire de Valence, dans laquelle l'auteur insiste particulièrement sur les justices locales.

Le docteur Ulysse Chevalier a tenté de reconstituer les *Annales* de la ville de Romans, pendant les guerres de religion, de 1549 à 1599. Il a compulsé les archives municipales et hospitalières de Romans, les archives de Saint-Barnard, le mémorial d'Eustache Piémont, et de tous ces éléments l'auteur a patiemment extrait les indications les plus variées sur les événements qui se produisirent dans l'intérieur de la cité durant la seconde moitié du xvi° siècle. A travers la minutie des plus minces détails, nous assistons à la naissance de l'hérésie (20 août 1549); à la première reconnaissance des droits des protestants, sanctionnés par un accord entre les députés du consistoire et l'assemblée générale de la ville (23 mai 1562); au contre-coup de la Saint-Barthélemy qui ne se manifesta point par une émeute, mais par l'assassinat froidement accompli dans les prisons de sept détenus huguenots; aux incidents que soulèvent la prise de la ville, l'occupation et les désordres des gens de guerre, les péripéties d'une lutte qui met les habitants à tout instant sur le *qui-vive.* Nous regrettons que chacune des citations ne contienne pas le renvoi aux sources. A part cette critique, nous considérons que ce dépouillement constitue un des travaux les plus méritoires que puissent nous fournir des archives locales.

La vie de province au xviii° siècle nous fait pénétrer au milieu d'une famille considérable par ses alliances et par la place qu'elle tenait dans le Dauphiné. Grâce à un volumineux dossier de lettres adressées à Mme de Franquières, femme d'un conseiller au Parlement du Dauphiné, M. de Gallier nous permet de pénétrer dans l'intimité d'une société qui aimait le plaisir sans être corrompue, qui avait le goût de l'intelligence, recherchait les hommes d'esprit et ne demeurait étrangère à aucun des sentiments qui allaient pré-

parer la Révolution. La seconde moitié du xviii° siècle offre, dans
toutes les parties de la France, les plus singuliers contrastes : les
mœurs patriarcales conservées par le plus grand nombre, à côté du
raffinement du monde; le goût des meilleurs livres et de l'étude tout
auprès de réunions dont le jeu et les soupers font tous les frais; la
gravité d'un vieux président troublée par les vers légers d'un petit
maître. En quarante ans, se déroulent devant nous, dans la ville de
Valence, toutes les curiosités qui agitaient Paris; le magnétisme,
les ballons, les automates, soulèvent tour à tour l'enthousiasme,
puis aux nouveautés succèdent les incidents les plus graves; les an-
tagonismes des vanités ne suffisent plus à distraire la société de province : l'interdiction en France de l'ordre des jésuites, puis les que-
relles des Parlements avec la cour passionnent l'esprit public. Nous
voyons ainsi s'accroître l'irritation générale dans le fond d'une province écrasée par le poids des impôts et des abus, et se précipitant
au-devant de la Révolution pour secouer les uns et les autres.

M. Roman publie un récit inédit de *la guerre des paysans en Dauphiné*. En 1578, les paysans se liguèrent, poussés à bout par les
maux sans nombre qu'entraînaient les guerres civiles. Ce ne fut pas
une révolte telle que la Jacquerie, mais une protestation d'un genre
tout nouveau; pillés, rançonnés et maltraités par les catholiques
aussi bien que par les protestants, les paysans et un certain nombre
de bourgeois s'enrôlèrent parmi les amis de la paix, prirent un
chapeau sans cordon et tinrent la campagne. Au son du tocsin et à
l'appel de cornets suisses, ils coururent sus aux gens de guerre, de
quelque parti qu'ils fussent, chassèrent les garnisons, refusèrent
vivres et passage aux troupes armées, les harcelèrent et s'empa-
rèrent des châteaux. Ils comptèrent un instant, dans leurs rangs,
14,000 arquebusiers. Malheureusement l'intérêt public ne main-
tint pas longtemps le faisceau de la ligue. La bourgeoisie, effrayée
des sacrifices d'hommes et d'argent qui lui étaient demandés, se re-
froidit et laissa le champ libre aux plus violents. Le peuple, au lieu
d'imposer la paix à tous, voulut combattre partout ceux qui possé-
daient le sol. La bourgeoisie sortit de son indifférence, pour aider
à réprimer le mouvement, et son initiative contribua au succès des
troupes qui rétablirent l'ordre en 1580. M. Roman fait précéder
d'une introduction intéressante le récit anonyme qui fut écrit, dans
l'été de 1580, sous le coup des événements. Il était destiné au roi et
il a été conservé à la Bibliothèque nationale (Ms. fr. 3319. p. 137).

Il méritait d'être publié, pour faire mieux connaître une entreprise de nature à attester, plus éloquemment qu'aucune peinture, les maux horribles dont souffraient les paysans.

Dans les derniers volumes, nous trouvons des *Lettres inédites de Hugues de Lionne*. Une copie, longtemps conservée dans la famille du ministre, appartient aujourd'hui à M. de Pina, qui a bien voulu autoriser le docteur Ulysse Chevalier à la publier. Quatre-vingt-quatorze lettres, adressées du 8 février 1655 au 18 mai 1671 par Hugues de Lionne à son oncle Humbert de Lionne, doyen de la Chambre des comptes de Grenoble, nous montrent le ministre de Louis XIV s'occupant, non plus exclusivement des affaires diplomatiques, mais de ses intérêts particuliers et de ses affaires de famille. Il faut lire cette correspondance, pour se figurer les projets et les efforts du ministre, en vue d'assurer la grandeur et la fortune de sa famille (Voir une lettre du 18 décembre 1656). Les peines qu'il consacre à pousser les siens, font pardonner les aveux parfois naïfs d'une ambition et d'une vanité qu'il ne cherche pas à dissimuler. A la suite de plusieurs négociations, nous surprenons de Lionne en admiration devant sa propre gloire; les charges constamment disputées, tantôt données, tantôt acquises à des prix énormes par une sorte d'enchères, les bénéfices recueillis à l'heure même ou vient à s'ouvrir quelque riche succession, les énormes gratifications du roi, les créations d'offices guettées par le ministre, les dépenses d'ambassades fastueuses, tout cela provoque un incroyable maniement d'écus qu'il est permis de suivre jour par jour. La disgrâce de Fouquet inquiète le ministre des affaires étrangères, sans troubler une fortune qu'accroît la constante faveur du prince, justifiée par le rare mérite du diplomate. Le docteur Ulysse Chevalier a fait précéder cette publication de recherches savantes sur la famille de Lionne et sur les charges qui appartinrent au plus illustre de ses membres.

Cette revue rapide des travaux et des documents historiques publiés dans ce Bulletin, donne idée de l'activité féconde déployée par la Société d'archéologie et de statistique de la Drôme. Elle marche dans une excellente voie et mérite de recevoir les meilleurs encouragements du Comité.

GEORGES PICOT,

Membre du Comité.

Bulletin de la Société nivernaise des sciences, lettres et arts.
2ᵉ série, t. VIII, 1877, 1878, 1879.
(Séance du 5 janvier 1880.)

Dans ces trois fascicules de la Société nivernaise, à côté d'études ou de comptes rendus d'explorations ayant trait à l'archéologie et à la science préhistorique, je dois signaler une série assez considérable de lettres d'affaires du duc de Nivernois (1716-1798), adressées pendant les dernières années de l'ancien régime à divers agents et administrateurs de son duché, et publiées par M. l'abbé Boutillier, archiviste de la ville de Nevers. Quoiqu'un dossier de ce genre offre plus d'intérêt pour l'histoire locale qu'à tout autre point de vue, il y aurait quelque profit à comparer cette correspondance du célèbre académicien avec ses œuvres littéraires et ses dépêches diplomatiques.

Des *Études sur la géographie de la Nivernie pendant les cinq premiers siècles de notre ère, et principalement sur la Gergovie des Boïens*, ne sont guère de ma compétence personnelle, et je ne puis que les indiquer à ceux de nos confrères qui s'occupent de ces intéressantes identifications. Toutefois, le dernier paragraphe me semble trahir chez l'auteur des notions un peu vagues sur les règles qui ont présidé à la formation de nos noms de lieux français. C'est ainsi que, dans ceux qui se terminent par le suffixe *igny*, il croirait volontiers reconnaître l'adjectif latin *ignitus*, qui serait, selon lui, un souvenir de la télégraphie ignée des anciens Boïens.

M. l'abbé Boutillier a relevé, dans les comptes de l'hôtel commun de Nevers, les indications relatives aux *Mystères et moralités joués par personnages, ou simplement figurés aux entrées des princes dans la ville de Nevers, de 1396 à 1515.*

Il a donné encore le texte d'un *Concordat passé entre le curé de Saint-Père de Nevers et ses paroissiens en l'année 1494*, pour la célébration des offices de fêtes et l'administration de l'église.

M. A. Sonnié-Moret a fourni au Bulletin une *Notice sur les écrivains de Clamecy et leurs publications*, qui, bien que restreinte aux seuls auteurs nés à Clamecy même, ne comprend pas moins de quarante-deux articles.

L'étude de M. Gueneau sur *Le marquisat d'Espeuilles* et ses dépendances à partir du XIVᵉ siècle, présente des faits intéressants. Ce marquisat fut possédé successivement par une maison de Beaumont, par les d'Anlezy, les Jaucourt, les Girard de Vannes, etc. A l'aide des titres conservés au château de la Montagne, M. Gueneau a pu également reconstituer l'histoire des nombreux fiefs qui se rattachaient à Espeuilles et la filiation de leurs possesseurs.

A. DE BOISLISLE,
Membre du Comité.

MÉMOIRES DE L'ACADÉMIE DES SCIENCES, ARTS ET BELLES-LETTRES
DE DIJON.
3ᵉ série, t. V. Années 1878-1879.

(Séance du 5 janvier 1880.)

La portion de ce recueil consacrée aux lettres comprend trois notices importantes :

1° *Expédition des Portugais contre la colonie française du Maragnon, entreprise par ordre de Sa Majesté Philippe III, l'an 1614*, par M. A. Morelet.

L'auteur commence par un récit fort sommaire de l'entreprise du capitaine français Rifaut. Parti pour le Brésil en 1593, il perdit son principal navire et fut forcé d'abandonner une portion de ses compagnons. Parmi eux se trouvait un jeune gentilhomme nommé de Vaux, qui se conduisit avec tant de courage et d'adresse qu'il parvint à se concilier l'amitié d'un certain nombre d'Indiens et à s'établir avec plusieurs de ses compatriotes dans l'île de Maragnon. Il manœuvra si bien qu'au bout de peu de mois la ville de Saint-Louis fut fondée. Vingt ans plus tard, les Portugais attaquèrent cette colonie naissante. Le principal document relatif à cette agression est un récit fort détaillé, très curieux, et d'une remarquable impartialité, attribué avec beaucoup de vraisemblance à Diogo de Campos Moreno, l'un des chefs de l'entreprise. Ce récit, publié en 1812 par l'Académie des sciences de Lisbonne, a été reproduit en grande partie par M. Morelet. Après divers combats suivis d'une trêve, la Ravardière, qui avait vaillamment défendu la colonie, vint en France pour plaider sa cause, mais les troubles qui agitaient le commencement du règne de Louis XIII empêchèrent que l'on fît attention à ses réclamations les plus légitimes, et le Maragnon fut abandonné.

2° *Le prieuré de Chevigny-Sainte-Foix*, par M. d'Arbaumont.

Fondé vers la fin du xi.ᵉ siècle par l'un des premiers auteurs de
la maison de Saulx, il resta longtemps sous la dépendance de l'abbaye bénédictine de Conques, au diocèse de Rodez, fut réuni en
1489 à la manse capitulaire de la Sainte-Chapelle de Dijon et y
demeura annexé jusqu'au moment de la Révolution. Ce sont ces vicissitudes, liées fort étroitement aux origines de la maison de
Saulx, que M. d'Arbaumont raconte dans ce mémoire. Le récit est
vif et clair, les explications de textes sont en général nettes et précises. Nous avons été fort surpris néanmoins de trouver, à propos de
cette phrase d'une charte de 1086 : *usque à la aye de homine mortuo;*
aye expliqué par *eau, mare, petit étang.* Le plan annexé au mémoire
ajoute, il est vrai, le mot *haie,* mais il est suivi d'un point d'inter-
rogation en signe de doute. Cette dernière interprétation, proposée
si timidement et si tard, est la seule bonne, la seule admissible.

3° *Mémoire sur la composition des armées de Charles le Téméraire dans
les deux Bourgognes d'après les documents originaux,* par M. de la Chau-
velays.

Ce travail très intéressant repose sur des pièces originales tirées
des archives de Dijon. Si l'on pouvait faire un reproche à l'auteur,
ce serait de s'y être tenu un peu trop exclusivement. Il nous prévient
dans une note supplémentaire que ce n'est que tardivement qu'il a
connu le travail du général belge Guillaume sur l'*Histoire de l'organisation militaire sous les ducs de Bourgogne.* Il n'est pas sans intérêt
du reste de voir deux érudits, travaillant chacun de son côté, arriver
à des conclusions analogues. Cela prouve la justesse de leurs observations. Il y a ici sur la convocation du ban et de l'arrière-ban, sur
les procédés du recrutement, sur les cas où la solde était due et sur
sa durée, des détails abondants, appuyés tous de preuves irrécusables et qui sont pour l'histoire militaire des témoignages fort précieux.

Nous ne quitterons pas l'Académie de Dijon sans dire un mot
d'une importante publication qu'elle a prise sous son patronage.
Nous avons sous les yeux le troisième volume des *Chartes de communes
et d'affranchissements en Bourgogne,* publiées par M. J. Garnier, conservateur des archives du département de la Côte-d'Or. Les chartes
reproduites dans cet ouvrage sont au nombre de cinq cent cinquante-
neuf; elles sont accompagnées de notices topographiques très com-

plètes et très exactes. Un appendice contient les rôles des feux où
figurent un grand nombre de localités reconnues franches sans
qu'elles aient eu de chartes octroyées ou dont les chartes ne nous
sont point parvenues. Trois tables : matières, des noms de lieux et
des noms de personnes, terminent l'ouvrage auquel il ne manque
plus qu'une introduction dont plusieurs fragments ont déjà été lus
à l'Académie de Dijon, et que nous aurions attendue pour parler de
ce troisième volume si nous n'avions craint qu'elle ne tardât encore
à paraître. Ses dimensions s'accroissent peu à peu, ce dont nous
sommes loin de nous plaindre, car elle promet d'être fort intéressante. Elle doit comprendre : 1° une étude sur les conditions des
personnes avant les chartes de communes; 2° un traité de la marche
de la révolution communale dans le duché; enfin une étude sur les
institutions nées de cette révolution. Il y a là de la matière pour un
gros volume, dont nous espérons avoir à rendre compte dans un
avenir assez prochain.

Cн. Marty-Laveaux,

Membre du Comité.

———

Mémoires de la Société des sciences naturelles et historiques, des
lettres et des beaux-arts de Cannes et de l'arrondissement de
Grasse.

T. I (1870), 127 pages; t. II (1872), 319 pages; t. III (1874), 327 pages;
t. IV (1874), 343 pages; t. V (1875), 347 pages; t. VI (1876) xl-352 pages.

(Séance du 2 février 1880.)

La Société des sciences naturelles et historiques de Cannes a été
fondée en 1868. Depuis cette époque jusqu'à 1876, date de la dernière de ses publications qui nous soit parvenue, elle a fait paraître
six volumes, et a vu d'année en année s'augmenter le nombre de
ses adhérents. Toutefois, à nous en tenir aux travaux qui sont du
ressort de la section d'histoire et de philologie du Comité, nous ne
pouvons nous dissimuler que la ville de Cannes, si voisine de Nice
où existe une société littéraire plus ancienne, n'ayant ni dépôt d'archives ni bibliothèque importante, n'offre guère les conditions nécessaires à la production des œuvres d'érudition. Ainsi s'explique
la faiblesse relative des écrits dont nous allons rendre compte, et
pour la plupart desquels une simple mention suffira.

Les *Études historiques sur quelques personnages célèbres du Midi sous Charles VIII, Louis XII et François Ier*, par M. l'abbé Tisserand (I, 9-29, 60-83; II, 3-88), nous offrent un récit animé, trop animé parfois, mais en somme intéressant de quelques épisodes de l'histoire de la Provence au xvie siècle. C'est un travail plutôt littéraire qu'érudit, dans lequel les documents inédits, à part quelques pièces tirées des archives de Vence, sont rarement mis à contribution. M. l'abbé Tisserand est encore l'auteur d'une *Chronologie des abbés de Lérins* (III, 19-38, 135-152; IV, 61-124; V, 17-30) rédigée beaucoup trop de seconde main, à l'aide du *Gallia Christiana* et de l'*Histoire du monastère de Lérins*, par M. l'abbé Alliez. — Les *Causeries sur le théâtre*, de M. Lafond (IV, 231-283), les études du même sur quelques poètes dramatiques anglais, John Lilly, le célèbre auteur d'*Euphues, the anatomy of wit*, sur George Peel, sur John Marston (V, 231-286), sur George Chapman et Thomas Heywood (VI, 309-345), devanciers ou contemporains de Shakspeare, sont d'intéressantes lectures qui ne dépareraient pas un enseignement de faculté. Signalons encore la composition pleine de goût que M. l'abbé Lalanne, ancien directeur du collège Stanislas, a instituée entre diverses traductions en vers de Virgile, sous ce titre : *Étude littéraire sur une traduction des œuvres de Virgile en vers français du xvie siècle, par Robert et Anthoine Lechevalier, sires d'Agneaux, de Vire en Normandie* (IV, 284-320). — Le sixième volume des publications de la Société est occupé presque en entier par une *Histoire de Cannes et de son canton*, ouvrage qui semblerait de prime abord devoir appeler l'attention toute particulière de la section. Toutefois, si l'on considère que la période comprise entre l'invasion des Barbares et la Renaissance, c'est-à-dire celle pour laquelle il y a le plus de recherches à faire, est traitée en quelques pages; que le travail entier paraît avoir été fait à l'aide d'ouvrages imprimés, qui, du reste, ne sont jamais cités avec précision; qu'enfin l'auteur exprime (p. 28 et 29) l'opinion que le nom de *Cannes* dérive de l'ancien nom latin *Ægitna*, on s'expliquera qu'il n'y ait pas lieu à un examen approfondi.

PAUL MEYER,

Membre du Comité.

Le second volume de la Société philomathique vosgienne contient plusieurs dissertations géographiques. Dans l'une, M. Louis Jouve commente quelques titres du chapitre de Saint-Dié et se propose de déterminer la situation des biens du chapitre; dans une autre, M. G. de Golbery recueille quelques renseignements sur un village détruit au xvııᵉ siècle, Helliasle, qui se trouvait dans le voisinage de Saint-Dié. Les Vosges n'ont pas encore leur dictionnaire topographique. Il est donc intéressant d'en préparer les matériaux. La tâche de l'érudit qui acceptera la rédaction du dictionnaire topographique sera facilitée par les études de la Société, études dans lesquelles, comme le dit justement M. Jouve, elle ne saurait apporter un esprit de critique trop sévère et trop attentive, et que d'ailleurs l'auteur du dictionnaire devra lui-même contrôler avec soin.

M. F. Dinago publie dans ce même volume deux mémoires inédits de Dom Calmet. Le premier est intitulé : *Des divinités païennes adorées autrefois dans la Lorraine et dans d'autres pays voisins;* le second : *De l'origine du jeu de cartes.* Ces deux dissertations ne me semblent pas ajouter de nouvelles données à celles que l'on possède sur l'un ou l'autre sujet. M. Dinago, qui se propose de faire paraître dans le *Bulletin de la Société vosgienne* la série des œuvres inédites de Dom Calmet, croit devoir s'astreindre à la reproduction absolument exacte et fidèle de l'orthographe de l'auteur ou des copistes de l'époque. Personne peut-être ne se fût plaint de voir l'orthographe actuelle substituée à l'orthographe du xvıııᵉ siècle, mais la méthode adoptée devrait être du moins suivie avec rigueur et subir avec continuité et uniformité les exceptions justifiées. Je ne parle pas de la ponctuation, que l'éditeur introduit dans sa copie et qu'il est nécessaire d'y introduire. Je me garderai de même de lui reprocher de ne pas se tenir à l'accentuation des manuscrits; mais il conviendrait, en accentuant les mots, de se soumettre à plus de régularité : tandis que les accents graves sont clairsemés avec parcimonie dans les dissertations déjà publiées, les typographes y ont multiplié les accents aigus avec une profusion qui étonnerait fort les copistes de Dom Calmet. D'autre part, les mots *comme, homme, évidemment, apparemment*, nous dit M. Dinago, sont écrits dans les manuscrits avec un seul *m* surmonté d'un trait, et l'éditeur, qui ne marque pas le trait par suite de difficulté typographique, n'imprime pas davantage la lettre que le trait supplée, s'exposant ainsi, par un scrupule excessif de fidélité, au reproche d'infidélité.

Je ne consignerais pas ici ces observations bien minutieuses s'il ne me paraissait pas utile d'appeler, avant tout, l'attention vigilante de la Société sur la transcription des documents, et particulièrement, ajouterai-je, des documents d'une date plus lointaine que celle où nous placent les travaux de Calmet. Le texte d'une charte française de 1236, dont le Bulletin contient le fac-similé, et que reproduit le procès-verbal d'une séance de la Société (p. 228), est semé de fautes dont je ne voudrais accuser que l'imprimerie, et donne, sans règle fixe, tantôt *in extenso*, tantôt abrégés et dépourvus de leur signe d'abréviation, les mots que le scribe du xiii° siècle n'a pas écrits en entier.

A une société naissante, d'ailleurs animée du zèle le plus louable et d'un goût sincère pour l'érudition, il importe de ne pas épargner les critiques de détail sur des questions aussi élémentaires que celle de l'établissement des textes. Je le fais avec d'autant moins d'hésitation que la Société vosgienne, j'en ai l'assurance, ne tardera pas à mériter des éloges sans réserve.

Servois,

Membre du Comité.

Bulletin de la Société d'agriculture, sciences et arts de la Haute-Saône.

3° série. Vesoul, 1879.

(Séance du 2 février 1880.)

Ce volume ne contient aucun mémoire, aucune notice de nature à intéresser la section d'histoire de notre Comité, à l'exception d'une légende en vers présentée par M. Poly, de Breuches, intitulée : *Ernest le Fort, roi de Béfort.* Cette chanson où, dans cet Ernest, il a cru reconnaître Arioviste, a été déjà lue et commentée à la Sorbonne

lors de la réunion des Sociétés savantes de 1876. Comme il en a
été question ici même depuis lors et que cette tradition y a été exa-
minée, il y a lieu de s'en tenir à l'ancien compte rendu, justifié par
une *note* de M. Jules Finot (p. 345 du présent volume) où ce paléo-
graphe établit le degré de créance qui peut être accordé à l'hypothèse d'une identité d'Arioviste avec Ernest le Fort.

Francis Wey,

Membre du Comité.

SECTION D'ARCHÉOLOGIE.

Bulletin de la Société scientifique, historique et archéologique de la Corrèze.
Tome I, 1878.

(Séance du 17 novembre 1879.)

La Société scientifique, historique et archéologique de la Corrèze, à laquelle le Comité a récemment accordé un encouragement, vient de publier un premier volume de son *Bulletin*. Notre confrère, M. Robert de Lasteyrie, MM. Rupin, René Fage, Taillebois, Lalande, de Maynard, Bonnet, de Mortillet, Massénat, Roujou, MM. les abbés Poulbrière et Pau ont signé les principaux travaux de ce volume; MM. Rupin et Bonnet l'ont enrichi de leurs dessins.

J'y trouve d'abord celui d'une pierre funéraire fort curieuse, récemment découverte à Brive, dans l'église Saint-Martin; cette pierre porte l'épitaphe, en langue vulgaire, d'un bourgeois du nom de Maschalx, mort le 15 septembre 1257. Au-dessus de la légende sont sculptées deux scènes décrites et étudiées par M. de Lasteyrie. Dans celle du haut, on voit Maschalx vêtu d'une cotte qui descend jusqu'à mi-jambe et que soutient une ceinture à laquelle pend une escarcelle. Un personnage vêtu de long, drapé à la romaine, le tient par la main et le présente à la Vierge assise, portant sur ses genoux l'Enfant divin. Au bas, est figuré le tombeau dont le couvercle se soulève de lui-même pour laisser sortir le défunt dont un personnage, tout semblable à celui du sujet supérieur, et qui est ici certainement le Seigneur, saisit la main. Si ce dernier tableau représente évidemment la résurrection promise, le premier est difficile à expliquer. Quel est le personnage qui présente le mort à la Vierge? Est-ce le saint, patron de Maschalx? est-ce le Christ lui-même? C'est là ce que M. de Lasteyrie recherche par des procédés scientifiques, en écartant toute conjecture de fantaisie. Je dois signaler ce travail de saine critique et le recommander à nos correspondants comme un excellent modèle; mieux vaut rester, comme fait l'auteur,

dans la réserve devant un monument d'interprétation difficile que
de lancer, comme on le fait trop souvent, quelque explication qui
ne repose sur aucun rapprochement sérieux. Tel est également l'avis
de M. l'abbé Poulbrière, qui revient discrètement et sobrement,
quelques pages plus loin, sur l'interprétation de la pierre sépulcrale
de Marchalx.

C'est avec une parfaite connaissance des idiomes romans et du
vieux langage limousin que M. de Lasteyrie aborde le texte de l'inscription funéraire gravée sur nôtre double bas-relief et à laquelle
sa date certaine donne un intérêt particulier.

A la suite de ce mémoire, M. Rupin décrit un meuble curieux
conservé à l'église Saint-Martin de Brive; c'est un montant de fer
forgé reposant sur trois griffes et qui n'est pas sans élégance; ce
pied, dont la tige porte maintenant un lutrin, était peut-être, dit
l'auteur, la base d'un grand candélabre d'autel; quoi qu'il en soit,
nous y trouvons un type précieux de l'art de forger le fer au
xiii siècle. Une jolie eau-forte jointe au mémoire nous donne la
figure de cet objet.

Un pied de croix ou de reliquaire en cuivre doré et émaillé, et
datant de la même époque, existe dans l'église d'Aubazine (Corrèze).
Une armature en fer grossier, barbarement appliquée, défigurait ce
débris; M. le curé d'Aubazine, au goût et à l'intelligence duquel
M. Rupin s'empresse de rendre hommage, l'a heureusement dé-
pouillé de cette enveloppe et remis ainsi, autant qu'il se pouvait,
dans son état premier.

Vient ensuite une inscription latine en *quasi versus* de la fin du
xii siècle, habilement lue et commentée par M. Robert de Lasteyrie,
puis la description d'une bague d'or mérovingienne trouvée à Tu-
renne et portant sur un premier chaton le nom ALDVNI, sur un
second un monogramme difficile à interpréter, car il ne présente
pas, chose d'ailleurs fort rare et qu'il serait important de trouver,
le chiffre même du nom gravé *in extenso*. La notice explicative est
signée de M. Lalande, qui a fait des recherches sur la matière et,
de plus, consulté en bon lieu [1].

Je noterai, en terminant, d'utiles études de M. Bonnay sur des
découvertes archéologiques faites dans l'église Saint-Martin de

[1] On peut voir la figure de cet anneau dans la *Revue archéologique* de juillet
1880, au milieu d'un article de M. Maximin Deloche sur un autre anneau. (Note
du Secrétaire de la section d'archéologie.)

Brive; de M. Rupin, sur une croix byzantine, sur un pavé antique
de mosaïque; de M. l'abbé Pau, sur les antiquités gallo-romaines
de Saignes, et enfin une savante lettre de M. Anatole de Barthélemy,
relative à des monnaies gauloises trouvées ensemble à Cuzance,
dans le Lot; il s'agit là, dit notre confrère, de types constituant un
groupe particulier qui, jusqu'à plus ample informé, doit être attribué
aux *Cadurci*.

Edmond Le Blant,

Membre du Comité.

Mémoires de l'Académie de Stanislas.

1877, cxxviii^e année, 4e série, t. X. Nancy, 1878, in-8°.

(Séance du 17 novembre 1879.)

Le dernier volume des Mémoires de l'Académie lorraine ne renferme que deux mémoires sur l'archéologie ou, pour mieux dire,
relatifs à l'histoire des arts.

L'un (p. 369-397) est une notice sur un peintre nancéien du
xviiie siècle, François Sénémont, né en 1728 et mort le 28 mars
1782. Il a travaillé à des décorations de fêtes publiques et de
pompes funèbres; il a été le peintre en titre de la ville en 1756; il
a peint des sujets religieux pour les églises, des portraits municipaux officiels et de nombreux portraits de particuliers, notamment
celui de Jean Lamour, le merveilleux serrurier des grilles de la place
Stanislas et de la cathédrale; celui de l'acteur Fleury et celui de Gil-
bert, malheureusement perdu et dont l'existence n'a été révélée que
par un quatrain inédit du poète, qui était compatriote du peintre :

Oui, l'on me reconnaît; ce portrait est le mien,
Mais je n'ai pas l'esprit qui perce en ma figure,
Et, par une heureuse imposture,
Sénémont m'a prêté le sien.

Le peintre a eu son heure de talent et de succès; mais il ne sortira pas de sa province plus que dans sa vie. La notice de M. Jules
Renaud, qui ne force pas la note, est à la fois très précise, très
complète, très nouvelle et fait regretter pour lui que le modèle ne
soit pas plus important.

L'autre mémoire examine une question relative à Callot; il est
l'œuvre de M. Édouard Meaume, son historien en titre. Il est inutile
de rappeler la valeur de son catalogue raisonné des gravures du

6.

maître; il n'y manque rien, et c'est en ce genre un modèle de
conscience et de critique. Dans ce nouveau travail, M. Meaume ne
revient pas sur le graveur, mais sur le soi-disant peintre. Sans parler
des collections d'amateurs, les musées de Nancy et de Clermont en
France, le Belvédère de Vienne, en Italie, le musée de Venise, les
Uffizi de Florence et la galerie Corsini à Rome contiennent des tableaux que les possesseurs et les livrets ne manquent pas d'attribuer
formellement à Callot. Toutes sont des reproductions de ses gravures, et le faire en est toujours différent; il y en a de mains flamandes, allemandes, italiennes, françaises, qui ne sont même pas
toujours habiles. M. Meaume fait remarquer justement que toutes
ces reproductions sont invariablement dans le sens des gravures et
que les peintres qui ont gravé d'après eux-mêmes sont peu dans
l'habitude de renverser leur dessin et que, par conséquent, la reproduction n'est pas dans le sens opposé à l'original. La remarque
est juste en général, mais elle ne serait peut-être pas aussi bonne
pour Callot, qui n'aurait pas, dans des gravures, mis tous les mous-
quets sur l'épaule gauche, tous les fourreaux sur la cuisse droite et
toutes les piques dans la main gauche. Mais la question est insignifiante; la différence des mains et leurs maladresses habituelles suffisent et au delà à la démonstration.

M. Meaume est incidemment arrivé à des conclusions curieuses.
Callot n'a pas peint de personnages dans les paysages de Claude
Gellée, parce qu'il est revenu d'Italie en 1622 et que les paysages
du Lorrain sont postérieurs. Le portrait, donné comme celui de
Callot dans la collection des portraits de peintres à Florence, n'est
ni par lui, ni même lui. Il est postérieur et ne ressemble en rien à
ceux de Van Dyck, d'Abraham Bosse et de Michel Lasne, qui se
rapportent parfaitement entre eux. Serait-il le portrait de ce Claude
Callot, neveu de notre peintre, qui est né en 1623 et qui, ayant
étudié à Rome, mourut en 1689, après avoir été successivement le
peintre de trois rois de Pologne?

Pour en revenir à la question principale, Callot, qui est un
merveilleux artiste, n'a rien de la couleur du peintre; il est l'homme
et le buriniste par excellence de la ligne suivie et de la taille croisée;
personne, sans aquarelle ou sans lavis, n'a été plus que lui l'homme
du *black and white*. M. Meaume, et je suis heureux qu'il confirme
ainsi une note courte de l'*Abecedario* de Mariette et lui apporte le
secours de ses comparaisons et de sa critique, ne reconnaît de

Callot, comme œuvre à l'huile, que le petit *Martyre de saint Sébastien* du Louvre. Or ce n'est qu'un vrai dessin sur toile où le fond n'est pas couvert, où les traits sont faits à la pointe du pinceau au lieu de l'être à la plume, et où une seule couleur lui a servi d'encre. Il n'y a là rien, sauf l'emploi détourné des mêmes matières, qui puisse passer pour de la peinture. M. Meaume a instruit le procès avec tous les soins; il a discuté tous les monuments, tous les témoignages, et il a rendu la sentence. Callot n'est pas l'auteur des peintures qu'on lui attribue, et l'on doit affirmer qu'il n'a jamais été peintre. Je ne conseillerai à personne de se pourvoir en appel; on ne pourrait que confirmer le jugement qui est, dès à présent, définitif[1].

ANATOLE DE MONTAIGLON,

Membre du Comité.

BULLETIN DE L'ACADÉMIE DELPHINALE.

Tome III de la 3ᵉ série, année 1877. Un vol. in-8° de 378 pages.
Grenoble, 1878.

(Séance du 17 novembre 1879.)

Il n'y a pas d'archéologie pure dans ce volume, mais une notice archéologico-historique sur la cathédrale de Grenoble, par M. La Bonnardière, et l'exploration archéologique de la voie romaine de l'Oisans, par M. Florian Vallentin.

M. La Bonnardière appartient à l'école archéologique qui fait remonter à Charlemagne, ou tout au moins à l'époque carolingienne, certaines parties des vieilles églises du midi de la France. C'est la doctrine de l'Académie delphinale. Elle a été exposée au long par M. de Saint-Andéol dans le *Bulletin* de l'année 1867. Chargé par le Comité d'en faire le rapport, lorsque le volume nous fut envoyé, je l'ai discutée et déclarée inacceptable[2]. Les raisons sur lesquelles j'appuyais alors mon jugement sont celles que j'opposerai encore à M. La Bonnardière.

L'âge d'un édifice qui ne porte pas sa date avec lui (comme c'est le cas du plus grand nombre et en particulier de la cathédrale de Grenoble) ne peut être apprécié que d'après ses caractères architectoniques, et les caractères qui disent l'âge d'un édifice sont ceux

---

[1] Il convient de voir aussi une note postérieure de M. Meaume sur cette question; *Intermédiaire des chercheurs et des curieux*, XIII, 1880, colonnes 298-301

[2] *Revue des Sociétés savantes*, t. IX de la 4ᵉ série, p. 429.

qui ont été fixés d'après l'observation comparée des monuments de toutes les régions, en prenant pour point de départ les monuments à date certaine. Contre un semblable témoignage, aucun autre n'a de valeur, ni celui de la tradition, ni celui des chroniques, ni même celui des documents authentiques par excellence, tels que les inscriptions et les chartes; car les inscriptions et chroniques où est mentionnée la construction d'un édifice n'attestent pas que cet édifice n'a pas été renouvelé par la suite; et Dieu sait combien il est arrivé de fois qu'une église, par exemple, ait été rebâtie dans la forme où nous la voyons, sans qu'une panse d'A ait été écrite pour nous le faire savoir, tandis qu'une reconstruction antérieure, beaucoup moins importante, avait été consignée de toutes les façons, sur le parchemin, sur la pierre, sur le métal.

La cathédrale de Grenoble est du nombre des églises où l'on pénètre par une tour appliquée sur leur façade. On nous dit que cette tour est un ouvrage du viiie siècle; pourquoi cela? Parce qu'elle est à l'extérieur d'une nudité que l'on prend pour une marque de grande antiquité, et parce qu'il y a une tradition qui fait remonter la fondation de la cathédrale à Charlemagne.

Un jugement ainsi motivé est loin d'être, aux yeux de la science, un jugement inattaquable.

D'abord, lorsqu'on invoque une tradition, il faut avoir soin de la rapporter aussi exactement que possible. Celle qui donne Charlemagne pour premier auteur de la cathédrale de Grenoble a été consignée dans un pouillé de cette église, qui porte la date de 1498 [1]. Elle dit en propres termes : « L'église majeure ou cathédrale « de Grenoble fut établie en premier lieu et fondée en l'honneur et « sous le vocable de saint Vincent, martyr, et c'est, dit-on, Charle- « magne qui la fit construire et édifier ». Et, plus loin, le même texte ajoute : « Par la suite du temps, on construisit et édifia auprès « de ladite église de Saint-Vincent une autre église en l'honneur de « la sainte Vierge Marie, dont le titre est devenu celui de ladite « église majeure ».

Ainsi, d'après un on-dit (*ut fertur*) qui avait cours à Grenoble à la fin du xve siècle, Charlemagne fut le fondateur de l'église Saint-Vincent, et non pas de l'église Notre-Dame.

---

[1] Cartulaire de l'église cathédrale de Grenoble, dans la *Collection des Documents inédits*, p. 299.

Notre-Dame, aujourd'hui tout comme en 1498, est l'église principale, la cathédrale proprement dite. Saint-Vincent, devenu Saint-Hugues, est un édifice reconstruit, de l'aveu de tout le monde, au xiiie siècle, lequel adhère dans toute sa longueur au flanc septentrional de Notre-Dame et y a son dégagement. L'emplacement des deux églises n'ayant jamais changé, s'il subsistait quelque chose du Saint-Vincent carolingien, ce reste de construction se trouverait dans l'axe de l'église Saint-Hugues, et non pas dans l'axe de Notre-Dame. Or la tour en question est l'entrée de Notre-Dame; par conséquent la légende n'a pas d'application possible à la tour.

Maintenant, pour cette même tour, qui paraît si vieille au premier coup d'œil, on n'a qu'à arrêter ses yeux sur la porte dont elle est percée et dont il est visible qu'elle a été percée dès l'origine, pour reconnaître qu'elle appartient à l'art roman, voire même à une époque avancée de cet art. Effectivement, la baie a été pratiquée par retraite de voussures et de pieds-droits, avec garniture d'archivoltes au-dessus des voussures et de colonnettes dans l'arête des pieds-droits. La même disposition règne, avec encore plus de richesse, à la porte opposée, celle par laquelle on pénètre dans l'église et qui traverse par conséquent le mur du fond de la tour. Or on n'a pas cité jusqu'à présent un exemple certain qui prouve que le système de percements par reprises ait été pratiqué dans la région méridionale de la France avant 1140. C'est donc à ce temps-là qu'il convient de rapporter approximativement la tour de Notre-Dame de Grenoble et, j'ajouterai, sa sœur jumelle, la tour de Saint-Pierre de Lyon, parce que celle-ci a également ses tenants, qui revendiquent en sa faveur l'antiquité carolingienne.

Quant à l'intérieur de la cathédrale de Grenoble, je l'ai examiné attentivement à plusieurs reprises, et je n'y ai jamais vu autre chose que des constructions postérieures en date à celle de la tour.

La voûte de la nef et le chœur tout entier sont si franchement gothiques, que personne n'a eu l'idée de faire remonter ces parties aux temps les plus reculés; mais les piles de la nef, M. La Bonnardière, à l'exemple des antiquaires grenoblois ses devanciers, les tient pour être une partie conservée de l'église que l'évêque Isarne est dit avoir construite au milieu du xe siècle [1].

---

[1] Cartulaire de l'église cathédrale de Grenoble, p. 93 : Post destructionem paganorum, Isarnus episcopus edificavit æcclesiam Gratianopolitanam. »

C'est là encore une opinion qui ne me semble pas admissible.

Les piles de la nef de Notre-Dame sont montées sur des piédestaux de 2 mètres d'élévation, exhaussés eux-mêmes par des socles de 1 mètre. Une pareille conception vaut à elle seule une date. Des stylobates de cette importance n'apparaissent dans l'architecture du moyen âge qu'au déclin du xıı° siècle; sans compter que la pureté de profil que présentent les corniches des mêmes piédestaux est une marque assurée de la même époque.

Mais, dira-t-on, ces piédestaux ne pourraient-ils pas avoir été taillés au xıı° siècle dans des massifs plus anciens?

Non, parce qu'ils sont construits en pierre de grand appareil, et que l'emploi de matériaux puissants, au Midi comme au Nord, indique une époque avancée de l'art du moyen âge. Au x° siècle, on bâtissait encore en petits matériaux. Les constructeurs qui voulaient ou pouvaient faire grand, n'allaient pas au delà de l'emploi du moyen appareil. Je crois en outre que l'on peut alléguer comme une chose qui ne se serait pas faite au x° siècle, le maintien d'inscriptions antiques sur la face extérieure des pierres employées dans une construction religieuse. Cela a lieu pour deux des piédestaux dont je parlais tout à l'heure, sur lesquels on lit des fragments d'épitaphes tels que : IVLIAE MARTIAE et M ‖ . . . ALERIVS. Les autres églises en assez grand nombre où se trouve la même particularité, sont toutes des édifices romans du xıı° siècle ou de la fin du xı°.

On a donc toutes sortes de raisons pour voir dans les maîtres-supports de la nef de Notre-Dame de Grenoble un ouvrage du xıı° siècle et de la seconde moitié de ce siècle, car il est postérieur en date à la tour d'entrée. Deux choses le prouvent : d'abord une différence d'axe entre la nef et la tour, différence qui n'aurait pas eu lieu si la tour avait été une addition à la nef déjà bâtie; ensuite l'emploi de la voûte d'ogives à la nef, lorsqu'on a eu recours au berceau et à la coupole pour voûter le rez-de-chaussée et le premier étage de la tour.

La voûte d'ogives adoptée est celle que nous trouvons dans toutes nos grandes églises gothiques du xıı° siècle, c'est-à-dire la croisée sur plan carré embrassant deux travées d'architecture; seulement, on ne voit point ici l'arc-doubleau qui traverse ordinairement l'intersection des ogives.

Ceux qui observent les monuments du moyen âge avec l'idée de constater la prodigieuse variété de combinaisons qu'ils présentent dans leur fabrique, donneront une attention toute particulière à la nef de la cathédrale de Grenoble. Elle est, comme conception, quelque chose de tout à fait original, une œuvre de parti pris due à un artiste qui fut contraint de se plier à des exigences que nous ne connaissons pas, ou bien qui tint à maintenir les vieux principes tout en subissant le joug d'une nouvelle mode d'architecture. Il accepta du gothique le fractionnement des voûtes et des cintres, mais il s'abstint de l'emploi des arcs-boutants extérieurs. Plutôt que de garnir sa construction d'étais en plein air, il usa du procédé, essayé par d'autres que lui, qui consiste à contre-buter la voûte de la nef par les voûtes des bas-côtés. Par là il lui fut possible de poser en encorbellement les membrures de ses voûtes et conséquemment de se dispenser d'établir sur les faces de ses piliers la garniture habituelle de dosserets en pilastres ou en colonnes engagées. Puis, comme ces piliers tout unis auraient été d'un effet maussade, il y remédia en simulant sur les arêtes de chacune des piles, à partir du piédestal, des colonnettes à chapiteaux composites, exécutés avec l'habileté que l'on apportait alors, surtout dans le Midi, à ces sortes d'ouvrages.

Il y a bien d'autres détails à relever dans cette nef de la Notre-Dame dauphinoise, qui décèlent un architecte de talent, opérant avec des ressources bornées. Je laisse aux archéologues de la Société de Grenoble la tâche de les chercher et de les mettre en évidence. Ce faisant ils assureront à leur cathédrale un titre de recommandation plus valable que tout ce qu'ils pourront entasser de conjectures pour revendiquer en sa faveur une insoutenable antiquité.

L'étude de M. Florian Vallentin sur la voie romaine de l'Oisans est de celles qui demanderaient l'accompagnement d'une carte. Le chemin exploré par ce savant est une partie de celui qui, aujourd'hui encore, conduit de Grenoble à Briançon. Depuis le temps des Romains jusqu'au nôtre, la direction n'a pas pu beaucoup changer. La nature y a mis bon ordre. Il faut à toute force suivre la vallée de la Romanche, étroite dans toute sa longueur lorsqu'elle n'est pas absolument étranglée. Les rectifications ou déviations amenées par la suite des siècles se réduisent à de légères différences dont on ne pourrait se faire une juste idée que par un tracé sur grande échelle. Mais j'insiste trop sur ce point, qui est du ressort de la géographie ancienne plutôt que de l'archéologie.

Je n'ai à parler que des antiquités proprement dites signalées par M. Florian Vallentin, qui sont la Porte des Romains, et des tronçons de la voie antique, reconnaissables à leur dallage, qu'ils ont conservé, ou à leur taille pratiquée dans le roc.

La Porte des Romains est une arcade résultant du percement d'une roche qui obstruait un point de l'ancienne voie pratiquée en corniche. On a cité bien des fois cet ouvrage de l'antiquité. Quelques-uns ont voulu y voir le passage frayé par Annibal, dont il est parlé dans Tite-Live. Une partie du cintre de l'arcade fut emportée par un éboulement à la fin du siècle dernier. M. Vallentin a constaté qu'une nouvelle avarie s'était produite depuis peu. Il prévoit la disparition prochaine de ce qui reste de l'arcade, et bientôt après de toute trace de travail humain. Il voudrait qu'on avisât au moyen d'arrêter cette destruction, et que tout d'abord le monument fût classé. Mais quelle espèce de résistance opposer à une roche qui se désagrège? Le classement officiel ne garantit pas les monuments de l'insulte des hommes; à plus forte raison sera-t-il impuissant contre les forces de la nature.

Plusieurs remarques intéressantes résultent des observations de M. Vallentin sur la construction de la voie antique. Sur divers points des parties rocheuses, existent encore des ornières profondes de 0ᵐ,08 à 0ᵐ,15, dont la taille au ciseau ne fait pas de doute aux yeux du savant dauphinois. Lorsque le chemin est en corniche, il n'y a qu'une seule rainure. Ailleurs, où il y a deux rainures, l'écartement est de 1ᵐ,38. Cet intervalle concorde, à 0ᵐ,02 près, avec celui des ornières creusées dans le pavé des rues de Pompéi, car celles-ci sont écartées de 1ᵐ,36.

Des montagnards, interrogés par M. Vallentin sur le nom d'une section abandonnée entre le Villard d'Arène et le col du Lautaret, ont répondu que cela s'appelait la *voie sarrasine*. Là-dessus le savant dauphinois conjecture que cette dénomination est due probablement aux travaux de restauration dont les anciennes routes furent l'objet pendant l'occupation de l'Oisans par les Sarrasins.

Il ne faut pas se lasser de répéter les choses qu'il importe de faire entrer dans les esprits. J'ai souvent dit en public et plusieurs fois écrit dans ce recueil que le mot sarrasin, dans la tradition aussi bien que dans la langue du moyen âge, ne doit pas être entendu dans son acception rigoureuse. Autrefois Sarrasins voulait dire non seulement les Arabes conquérants avec qui les chrétiens eurent à se mesurer depuis le viii° siècle, mais encore tous les peuples, n'importe de quel lieu et de quel temps, qui n'étaient pas chrétiens. C'était un terme général, synonyme de païen. L'identité des deux mots est parfaite, attendu que, dans l'opinion des occidentaux, les vrais Sarrasins, les Arabes sectateurs de Mahomet, étaient des adorateurs d'idoles. Au x⁰ siècle, la mémoire de l'antiquité se perdit si complètement qu'on avait oublié même l'existence des Romains. Il resta, pour toute notion historique du passé, que la France, avant d'être convertie à la foi, avait été peuplée de païens, c'est-à-dire de Sarrasins dans le langage du temps. Par conséquent tous les ouvrages que leur façon témoignait être antiques, étaient réputés sarrasins. M. Vallentin allègue lui-même une preuve de cette manière de juger les choses; car il fait la remarque que, dans l'Oisans, les monnaies romaines sont appelées *or des Sarrasins*, et que par tout le Dauphiné les gens de la campagne appellent *tuiles sarrasines* les tuiles à rebords. Dans beaucoup de textes du xiii⁰ et du xiv⁰ siècle se rencontrent les expressions *murs sarrasinois*, qui désignent les maçonneries antiques en blocage revêtu de petit appareil.

Mais d'autres ouvrages que ceux de l'époque romaine peuvent avoir été appelés sarrasins, de même que le nom de Sarrasins s'appliqua à d'autres qu'aux Romains et aux Musulmans. C'est, selon moi, le cas de ce peuple sous le joug duquel plusieurs parties du Dauphiné et de la Savoie passèrent momentanément au x⁰ siècle; car je trouve trop peu vraisemblable et nullement prouvé que cette conquête ait été le fait des Arabes africains. Dans tous les cas, la question mérite d'être plus approfondie qu'elle ne l'a été jusqu'ici. Je me féliciterais de l'avoir soulevée, si mon invitation pouvait amener quelque savant dauphinois à la résoudre.

J. QUICHERAT,

Membre du Comité.

MÉMOIRES DE LA SOCIÉTÉ ACADÉMIQUE DU COTENTIN.

Tome II, 1877.

(Séance du 8 décembre 1879.)

La Société académique du Cotentin, a été fondée en 1872 par Mᵍʳ Bravard, évêque de Goutances, qui a eu l'honneur d'enlever le mont Saint-Michel à la destination qui le déshonorait. Elle compte aujourd'hui sept années d'existence et a publié deux volumes de mémoires. Le second de ces volumes, qui vient seulement de nous parvenir, quoiqu'il porte la date de 1877, est le premier qu'elle soumette à l'appréciation du Comité.

Comme son nom l'indique, la Société académique n'a pas de spécialité : elle fait appel à tous les hommes d'étude et donne place dans son recueil à tous les genres de travaux : archéologie, belles-lettres, sciences et beaux-arts. Par suite de cette diversité de matières, les seuls articles du second volume de ses Mémoires qui puissent ressortir au Comité sont les suivants :

L'allée couverte de Saint-Symphorien, p. 331.

L'état ancien des grèves du mont Saint-Michel, p. 339.

Le vase d'Urville, p. 56.

Le buste antique du musée de Coutances, p. 27.

Les sculptures de la cathédrale de Coutances, p. 165.

L'aqueduc de Coutances, p. 335.

La chapelle de la Roquelle, p. 250.

I. Le dolmen de Saint-Symphorien, petite commune du canton du Tilleul, est paraît-il, le plus important du pays de Mortain, ayant 11 mètres de longueur sur 1 mètre à 1^m,30 de largeur et 1 mètre d'élévation ; il a conservé les traces du tumulus qui le protégeait jadis, mais il est en partie ruiné. L'antiquaire qui le signale, M. H. Moulin, n'a pas pratiqué de fouilles à l'intérieur du monument. Dans ces conditions sa communication se réduit à un simple renseignement de statistique. L'auteur paraît croire à l'existence de voies celtiques qui pourraient être déterminées par l'étude d'anciens titres ou même des cartes modernes, et à l'utilité, pour l'explication des monuments préhistoriques, des légendes mises en circulation dans le pays, à des dates inconnues. Ne nous lassons pas de répéter que ces méthodes, qui étaient celles de l'Académie celtique, ne sont plus les nôtres ; que des fouilles conduites avec soin sont le seul mode d'investigation utile pour ces époques reculées, et que s'il est déjà délicat de déterminer le tracé des voies romaines qui ont laissé des traces matérielles sur le sol, il est absolument hypothétique de se préoccuper d'une voirie gauloise, sur laquelle tous les renseignements font défaut, en supposant qu'elle ait jamais existé.

II. La question de l'état ancien des côtes du Cotentin et spécia-

iement de la baie du mont Saint-Michel, a donné lieu à de bien
nombreux mémoires, et surtout à bien des hypothèses. Elle paraît
abordée avec plus de critique que précédemment, par M. l'abbé Pigeon qui la traite à l'occasion d'une notice sur la vie et les œuvres
du Dr Bienvenu, né à Genest en 1774 et mort dans cette localité
en 1840. M. l'abbé Pigeon rompt résolument avec les éléments lé-
gendaires de la question, en faisant bon marché de la prétendue
marée de 709, qui aurait séparé le mont Saint-Michel de la terre
ferme ; il admet que l'action lente et progressive de la mer a donné
à la côte sa configuration actuelle dès avant la vision de saint Aubert.
Il interprète ainsi plus sainement qu'on ne l'a fait avant lui le
plus ancien texte relatif aux origines du mont Saint-Michel. Saint
Aubert a certainement trouvé le mont à l'état insulaire, quand il y
a bâti l'humble rotonde qui est devenue le germe des merveilleux
édifices que nous admirons aujourd'hui. Quant aux deux cartes
empruntées au manuscrit du Dr Bienvenu que M. l'abbé Pigeon a
cru devoir ajouter à la notice, elles n'ont même pas un intérêt de
curiosité. Il suffit de rappeler dans quelles circonstances elles ont
été dressées pour que toute autorité leur soit refusée. Bienvenu, enfant de Genest, d'une instruction médiocre, a employé les loisirs
de sa captivité en Angleterre, à jeter sur le papier ses souvenirs de
jeunesse et les notions qu'il possédait sur le littoral de l'Avranchin ;
il a accumulé sans discernement aucun, sur un espace de dix lieues
carrées, les divers noms de peuples et de localités antiques que lui
avaient appris ses études classiques. Des fantaisies de ce genre
peuvent procurer à la chronique locale certains détails intimes, dont
on doit être friand dans l'Avranchin, mais l'érudition n'a rien à y
puiser. Les mêmes parages nous avaient fourni jadis cette carte
apocryphe du même littoral, empruntée, disait-on, aux archives du
mont Saint-Michel, et qui, bien qu'en contradiction avec les données les plus certaines de l'histoire, a pris place dans les mémoires
de la Sorbonne (année 1865, p. 67, pl. VI). La Société académique
du Cotentin, introduisant dans un débat de cette importance de
nouveaux documents de si mauvais aloi, n'a pas pris garde qu'ils
pourraient être pris au sérieux par quelques lecteurs, au moins
dans l'arrondissement de Coutances, et qu'il conviendrait de réserver les planches dont elle dispose à la représentation de monuments dont les études archéologiques puissent tirer plus de
profit.

III. Les deux notices de M. Quenault sur le vase d'Urville et sur le buste antique du musée de Coutances ont une tout autre valeur. Elles sont accompagnées de gravures sur bois suffisantes pour donner une idée exacte des objets. L'auteur y a fait entrer, avec beaucoup d'à-propos, une note de M. de Longpérier relative au vase, et une note de M. Heron de Villefosse relative au buste. Après de telles autorités tout peut être considéré comme dit sur ces objets. Le vase est une casserole d'un travail fin portant l'estampille du chaudronnier : PVDENS. Aux ustensiles semblables cités par M. de Longpérier, qui existent en France et qui ont figuré à l'Exposition de 1867, il convient d'ajouter les vases du même genre trouvés à plusieurs reprises en Angleterre et gravés dans les volumes XI, XXVIII et XLI de l'*Archæologia.* Sur les cinq casseroles trouvées en 1856 à Castle Howard (Yorkshire) deux portaient également l'estampille du fabricant. L'Anjou a aussi fourni son contingent de cette batterie de cuisine ; le vase d'Urville appartient donc à un type très connu et fréquemment figuré.

En ce qui concerne la tête en bronze de la bibliothèque de Coutances, signalée aux réunions de la Sorbonne en avril 1877, publiée presque simultanément par M. Palustre dans le *Bulletin monumental* (t. XLIII, p. 189) et par la Société académique du Cotentin, il convient de compléter le travail de M. Quenault par l'expression de la pensée dernière de M. Heron de Villefosse. Examen fait de l'objet au Trocadéro en 1878, il a été reconnu que le travail antique avait subi une transformation à peu près complète, probablement au xviie siècle, quand il entra dans les collections du château de Torigni (*Bulletin monumental*, t. XLIV, p. 689). La lumière paraît donc faite sur la véritable valeur de ce masque dont la provenance est inconnue, et qui a été un moment considéré comme une œuvre capitale de l'antiquité.

IV. Arrivons au moyen âge.

La cathédrale de Coutances devait nécessairement avoir sa place dans les mémoires de la Société académique du Cotentin, et l'étude d'un si notable édifice serait à coup sûr le but le plus important que pût se proposer une compagnie qui compte à la fois dans son sein des érudits et des artistes. Le Comité apprendra sans trop de surprise que la Société est encore partagée sur l'époque de cette cathédrale ; la vieille école historique de Gerville et de l'abbé Dela-

mare compte encore, paraît-il, quelques défenseurs de la date de
1056, qui révoquent en doute les résultats les plus certains de l'archéologie contemporaine. Le même phénomène ayant été signalé à
notre dernière séance, comme se produisant à Grenoble, il suffit,
pour prévenir la Société du Cotentin contre des discussions aussi
surannées et aussi stériles, de signaler à ses méditations les considérations générales présentées avec tant d'autorité par notre vice-
président pour combattre les prétentions de la cathédrale de
Grenoble à une antiquité exagérée. Vitet avec son flair exquis, dé-
clarait; il y a déjà quelque quarante ans, que l'attribution à Geoffroy
de Montbray de la cathédrale actuelle de Coutances, était le plus
hardi paradoxe suggéré par l'archéologie du moyen âge. Vitet cependant ne soupçonnait pas les surprises que nous réservait le monument. La question a marché. Les restes authentiques de la cathédrale
du xi⁰ siècle ont été retrouvés sous l'enveloppe du xiii⁰ siècle. Ce
fait, bien connu d'un petit groupe de curieux, a pour l'histoire de
l'art en Normandie assez d'importance pour qu'il me soit permis d'y
insister. Dès 1865, M. Bouet, observateur exact, signalait (*Bulletin
monumental*, t. XXXI, p. 421-509), à la base des tours de la façade
occidentale, la présence de salles romanes dont le caractère avait
jusque-là échappé à tous les explorateurs. Appelé à Coutances par
une nouvelle aussi inattendue, j'y ai trouvé non seulement deux tours
octogones sur base carrée, appartenant au xi⁰ siècle, mais, au-dessus
des voûtes du collatéral nord et cachée par le dallage des chapelles
du xiii⁰ siècle, une série d'arcades romanes alternativement pleines
et ouvertes, se développant sur une longueur de plus de cent pieds.
Par suite de travaux en sous-œuvre exécutés avec une hardiesse
singulière, les lois habituelles de la statique semblent interverties :
la base est du xiii⁰ siècle, le sommet des murs est du xi⁰ siècle et
d'un style tout à fait primitif. Certaines arcades sont encore con-
struites à la romaine : ainsi les claveaux en granit alternent symétri-
quement avec un assemblage de trois tranches de schiste taillées au
format des grandes briques ; les joints en ciment sont épais, saillants,
réparés à la truelle ; une maçonnerie en petit appareil surmonte le
tout. A de tels caractères on reconnaîtrait plus volontiers les constructions de l'évêque Robert (1027-1048), que celles de Geoffroy
de Montbray qui se borna d'ailleurs à terminer l'œuvre de son prédécesseur.

A Coutances même, un ecclésiastique qui n'est pas un nouveau

venu dans les études archéologiques, M. l'abbé Pigeon, s'est attaché avec la plus louable persévérance à la recherche des moindres
débris de la cathédrale primitive ; il a publié en 1877 le résultat
de ses investigations dans une monographie trop peu connue, pleine
d'aperçus ingénieux et nouveaux, et a déterminé d'une façon définitive, mais à l'aide de dessins malheureusement défectueux, les
portions de l'œuvre de Robert et de Geoffroy de Montbray qui sont
parvenues jusqu'à nous.

Si ces découvertes ne fournissent pas encore une date précise
pour les constructions en ogive, elles ne permettent plus d'identifier
celles-ci avec les constructions des évêques du xie siècle. Sans donc
que toutes les difficultés chronologiques aient encore disparu, les
grandes lignes de l'histoire de la cathédrale sont désormais fixées.
Un chœur nouveau a été commencé à la fin du xiie siècle pour des
causes qui nous échappent ; il a été très rapidement élevé, car il est
parfaitement homogène. Ses chapelles étaient terminées dès 1202,
s'il est exact, comme le prétendent les historiens, que l'évêque
Guillaume de Tournebut ait reçu la sépulture dans l'une d'elles ;
leur style n'y fait pas obstacle, et en tout cas elles servaient en
1223 à l'exercice du culte, puisque Hugues de Morville leur appli-
quait une partie des prébendes de la collégiale de Cherbourg dont
Philippe Auguste l'avait gratifié. Ces faits cadrent exactement avec
la date authentique des bâtiments de la Merveille au mont Saint-
Michel qui, commencés après 1205, étaient certainement terminés
avant 1218. Les analogies de style entre les deux édifices sont
remarquables et non moins frappantes avec la nef primitive de la
cathédrale de Dol. La cathédrale de Coutances avait alors l'aspect
qu'a conservé jusqu'à nos jours la cathédrale du Mans, où un chœur
du xiiie siècle est soudé à une nef romane. Le cours du xiiie siècle
fut employé à harmoniser cette vieille nef avec le chœur nouveau
et avec les anciens transepts remaniés sur leurs fondations primi-
tives. Ces travaux purement décoratifs, exécutés avec un art infini,
sont eux-mêmes limités par la construction des chapelles du nord,
œuvre remarquable de l'évêque Jean d'Essey et de son frère Thomas,
exécutée de 1270 à 1280, et par l'opération analogue poursuivie
sur le flanc méridional de la nef de 1290 à 1310, par les évêques
Eustache le Cordelier et Robert de Harcourt.

Pour ces derniers points il y a concordance entre les documents
historiques et l'observation archéologique. Dès les premières années

du xiv⁰ siècle, la cathédrale avait donc, à bien peu de chose près, l'aspect qu'elle présente aujourd'hui. Cependant après l'avoir vieillie outre mesure, on l'a, par une réaction exagérée, rajeunie à l'excès en attribuant à Sylvestre de la Cervelle, c'est-à-dire à la fin du xiv⁰ siècle, la plupart des travaux antérieurs qui n'appartiennent plus au style dit à lancettes. Les retouches de Sylvestre et de ses successeurs, nécessitées par les dégâts du siège de 1356, ont consisté en réparations faites aux voûtes, en réfection du réseau de quelques fenêtres, en des additions de balustrades, en un mot à des travaux de décoration, aisément reconnaissables et qui n'intéressent pas le gros œuvre de l'édifice, complet dès le milieu du xiii⁰ siècle.

Une analyse exacte des profils, des feuillages et des ornements, leur rapprochement avec les excellents termes de comparaison que fournit le mont Saint-Michel, permettront, dès qu'on le voudra, de fixer avec plus de précision la marche des travaux dans la cathédrale de Coutances pendant la première moitié du xiii⁰ siècle. Un tel travail serait d'autant plus intéressant que les origines du style ogival en Normandie ont été moins bien étudiées que dans d'autres régions et l'état de l'architecture dans cette province nous est actuellement mieux connu à la mort de Guillaume le Conquérant en 1083, qu'au moment de la réunion au domaine royal par Philippe Auguste en 1204.

Ce ne sont pas les aperçus de cet ordre qui ont appelé tout d'abord l'attention de la Société académique du Cotentin; une question d'iconographie locale a primé les autres. L'opinion personnelle dont elle était l'expression a reçu l'approbation d'une commission dont le rapport, accompagné de deux bonnes lithographies, figure dans les mémoires. Elle a son origine dans ces deux lignes de l'historien de l'évêque Robert relatant un événement arrivé vers 1030 :

Hujus temporibus incœpta et ex parte constructa est Constantiensis ecclesia, fundante et adjuvante Gonorra comitissa.

Elle peut se ramener à ces termes : la cathédrale de Coutances possède-t-elle une représentation sculptée de la comtesse Gonorre? La Société académique tient pour l'affirmative, en entrant de primesaut dans un ordre de recherches extrêmement délicat.

Rien n'est plus rare dans nos grands édifices religieux que la représentation de personnages historiques : En dehors des donateurs agenouillés au bas d'un vitrail ou à l'angle d'un bas-relief, les hypothèses émises jusqu'ici dans ces sortes d'attributions n'ont guère résisté à un examen critique. Or il existe dans le collatéral sud de la nef, à Coutances, un certain nombre de têtes qui s'allongent à l'extrémité de cous démesurés pour meubler l'intervalle des chapiteaux : ici c'est un visage ras comme celui d'un clerc, là une figure à grandes moustaches, plus loin un buste de roi, et en regard celui d'une reine. L'abbé Delamare avait déjà donné place à ces drôleries dans les planches de son mémoire, sans y avoir vu autre chose que des fantaisies d'ornemaniste. C'est à l'une des deux têtes royales que vient d'être attribué le nom de la comtesse Gonorre, l'autre représentant au gré de chacun soit le comte Richard, son époux, soit son petit-fils le comte Robert. Le système s'autorise d'un chapiteau voisin où un archer, perché dans le feuillage, dirige la flèche de son arme, soit sur une reine, soit sur un oiseau placé entre la dame et lui. A n'en pas douter pour M. l'abbé Lecanu et pour la commission chargée de contrôler son opinion, ces sculptures sont la traduction d'un passage de Guillaume de Jumièges, la rencontre dans la forêt d'Arques de Richard Ier et de Gonorre, devenue sa maîtresse longtemps avant d'être sa femme. La commission par l'organe de M. Levé, son rapporteur, attribue d'ailleurs très exactement cette œuvre au xiiie siècle et non au xie.

Y a-t-il une corrélation nécessaire entre le chapiteau à l'archer et les têtes couronnées d'un autre groupe de colonnes? Gardait-on encore au xiiie siècle, lors de la reconstruction de la cathédrale de Coutances, le souvenir du concours considérable fourni par Gonorre à l'érection du précédent édifice? Ces constructeurs connaissaient-ils le texte de Guillaume de Jumièges? A quels signes pourrions-nous reconnaître avec quelque certitude cette comtesse Gonorre, en l'absence de toute inscription? Si l'on songeait à lui rendre l'honneur dû à une fondatrice, comment, pour perpétuer sa mémoire, avoir fait choix d'un des épisodes les plus scabreux des vieilles chroniques de Normandie? Ce sont là des préliminaires qu'il eût été à propos d'élucider.

On peut induire des notes ordinairement exactes de l'abbé de Billy, que les nécrologes du xiiie siècle ne comprenaient déjà plus la comtesse Gonorre parmi les bienfaiteurs de distinction pour lesquels on était obligé de prier, à Coutances; du moins le dépouillement de ces registres ne lui a fourni d'autres noms de princes normands que celui de Guillaume le Conquérant, qui assista à la

dédicace de 1056, et ceux de Henri Ier et Henri II, ses descendants.
Rien n'établit donc que la mémoire de la comtesse Gonorre ait eu à
Coutances cette popularité qui expliquerait la présence de son buste
à la cathédrale dans une situation bien étrange.

La prétendue concordance du chapiteau à l'oiseau avec le texte de
Guillaume de Jumièges est encore moins apparente. L'allure de l'archer est celle d'un croquant; elle ne répond nullement à l'idée que
nous pouvons nous faire, d'après de nombreux monuments, de l'équi-
page de chasse d'un duc de Normandie, soit au xiiie, soit au xie siècle.
En tout cas et en serrant le sujet de plus près, ce n'est pas une ren-
contre fortuite, sous la feuillée, qui fut l'origine des amours de Richard et de la belle Danoise. La haute fortune de Gonorre, consacrée
plus tard par une union régulière, a eu pour point de départ une
intrigue d'alcôve et une substitution dans la couche ducale de la
sœur cadette à la sœur aînée, qui y était attendue. Guillaume de
Jumièges, écrivant en latin et jouissant dans cette langue du privilège
de braver l'honnêteté, a pu raconter par le menu une aventure que
la sculpture est plus impuissante encore à représenter que la langue
française ne le serait à la traduire. Il affirme d'ailleurs que tout finit
pour le mieux; que Richard fut le premier à rire d'une supercherie
qui l'avait préservé du péché d'adultère, car c'était une pensée adultère qui l'avait conduit, sous prétexte de chasse, chez son forestier de
Secheville. Quels traits communs les passe-temps grivois du comte Richard peuvent-ils présenter avec la scène du chapiteau ramenée à ses
éléments les plus simples : un archer menaçant de sa flèche l'oiseau
d'une dame, si ce n'est la dame elle-même? C'est un sujet emprunté
à quelque fabliau, si tant est qu'il ait un sens, et qu'il ne soit pas
la reproduction, sous une forme sommaire, d'un groupe plus vieux
de cinquante ans, qui se voit au grand portail de Chartres. On y
retrouve la reine, les feuillages, l'archer et même l'oiseau. Mais là,
en plein xiie siècle, l'archer est le Sagittaire des signes du zodiaque;
c'est bien la femme couronnée qu'il vise, car l'oiseau déjà mort est
saisi au cou et emporté par un petit bonhomme qui chevauche sur
la croupe du Centaure.

Le père Cahier, trouvant cet étrange dessin dans les cartons du
père Martin, s'est borné à en publier la gravure (*Nouveaux mélanges d'archéologie*, t. I, p. 191), laissant à ceux qui y compren-
draient quelque chose le soin de l'interpréter. Le maître en symbo-
lisme, qui n'est guère timide d'habitude dans ses explications, nous

a donné là un bel exemple de prudence. Imitons sa réserve et rappelons, à propos de ce mince détail de la cathédrale de Coutances,
la mésaventure des Berrichons qui se sont complu, pendant plus
de trente ans, à trouver pareillement dans une sculpture énigma-
tique de l'hôtel de Jacques Cœur, la représentation d'un incident
galant dont la belle Agnès eût été l'héroïne. Là encore on prétendait commenter et compléter l'histoire par la tradition et par
l'art. Ces jeux d'imagination ont obtenu assez de créance pour passer
dans le Dictionnaire d'architecture de Viollet-le-Duc, qui ne semblait
guère destiné à leur donner asile (t. IV, p. 585). Puis est venu un
curieux, mieux versé dans la connaissance de la littérature du moyen
âge, le président Hiver, qui a reconnu sur le fameux cul-de-lampe
un épisode, bien des fois figuré, des amours de Tristan et de la
belle Iseult; c'est ainsi que les amateurs d'anecdotes grivoises ont
leurs déconvenues. On n'en répétera pas moins encore à Bourges,
pendant des années, que Jacques Cœur fut bien entreprenant avec
la belle Agnès, comme on répète encore à Coutances, après toutes
les démonstrations contraires, que le chœur de la cathédrale est
l'œuvre de Geoffroy de Montbray.

Pour empêcher la légende de Gonorre de prendre un plus large
essor qu'elle ne mérite, signalons, en terminant, à la Société académique du Cotentin, une représentation plus certaine de la princesse, si chère à quelques-uns de ses membres. Elle est figurée en
tête d'une donation faite par elle à l'abbaye du mont Saint-Michel,
au folio 23 v° du beau cartulaire exécuté vers 1160 par les soins de
Robert de Torigny; c'est un dessin à la plume, tracé d'une main très
ferme, qui la représente dans tout l'apparat d'une noble Normande
et sous un aspect bien différent de la sculpture fantaisiste de Coutances. Ce parallèle est peut-être superflu à l'encontre d'une hypothèse qui ne résiste pas au premier examen. Mais pour finir par
un détail archéologique tout à l'avantage de la belle Danoise, qui
aurait subi, d'après M. l'abbé Lecanu et M. Levé, l'étrange pénitence
d'afficher son déshonneur dans la cathédrale, rappelons avec la
chronique française de Normandie que « elle ouvroit à faire orfrois
« d'or, d'argent et de soye pour donner aus églises, faisoit petits draps
« de toutes soyes, ou il y avoit hystoires, figures et images ». Ceci se
passait aux environs de l'an mil. La tapisserie de Bayeux n'a donc
été ni le premier ni le seul ouvrage à l'aiguille brodé par des Normandes de haut parage.

V. Le mémoire de M. Quenault sur l'aqueduc de Coutances est
le dernier mot sur un monument dont l'origine a été très judicieu-
sement déterminée par l'auteur dans des travaux antérieurs. Ces
arches sont bien un travail du xiii° siècle, exécuté vers 1226, par la
libéralité des Paisnel pour le service du couvent des Dominicains,
dont ils étaient fondateurs. Des travaux récents ayant mis à jour la
naissance de la conduite d'eau qui amenait les sources à la ville sur
des points où l'aqueduc est vierge de toute réparation, sa construction et son parcours ont pu être définitivement étudiés. Un plan
donne le tracé général de l'aqueduc depuis son origine jusqu'à son
orifice dans la ville sur ce développement total de 700 mètres.
Une feuille de détails donne l'écusson des Paisnel, placé sur l'a-
queduc à la suite d'une restauration effectuée en 1595. Un estampage de ces insignes héraldiques, peu visibles sur le monument, a
été déposé au musée de la Société académique. C'est là une excellente mesure. La monographie de l'aqueduc de Coutances est désormais complète. M. Quenault se plaint de la difficulté avec laquelle
la vérité sur ce monument est parvenue à se faire jour, et de la persistance avec laquelle des livres publiés après ses travaux attribuent
une origine romaine à l'aqueduc de Coutances. Le fait n'est ni nouveau ni isolé. Il eût pu ajouter que l'exécution d'un aqueduc avec
arches franchissant une vallée, dans la première moitié et dans le
plus pur style du xiii° siècle, est un travail bien autrement rare
en France qu'une œuvre du même genre remontant à l'époque
romaine. La ville de Coutances devrait être aussi plus soucieuse
d'en conserver les débris que s'il s'agissait d'une masure du Bas-
Empire.

VI. C'est encore à l'infatigable M. Quenault qu'est dû le mémoire
sur la chapelle de la Roquelle et son pèlerinage. La Roquelle est un
édicule sans grande valeur archéologique, qui a été édifié en 1594
dans la banlieue de Coutances, sur le lieu de l'invention, au milieu du
xv° siècle, d'une statue de la Vierge bientôt réputée miraculeuse, et
honorée d'un grand concours des populations. Aussi l'évêque Adrien de
Gouffier, la jugeant de bon profit, la fit enlever nuitamment en 1513,
et sceller, à l'aide de fortes chaînes, dans son église cathédrale pour
y attirer les offrandes qui commençaient à affluer. De là, entre le
prélat et les Augustins, un procès qui donna lieu aux plus curieux
incidents. Un arrêt de l'échiquier de Normandie intervenu, après

saisie du temporel de l'évêque comme mesure coercitive, enjoignit la restitution et le dépôt à l'Hôtel-Dieu de la statue litigieuse, ce qui fut exécuté le 21 octobre 1514. La statue existe encore dans l'église de l'hôpital sur l'autel Saint-Michel. Autant qu'on en peut juger par la lithographie jointe au mémoire, elle n'a pas toutefois l'antiquité que lui attribue M. Quenault, et ne remonte guère au delà des années 1500 à 1510, date à laquelle elle commença à faire quelque bruit dans le monde. Elle est en marbre blanc, peinte et dorée dans le goût du temps. Ce petit morceau de sculpture de la Renaissance, haut de 0^m,39, méritait d'être signalé. Le lieu de la découverte continue d'être en vénération. Une chapelle qui existe encore, mais qui est dénuée d'intérêt, y fut élevée en 1594. M. Quenault a retrouvé et publié le devis des travaux. Sa monographie de près de cent pages est donc complète, et quoique nous n'ayons à en apprécier que la partie archéologique, nous devons constater qu'elle renferme de curieux détails sur la dévotion populaire aux XVIe et XVIIe siècles.

Un mémoire sur les corporations d'arts et métiers existant à Coutances avant 1789, rédigé par M. Lamare, met en œuvre les renseignements fournis par les vitraux de la paroisse Saint-Pierre; quelques-unes de ces belles verrières ont été données de 1520 à 1531 par les serruriers, les bouchers et les maréchaux. Les maîtres maçons ont laissé dans l'église un monument commémoratif d'un autre genre. Mais l'auteur, sans étudier l'état de la peinture sur verre et en décrire les produits, s'attache exclusivement à l'histoire des corporations industrielles. Notons donc à titre de renseignement statistique les vitraux signalés, en laissant à la section d'histoire l'appréciation d'un mémoire qui rentre dans ses attributions.

En résumé, la Société académique du Cotentin, en abordant dans les mémoires présentés par elle au Comité, les matières les plus variées, a donné un véritable intérêt au second volume qu'elle vient de publier. Les temps préhistoriques, l'époque romaine, le moyen âge, la renaissance y figurent sans exclusion ni parti pris, et, hormis une incursion malheureuse dans le domaine de l'iconographie, sont traités d'une manière qui permet à la jeune Compagnie de marcher de pair avec ses aînées. Elle n'a donc qu'à persévérer dans la voie

des études sérieuses ouvertes par le vénérable fondateur dont la mémoire lui est restée chère.

A. RAMÉ,

Membre du Comité.

MÉMOIRES DE LA SOCIÉTÉ ÉDUENNE.

Nouvelle série, t. VII.

(Séance du 8 décembre 1879.)

Il y a toujours plaisir et profit à rendre compte des Mémoires de
la Société éduenne, qui continue à se maintenir parmi les premières Sociétés savantes de nos départements.

Le *septième volume* de la nouvelle série ne le cède pas aux précédents.

La *Foire de Bibracte*, par M. Bulliot; une *Note sur les stations et
voies antiques du pays éduen*, par M. Vincent-Durand; une autre *Note
sur l'emploi de la chaux, de la marne et des phosphates en agriculture
chez les Gaulois*, par M. Henri de Fontenay; les *Loges des fondeurs
nomades à la foire de Bibracte*, second mémoire de M. Bulliot; la continuation d'un travail concernant l'*épigraphie autunoise*, par M. Harold
de Fontenay; un rapport du même, sur la découverte d'un marbre
chrétien du Vᵉ siècle, et enfin une *Note sur la bourgade gallo-romaine
de Bolar, près Nuits*, par M. Charles Bigarne, forment un ensemble
de travaux excellents et variés, quoique ne sortant pas, ce qui sera
un mérite à vos yeux, du cercle des recherches locales. L'histoire du
pays éduen se fait ainsi peu à peu, d'une manière sûre et relativement rapide.

En présence d'un pareil volume, le difficile est de savoir se res-
treindre. Je ferai des efforts pour ne pas me laisser trop entraîner
par l'intérêt de ces mémoires.

I.

LA FOIRE DE BIBRACTE.

L'apparition, sous Tibère déjà, sur la Saône et sur la Seine, des
compagnies de *Nantes*, dont les divinités protectrices appartenaient
à la religion des Gaulois [1], permet de faire remonter l'origine de

---

[1] Il suffit de citer Esus et Cernunnos de l'autel de Paris.

ces sociétés de navigation à une époque antérieure à la conquête romaine. Tous les péages, tant sur les rivières que sur les routes, nous dit en effet César (*De Bell. Gall.*, I, 18), étaient affermés chez les Éduens au moment où le grand capitaine entrait en Gaule.

Ce vaste système de perception d'impôts portant sur le transit des marchandises et des marchands, témoigne de l'activité du commerce en Gaule dès une époque reculée.

Les *oppida*, dans ce vaste ensemble, étaient non seulement des lieux de réunion politique et des lieux de refuge, mais des *marchés* et des *centres d'industrie*. Là seulement, derrière des murs fortifiés, il y avait sécurité pour les artisans. Les grandes découvertes dues au génie gaulois se rapportent, pour la plupart, à ces lieux de refuge. Le *placage de l'argent sur le bronze* avait été inventé à *Alésia*, L'*étamage*, chez les *Arvernes*, probablement à *Gergovia*. L'*émaillerie* florissait à *Bibracte*. Athénée montre le roi arverne Luern, faisant fabriquer, dans les *oppida* de son voisinage, des bassins d'airain pour ses gigantesques festins.

L'*oppidum* de *Bibracte* se présente à nous comme le type de ces hauteurs fortifiées, destinées à la fois à abriter les guerriers en temps de guerre, les commerçants en temps de paix.

Mais ces *oppida* ne devaient pas leur sécurité uniquement à leur situation topographique et à leurs défenses artificielles. Les peuples primitifs, par un instinct naturel de conservation, les avaient entourés presque tous d'une consécration religieuse. Les *foires*, en Gaule, dit M. Bulliot, revêtirent de bonne heure un caractère *sacré*. La plupart des *emporia* gaulois étaient un but de pèlerinages, qui concordaient avec l'époque des *grands marchés*. Alésia, Nemausus, Vesunna avaient leurs sources vénérées. La *dea Bibracte* joua le même rôle sur le mont Beuvray.

M. Bulliot recherche à quelle époque avait lieu la *foire principale* de Bibracte avant la conquête.

Il est permis, dit le sagace président de la Société éduenne, de fixer cette grande fête industrielle et religieuse aux premiers jours du printemps, époque à laquelle eut lieu le grand Conseil dans lequel Vercingétorix fut choisi pour chef. *Totius Galliæ concilium indicitur* (César, *De Bell. Gall.*, VII, 63).

La foire de Beuvray a, en effet, continué pendant tout le moyen âge à être fixée au premier mercredi de mai, jour de *Mercure*, le plus populaire des dieux gaulois.

Mais en quoi consistaient ces *assemblées* du Beuvray ?

Un récit de Grégoire de Tours va nous l'apprendre. « Quoique souvent cité, dit M. Bulliot, ce récit est d'une telle importance pour notre sujet, puisqu'il retrace une fête semblable à celle du Beuvray, que nous le reproduirons en entier. » Je n'en citerai que les premières lignes. « Il existait, dit Grégoire de Tours, sur le territoire des Gabales, une montagne surnommée *Helanus*, qui avait un grand lac (lac Saint-Andéol) au bord duquel la multitude des paysans se réunissait à certaines époques et, comme pour offrir des libations au lac, y jetait des linges, des étoffes; quelques-uns, des toisons de laine, le plus souvent des formes de fromage, de cire, de pain et, suivant leurs ressources, toutes sortes de denrées. Ils y arrivaient avec des chars qui transportaient le boire et le manger. On tuait des animaux et, durant trois jours, on s'y livrait à la bonne chère. »

Aux bords de la fontaine sacrée de *Bibracte*, les paysans éduens du temps de saint Martin apportaient les mêmes offrandes et se livraient aux mêmes plaisirs que ceux du Gévaudan.

« Il ne saurait, dit M. Bulliot, exister de doute sur la nature et l'ancienneté de ces usages superstitieux. »

Nous sommes complètement de l'avis de notre confrère. Je n'insiste pas sur une foule de rapprochements curieux faits par M. Bulliot. Il faut les lire dans le mémoire original. Nous ajouterons seulement avec lui que tous ces usages païens existaient encore au *sixième* siècle. Saint Éloi défendait alors à ses diocésains de « *chômer au mois de mai, d'aller aux fontaines et de s'y livrer à des danses folâtres.* »

Après avoir dessiné, de main de maître, la physionomie de la fête religieuse, M. Bulliot cherche à faire revivre quelques-unes des particularités de la *foire commerçante.*

Strabon nous dit que les marchandises amenées de Marseille sur les bateaux des *Nantes* jusqu'à Chalon suivaient ensuite la voie de terre. Les chariots du pays se chargeaient du transit entre les ports de la Saône, de la Seine et de la Loire.

« Cet état de choses et de lieux donna naissance à un mode d'exploitation des routes, qui découlait naturellement des mœurs pastorales de nos ancêtres et que sa *simplicité et son économie ont sauvegardé jusqu'à nos jours*. La dénomination même de *Gall-vachers* caractérise encore aujourd'hui leur origine et leur industrie. Ces bouviers nomades du Morvan, armés de l'aiguillon et de la cognée, qui, pour eux, remplace tous les outils, ont été, pendant des siècles, les seuls entrepreneurs du roulage local, parcourant les plus grandes distances en réduisant leurs besoins aux dernières limites de la sobriété. Ils ont, jusqu'à l'ouverture du chemin de fer de Nevers à Chalon, conservé le monopole des transports entre la Saône et la Loire, par Autun, Château-Chinon et Saulieu. *Leurs charrettes rudimentaires, récemment encore dépourvues de ferrures*, ne semblent pas s'être modifiées depuis les Gaulois. Elles étaient connues sur leurs routes comme sur les nôtres, et quand après une course l'attelage s'apprêtait à stationner au bord d'un bois ou d'un ruisseau, on entendait le bouvier ordonner l'arrêt, dans un idiome qu'il ne comprend plus, par ces deux mots antiques restés dans son langage : « *sta bos* ». C'était à ces convoyeurs qu'étaient confiées les innombrables amphores de vin et d'huile, dont l'*oppidum* offre les débris par monceaux. »

Ce sont là de curieuses et très judicieuses observations. Nous ne saurions trop encourager nos correspondants à recueillir les derniers vestiges d'anciens usages qui, bientôt, auront tous disparu.

L'étude des objets recueillis dans les fouilles permet ensuite à M. Bulliot de nous faire une histoire abrégée du champ de foire. « L'histoire de ce champ de foire est restée écrite dans les débris dont il est jonché, dans les nombreuses médailles et les objets qui en sont sortis. Sur ce point foulé par un grand nombre de peuples, les monnaies étrangères de Marseille et de la Gaule méridionale sont mélangées à celles de la plupart des cités gauloises, des Allobroges, des Trévires, des Helvètes et surtout des Séquanais et des Éduens. Quelques ustensiles en pierre polie, un fragment de hache en bronze, des débris de poteries peintes, une bossette gauloise émaillée attestent son occupation bien avant l'arrivée de César. »

Malgré l'obscurité qui entoure cette phase reculée de la foire du mont Beuvray, les éléments archéologiques, d'accord avec les traditions et le texte de César, permettent donc d'y constater des réunions publiques antérieures à notre ère. Si l'on évalue ensuite, comparativement au reste de l'*oppidum*, le nombre des ateliers métallurgiques, de forgerons, d'orfèvres, d'émailleurs reconnus dans les parties fouillées, on est convaincu que, dépassant de beaucoup les besoins de la population agglomérée, les produits qui y étaient accumulés ne pouvaient s'écouler que dans un vaste marché.

La conquête romaine ne pouvait manquer d'avoir son contre-coup sur cette foire. Après la fondation d'*Augustodunum*, une première modification s'opéra dans les habitudes commerciales et politiques de la cité, dont le rôle, amoindri par la domination étrangère, réduisait la fête du Beuvray à un simple rendez-vous de pratiques superstitieuses, d'affaires privées et d'amusements. Toutefois les baraques en planches, en poteaux et en pisé de l'*emporium* gaulois, firent place à un temple et à des constructions foraines régulières en pierre.

La main de Rome se faisait sentir.

« La construction d'un temple au beau milieu du champ de foire de *Bibracte* fut une innovation due à la même pensée qui venait d'inaugurer, au confluent du Rhône et de la Saône, l'autel de Rome et d'Auguste. Tout en conservant aux Éduens leur génie topique, la *dea Bibracte*, et en favorisant les pèlerinages aux sources sacrées, Rome introduisait au cœur de la cité éduenne un culte étranger et des formes inusitées pour les pèlerins gaulois, qui continuaient à affluer au Beuvray le premier mercredi de mai. » Deux médailles, déposées dans les fondations du temple, semblent être le symbole de cette politique habile. De ces deux médailles de même module, l'une appartient à la nationalité gauloise, l'autre, à Rome. La première, de *Germanus*, *fils d'Indutillus*, rappelle la fin de l'indépendance *celtique*; la seconde, avec la tête d'Auguste, et, au revers, l'autel de Lyon, la consécration de la *conquête*, quinze ans avant notre ère.

La durée du temple fut celle de l'empire romain en Gaule, à un petit nombre d'années près, c'est-à-dire de quatre siècles, d'Auguste à la fin du règne de Valentinien, dont les pièces terminent la série numismatique sortie des fouilles; c'était l'époque des voyages de saint Martin. Une chapelle chrétienne devait bientôt s'élever à la place du temple; « un moine du prieuré de Saint-Symphorien succédera au servant des idoles romaines, successeur lui-même d'un prêtre gaulois, et sa présence suffit, comme par le passé, à subvenir aux nécessités d'un culte intermittent au milieu de ce désert ».

La corrélation des fêtes religieuses et des foires était si conforme aux mœurs et à la nature de ces réunions, que le christianisme ne réagit qu'imparfaitement contre des institutions sauvegardées par le respect des populations.

Attaquée peut-être au début par les missionnaires chrétiens, la *réunion de mai* reprit et conserva sa popularité à la faveur du culte de saint Martin établi sur la montagne. Les mêmes foules qui se pressaient autour du temple de la *dea Bibracte*, continuèrent à se réunir autour de celui de l'apôtre des Gaules élevé sur les ruines du premier. Les marchands y conduisirent leurs denrées comme par le passé.

« Mais *la date caractéristique ne fut point remplacée par celle de la fête du nouveau patron; elle resta fixée, comme au temps des Gaulois et de leur Mercure, au premier mercredi de mai.*

« La chute de l'empire romain et l'avènement des races barbares causèrent une diminution plus ou moins notable dans les relations commerciales, et bien que la loi des Visigoths cite la présence des étrangers dans la Gaule méridionale, l'absence de sécurité dut réduire, comme il arrive toujours dans des temps de trouble, le trafic de l'intérieur. A partir du v° siècle, la série des monnaies s'arrête dans les déblais du champ de vente et disparaît pour plusieurs centaines d'années; aucune pièce mérovingienne n'y a été trouvée jusqu'à ce jour. »

Je viens d'analyser rapidement la partie la plus originale du mémoire de M. Bulliot. L'auteur montre ensuite la *foire*, qui n'avait jamais été complètement abandonnée, reparaissant avec éclat au moyen âge. Plusieurs chartes, *à partir du xiii° siècle*, parlent de la foire de Beuvray, *in nundinis Biffracti*[1]; une charte de 1253 nous apprend que, « d'après une coutume dont l'origine paraîtrait remonter aux assemblées gauloises, le seigneur de La Roche faisait chaque année [2], à la foire du mont Beuvray, le dénombrement des vassaux de ses *soixante seigneuries;* toute la noblesse des environs se rendait à cheval à ce solennel rendez-vous, et le troisième jour de la foire se terminait par un grand tournoi. »

Les foires de Beuvray sont de nouveau mentionnées en 1333, 1351, 1365.

En 1454, un tenancier de la *chapelle Saint-Martin* de Beuvray s'engage à payer sa redevance, chaque année, aux foires du lieu; mêmes engagements pris par d'autres débiteurs en 1497, 1561 et 1577.

Les foires ne furent donc jamais interrompues de l'ère celtique au xvi° siècle.

---

[1] Charte de 1236.
[2] Charte de 1253.

« Cette persistance quand même, cet entêtement à braver la difficulté des accès, le climat, les incommodités, des privations, ne s'ex-
pliquent que par des causes lointaines et profondes, les traditions
invétérées dans le cœur des races.

« Au XVIᵉ siècle, Guy Coquille, le savant jurisconsulte niver-
nais, avec son bon sens profond et une instruction remarquable,
entrevoyait déjà l'origine *celtique* et *religieuse* de la foire du Beuvray. « *En la dite cime où était l'ancien Bibracte, aujourd'hui se tient une
foire renommée par toute la France, qui représente beaucoup d'antiquité,
car elle se tient chacun an le premier mercredi du mois de may. Au temps
du paganisme les marchands souloient sacrifier et faire leurs vœux à Maja
déesse, fille d'Atlas, et à Mercure, son fils, en ce mois de mai.* »

La foire du Beuvray disparut après la Révolution; le dernier
titre qui la mentionne est daté du *6 mars 1789.*

Vous serez comme moi, je n'en doute pas, Messieurs, disposés
à faire compliment à M. Bulliot de ces intéressantes recherches.

La question a été récemment posée au sein d'une de nos Académies, de savoir ce qui, après la conquête romaine, était resté en
Gaule des anciennes mœurs. Le travail de M. Bulliot répond mieux
à cette question qu'une dissertation spéciale. M. Bulliot nous fait
assister à la grandeur et à la décadence de la foire du Beuvray, depuis l'époque gauloise jusqu'à nos jours; l'attachement des populations rurales à leurs vieux usages, durant une série d'années si considérable, montre que le fond de ces populations n'a jamais changé
et qu'elles sont restées après la conquête ce qu'elles étaient du temps
de leur indépendance. La loi romaine, le christianisme même n'ont
agi que lentement sur elles, et aujourd'hui encore dans l'Autunois
et le Morvan, l'élément dominant, on n'en saurait douter, est l'élément celtique et gaulois. M. Bulliot a fait là, au nom de l'archéologie, la meilleure des leçons d'histoire.

II.

Nous ne nous arrêterons point sur la note de M. Vincent-Durand.
Cette note, M. Durand a soin de nous le dire, n'a point la prétention d'être un travail définitif, mais seulement une série de réflexions
sur les stations et voies antiques du pays éduen.

M. Vincent-Durand critique, à juste raison, les identifications
proposées par d'Anville, d'*Ariolica* avec Avrilly-sur-Loire, de *Sitillia*

avec Thiel, de *Pocrinium* avec Perrigny. Ces identifications fondées
sur des similitudes de nom dont on sait aujourd'hui le peu de valeur, doivent être abandonnées. L'impossibilité d'appliquer aux stations ainsi échelonnées les chiffres de la Table de Peutinger et de
l'Itinéraire, le prouve d'ailleurs suffisamment. Tout ce travail est
à refaire et les renseignements donnés par M. Vincent-Durand, touchant la direction de quelques-unes de ces voies étudiées par lui
sur le terrain, pourront être utilement consultés.

III.

Les *six pages* consacrées par M. Henry de Fontenay à l'*emploi de
divers engrais, chaux, marne et phosphates* par les Gaulois, méritent
une attention particulière.

Si, comme l'attestent Diodore et Strabon, le sol de la Gaule était
d'une merveilleuse fertilité, cette fécondité, selon M. Henry de
Fontenay, serait due, en grande partie, à l'emploi judicieux d'engrais et d'amendements convenablement appropriés à la nature des
terres. Les Gaulois connaissaient, en effet, presque tous les stimu-
lants de la végétation.

« Hedui *calce* uberrimos fecere agros », nous dit Pline [1].

M. de Fontenay a découvert plusieurs *fours antiques* destinés à la
fabrication de la chaux, et situés de telle sorte que cette chaux ne
pouvait servir qu'à l'agriculture, aucune ville, aucune *villa* n'étant
dans le voisinage. Une monnaie de Constantin, recueillie dans un
de ces fours, ne permet pas de douter de l'époque à laquelle il a
été construit. Leur ancienneté est prouvée par une autre observation.
Plusieurs de ces fours sont directement placés en dessous de chemins empierrés datant de plusieurs siècles. Voilà une nouvelle confirmation de la véracité des textes due aux recherches archéologiques.

Pline mentionne chez les Gaulois une autre sorte d'engrais. « On
a découvert en Bretagne et en Gaule, dit-il [2], une terre fertilisante
qu'on y désigne sous le nom de *marga* et dont il existe plusieurs
espèces. On connaît la *blanche*, la *rouge*, l'*argileuse*, la *pierreuse* et
la *sablonneuse*. Les *Gaulois* nomment en leur langue *Eglecopala* celle

---

[1] Pline, *Hist. nat.*, lib. XVII, c. iv. — Le texte complet dit Hedui et Pictones.
[2] Pline, *loc. cit.*

qui est de couleur *gorge de pigeon*. On l'extrait des profondeurs de la terre comme la pierre, et elle se dissout en fragments petits et minces par l'effet du soleil et de la gelée : *Sole et gelatione ita solvitur ut tenuissimas bracteas faciat*[1]. » La *marga* de Pline est incontestablement la *marne* dont l'emploi s'est perpétué jusqu'à nos jours. Les Gaulois savaient aussi bien que nos agriculteurs, que la marne, rude au toucher, *tofacea*, favorise la production des céréales, *fruges alit;* la marne grasse, *glissomarga*, celle des fourrages, *pabuli quam frugum fertilior.*

Pendant tout le moyen âge, on continua à faire usage de la marne que l'on désignait sous le nom de *marle*, dérivé de *margula*, diminutif de *marga*. M. Léopold Delisle, en dépouillant des chartes de la fin du xiie siècle, a trouvé, parmi les clauses de bail d'une ferme, l'obligation de *marner*.

Nouvel exemple d'usages remontant, sans discontinuation, jusqu'à l'époque *celtique.*

S'il est démontré, ajoute M. de Fontenay, que la marne des modernes figurait parmi les espèces de *marga* dont se servaient les *Gaulois*, rien ne prouve que les anciens, et nos pères en particulier, n'aient point employé d'autres amendements minéraux ayant, à à cette époque, la même dénomination, quoique étant d'une nature essentiellement différente.

L'espèce de *graisse de terre* (*terræ adeps*), qui se condense dans le sol en *nodules adipeux* (*veluti glandia in corporibus*), à *la façon des glandes dans le corps des animaux*, qu'est-ce autre chose par exemple que la matière fertilisante par excellence qu'on rencontre en maints lieux, sous la forme de rognons ou nodules? Nous voulons parler des phosphates minéraux.

On ne pourrait aujourd'hui décrire les phosphates avec plus de précision que ne l'a fait Pline. L'étiquette seule manque; M. de Fontenay la leur applique et nous croyons qu'il a raison.

En résumé, nous ne craignons pas de répéter avec l'auteur de la note que « les Gaulois connaissaient presque toutes nos espèces d'engrais, même celles que nous croyons d'invention moderne. Le marnage, en particulier, était chez eux une pratique ancienne ».

---

[1] Pline, *Hist. nat.*, lib. XVII, c. iv.

IV.

Inutile d'insister sur le second mémoire de M. Bulliot : *Les loges de fondeurs nomades à la foire de Bibracte*, avec plan à l'appui. C'est un travail à lire en entier, le complément de celui que nous avons analysé au commencement de ce rapport, et dont les conclusions sont les mêmes ; ces conclusions les voici :

« En retrouvant à la foire de *Bibracte* le commerce nomade, on constate une fois de plus combien sont lentes à se modifier les coutumes qui tiennent aux nécessités de la vie et au milieu social. Ces marchands, ces fabricants sans domicile fixe, que Pausanias montre établis dans des huttes de roseaux, aux foires de *Tithorée* [1], ces industriels au bagage léger que les voyageurs signalent travaillant sous les yeux du public, dans les bazars de l'Orient ou en plein air au milieu des tribus arabes, travaillaient de la même manière à la foire de *Bibracte*, et, pendant tout le moyen âge, n'ont pas dévié de ces antiques errements. Il y a soixante ans à peine, les orfèvres étrangers qui fréquentaient la grande foire de *la Saint-Ladre d'Autun*, arrivaient non seulement avec leurs marchandises d'étalage, mais avec leur attirail de fabrication, fourneau, soufflet, meule, enclume, outils. Installés dans leurs baraques de planches, à la lisière septentrionale du *champ Saint-Ladre*, aujourd'hui *champ de Mars*, ils réparaient et façonnaient sur place les ustensiles et les bijoux, recevant et exécutant les commandes de toute nature, comme les Marseillais ou les Arvernes sur le plateau du champ de foire de *Bibracte*, il y a deux mille ans. »

V.

M. Harold de Fontenay, dans le mémoire suivant, donne aujourd'hui une bonne monographie des inscriptions de la ville d'Autun (*moyen âge et temps modernes*). Ce que le baron de Guilhermy, notre regretté confrère, a fait avec tant de succès pour l'ancien diocèse de Paris, M. de Fontenay a tenté de le faire pour la ville d'Autun. Il nous paraît avoir réussi. Les spécialistes seuls pourront dire s'il a manqué quelque chose à ce patient et minutieux relevé d'inscriptions, dont la première remonte à l'an 516, la seconde à l'année

[1] En Phocide.

1150, après une longue lacune, et la dernière, dépassant de beaucoup la limite assignée à nos travaux, est, on peut dire, d'hier, portant en tête pour date : 1877.

VI.

La bourgade *Bolar*, près Nuits, a fourni un grand nombre d'antiquités de l'époque romaine. Plusieurs de ces antiquités ont un grand intérêt historique. Citons l'ex-voto au dieu *Segomon*, DEO SEGOMONI, bien connu de tous les antiquaires, une série de stèles funéraires gallo-romaines, avec bas-reliefs, et dont quelques-unes portent des inscriptions, un cachet d'oculiste en stéatite, plusieurs statuettes en bronze, entre autres une statuette de Mercure et une statuette de Cérès, une très belle fibule émaillée. De nombreuses monnaies gauloises et romaines témoignent que ce petit centre de population remonte à une époque au moins contemporaine de la conquête.

M. Ch. Bigarne a relevé avec soin tous les renseignements concernant les fouilles faites au Bolar. Il donne un catalogue complet des objets recueillis, une liste des monnaies et une série de planches, d'une exécution malheureusement imparfaite. Il n'en a pas moins rendu un véritable service à la science.

Nous nous serions étendu davantage sur ce travail si nous n'avions craint d'abuser de votre patience. Le travail de M. Bigarne sera très bon à consulter.

VII.

Nous retrouvons, en finissant, M. Harold de Fontenay, auteur d'un *Rapport sur la découverte d'un marbre chrétien du ve siècle*.

Il s'agit d'une dalle en marbre, de 0^m,67 de long, sur 0^m,59 de large et 0^m,06 d'épaisseur, ornée d'une gravure au trait qui en fait tout l'intérêt.

Cette dalle a été découverte à *Saint-Symphorien-lès-Autun*, en 1877.

« Au milieu d'un encadrement formé par deux filets parallèles, reliés entre eux par des ornements d'un goût très pur, on voit un *agneau* debout, la tête tournée du côté d'une colonne régulièrement striée; à l'angle supérieur gauche, une branche de vigne, avec des feuilles et deux grappes de raisin. Le tout, et principalement l'agneau gravé d'une main ferme et exercée, est, sauf la partie supérieure de la colonne, d'une excellente conservation [1]. »

Cette plaque n'était pas en place. La seconde moitié du sujet, dont la colonne devrait occuper le centre, manque. C'est un débris d'une époque antérieure à la construction au milieu de laquelle elle a été trouvée. Or cette construction est loin d'être récente : des *tuiles*, *briques* et *tuyaux* d'*hypocaustes*, des *bétons très durs*, des *fragments de porphyre violet*, une stèle funéraire à l'image *du croissant*, recueillis dans le même terrain, nous rejettent bien au delà du moyen âge.

Une série de rapprochements et de conjectures conduisent M. Harold de Fontenay à penser que cette dalle a dû faire partie de l'ancienne basilique de Saint-Symphorien, élevée par saint Euphrone entre l'an 450 et l'an 490.

Cette conjecture a paru plausible à notre savant collègue M. Ed. Le Blant.

« Pour moi, écrivait M. Ed. Le Blant à M. de Fontenay, quelque temps après la découverte, cette dalle est, non le débris d'une tombe mais un tableau mural, provenant très probablement d'un sanctuaire. Votre plaque semble appartenir au v° siècle. »

Je n'ajouterai rien à ce jugement émanant de l'autorité la plus compétente en pareille matière.

D'après M. Harold de Fontenay, cette plaque, après avoir figuré un siècle et demi dans une chapelle de la basilique de Saint-Symphorien, aurait été brisée par les Sarrasins en 732 quand ces derniers ruinèrent le monastère de Saint-Symphorien. Ses débris auraient été ensuite utilisés quelque temps après ce désastre. Tout cela est vraisemblable.

La plaque à l'agneau a été donnée au musée d'Autun par M. de Saulses, le propriétaire du terrain.

Alexandre Bertrand,

Membre du Comité.

---

[1] Un dessin fort bien fait accompagne le rapport de M. Harold de Fontenay.

Bulletin et Mémoires de la Société archéologique du département d'Ille-et-Vilaine.

Tome XIII. Rennes, 1879, in-8° de 336 pages avec 8 planches et 2 plans.

(Séance du 8 décembre 1879.)

Ce volume s'ouvre par une notice historique sur M. Auguste André, ancien conservateur du Musée archéologique de Rennes et à qui l'on doit un excellent catalogue de ce musée ; elle est de M. Lucien Decombe. Vient ensuite le Bulletin, qui contient plusieurs petits faits archéologiques et autres, qui méritent d'être recueillis ; car les membres de cette Société ont adopté l'excellent usage d'apporter à chaque séance, soit quelque objet ayant rapport à l'archéologie, soit quelque indication littéraire, par exemple : une hache celtique en porphyre rose, trouvée à Pordic (p. xxxix) ; une statuette de bronze gallo-romaine, trouvée à Saint-Grégoire, près Rennes (p. xliii) ; une monnaie gauloise en or, trouvée près de l'ancien manoir de la Vairie, commune de Saint-Marc-le-Blanc (p. xlvii) ; des haches celtiques de pierre polie, trouvées entre Laval et Château-Gontier ; une autre monnaie gauloise en or, de grand module (p. xlix), etc. etc.

Le premier des mémoires de ce volume est un travail important de M. Félix Robiou, professeur d'histoire à la Faculté de Rennes. Il est intitulé : *Observations critiques sur l'archéologie dite préhistorique.* Il est divisé en sept chapitres, savoir : Chapitre 1er. Observations préliminaires. — Chapitre ii. Distinction des Gaulois et des Celtes. L'âge du fer chez les Gaulois. — Chapitre iii. Transition de l'âge du bronze à celui du fer chez la race celtique, dans la haute Italie, dans le bassin du Rhône. Stations lacustres. Le bronze des Celtes. — Chapitre iv. Le bronze et le fer dans le bassin du Danube. Le site et les sépultures de Hallstatt. Les armes et les ustensiles de Hallstatt. — Chapitre v. L'introduction du bronze dans l'Europe moyenne. — Chapitre vi. L'âge du bronze et de la pierre polie dans la Gaule occidentale, centrale et méridionale. — Chapitre vii, qui est un appendice : A quelle race appartenaient les hommes des dolmens ? Que sait-on des premiers habitants de la Gaule ? M. Robiou entre successivement dans un examen savant et approfondi de ces difficiles questions, en s'appuyant sur les travaux qui ont paru le plus récemment, et plus particulièrement sur l'archéologie celtique ou gauloise de notre savant collègue, M. Alexandre Bertrand. A vrai dire, le mémoire de M. Robiou n'est guère qu'une analyse, très profonde et accompagnée de développements considérables, du livre de notre honorable collègue. Il le proclame lui-même en ces termes : « Le compte rendu de ce volume me servira le plus souvent de cadre et de guide dans ma tentative pour exposer, et la situation présente de ces études, et les règles de saine critique qui doivent leur être appliquées » (p. 7). M. Robiou puise aussi beaucoup dans un ouvrage publié en allemand par M. de Sacken, conservateur du Musée des antiques et membre de l'Académie de Vienne ; ouvrage qui a pour objet l'étude d'un cimetière antique découvert à Hallstatt, dans la haute Autriche, et dont la citation suivante donne une idée de l'importance. « Les tombes découvertes à Hallstatt de 1846 à 1864 sont au nombre d'un millier environ, et cette station a livré à la science six à sept mille objets de toute sorte, depuis les vases de terre jusqu'aux armes de fer et de bronze, jusqu'aux parures en or » (p. 44). Voici comment M. Robiou s'explique sur la méthode de l'auteur allemand. « Il y a donc, ajoute le judicieux conservateur du Musée de Vienne, une grande imprudence dans ce procédé d'archéologie préhistorique (si longuement employé pourtant), qui fait reposer principalement sur la matière employée la classification des âges. C'est le style de l'ornementation, c'est la forme des objets industriels qui établissent surtout la marche des générations, la succession des races, leurs influences diverses » (p. 47). Nous n'avons pas la prétention d'entrer ici dans un examen raisonné du savant mémoire de M. Robiou, car, sans compter notre incompétence que nous avouerons hautement, il y a dans ce travail une telle foule de faits archéologiques, une telle abondance de citations, qu'il faudrait, pour le faire bien connaître, le citer presque en entier. Nous nous bornerons donc à y renvoyer le lecteur, qui y trouvera les solutions les plus concluantes possibles dans l'état actuel de la science. Au reste, voici sa conclusion, qui témoigne d'un véritable amour de son sujet : « Ainsi deux mots résument, en ce qui concerne l'histoire générale des origines, les conclusions qu'on peut raisonnablement tirer des faits établis. L'homme est un être sociable : c'est la maxime d'Aristote ; l'homme est un être enseigné : c'est une maxime plus moderne, mais non moins générale dans son application. Si nos études, bien dirigées, apportent un solide appui à ces deux grands principes d'observation philosophique, les esprits les plus sévères ne pourront désormais les considérer comme des amusements frivoles. Qu'il me soit permis, en terminant, de leur adresser un appel, pour qu'ils apportent, en plus grand nombre, un concours actif à nos études d'observation et à nos efforts pour en tirer de solides conséquences » (p. 112).

Excursion à Saint-Briac (Ille-et-Vilaine). L'alignement mégalithique de la Croix-des-Marins. — Cet intéressant travail est dû à M. Lucien Decombe, l'auteur de la notice sur M. Auguste André, et membre très actif de la Société archéologique de Rennes. Saint-Briac est une petite localité du département d'Ille-et-Vilaine, arrondissement de Saint-Malo, dont il n'est éloigné que de quelques kilomètres à l'ouest. Son territoire, qui a été l'objet de l'excursion de M. Decombe, lui a offert la trace de plusieurs dolmens. Voici comment il le décrit :

« Si l'on veut jouir d'un de ces spectacles dont on se souvient toujours, si l'on veut admirer un de ces tableaux d'où l'œil ne se sépare qu'avec peine, il faut gravir la haute colline appelée la Garde-Guérin, au nord-ouest et à 2 kilomètres à peu près du bourg de Saint-Briac. Bien que le sommet de cette éminence granitique ne s'élève qu'à 48 mètres au-dessus du niveau de la mer, l'ascension en est assez pénible ; mais on est amplement dédommagé d'un peu de fatigue en présence du panorama grandiose et saisissant qui, s'offrant tout à coup à la vue, vous éblouit, vous charme et vous attache. Quel spectacle splendide ! A l'est, la pointe de la Varde, la plage de Paramé, les maisons de granit de Saint-Malo, les villas de Dinard, le bourg de Saint-Énogat, Saint-Lunaire et son vieux clocher d'ardoises, émergeant d'un bouquet d'arbres verts ; au sud, la campagne de Saint-Briac, etc. » (p. 173). Plus loin, M. Decombe, en parlant du hameau de la Houlle, qui se trouve dans les environs de Saint-Briac, dit : « Il y a trente ans environ, existait en cet endroit un dolmen déjà ruiné à cette époque, et de dimensions considérables ; on y comptait, dit-on, plus de trente pierres. Il avait été fouillé, et on y avait découvert, nous a-t-on assuré, plusieurs coins en bronze et une hache en pierre polie ; les énormes blocs qui le formaient ont été, à bras d'hommes, renversés les uns sur les autres ; plusieurs ont même roulé jusqu'aux pieds de la falaise ; la grotte a été comblée, et sur cet amas de pierres on a élevé une haute croix de granit appelée la *Croix-des-Marins*. C'est ce qui nous a fait donner ce nom à l'alignement que nous venons de parcourir, et qui, sur une longueur de près de 1,500 mètres, nous a montré plus de deux cents pierres disséminées ou réunies par groupes, mais ne s'écartant jamais de plus de 10 mètres de la ligne AD tracée sur notre plan » (p. 177). C'est qu'en effet l'article de M. Decombe est accompagné d'une excellente carte topographique de la plage de Saint-Briac, sur laquelle sont marqués en rouge tous les monuments de pierre épars sur ce territoire. En outre, sept jolies lithographies à la plume en donnent les aspects pittoresques, en sorte qu'on peut suivre l'auteur, pour ainsi dire pas à pas, dans sa curieuse et agréable excursion.

Fouilles faites à Carnac en 1874-1876. — C'est le titre d'un compte rendu de M. l'abbé Hamard, de l'Oratoire de Rennes. Carnac est dans le Morbihan, dans l'arrondissement d'Auray, non loin de la trop fameuse presqu'île de Quiberon. Ces fouilles furent faites par un savant anglais, nommé James Miln, dans les années 1874, 1875 et 1876. Plus tard il en fit l'objet de la publication dont M. l'abbé Hamard rend compte. Nous lui laissons la parole : « Du sommet du mont Saint-Michel de Carnac, l'on aperçoit avec un peu d'attention, à un peu plus d'un kilomètre à l'est, de légères éminences dont le relief peu sensible échappe le plus souvent au regard du visiteur absorbé par la contemplation des étranges et nombreux monolithes qui se dressent dans le voisinage. Connues dans le pays sous le nom de *Bosseno* (*Bosses* en breton), ces buttes informes, dédaignées des touristes, n'échappèrent pas à l'attention de M. Henri du Cleusiou, qui, envoyé en 1873 en mission scientifique dans ces régions, les soupçonna de recéler quelque trésor archéologique, et les signala comme telles à M. James Miln, alors de passage à Carnac. Celui-ci n'oublia pas les indications de l'archéologue français, et dès l'année suivante il venait mettre à exécution les fouilles projetées » (p. 182). Ces fouilles de Carnac firent découvrir plusieurs monuments gallo-romains, et notamment un établissement de bains d'une conservation complète. M. Hamard, après avoir décrit ces fouilles en détail, se plaît à reconnaître l'exactitude et le luxe avec lesquels M. James Miln les a reproduites et mises au jour. Un petit plan fait bien comprendre leur position.

La patère de Rennes. — Le 26 mars 1774 on découvrit un trésor à Rennes, près de la place de la Vieille-Monnaie, en face de l'hôtel de ville, en travaillant à la démolition d'une maison appartenant au chapitre de Rennes. Ce trésor se composait : 1° d'une patère d'or; 2° de quatre monnaies d'or de Postume, enchâssées dans des encadrements en filigrane; 3° de quatre-vingt et quelques monnaies d'or de différents empereurs romains : 4° d'une chaîne d'or en plusieurs fragments; 5° d'une fibule ou agrafe d'or. Le chapitre de Rennes donna la patère au roi Louis XV qui la fit déposer dans son cabinet de médailles et d'antiques, d'où elle a passé au cabinet actuel des médailles à la Bibliothèque nationale. M. Decombe a réuni et résumé tout ce que l'on sait sur ce précieux monument d'orfèvrerie romaine. Il traite d'abord de la découverte de la patère. Il en donne ensuite la description d'après Courveau, Millin et notre collègue, M. Chabouillet. Il passe ensuite à sa date ou origine. Enfin il parle de sa disparition, lors du fameux vol des médailles de 1831.

L'emblème, ou fond mobile de la patère, comprend deux cercles concentriques. Le cercle intérieur a pour sujet un défi de buveurs, entre Bacchus et Hercule. Le cercle extérieur représente le triomphe de Bacchus. Sur les bords de la patère sont encastrées seize médailles d'empereurs et d'impératrices dans l'ordre qui suit : Adrien, Caracalla, Geta, Marc-Aurèle, Faustine jeune, Antonin le Pieux. Geta, pour la seconde fois; Commode, Faustine mère. Caracalla, pour la seconde fois; Antonin le Pieux, de même; Faustine mère, de même; Commode, de même; Septime Sévère, de même; enfin, Julia Domna. M. Decombe fixe l'âge de la patère, d'après M. Chabouillet[1], à l'an 210 de notre ère. Le musée archéologique de Rennes a obtenu, par l'entremise du maire de la ville, de la direction générale de la Bibliothèque nationale, l'autorisation d'en faire faire un moulage en galvanoplastie, en sorte que l'on peut dire que la fameuse patère, après la double fortune de son don au roi en 1774 et de son vol en 1831, est revenue jusqu'à un certain point à son berceau.

L. Douët d'Arcq,

Membre du Comité.

---

[1] Catalogue du Cabinet des médailles et antiques, publié en 1858. V. p. 357, n° 2537.

Mémoires de la Société académique d'agriculture, des sciences, arts et belles-lettres du département de l'Aube.

Tome XV, 3ᵉ série.

(Séance du 8 décembre 1879.)

Le dieu de la mort et les origines mythologiques de la race celtique, par d'Arbois de Jubainville.

M. A. de Barthélemy, dans un mémoire publié il y a quelques années, avait appelé l'attention des érudits sur un certain nombre de statuettes antiques qui représentent un homme armé d'un marteau, et y avait reconnu le dieu gaulois de la mort. César appelait ce même dieu *Dis pater*; il nous apprend encore que les Gaulois prétendaient descendre de ce dieu. L'auteur du mémoire se propose d'établir que la même doctrine existait dans la mythologie irlandaise.

Si l'on consulte la légende de ce pays dans sa dernière forme, c'est-à-dire après l'introduction du christianisme, on apprend avec Nennius (xᵉ siècle avant notre ère) que la race irlandaise serait originaire d'Espagne. L'ancêtre de cette race est Miled, et dans la liste des monuments de la littérature irlandaise, copiée vers 1050 dans le manuscrit du collège de la Trinité de Dublin, se trouve un ouvrage racontant l'expédition des fils de Miled partant d'Espagne pour aller se fixer en Irlande. Ajoutons à cela que la péninsule ibérique signifiait en même temps l'empire mythologique des dieux et des morts, que l'on trouve dans la légende primitive. Un des noms de cet empire était Magh-Môr (la grande plaine); c'est ainsi que l'appelle le dieu Midir dans les vers qu'il chante à la reine irlandaise Etain, poésie conservée par un manuscrit de 1100.

La doctrine de l'identité de la péninsule ibérique et du pays des dieux et des morts a aussi pénétré dans la légende du premier des grands héros épiques de l'Irlande, Cûchulain. Il possédait un manteau qui le rendait invisible, fabriqué avec de la laine venue de la terre des immortels et apportée par le dieu de la mer, qui l'avait reçu du roi de Sorcha, c'est-à-dire de Portugal. Il y avait deux voies pour arriver au pays des dieux et des morts : l'une était de suivre les routes souterraines dont certaines cavernes de l'Irlande formaient l'entrée; l'autre était de s'embarquer sur mer dans les navires des dieux, et M. de Jubainville cite à ce propos une pièce, jusqu'à présent inédite, conservée dans un manuscrit de 1100, et dont M. Windisch vient de publier le texte dans sa grammaire irlandaise abrégée (Leipsick, 1873).

D'après ces considérations, il est probable que les chrétiens irlandais, voulant concilier leurs anciennes traditions avec la religion nouvelle, ont dit que le pays des prodiges était l'Espagne, et de là l'opinion qui fait venir d'Espagne les fils de Miled; mais observons que Miled est, d'après la légende primitive, un des noms du dieu de la mort. Ce dieu a quatre noms : Balor, Tighernmas, Ernmas et Miled. Balor (mot dérivé de la racine *bal*, mourir) avait un œil dont le regard frappait de mort tous ceux qu'il atteignait; il fut tué par une balle de fronde lancée par le dieu Lug, le jour de Samain (31 octobre), dernier jour de l'été celtique. C'est aussi le jour où meurt Tighernmas (dont le nom signifie seigneur de la mort), après avoir régné soixante-dix-sept ans sur l'Irlande. Ernmas est littéralement celui ou celle qui donne la mort. Miled, ancêtre de la race irlandaise, est une forme de la même idée; en vieil irlandais, ce nom veut dire mauvais œil, et n'est ainsi qu'une épithète appliquée à Balor. Le savant auteur du mémoire en conclut que la divinité dont se prétendaient issus les Celtes d'Irlande est identique au *Dis pater* des Gaulois.

Le tumulus d'Hancourt, dit Tumois, par M. l'abbé Aristide Miliard, membre correspondant.

A 2 kilomètres à l'est de Marguerie, à gauche du chemin conduisant à Drosnay, s'élève le tumulus d'Hancourt; haut de 10 mètres, il est situé sur la pente d'une colline que l'on a taillée pour en établir la base, qui mesure 70 mètres de longueur et 15 mètres dans sa plus grande largeur. Vers 1855, un habitant d'Hancourt, M. Maillard, eut l'idée de fouiller ce tumulus, mais n'y trouva rien; M. Nicaise de Châlons, quelque temps après, ne fut pas plus heureux. En mars 1878, M. Maillard reprit ces fouilles, et cette fois vit sa persévérance récompensée; il découvrit plusieurs squelettes et quelques objets. A peine le bruit s'en fut-il répandu dans le pays que nombre de personnes, même des femmes, armées de pelles, allèrent fouiller le Tumois au hasard et dans tous les sens. Pendant un mois que dura ce travail, on peut dire que pas un mètre de la surface ne resta intact.

Une trentaine de vases furent ainsi découverts et presque tous brisés; les objets en bronze et en fer furent moins détériorés, enfin on trouva une cinquantaine de squelettes qui, autant que l'auteur du mémoire peut le supposer, avaient été ensevelis à deux niveaux différents. Il est probable que cette fouille désordonnée n'a pas permis à M. l'abbé Millard de donner une note exacte des objets découverts; il cite des boucles de ceinturon en fer, en bronze, ou en argent, ornées de filigranes et de verre rouge; des colliers de verre; une hache en serpentine; des épées et des poignards. D'après la description qui paraît trop sommaire, on peut juger que ces objets appartiennent pour la plupart à l'époque mérovingienne. Enfin, les fouilles ont mis à nu les fondations d'un mur de 60 centimètres d'épaisseur, bâti avec des pierres calcaires, les unes taillées, les autres brutes unies avec du mortier; mais on n'a pu nettement en déterminer le tracé.

L. Le Clerc,

Membre du Comité.

BULLETIN DE LA SOCIÉTÉ DE STATISTIQUE DU DÉPARTEMENT DE L'ISÈRE.

5ᵉ série, t. VIII (XIXᵉ de la collection), 1879.

(Séance du 9 février 1880.)

Les travaux archéologiques tiennent, en général, peu de place dans les Bulletins de la Société de statistique de l'Isère, qui est spécialement, comme l'indique son sous-titre, une *Société des sciences naturelles et des arts industriels*. Le présent volume contient cependant trois communications se rattachant à nos travaux :

1° Une notice de M. Antonin Macé sur l'*église Sainte-Marie-d'En-Haut;*

2° Une *description historique, archéologique et artistique de l'église de Notre-Dame de Grenoble*, par M. le Dʳ La Bonnardière;

3° Une *description de l'église et de la crypte de Saint-Laurent de Grenoble*, par M. A. Pilot.

Ces descriptions et notices sont destinées à l'*Inventaire général des richesses d'art de la France*, ce qui explique leur caractère presque purement descriptif. Je regrette que ce volume n'ait pas été renvoyé à l'examen d'un des membres du Comité particulièrement compétent en pareille matière : MM. A. de Montaiglon, Clément de Ris, ou mieux encore à notre honorable vice-président. Je n'ai point eu occasion de visiter les églises de Grenoble et ne suis point en mesure de donner un avis éclairé sur des études consciencieuses, remplies de faits intéressants, mais aussi d'assertions dont les auteurs eux-mêmes reconnaissent le caractère hypothétique et qui sont, d'ailleurs, plutôt énoncées que discutées. Ces observations s'appliquent surtout à la description de l'église de *Notre-Dame* et à celle de *Saint-Laurent.* Je crains qu'il n'y ait dans ces *descriptions* des affirmations trop absolues, des dates trop précises. La tradition, toujours si contestable quand il s'agit de temps reculés, y est trop facilement acceptée comme représentant des faits dont la vraisemblance garantit la réalité. La crypte de Saint-Laurent remonte-t-elle, par exemple, au ive, ve ou vie siècle comme le voulait M. de Caumont? L'auteur de la notice semble incliné à le croire. Rien n'est moins prouvé cependant. L'opinion de M. de Caumont s'appuyait surtout sur la forme des chapiteaux. Ces chapiteaux, M. Pilot les reproduit, il est vrai, dans son travail, mais d'une façon si défectueuse qu'il est impossible d'y puiser un élément de conviction; mieux eût valu s'abstenir. Des dessins de ce caractère doivent être absolument fidèles ou ne font qu'égarer. Je voudrais avoir à cet égard l'avis de notre maître en pareille matière, M. J. Quicherat. En tout cas, je ne crois pas trop m'aventurer en disant que la part du possible et du probable a été trop largement faite dans des descriptions qui doivent donner, vu leur destination, beaucoup moins les opinions personnelles des auteurs que les faits dûment constatés; et, tout en rendant hommage au zèle et à l'érudition de ceux qui ont bien voulu se charger de cette délicate mission, je leur rappellerai volontiers qu'ils doivent, en rédigeant de pareils travaux, songer qu'ils sont de simples rapporteurs de ce qui est reconnu comme incontestable, et doivent en ce cas faire le moins possible de critique personnelle.

ALEXANDRE BERTRAND,

Membre du Comité.

Étude sur l'église et la paroisse de Moulis (Médoc), par M. Émile Piganeau.

L'église de Moulis est mentionnée dans le compte rendu de la Commission des monuments historiques et dessinée dans ses albums. M. Piganeau en donne une description plus complète; on peut la résumer ainsi : plan primitif de l'époque romane une seule nef, un transept avec chœur terminé par une abside semi-circulaire; une petite abside à droite, à gauche une tour contenant un escalier, clocher sur le milieu du transept; au xiiie siècle, construction des bas côtés, modification du clocher; longueur totale, 29 mètres; à l'intérieur, deux rangs d'arcatures superposées, celles de l'étage inférieur s'entrecroisant; façade ouest formée de deux étages; à l'étage inférieur, porte à riche encadrement, dont les moulures cintrées reposent sur quatre colonnes; arcades latérales feintes; au-dessus, trois arcades ogivales du xiiie siècle avec colonnes.

M. Piganeau décrit avec un soin minutieux les différents détails de cette remarquable église, et les reproduit dans une nombreuse série de dessins, au milieu desquels je signalerai quelques chapiteaux fort intéressants pour leur richesse d'ornementation. Il attribue cet édifice au commencement du xiiie siècle; les parties les plus anciennes, l'abside et le chœur, pourraient dater de la fin du xiie.

L'auteur du mémoire cite encore quelques extraits des registres de l'état civil de Moulis, les plus anciens remontent à 1609; ces citations se rapportent à des faits d'histoire locale.

Le tombeau de Pierre Sauvage, et la pierre commémorative du château d'Armajan, à Preignac (Gironde), par M. A. Sourget.

Le tombeau dont il est ici question se trouve placé dans l'église de Preignac. Il a été élevé à Pierre Sauvage par sa veuve Jeanne de Lossans, en 1572. Il se compose d'une table rectangulaire, ayant pour support une sorte de vasque allongée, reposant elle-même sur un socle, et accompagnée de chaque côté par deux pilastres.

Ce petit mausolée présente un spécimen intéressant de l'art de la Renaissance. L'ornementation consiste en cannelures ingénieusement variées d'arabesques et de volutes fort bien exécutées. Au centre est une plaque de marbre rouge accostée de deux branches de laurier ayant pour inscription :

Quid superbis
Terra et cinis.

Les deux pilastres se terminent par des pattes de lion et portent au-dessous de la frise une tête de génie funèbre, ornée d'un diadème. L'inscription funéraire est gravée sur le pourtour de la table.

Si l'on se demande quel était le personnage auquel fut élevé ce tombeau, voici ce que répondent les archives publiques et une pierre portant une inscription récemment découverte : Pierre Sauvage, qualifié, en 1559, bourgeois et marchand de Bordeaux, paraît avoir ensuite occupé une grande position territoriale dans la commune de Preignac. En 1561, il rendait hommage au roi pour plusieurs domaines. Un de ses descendants, Léon Sauvage, seigneur d'Eyquem, fut nommé conseiller du roi.

«Le 25 janvier 1564, le roi Charles IX, nous dit Abel Jouan, accompagné de madame sa mère et de plusieurs princes, princesses et gentilshommes, quitta le Louvre pour entreprendre ce long voyage, qui dura plus de deux ans, qu'il prit envie à Sa Majesté de faire pour aller voir plusieurs pays et provinces de son royaume. Après un séjour de vingt-trois jours à Bordeaux, le roi, se dirigeant par étapes, s'arrêta à Preignac.» Ici se place le document cité plus haut; c'est une pierre qui porte, au milieu d'un encadrement, une inscription constatant que Pierre Sauvage fut anobli pour la réception qu'il fit au roi Charles IX.

Notes pour servir à la biographie de Nicolas Louis, architecte du grand théâtre de Bordeaux, par M. Charles Braquehaye.

Nicolas Louis, en 1765, avait vingt-quatre ans lorsqu'il obtint le premier grand prix hors rang avec médaille d'or et pension à Rome. On le voit ensuite architecte à Varsovie, à Bordeaux et à Paris.

Mᵐᵉ Geoffrin le recommanda au roi Stanislas Poniatowski, qui lui fit construire ou au moins complètement remanier le palais de Varsovie. Il éleva à Bordeaux plusieurs somptueux hôtels et le théâtre, la première grande salle qui fut construite en France, inauguré en 1760. En 1781, son plan est choisi pour la reconstruction du Palais-Royal; en 1782, il élève la salle Montansier, aujourd'hui le théâtre du Palais-Royal; en 1787, il construit, pour des courses de chevaux, un cirque dans le jardin du Palais-Royal; en 1790, il termine le Théâtre-Français.

Il avait commencé le pont triomphal, mais les embarras financiers et la Révolution vinrent arrêter son œuvre. Citons encore les projets qu'il fit pour terminer le Louvre, pour l'opéra de la place Louvois, la place Louis XVI à Marseille, nombre de châteaux et d'hôtels privés.

Ce mémoire est suivi de nombreuses notes justificatives.

Deuxième notice sur quelques vieilles cloches du département de la Gironde, par M. Piganeau.

L'auteur du mémoire donne une description intéressante de quelques cloches, et note les inscriptions qui y ont été placées. Cette énumération de détail ne peut trouver place ici et je me borne à la signaler.

Notes relatives à la Maison navale et au Brigantin de la ville de Bordeaux, par M. Ernest Gaullieur.

Les archives de Bordeaux, malgré les pertes occasionnées par l'incendie de 1862, contiennent bon nombre de documents relatifs à la *Maison navale*, navire de gala sur lequel les grands personnages faisaient leur entrée dans la ville. On cite, le 17 décembre 1578, la visite de la reine mère, Catherine de Médicis; le 2 juillet, celle du prince de Condé; le 7 octobre 1615, celle de Louis XIII; le 17 avril 1643, celle du comte d'Harcourt, gouverneur, etc. Au xviiie siècle, on construisit un navire plus petit et plus commode, que l'on nomma le *Brigantin*; M. Gaullieur donne un dessin du sifflet d'argent aux armes de Bordeaux, qui était attribué au capitaine qui commandait le *Brigantin*.

Fouilles archéologiques de la rue Gouvion, à Bordeaux, par M. A. Girault.

M. Girault rend compte de la découverte d'une remarquable mosaïque, trouvée le 25 janvier 1877, rue Gouvion, à Bordeaux.

Les cubes qui la composent ont généralement 10 millimètres de longueur, sur 9 millimètres de largeur et 8 millimètres de hauteur.

Les couleurs principales sont au nombre de huit : le blanc, le noir, le vert bleuâtre, le jaune verdâtre, le jaune d'ocre, le jaune de Naples, le rouge brique et le rose laqueux. Ces cubes sont reliés par un ciment de chaux et de brique pilée, de couleur rosée. Ils sont soutenus par un béton plus grossier, reposant lui-même sur une couche de ciment très dur.

La longueur totale de cette mosaïque était de 10 mètres sur 3^m,20. La partie enlevée et déposée au musée de la ville peut être évaluée à 51 mètres carrés. Le parallélogramme qu'elle forme est entouré d'une bordure à dents de loup et terminée, du côté sud, par une frise ornée de rinceaux à feuillages. Les principaux motifs de la décoration sont de grandes rosaces octogonales liées entre elles par des losanges ayant leur grand axe suivant l'axe longitudinal de la mosaïque; les côtés de ces polygones sont accompagnés de compartiments quadrilatères, de triangles et de demi-rosaces; chacune de ces figures offre une grande variété de dessins. Pour la description de ces divers compartiments, je renvoie le lecteur au mémoire, et je l'invite à jeter les yeux sur la belle planche coloriée qui l'accompagne.

Il est à présumer que l'idée de l'auteur de la mosaïque a été de représenter un riche tapis. La bordure qui sert de limite comprend, sur un fond blanc, une bande à dents de loup de couleur noire; leurs pointes sont tournées vers un filet noir accompagné d'un autre vert, puis d'une bande jaune, colorée en rouge sur quelques points. Une frise, où se dessine une tige qui se replie sur elle-même avec feuilles de lierre et crochets diversement colorés, sur fond blanc, termine l'un des petits côtés.

Au côté nord-ouest de cette mosaïque, on a découvert une base de colonne en marbre, encastrée dans un mur, un chapiteau corinthien, enfin, un peu plus loin, un fragment isolé d'une mosaïque à cubes très petits, portion de bordure qui figure une tige de lierre serpentant avec feuilles en forme de cœur.

Notice sur quelques inscriptions lapidaires, par M. Piganeau.

M. Piganeau donne un certain nombre d'inscriptions qu'il a recueillies sur différents points du département; elles se rapportent à des faits d'histoire locale et sont reproduites avec leurs caractères originaux; je me borne à les signaler, elles sont trop nombreuses pour trouver place dans ce résumé.

Notes archéologiques sur les fouilles exécutées à Bordeaux de 1863 à 1876 (suite), par M. Sansas.

Ces notes n'ont qu'un intérêt rétrospectif; le fragment que l'on donne ici a été publié, en 1865, par le journal *le Progrès*. Les vestiges de l'ancien Bordeaux mis à nu par les fouilles sont indiqués par les noms des rues actuelles où ils ont été découverts. On y suit les murs d'enceinte et les fondations de quelques édifices qui, d'après l'épaisseur des murs, devaient avoir des dimensions colossales. On cite quelques inscriptions funéraires gravées sur ces débris et celles de deux autels.

Les anciennes faïences de Bordeaux, par M. le Dr Azam.

En 1711, une association fut conclue à Bordeaux entre les sieurs Lamolère et Jacques Hustin pour établir une manufacture de faïence à Bordeaux. Hustin était de Lille; il mourut en 1749. Le 29 septembre 1714, un arrêt de la cour autorise l'établissement de cette faïencerie; le 4 octobre 1718, d'autres lettres patentes donnent au sieur Hustin le privilège de faire des faïences de toutes sortes de couleurs, interdisant, à moins de 10 lieues à la ronde, toute fabrication semblable sous peine de 1,000 livres d'amende.

Hustin, qui avait appris son métier à Lille, instruisit quelques ouvriers, et bientôt son industrie prit quelque importance. D'autres fabriques s'établirent plus tard, mais comme elles n'ont pas pris de marques particulières, il est difficile de les distinguer les unes des autres. Le 14 mai 1744, Hustin se plaint de la concurrence qui lui est faite, et fait saisir les produits de ces fabriques.

Son fils Hustin (Ferdinand-Denis), qui lui succède, épouse, en 1749, Victoire Eynard, créole de la Martinique; de là le nom de Victoire Américaine que porte aujourd'hui une rue voisine de la rue Hustin, établie comme celle-ci, sur le terrain de la faïencerie. En 1750, ce privilège est aboli; les nouvelles fabriques portent les noms de leurs fondateurs : Barbot, Desbats, Magnan, Rougé père, Rougé fils, Molinier. D'autres sont créées dans les environs : en 1758, à Libourne, par Pierre Tastet; en 1759, à Bergerac, par Jean Rabot; en 1780, à Lussac, par Henri Leguin, plus tard par Lacoste et Vié; à Saintes, par Mme Dury; à Nérac, par Lasalle, Dalibert, Rougé et Joye.

A la mort de Hustin, la fabrication de la première faïencerie de Bordeaux continua par les soins du contre-maître Monsau, qui

REVUE

DES

SOCIÉTÉS SAVANTES

DES DÉPARTEMENTS,

PUBLIÉE SOUS LES AUSPICES

DU MINISTÈRE DE L'INSTRUCTION PUBLIQUE

ET DES BEAUX-ARTS.

SEPTIÈME SÉRIE.

TOME III.

2e livraison.

PARIS.

IMPRIMERIE NATIONALE.

M DCCC LXXXI.

SOMMAIRE DES MATIÈRES

CONTENUES

DANS LA DEUXIÈME LIVRAISON.

RAPPORTS SUR LES COMMUNICATIONS MANUSCRITES ADRESSÉES AU COMITÉ.

(Voir la suite à la page 3 de la couverture.)

laissa trois fils; l'un d'eux, anobli, porta le titre de Hustin de Luga-
geac et mourut vers 1840.

En 1782, la porcelaine envahit le marché; vers 1800, la fabrication de la faïence se relève pendant une quinzaine d'années. En
1839, Lahens et Rateau établissent une faïencerie avec la marque
L^R; Daniel Johnson la continue, puis Vieillard père. A l'exposition
de 1878, M. Vieillard fils fut décoré pour le caractère artistique des
produits de sa fabrication.

On ne peut dire que la faïence de Bordeaux ait un style, un genre
à elle. Elle procède de Moustiers, Rouen et Nevers. La pâte est généralement rougeâtre et provient des argiles de Fronsac. L'émail, de
qualité inférieure, n'est cependant pas craquelé comme celui des
faïences inférieures de Rouen. Quelques pièces sont de grandes dimensions; on peut citer l'ancien cadran de l'horloge de la Bourse
de Bordeaux, signé Hustin, ayant 15 pieds de circonférence en
six secteurs; un bain de pieds de plus de 4 pieds de tour; un vase
de pharmacie de 65 centimètres de hauteur, etc.

Pour l'ornementation, Bordeaux fait un grand emploi de draperies en forme de guirlandes, bouquets, fruits, raisins, puis d'anges,
d'amours, de bustes de femme (la tête généralement grosse et in-
clinée). Les pièces de Bordeaux sont en camaïeu bleu ou polychromes; le bleu est souvent mal appliqué, dur et lavé inégalement.
Les pièces polychromes ne comportent pas de rouge ou de vert de
cuivre, ce qui leur donne un aspect terne. L'auteur donne pour
exemple une gravure coloriée, représentant une pièce célèbre,
connue sous le nom de *Bénitier de Mlle Charropin*.

Le mémoire de M. le Dr Azam est accompagné de planches fort
bien exécutées représentant les types les plus remarquables de la
faïence de Bordeaux. Outre le bénitier déjà cité, exécuté par Monsau, nous voyons une gourde de la même provenance, le service
connu sous le nom de *Cartus* parce qu'il avait été fait pour la char-
treuse de Bordeaux, sur lequel on voit les armoiries du président
de Gasc et de Mgr de Sourdis, les deux fondateurs de ce monastère [1], et un des vases de pharmacie appartenant au quatrième bureau
de bienfaisance de Bordeaux. En 1800, on voit quelques essais de
rouge dans la fabrication, et M. le Dr Azam en donne pour
exemple une gourde de voyage de sa collection.

[1] On y lisait *Cartus. burdig.* pour *Cartusia burdigalensis.*

La Société archéologique de Bordeaux, par ses recherches persé-
vérantes et éclairées, continue à tenir dignement le rang qu'elle a
obtenu dans la science ; elle fait de nombreuses fouilles sur son territoire si riche en souvenirs, et sait en tirer d'intéressants commentaires [1]. Quelques-unes des gravures qu'elle met à l'appui de ses mémoires ont été confiées à des artistes d'un véritable talent.

Il serait à désirer que les dessins qui rendent des détails de monuments, reproduisissent mieux le caractère de l'architecture du
temps.

L. Le Clerc,

Membre du Comité.

---

[1] La Société archéologique de Bordeaux a obtenu l'une des trois médailles d'or
décernées à la séance solennelle du 15 août 1879. Voyez *Revue des Soc. sav.*, 7ᵉ série, t. I, p. 346, et le discours-rapport de M. Chabouillet, *ibid.*, p. 368 et suiv.
(Note de la commission de rédaction.)

RAPPORTS

DES MEMBRES DU COMITÉ SUR LES COMMUNICATIONS MANUSCRITES.

SECTION D'HISTOIRE ET DE PHILOLOGIE.

ACTE DE NAISSANCE DE LOUIS CHÉNIER, PÈRE DU POÈTE ANDRÉ CHÉNIER.

Communication de M. Octave Teissier, membre non résidant du Comité,
à Marseille.

ACTE DE NAISSANCE D'ANDRÉ CHÉNIER.

Communication de M. Dobignie, consul de France à Constantinople.

(Séances du 1er juillet et du 2 décembre 1878.)

M. Octave Teissier, membre non résidant du Comité, ancien archiviste de Marseille, adresse une copie authentique de l'acte de naissance de Louis Chénier, père de l'illustre et infortuné poète, André Chénier. Les biographes, et entre autres les auteurs de la *Nouvelle biographie générale*, publiée récemment par MM. Firmin Didot (t. X, p. 188), font naître Louis Chénier en 1723, tandis que l'acte de baptême, dont ci-joint une ampliation, constate que Louis Chénier est né le 3 juin 1722, au village de Montfort, canton d'Axat, situé à 65 kilomètres de la sous-préfecture de Limoux, département de l'Aude, et qu'il a été baptisé dans cette paroisse qui relevait alors de l'évêché d'Alet, supprimé depuis. Alet est de nos jours un simple chef-lieu de canton de l'arrondissement de Limoux et qui n'a même pas 1,300 habitants.

Ce document fut produit par Louis Chénier, en 1742, en même temps qu'un certificat de catholicité, à l'appui d'une demande tendant à obtenir l'autorisation d'aller résider à Constantinople en qualité de commis de la maison de commerce de MM. Lavabre et Dussol, autorisation qui lui fut accordée, le 2 août 1742, par la Chambre de commerce de Marseille et sans laquelle aucun Français ne pouvait aller se livrer au négoce dans les Échelles du Levant et être placé sous la protection de nos consuls. Ces deux pièces sont déposées aux archives de la Chambre de commerce de Marseille (série HH, art. 33).

André Chénier, troisième fils de Louis et d'Élisabeth Comaca [1], demoiselle grecque d'une rare beauté, naquit à Constantinople le 30 octobre 1762, et son jeune frère, Marie-Joseph, deux ans après, le 28 août 1764. L'aîné, Constantin, né dans la même ville, le 4 août 1757, y devint un des négociants les plus importants et fut, en 1787, élu Premier Député de la Nation française. On nomme ainsi, encore de nos jours, au Levant, la réunion de nos nationaux constitués en corporation dont les Députés représentent les intérêts auprès de l'ambassadeur de France.

Le second fils de Louis, Sauveur Chénier, devint adjudant général.

[1] On sait par de nombreux exemples et notamment par le *Dictionnaire critique d'histoire et de biographie* de Jal, que les registres ne sont pas toujours des autorités irréfragables en ce qui concerne la forme des noms de famille. Nous en avons ici un exemple bon à recueillir. Si le scribe qui écrivit à Galata le nom de la mère des Chénier *Comaca* sur l'acte de naissance d'André, celui qui rédigea à Antony l'acte de décès de cette dame préféra la forme *Sancti-l'homaca*. On voit le même nom sous la forme *Lhomaca* dans l'avertissement du *Voyage littéraire de la Grèce*, de Guys; M. Gabriel de Chénier, neveu des Chénier, l'a écrit *Santi-l'Homaca*; M. A. Gastaldy (*A. Thiers*, Paris, 1878), *Santi-lomaïca*; M. Becq de Fouquières (que va citer M. de Mofras), *Sancti-l'Homaca* dans la vie d'*André*, qu'il a placée en tête de son édition des œuvres en vers de son poète (Paris, 2ᵉ édition, 1872). C'est d'ailleurs sous cette même forme, sauf l'insignifiante variante du *c* en *k*, que M. B. de Fouquières a rencontré le nom d'un parent de la mère des Chénier, qui prêta serment, le 9 août 1791, comme drogman à Alexandrie. (*Procès-verbaux de la Constituante*, p. 39, cités par M. B. de Fouquières dans son édition des *OEuvres en prose d'A. Chénier*, p. ix (Paris, 1872).

On trouverait ces variantes rassemblées dans un petit volume publié à Paris en 1879 et qui est intitulé : *Lettres grecques de Madame Chénier, précédées d'une étude de sa vie*, par M. Robert de Bonnières. Enfin, M. Becq de Fouquières, consulté à ce sujet, a bien voulu m'apprendre qu'il a lu en tête de l'original d'une lettre de Madame Chénier à M. Mahérault, publiée dans la *Revue des Documents historiques*, septembre et octobre 1879 : «La citoyenne Élisabeth l'Homaca, veuve Chénier, au citoyen Mayero, chef de l'École centrale de Paris», et il ajoute que cette lettre est signée : *E. V. Chénier, née l'Homa*. De tout ceci, ne faut-il pas conclure que le nom Sancti-L'homaca se prêtait à diverses abréviations, qu'on en supprimait souvent la première partie, puisque madame Chénier, comme cela était fréquent à cette époque, s'inquiétait peu de l'orthographe des noms propres, y compris celle du sien, et que, née Grecque, elle estropiait même celle de la langue française; j'ajouterai, avec M. Becq de Fouquières, que si l'on tenait à être fixé sur la véritable forme de ce nom en grec et même en turc, il faudrait avant tout en rechercher l'origine et la signification. (Note du Secrétaire de la section d'archéologie.)

Son fils, seul héritier du nom, M. Gabriel de Chénier, ancien chef de bureau au Ministère de la guerre, a publié une très estimable édition des œuvres de son oncle André. Après Constantin était née, le 23 juillet 1759, une fille, Marie-Jeanne, qui mourût célibataire.

Il résulte des documents conservés au Ministère des affaires étrangères que Constantin entra dans la carrière consulaire, fut consul en Prusse, à Elbing, puis à Nauplie et qu'il mourut à Paris en 1837. Notons, comme simple observation, qu'il signait toujours *de* Chénier et que l'acte de naissance du père des Chénier porte seulement Chennier (*sic*).

Au retour d'un voyage à Constantinople et au moment où un érudit, M. Becq de Fouquières, publie dans le journal *le Temps* une suite remarquable de « *Lettres critiques* » sur les manuscrits, les œuvres et la vie d'André Chénier et où paraissent deux volumes de M. Worms, avocat à la Cour de Paris, sur la « *Propriété littéraire* » et contenant de très curieux détails sur les écrits de Chénier, nous croyons pouvoir ajouter que M. Dobignie, consul de France à Constantinople, s'occupe à rechercher la maison où a pu naître André Chénier. Les nombreux incendies qui ont tant de fois dévasté le quartier chrétien rendent cette découverte assez difficile. En attendant, M. Dobignie vient de nous adresser copie authentique de l'acte de naissance de Chénier, document qui sera déposé aux archives des Affaires étrangères et que nous demandons à reproduire. Cet extrait, en langue latine, copié dans les registres des Frères Prêcheurs, porte que Chénier, André-Marie, fils de Louis et d'Élisabeth Comaca, a été baptisé en l'église des Dominicains, Saint-Pierre et Saint-Paul, paroisse de Galata et de Byzance, le 30 octobre 1762, et que son parrain, André Béraut, de Carcassonne, fut représenté par un négociant français, Claude Amic, et que sa marraine, dont il prit son autre prénom fut la demoiselle Marie Comaca. L'église est près de la tour des Génois à Galata, et, dans la pièce XCIII des *Élégies orientales*, Chénier parle de cette tour qu'il revit à son retour de France où il avait été faire son éducation :

> Salut, Thrace, ma mère et la mère d'Orphée,
> Galata, que mes yeux désiraient dès longtemps;
> Car c'est là qu'une Grecque, en son jeune printemps,
> Belle, au lit d'un époux nourrisson de la France,
> Me fit naître Français dans les murs de Byzance.

Ces deux citations nous semblent répondre victorieusement à cer-

taines traditions, sans fondement, et d'après lesquelles Chénier
serait né sur un navire ou dans une maison de campagne, sur les
rives de la Corne d'Or ou du Bosphore.

Ce qui a trait à la touchante figure d'André Chénier ou à sa famille nous paraît assez intéressant pour que nous n'hésitions pas
à proposer au Comité l'impression des documents envoyés par
MM. Octave Teissier et Dobignie, et que nous lui demandions la
même faveur pour les observations dont nous les avons accompagnés.

E. DE MOFRAS,
Membre du Comité.

———

Acte de baptême d'André Chénier.

[Armes de la paroisse.]

PAROECHIA SS. APP. PETRI ET PAULI GALATÆ ET BYZANTII ORD. PRÆD.

Ego infrascriptus testor quod in libris Baptizatorum reperitur ut infrà.
[Anno Domini 1762 die 30 mensis octobris.]
Ego frater Marianus Timoni Congreg^{is} Orient^s Ord^{is} Præd^{um} Vic^{us} Gene-
ralis et Rector Parœchiæ SS. App. Petri et Pauli Galatæ : baptizavi Andream
Mariam filium D^{ni} Ludovici Chenier galli et D^{næ} Elisabetthæ Comaca : Le-
gitimorum conjugum : ad sacrum fontem tenuere D^{us} Claudius Amic gallus :
nomine D^{ni} Andreæ Beraut Carcasonensis : et D^a Maria Comaca.

In quorum fidem. — Dat. in Conv. nostro SS. App. Petri et Pauli Galatæ
anno Domini 1879 die 7 mensis januarii.

Parochus

L. S.   Fr : Dominicus Marengo O. P.

Vu au consulat de France à Constantinople, le 3 février 1879, pour légalisation
de la signature du R. P. Dominicus Marengo :

Le Consul de France,

L. S.   Signé : A. DOBIGNIE.

Pour copie conforme :

Le Ministre plénipotentiaire, membre du Comité,

E. DE MOFRAS.

———

ACTE DE NAISSANCE DE LOUIS CHÉNIER.

Les biographes de Louis Chénier ont ignoré la date précise de
sa naissance. La *Nouvelle biographie générale*, publiée par MM. Didot
(t. X, p. 488), le fait naître en 1723.

L'extrait de baptême que j'ai l'honneur de soumettre au Comité, prouve que Louis Chénier est né le 3 juin 1722 [1].

Ce document fut produit par Chénier, en 1742, en même temps qu'un certificat de catholicité, à l'appui d'une demande tendant à obtenir l'autorisation d'aller résider à Constantinople, en qualité de commis de MM. Lavabre et Dussol; autorisation qui lui fut accordée par la Chambre de commerce de Marseille, le 2 août 1742.

Octave Teissier.
Membre non résidant du Comité.

Extrait du registre des baptistaires de la paroisse de Montfort, diocèse d'Alet.

L'an mil sept cens vingt et deux, et le quatrième jour du mois de juin, ay baptisé un enfant de Monsieur Guilhaume Chennier, et de demoiselle Catherine Garrigues, mariés, né le troisième jour dudit mois; on lui a donné le nom de Louis; marraine mademoiselle Jeanne de Franc, de la ville de Limoux [2]. En foy de ce, le prêtre curé a signé.

Je soussigné, prêtre curé de Montfort, certifie avoir tiré l'extrait cy-dessus, mot à mot, sans y avoir rien ajouté, ni diminué, du registre des baptistaires de ladite paroisse, et que foy y doit être ajoutée, tant en jugement que dehors. A Montfort, le trente unieme d'août, mil sept cens vingt cinq.

Signé : *Rolland*, prêtre curé de Montfort.

Certificat de catholicité délivré à Louis Chénier, le 5 juillet 1742.

Nous, prêtre et curé de la paroisse de Saint-Michel de la ville de Carcassonne, certifions que le sieur Louis Chenier, notre paroissien, est issu de parents qui ont toujours fait profession de la religion catholique, apostolique et romaine; qu'il en remplit lui-même exactement les devoirs, et qu'il est d'ailleurs de très bonne vie et mœurs. En foy de ce, nous avons signé le présent, à Carcassonne, le cinquième juillet mil sept cent quarante deux.

Signé : *Noël*, curé de Saint-Michel.

Nous, Guillaume de Fornier, conseiller du roy, lieutenant général criminel au présidial de Carcassonne, et subdélégué de l'intendance du Lan-

---

[1] Cette date était connue au moins depuis l'année 1872. On la trouve dans le premier volume de la 2ᵉ édition des Poésies d'André Chénier, publiée en 1872 par M. Becq de Fouquières (voy. p. xiii). — (Note du Secrétaire de la section d'arch.)

[2] Le nom du parrain n'est pas indiqué.

guedoc, certifions que la signature du sieur Noël, curé de la paroisse de Saint-Michel, de la présente ville, ci-dessus apposée, est véritable.

En foi de quoy, avons signé. Fait à Carcassonne le 5 juillet 1742.

Signé : Fornier, subdélégué.

Par mon dit sieur :

Signé : Fabre.

(Archives de la chambre de commerce de Marseille, série HH, art. 33.)

Pour copie conforme :

Octave Teissier,

Membre non résidant du Comité.

RAPPORT SUR LES COMMUNICATIONS MANUSCRITES ADRESSÉES PAR MM. ROMAN, ALART ET GAP.

(Séance du 10 novembre 1879.)

Quelques mots suffiront pour rendre compte à la section des communications de MM. Roman, Alart et Lucien Gap, renvoyées à mon examen.

M. Roman adresse la copie, d'après une transcription du xvii° siècle, d'une bulle du pape Alexandre III donnée à Anagni, le 4 des nones de septembre ou 2 septembre 1176, indiction 9°, année 17° du pontificat. Cette bulle règle les droits et les rapports réciproques du chapitre et de l'évêque de Gap.

M. Alart, correspondant à Perpignan, envoie la copie d'une bulle du pape Alexandre VI, du 3 des nones de juin, ou 3 juin 1494, conférant au cardinal de Valence, César Borgia, son fils, la commende viagère de l'abbaye de S. Michel de Cuxa, au diocèse d'Elne.

M. Lucien Gap, instituteur à Vacqueyras, département de Vaucluse, adresse un cahier d'une écriture soignée et très compacte, renfermant des documents de nature et de dates diverses. C'est : 1° une transaction intervenue en 1618 entre la communauté de Puyméras au diocèse de Vaison et messire Esprit de Taulignan, seigneur dudit lieu de Puyméras ; 2° un mémoire de Jacques de Sade, vicaire général de Toulouse, frère du comte de Sade, gouverneur de Vaison pour le pape, sur la validité des actes faits au xiiie siècle dans le comtat Venaissin par Raymond VII, comte de Toulouse, et par Alphonse de Poitiers, son gendre; 3° une dissertation historique d'origine inconnue, suivie de quelques pièces justificatives du xviie siècle concernant le monastère de Prébayon et la translation de ses religieuses au monastère de Ramières, diocèse de Vaison; 4° enfin, différentes pièces du xviiie siècle relatives à l'administration municipale de Séguret, petite ville du Comtat.

Ces diverses communications ne sont pas sans intérêt. Le mémoire de Jacques de Sade doit être signalé aux érudits du Comtat, s'ils ne le connaissent déjà. Nous avons l'honneur de proposer le dépôt aux archives du Comité de ces diverses communications, en adressant des remerciements aux correspondants à qui nous les devons.

L. DE MAS LATRIE,
Membre du Comité.

COPIE D'UNE CHARTE D'AFFRANCHISSEMENT DÉLIVRÉE EN 1510 AUX HABITANTS D'AMONCOURT, PAR HENRI DE NEUFCHÂTEL.

Communication de M. Jules Finot, correspondant, à Vesoul.

(Séance du 10 novembre 1879.)

M. l'archiviste de la Haute-Saône transmet au Comité toutes les lettres de franchises communales de son département, pourvu qu'elles soient inédites, parfois même quand elles ne le sont pas. Ces sortes de pièces se ressemblent toutes, principalement quand elles ne sont pas fort anciennes : l'exposé des motifs, dans une province, repose sur un même ensemble de faits.

Dans l'ancien bailliage d'Amont, où était placée la localité dont il est question ici, assez proche de Port-sur-Saône, la tardive concession des privilèges est due, comme de coutume, aux conséquences des guerres pour la succession de Bourgogne, intentées par Louis XI après la mort du duc Charles. Les villages ont été saccagés, les populations mises en fuite; les servages, la mainmorte ayant écrasé les habitants déjà ruinés, personne ne vient plus s'établir sur le territoire d'Amoncourt où la population, réduite à six familles, ne peut s'acquitter des redevances envers son seigneur, ni même cultiver le domaine, qui reste improductif. C'est dans ces circonstances que Henri de Neufchâtel se décide à octroyer une charte d'affranchissement.

Cette pièce a été fort maltraitée par le temps; M. Finot le constate, il le prouve par de nombreux passages qu'il se voit réduit à laisser en blanc. Inutile de dire que ce titre est en langue vulgaire : le dialecte provincial dont elle présente un remarquable échantillon, me paraît être le principal intérêt de l'acte, où sont groupées quantités d'expressions locales d'un emploi rare et assez restreint. Ces gens d'Amoncourt sont autorisés à faire assemblées « pour *mestre* et eslire *vouhiers, échevins, banvards et forestiers*, ainsi que pour *jecter* et *engaller* leur taille, jects et impost»; ils auront leur *champpoyances* aux bois bannaulx d'Amoncourt, et le droit de pâture, entre la Saint-Georges et le jour de la Notre-Dame de septembre, dit : *la noloboys*, etc.

Les termes qui revêtent cet idiome d'un caractère propre sont si nombreux, que l'acte où ils se produisent me semble, par cette raison surtout, digne d'être publié.

Mais il sera indispensable d'insérer en même temps la courte notice rédigée par M. Jules Finot sur la seigneurie d'Amoncourt et ses divers tenanciers jusqu'au xviiie siècle, ainsi que sur la situation de la province au temps de Henri de Neufchâtel.

Francis Wey,

Membre du Comité.

Charte d'affranchissement octroyée aux habitants d'Amoncourt par Henri de Neufchâtel.

(12 juin 1510.)

Les archives communales d'Amoncourt (canton de Port-sur-Saône, arrondissement de Vesoul, Haute-Saône) conservent le titre, en original, de l'affranchissement accordé aux habitants dudit lieu par Henri de Neufchâtel, leur seigneur. Comme ce document est inédit, sa publication pourra présenter quelque intérêt non seulement parce que, en indiquant à quelles conditions des mainmortables franccomtois recevaient au xvie siècle la liberté, il peut fournir à l'histoire du droit politique des renseignements nouveaux, mais aussi à cause des nombreux détails qu'il donne sur l'invasion du comté de Bourgogne par Louis XI et sur les calamités qui en avaient été la conséquence.

La seigneurie d'Amoncourt appartenait, au xv⁰ siècle, à la puissante famille de Neufchâtel. Elle relevait de la terre de Chemilly-sur-Saône. Jean de Neufchâtel, seigneur de Montaigu, eut deux enfants naturels, légitimés par Charles VII en 1424 : Thiébaud, seigneur de Chemilly et de Conflans, et Antoine, qui fut l'auteur de la famille de Rambercourt en Lorraine. Thiébaud épousa Catherine, fille de Pierre de Vergy, chevalier, sire de Champvans et de la Motte au pays de Vaud, et mourut vers 1450. De ce mariage naquit Charles de Neufchâtel, qualifié seigneur de Chemilly dans l'état des gentilshommes qui assistaient en 1485 à la réunion des confrères de Saint-Georges à Rougemont. Il mourut en 1508. Sa femme, Guillemette de Saint-Albin, lui avait donné deux enfants : Henri, qui décéda en 1517 sans postérité, et Catherine, mariée à Guy de Bauffremont, coseigneur de Scey-sur-Saône. Ce fut cet Henri qui octroya ou plutôt confirma les franchises précédemment accordées aux habitants d'Amoncourt par Charles de Neufchâtel, son père.

La terre d'Amoncourt passa, dans le cours du xvii⁰ siècle, dans la famille de Reinach, d'origine alsacienne, qui la posséda jusqu'en 1789. Dans un factum publié en 1709 à l'occasion d'un procès au sujet de la propriété du cours de la Lanterne que revendiquait exclusivement Hélène de Montaigu, comtesse de Grammont, dame de Conflandey, François-Joseph, baron de Reinach, fait observer que « dès que cette terre est passée dans la maison de Reinach, elle a été assez négligée, parce que les seigneurs n'y ont jamais fixé leur domicile, se contentant d'y venir quelquefois et pour quelques jours seulement; qu'elle a été d'ailleurs exposée à tous les malheurs dont la province a été agitée pendant les deux derniers siècles, comme il est de notoriété; tous les titres, surtout les registres de la justice, furent consumés par le feu dans le temps du dernier siège de Faucogney arrivé en 1674. » (Archives de la Haute-Saône, H. 531.) Cette remarque explique pourquoi nous n'avons aucun renseignement sur les anciens seigneurs d'Amoncourt ni sur l'antique château dont il subsiste encore quelques pans de muraille. L'église paroissiale ne serait, dit-on, que la chapelle du château, agrandie et modifiée dans son style primitif. L'acte d'affranchissement de 1510 est le seul document fournissant quelques détails sur la destruction de ce château et de ce village, à la fin du xv⁰ siècle. Après la mort de Charles le Téméraire, est-il dit dans le préambule de cette charte, « les Lorrains et les Barrois pillèrent et bruslèrent ledit village dudit

Amoncourt, et peu de temps après les Françoys entrèrent au comté de Bourgogne et à force et port d'armes prirent et pillèrent le chasteaul dudit lieu et par eulx fust pillé et bruslé et mys en totalle destruction. Et à ce moyen ledit village dudit Amoncourt fust bruslé, pillé et destruyt, et réduyt en pouvretey telle que les subgets et habitans ne y peuvent demeurey ny faire résidance. » La dépopulation était si grande, en effet, qu'on ne comptait en 1510 que six ménages dans cette localité (ceux d'Étienne Baressin, Nicolas Courbot, Nicolas Damot, Jehan Convers, Jehan Gaussin et Jehan Petit Nicolas). Ce fut pour remédier à ce déplorable état de choses qu'Henri de Neufchâtel résolut d'affranchir les habitants de la mainmorte, qui empêchait les étrangers de venir se fixer dans cette seigneurie, et faisait même abandonner leurs héritages aux sujets originaires, en sorte que « à faulte de déservans et de ténementiers plusieurs bons maix et héritages étaient tombés et venus en ruyne et destruction et au moyen de laquelle mainmorte les voysins et aultres estrangiers différent avoir affaires aux habitans dudit village d'Amoncourt par alliance de mariage et autrement »; ce qui était « au grant détriment et dommaige dudit seigneur ». Le mobile qui présida à cet affranchissement fut donc avant tout l'intérêt qui commandait au seigneur « d'entretenir ses subgets audit village et aussi sa seigneurie ». D'ailleurs, pour obtenir d'être libérés de la macule de mainmorte, les six chefs de famille dont nous avons rapporté les noms plus haut durent abandonner « ung four à eux d'anciennetey appartenant à cause de leurs communaultez », c'est-à-dire un four banal dont ils avaient joui jusqu'alors.

La charte énumère ensuite les tailles et les corvées que devront payer les sujets, et spécifie la manière dont ils jouiront des bois et rivière de la seigneurie. Les tailles s'élevaient à la somme de 44 francs, 6 gros, 10 engrognes payables en deux termes, et les corvées à trois journées pour le labourage, deux pour les moissons de froment et d'avoine, et une pour les fenaisons.

Jules Finot,
Archiviste de la Haute-Saône.

Affranchissement des habitants d'Amoncourt par Henri de Neufchastel [1].

(12 juin 1510.)

Je Henry de Neufchastel, escuier, seigneur de Chemilly et d'Amoncourt, sçavoir fais à tous : que de ma certainne science, pure, franche et liberale volonté, sans fraude ny contraincte, mais come saiges sachant et bien advisez en mon faict en . . . . un affranchissement autreffoys faictz et passez par feu noble seigneur Charles de Neufchastel, mon père, dont Dieu ay l'ame, et dame Guillemette de Sainct-Albin, jadis chevalier, seigneur et dame de Chemilly, Saincte-Marie en Chault et d'Amoncourt, comme y soit ainsi que le village dudict Amoncourt assis et situé en ce Comtez de Bourgougne me compete et appertienne, lequel est par ce à l'occasion des grantz et émynans périls et fortunes des guerres que par cy devant ont régnées es pays de Bourgougne, tellement que ledict village dudict Amoncourt après le trespas de feu très bonne mémoire nostre seigneur le duc Charle, cuy Dieu pardoint, les Lorains et Barrois pillèrent et bruslèrent ledict village dudict Amoncourt, et peu de temps après les Françoys entrairent ou Comté de Bourgougne et à force et port d'armes prindrent le chasteal dudict Amoncourt, et par eulx fust pillé et bruslé et mys en totalle destruction. Et à ce moyen ledict village dudict Amoncourt fust brullé, pilley et destruyt et réduyt en pouvretey telle que les subgeets et habitans ne y peullent demeurer, ny faire résidance, et que, plus est, plusieurs gens estrangers serchent y habiter ou venir demeurer, et ceulx qui sont de la nativitey et extraction dudict village d'Amoncourt délaissent masonner oudict village pour ce qu'ilz et leurs héritaiges sont mainmortables de ma terre et seigneurie dudict Amoncourt; et, à faulte de deservens et ténementiers, plusieurs bons maix et héritaiges soyent tombez et venuz en ruyne et destruction; et au moyen de laquelle mainmorte les voysins et autres estrangiers diffèrent avoir affaires aux habitans dudict village d'Amoncourt par alliance de mariaige et autrement, qu'est à mon grant destriment et dommaige et aussy desdicts habitans. Toutes ces choses considérées, et affin d'entretenir mes subgets oudict village dudict Amoncourt et aussi ma seigneurie audict Amoncourt, et me inclinant à l'umble supplication et requeste à moy faictes par les habitans dudict Amoncourt, contenant que mon plaisir fut leurs voulloir oster ladicte mainmorte et yceulx affranchir, moyennant ce que les habitants dudict Amoncourt me lassent, baillent et transpourtent ung four à eulx d'anciennetey appartenant à cause de leurs communaultez; pour quoy moy, mes hoirs, subcesseurs, seigneurs et dames dudict Amoncourt, j'ai affranchis tous les habitans dudict Amoncourt, as-

---

[1] Cette pièce est en très mauvais état. Il est fâcheux qu'elle n'ait pas été transcrite et publiée avant d'avoir été si maltraitée par le temps. Elle a été découverte par l'archiviste départemental dans une vieille armoire à la mairie d'Amoncourt, en 1876. Jusqu'alors l'existence n'en était pas même soupçonnée.

savoir : honorables hommes Estienne Barressin, Nycolas Courbot, Nycolas Damot, Jehan Convers, Jehan Gaussin, Jehan Petit Nycolas, tous habitans et par noms d'abitans dudict Amoncourt, tant en leurs noms, comme pour et es noms de tous les autres habitans absens, comme iceulx que d'eulx auront cause ou temps advenir ; ausquelx, et, chacun d'eulx, j'ay ostel la mainmorte et seigneurie prénommez, et veult et consent qu'ilz, et chacun d'eulx, pour eulx et leursdictz hoyrs, soyent franchs et de franche condition, perpétuellement et à toujours mais, leurs courps, tous leurs biens, meubles, maix, maisons et héritaiges, présens et advenir, acquis et à acquerir, quelques parts qu'ilz et [à] chacun d'eulx demeureront tous et singuliers les maix, maisons et héritaiges qu'ilz ont et pourront avoir audict village d'Amoncourt, fin, finaige, prarie et territoire d'illec, ensembles et avec les corps et biens de tous ceulx et celles que sont et seront illec et ont absentés le lieu dudict Amoncourt depuis les temps cy-dessus déclairez, que ne sont aulcunement esté partis ne séparez d'eulx et que sont commungs en bien meubles avec eulx. Item je leur a ostez et oste et leurs a quicté et quicte la mainmorte et toutes espaces et conditions d'icelle, et pourront lesdicts habitans dudict Amoncourt pour eulx et leursdicts hoirs aians cause se dire et pourter francs et de franche condition, et pourront tester, ordonner et subcéder les ungs aux autres descendans le degré en ligne jusques au neufiesmes ; qu'ils seront gens de franche condition ou Comtez de Bourgougne ; pourront, debveront lesdictz habitans vendre, acheter, aliéner, acquester, faire eschange et tous autres contractz et transports de leursdicts maix, maison et héritaiges comme font gens de franche condicion soubz le scel de moy ledict Henry de Neufchastel, escuier, seigneur dudict Amoncourt, pour payant et supourtant les charges, tailles anciennes declairées, sans prendre ne demander lycence à moy ne à mesdits hoirs, subcesseurs, seigneurs et dames dudict Amoncourt, requerant mon scel, pour lequel scel ne payeront lesdicts habitans, leursdicts hoirs que ung denier par franc, et pour le moindre scel payeront douze deniers et non plus, et, moyennant ce, ils seront tenus de sceller toutes lettres d'achat que autres que à moy seront présentez pour lesdicts habitans dudict Amoncourt, de mon scel armoié de mes armes, sans difficultez quelconques, sans y voulloir acquérir [cense]. Et au regard des autres qui s'en sont alez demeurez à l'entour, ou que yront, qui n'ont ou auront en aultres partaiges des biens meubles et héritaiges demeurez et délassiés par feurent leur père et mère parans, revenant audict lieu, toutes et quanttes fois qu'ils reviendront audict Amoncourt, ilz auront leurs parts et partaiges sans ligure de procès, et en pourront faire leur prouffit. Item pourront tenir leursdictes maisons et héritaiges, et joyr des quelques biens qu'il leur plaira, parmy payant et suppourtant les charges, tailles, debtes anciennes et acoustumez à moy ledit escuier, seigneur dessusdict, mes hoirs et subcesseurs, seigneurs et dames dudit Amoncourt ; gecteront et esgaleront et pourront gecter et esgaler lesdites tailles sur leurs maix, maisons et héritaiges un chascun an, perpetuellement et à tousjours mais, par gens prodommes qu'ils nommeront et eslyront, pourront nommer et eslire entre eulx; pourront [oyr par serment] eulx mesmes lesdicts prodommes pour gectter et esgaller lesdictes tailles, et feront gectez lesdictes tailles sur lesdicts maix, maisons et héritaiges qui plus tiendront, plus payeront, et esgaleront aussi bien sur les maix, maisons et héritaiges de ceulx qui tiendront qui ne y demeureront pas comme sur ceulx qui y demeureront. Item lesdicts habitans dudit Amoncourt pour eulx et leurs hoirs sont et seront tenus dorresnavant, perpetuellement, et à toujours mais, à moy ledit Henry de Neufchastel, escuier, seigneur dessusdict, mesdits hoirs, seigneurs et dames dudit Amoncourt, le pris et some de quarantes et quatres francs, six gros, dix engrougnes, monnoye courant ou comté de Bourgougne, de tailles es chascun an à deux termes, assavoir : à la Saint-Pancray, foire de Port, la somme de vingtz et deux francs, trois gros, dix engrougnes; au jour de feste Sainct-Michiel, la somme de vingt et deux francs, trois gros, dix engrougnes; lesquelles tailles ne se pourront jamais haulsser par moy ne par autres en manière [que ce soit]. Et au regard des autres droiz et prestières que lesdicts habitans dudict Amoncourt ont accoustumez par cy-devant payer et faire, iceulx habitans, pour eulx et leurs hoirs, les feront et payeront en la manière que s'ensuit, et comme sera cy après declairez, moyennant que lesdicts habitans, pour eulx, leursdits hoirs ont et auront le [parcours] et aisances es boys, rivière et communaulx dudict Amoncourt, comme ilz en avoient paravant, et auront lesdicts habitans pour eulx, leursdicts hoirs, leurs aisances en tous les boys bannaulx dudict Amoncourt, à moy ledict seigneur dessusdict appartenant ou [territoire] dudict Amoncourt; et en iceulx pourront prandre et enmenez tous mort boys pour leurs nécessitez et effouhaiges, touttes et quanttefois que bon leur semblera, et n'y pourront prendre coupes ou abaitre autres boys vifz que par ma lycence et consentement, synon sur ce dangier et perilz de l'amande y accoustumez [et non] autrement. Item lesdicts habitans dudict Amoncourt pour eulx et leursdicts hoirs auront leurs *champpoyances* [1] esdictz boys bannaulx dudict Amoncourt, et iceulx pourront mener, conduyr et [envoyer] leurs bestes, porcs et autres pasturantz par qui bon leur semblera esdits boys depuis la Sainct-Georges jusques à la Nativitez Nostre Dame de septembre, dit la *noloboys,* perpétuellement et à toujours mais. Item lesdicts habitans dudict Amoncourt pour eulx et leurs hoirs auront leurs droits et asances, franchise et libertei et pesche en la rivière dudict Amoncourt, dict Lanterne, [et en ycelle] pourront lesdicts habitans, leursdicts hoirs, pescher touttes et quantes fois que bon leur semblera, eulx et leurs hoirs à tous engins, excepté la ressus, la claire-taille, et [le bout ferré], et tous autres engins gisant et cond[uisant] en ladite rivière de Lanterne. Item

---

[1] Forme comtoise du vieux mot *champoi* qui signifiait, dans les anciennes coutumes, le droit de faire paitre les bestiaux dans les bois seigneuriaux.

aussi lesdicts habitans feront gayt et garde ou chastel dudict Amoncourt en
temps [de guerre et d'eminents perils], et ledict seigneur ou ses hoirs pourront....... et contraindre....... et non autrement. Item lesdicts habitans dudict Amoncourt, pour eulx, leurs hoirs à tous jours mais, reste-
ront....... demeureront exempts, quictes et deschargés de mainmorte,
et de franche condition de toutes journées, courvées....... luy sont dus
pour ce deux blancs à la Noël....... une voyture de bois en mon chastel
dudict Amoncourt un chascun an la voylle de Noël, moyennant bailland
une miche de payn jusques à un blanc à celui ou à celle qui menera lad.
voiture de bois. Item trois courvées de charrues, assavoir : au vaïn ou au
karesme et une au sombre ou deux blans pour chacune charrue. Item,
une courvée de faucille [ou deux blancs aux moissons] de froment et
d'aveinne et pour la corvée de la forche deux blans et sera ledict seigneur
[tenu de fornir cellui ou celle qui fera ladicte corvée]. Item lesdicts habitans pour eulx, leursdicts hoirs [pourront faire] assemblées et mectre ens-
sembles, toutes et quantefois que bon leur semblera, pour jecter et esgaller
leur taille, gectz et impostz, et faire tout ce qu'ilz croiront nécessaires,
au son de la cloche de leurs esglise, laquelle ils pourront sougner pour
leurs assemblées pour mestre et eslire [vouhiers], eschevins, banvards et
forestiers, faire et passer [procuration en] general et special, entre eulx
en tous leurs affaires et negosses qu'ilz pourront avoir ou temps advenir,
sans de ce [en prendre ne demander] licence ne consentement à moy ledict seigneur, mesdits hoirs, subcesseurs, seigneurs et dames dudict Amoncourt, et ne se appelleront point gens de poëte, ains gens de franche condition. Et se pourront lesdicts habitans, leursdicts hoirs mariez en estranges
lieux ou bon leurs semblera ou tems advenir, sans venir ne retorner coul-
chier et gesier en son partaiges, estans soubz ma seigneurie dudict Amoncourt le soyr de leurs noces, et pourront tenir et jouyr de leursdits droitz
et partaiges paternel et maternel sans voulloyr aulcunes chouses dire ou
aléguer par moy, ne mesdicts hoyrs, subcesseurs, seigneurs et dames dudict Amoncourt en manière que ce soit. Moyennant laquelle franchise cy
dessus devisez ainssin faictes, données et passées par ledict Henry de Neufchastel, escuier, seigneur dessusdict ausdicts habitans d'Amoncourt, toujours en adhérant au premier affranchissement autrefois faiz et passez par
feurent nobles seigneur et dame, Charles de Neufchastel et dame Guillemette de Sainct-Albin, jadis seigneur et dame desdicts Chemilly et Amoncourt, [père et mère] dudict Henry de Neufchastel, aussy escuier, seigneur
desdicts lieux cy-dessus dessusdicts, lesdicts habitans dudict Amoncourt
dessus nommés, tant en leurs noms comme pour et es noms de tous les
autres habitans dudict Amoncourt, eulx se pourtant et faisant forts d'iceulx,
promettans faire rattifier le contenuz en cesdictes présentes lectres, toutes
et quantes fois que mestres et requis en seront, pour eulx, leurs hoirs
aiant cause d'eulx ou temps advenir, ont donnés, ouctroyés, délivrés et

transpourtez, donnent, ouctroient, transpourtent et délivrent perpétuellement et à tousjours mais audict Henry de Neufchastel, escuier, seigneur
dudict Amoncourt, présent, acceptant et recepvant pour luy et ses hoirs,
subcesseurs, seigneurs et dames dudict Amoncourt, et ceulx qui de luy
auront raison ou temps advenir, le four bannaulx dudict Amoncourt, qu'est
et appartient à tous lesdicts habitans dudict Amoncourt de cy longtemps
qu'il n'est mémoire du contraire, pour par ledict Henry de Neufchatel,
escuier, seigneur dessusdict, tenir et jouyr dudict four bannaulx dudict
Amoncourt et en faire son singuliers proffit, pour luy et sesdicts hoirs,
subcesseurs, seigneurs et dames dudict Amoncourt; duquel for lesdicts
habitans, pour eulx et leurs hoirs, s'en sont départis, désistez et devestuz,
et devestent, et ledict seigneur dessusdict, pour luy et sesdicts hoirs, en
ont investus et investent, mys et mecttent en bonne possession, jouyssance, saisine par la teneur et tradition de ces presentes lecttres, et ont lesdicts habitans dessus nommez, tant en leurs noms comme pour et es noms
de tous les autres habitans dudict Amoncourt, promis et promecttent par
leurs serments donnez et touchiez courporellement aux saincts évangilles de
Dieu, es mains du notaire subscrip, mandement et soubz l'obligation de tous
et singuliers leurs biens meubles et immeubles, présens et advenyr quelconques, ledict for bannaulx dudict Amoncourt audict Henry de Neufchatel, escuyer, seigneur dessusdict, sesdicts hoirs, subcesseurs, seigneurs et
dames dudict Amoncourt, conduyre, garder, deffendre et appaissier envers et contre tous, et pardevant tous juges, sans jamais aller, ne venir au
[contraire], et de ne jamais riens demander par lesdicts habitans dudict
Amoncourt touchant ledict four. Et je ledict Henry de Neufchatel, escuier,
seigneur dessusdict, ai promis et promect ma foy et serment, et soubz mon
honneur, ledict présent affranchissement cy dessus devysé ausdicts habitans dudict Amoncourt, leursdicts hoirs et aians cause, tenir, maintenir,
faire tenir en paix, conduire, garantir, deffendre et appasier envers et
contre tous, et pardevant tous juges d'église comme seculiers, à mes
propres frais, missions et despens et ceulx de mesdicts hoirs, sans jamais
aler, ne venir au contraire, ne souffryr que autres y vienne ou aylle en
jugement, ne dehors, en quelques manières que ce soit, et en la manière
dessusdicte; pourveu et moyennant les clauses dessusdictes, Je ledict
Henry de Neufchatel, escuier, suis tenuz et veult estre tenus de suppourter
la charge de fyet et rierfyet se pouvant en yssier, et de faire passer le
consentement de nostre souveraine dame et princesse madame l'Archiduchesse d'Autrice et de Bourgoingne, s'il est necessaire, en cesdictes presentes lecttres, oyres et pour le temps advenir. Et a renoncé et renonce
par mondict serment à toutes exceptions de deceptions, de mal, de fraulde,
de barect de [descort] et de circonvention, et à tous droitz escriptz, canon
et civil, et généralement à toutes autres exceptions, rason, deffaux, cau-
telles et allegations de fait, de droit et de coustume, que contre la teneur

desdictes presentes lecttres l'on pourroit dire, proposer ou aléguer, mesmement au droit disant que general renunciation ne vault se l'especial ne precede. En tesmoignaige desquelles, j'ai scellées cesdictes presentes lettres de mon scel armorié de mes armes et signé de mon soing manuel. Et affin que cesdictes lecttres d'affranchissement sortissent leurs pleins effectz et ayent force et vigueur et perpétuelle valeur, pour et au proufit desdicts habitans dudict Amoncourt, pour eulx et leursdicts hoyrs, Je ledict Henry de Neufchatel, escuier, seigneur dudict Amoncourt, ay tres humblement priei, suppliei et requis de ma tres redoubtée souveraine dame et princesse madame l'Archiduchesse de Bourgougne, dame du fyet du chastel dudict Amoncourt que oudict present affranchissement et tout le contenu en cesdictes présentes lectres luy playse consentir, approuver, ratiffiié et fayre qu'on y fasse mectre le sceel et contressel armoié es armes de Bourgougne.

Nous Marguerite d'Autrice, dame princesse archiduchesse d'Autrice, dame de Bourgougne, ouy l'humble supplication et requeste à nous faictes par ledict Henry de Neufchatel, escuier, seigneur desdicts Chemilley et Amoncourt, nostre vassal en nostre comté de Bourgougne quest. . . . . . . à raison du present affranchissement et à tout le contenu en cesdictes presentes lectres, Nous fusmes consentives et consentons et icelluy avons approuvez, esmologuez, rattifiez, approuvons, rattifions et esmologons; et en signe de veritei et de consentement nous avons fait scellez cesdictes presentes lectres du scel et contrescel du Comtez de Bourgougne duquel l'on use en nostre tabellionnaige ou Contey de Bourgougne ou lieu de Vesoul.

Et je ledict escuier, seigneur dessusdict, a requis et faict mettre ausdictes presentes lectres le scel de la court monseigneur l'official de Besançon. Que furent faites, données et passées audict Amoncourt, le douzième jour du moy de juing l'an mil cinq cens et dix, en la presence de messire Jehan Tiron, prebtre, demeurant à Port-sur-Sogne, Guillaume Voillardet, Perrenot Gaithiet de Fleurey-les-Faverney, et autres tesmoins à ce appelés et especiallement requis.

Par ordonnance... Grossata est pour les habitans et ordre à requeste... dudict Amoncourt par commission dudict seigneur... de monseigneur l'official de Besançon.

Signé : De Neufchastel. — Lambelin.

Scellé à Besançon, le 7 janvier 1766.
Vingt-six sols.

Pour copie conforme :

Jules Finot,
Archiviste de la Haute-Saône.

TITRES CONCERNANT L'AFFRANCHISSEMENT DES HABITANTS DE SEMMADON
(HAUTE-SAÔNE).

Communication de M. Finot, correspondant, à Vesoul.

(Séance du 2 février 1880.)

M. l'archiviste de la Haute-Saône semble avoir adopté la tâche de faire passer dans la *Revue des Sociétés savantes* toutes les chartes de franchises des villages du bailliage d'Amont. A chaque nouvel envoi, je suis tenté d'appeler comme d'abus; puis, la lecture des documents, les noms considérables remis en lumière, les circonstances où sont consentis les affranchissements semblent trop intéressants pour rejeter de pareils actes.

Les analyses dont ils sont accompagnés, qui les relient à l'histoire de la province et de l'ensemble du royaume, offrent à la curiosité de nouveaux attraits. La notice qui précède les documents présentés à cette heure, est une des meilleures et des plus attachantes; car elle contient des aperçus ignorés sur des personnages, tels que Alix de Savoie, Henri de Bourgogne et la maison de Chalon; le duc Eudes et la ligue, contre lui, des barons du comté; la lutte de Jean de Bourgogne, fils de Henri, contre Marguerite d'Artois, héritière de Philippe de Rouvre; lutte soutenue à l'aide des Grandes compagnies, etc.

J'estime donc qu'il y a lieu de publier cette curieuse introduction et d'y joindre les chartes dont elle est étayée et dont quelques-unes, qu'on croyait détruites, viennent d'être restituées par des registres d'insinuation du bailliage d'Amont. Ces actes, en y comprenant les *Franchises*, de 1337, sont assez courts, en langue française, et se réduisent à deux documents, suivis de leurs confirmations dont la dernière, par Christophle de Rye de la Palud, marquis de Varambon, est de 1606.

Cependant il serait à propos, peut-être, d'engager M. Finot à varier désormais davantage les textes dont il propose au Comité la publication.

Francis Wey,

Membre du Comité.

———

Titres concernant l'affranchissement des habitants de Semmadon.

(1337-1606.)

La seigneurie de Semmadon (canton de Combeaufontaine, arrondissement de Vesoul, Haute-Saône) faisait autrefois partie de la vaste terre d'Amance (canton dudit arrondissement de Vesoul) qui, possédée d'abord par l'abbaye de Faverney, passa ensuite dans le domaine des comtes de Bourgogne, comme l'indique le traité d'association conclu, en 1276, entre ladite abbaye et Alix de Savoie, comtesse de Bourgogne. Avant cette époque, les comtes ne jouissaient à Amance que des privilèges et émoluments résultant du droit de gardienneté de l'abbaye. Mais, depuis 1276, ils y bâtirent un château, l'un des plus considérables du bailliage d'Amont, et exercèrent dans la terre d'Amance tous les droits seigneuriaux.

En 1336, Henri de Bourgogne, descendant de Hugues de Bourgogne, fils aîné de Jean de Chalon l'Antique, était seigneur d'Amance. On sait que ce personnage, malgré les prétentions qu'il pouvait avoir à la souveraineté du comté, fut l'un des plus dévoués et des plus actifs partisans du duc Eudes et de l'influence française dans notre province. Il resta fidèle au duc, lors de la ligue des barons comtois coalisés contre son autorité sous la bannière de Jean de Chalon-Arlay II. Dans cette prise d'armes, il fit des pertes considérables. Son château de Thoraise, au sud de Besançon, fut pris et pillé par Jean d'Abbans à la tête des confédérés et des bandes bisontines. Ce ne fut pas le duc Eudes qui l'indemnisa des dommages qu'il avait éprouvés dans cette circonstance, pas plus que des pertes qu'il devait essuyer plus tard, en l'accompagnant en Flandre et en Picardie pour combattre dans les rangs de l'armée de Philippe de Valois contre les Flamands et les Anglais. Lorsqu'il revint après la trêve de 1340, il demanda au duc réparation des dommages qu'il avait éprouvés à son service. «J'étais au château (de Juilly-le-Châtel) avec l'abbé de Faverney, raconte maître Pierre d'Albany, quand messire Henri de Bourgogne, ôtant son heaume pour montrer la blessure qu'il avait reçue à Cassel et qui lui avait crevé un œil, s'avança près de monseigneur le duc et dit : Sire, vous tenez ma terre de Chissey et ma autre terre pour 10,000 livres, et vous m'en devez bien 12,000, tant pour le fait de Montcassel, que pour les autres pertes que j'ai faites en vous servant; j'en ai les lettres de vos maréchaux; les voilà. Je vous prie de me rendre ma

terre; il en est bien temps. — Beau cousin, répondit le duc, ce
n'était pas mon fait à Cassel et ailleurs, mais celuy du roy qui me
doit bien 100,000 livres. Si tôt que je pourray estre payé, je vous
ferai raison. — Sire, reprit messire Henri, regardez-y, cette réponse
ne suffit pas. Car j'étais à votre mandement, non au mandement
du roy ; je ne puis sigre que vous » [1].

Il paraît vraisemblable que ce fut afin d'augmenter ses revenus,
qu'en 1337 (le lundi après les bordes, c'est-à-dire le premier dimanche de carême 1336, ancien style) il affranchit « les hommes,
femmes et habitans de Sainct-Madon, demeurans et à demeurer desoubz luy en ladicte ville, de toutes messageries de porter lettres,
de faulconniers, de gîte de seigneurs et de chiens, de guet, de
charrois et de toutes corvées de faulcilles, et de faulx et de toutes
aultres servitutes, excepté l'ost et la chevaulchée », moyennant la
redevance annuelle de 12 sols estevenins par chaque *bête trahante*,
bœuf, vache, cheval ou âne, d'une poule par chaque feu à Car-
mentrand et de 12 sols estevenins par chaque feu n'ayant pas de
bêtes de somme. Le produit de ces redevances devait sans doute être
supérieur, au point de vue pécuniaire, aux avantages matériels que
le seigneur pouvait retirer des prestations abolies. Il ne se réservait
que l'ost et la chevauchée, obligeant ses sujets à l'accompagner dans
les expéditions militaires auxquelles il prendrait part dans l'étendue
du comté de Bourgogne, et à conduire ses bagages à une distance
qui, d'après les coutumes de la province, ne devait pas excéder
20 lieues. On comprend qu'à raison des guerres et des prises d'armes
incessantes qui désolaient alors la Franche-Comté, Henri de Bourgogne ait retenu ce droit militaire.

Dans cette charte il n'est pas question de l'abolition de la mainmorte. Les habitants avaient-ils été précédemment affranchis de
cette servitude, ou bien y restèrent-ils soumis ?

Nous admettons plus volontiers la première hypothèse, car en
1368 quand Jehan de Bourgogne confirma les franchises accordées
par son père, il dit expressément qu'il ne retint sur lesdits habitants « que la justice et la signorie » ; la mainmorte ne semble pas
avoir été comprise dans cette réserve.

Ce Jehan de Bourgogne eut une vie encore plus agitée que celle
de son père. A la mort de son cousin, le jeune duc Philippe de

---

[1] *Essai sur l'histoire de la Franche-Comté*, par M. Ed. Clerc, t. II, p. 68.

Rouvres, Marguerite, grand'tante de ce prince, hérita légitimement de l'Artois, de la seigneurie de Salins et du comté de Bourgogne, tandis que le duché revint au roi de France, Jean II, qui allait commettre la grande faute politique de le détacher de nouveau de la couronne, pour le donner à son fils Philippe le Hardi. Jehan de Bourgogne tenta de disputer à Marguerite d'Artois le titre de comtesse palatine, et, pour atteindre son but, ne craignit pas de s'allier aux Grandes compagnies et de soulever la bourgeoisie des villes de Gray et de Jussey. Mais il fut vaincu, et les villes qui avaient suivi son parti, frappées d'amendes considérables (1362)[1]. De ses deux femmes, Marie de Châteauvilain, morte en couches au mois d'octobre 1366, et Marguerite de Joinville, fille de Henry, comte de Vaudemont et de Marie de Luxembourg, il n'eut pas d'enfant apte à lui succéder. Par son testament[2], il fit de nombreuses donations à l'abbaye de Faverney où il choisit sa sépulture. A sa mort, en 1373, tous ses biens passèrent à sa sœur Marguerite qui avait épousé Thiébaut VII, seigneur de Neufchâtel. En 1516, Fernand de Neufchâtel, en qualité de seigneur d'Amance et de Semmadon, confirma les franchises octroyées par ses prédécesseurs, se réservant toujours l'*ost et la chevauchée*, mais exemptant les habitants des *menus emparements*, c'est-à-dire de l'obligation de travailler aux réparations du château fort d'Amance.

Par héritage, la terre d'Amance arriva des Neufchâtel à la famille de Rye, dont l'un des membres, Marc, affranchit en 1553 les habitants de Semmadon *de l'ost et la chevauchée*, «servitute et prestation qu'ilz ont déclaré et remonstré leur estre insupportable et que à icelle leur estoit impossible satisfaire et fournir pour le petit nombre d'eulx, et pauvreté dont ilz sont chargés». Cette concession, toutefois, ne fut pas gratuite; les habitants s'engagèrent à payer, pour se libérer, une somme annuelle de 40 livres estevenins à la Saint-Martin d'hiver, entre les mains du receveur de la seigneurie, avec la faculté de la répartir entre eux; le tout à peine, en cas de non-payement, de l'amende de 2 sols estevenins applicable à chaque habitant.

En 1606, un des successeurs de Marc de Rye, Christophle de

---

[1] Voir : *Essai sur l'histoire de la Franche-Comté*, t. II, p. 125, et nos *Recherches sur les incursions des Anglais et des Grandes compagnies dans les deux Bourgognes*, p. 70 et 71.

[2] Archives de la Haute-Saône, H 397.

Rye de la Palud, marquis de Varambon, comte de Varax, de la
Roche et de Busançois, baron et seigneur de Neufchâtel, Villersexel, Saint-Hippolyte, la Franche-Montagne, Maîche, Châtelneuf,
et dame Éléonore Chabot, sa femme, marquise et dame desdits
lieux, Amance, Saint-Mardon (Semmadon), confirmèrent « toutes
les immunitez, franchises et exemptions » accordées par les chartes
que nous venons d'analyser et ordonnèrent qu'elles seraient insinuées dans les registres des Actes extrordinaires du bailliage
d'Amont. Ces registres ont péri probablement dans l'incendie qui
détruisit, en 1737, les halles et le palais de l'hôtel de ville où se
rendait la justice, à Vesoul. Mais, heureusement, nous avons découvert parmi les papiers déposés à la mairie de Semmadon une copie
authentique du procès-verbal d'insinuation de ces titres dressé par
Nicolas Jacquinot, lieutenant général dudit bailliage, procès-verbal
suivi de la transcription de documents qui ne manquent pas d'intérêt pour l'histoire franc-comtoise.

Jules Finot,
Archiviste, correspondant à Vesoul.

---

*Procès-verbal d'insinuation sur les registres du bailliage d'Amont des titres
concernant l'affranchissement des habitants de Semmadon.*

Nicolas Jacquinot, docteur es drois, sieur d'Aulxon, Mont, Rozières, etc.,
lieutenant général de Monsieur le bailly d'Amont au siège de Vesoul, sçavoir faisons que le jourd'huy, datte de cestes, séant en jugement, ont com-
paruz les manans et habitans de Saint-Madon par honorables Jacques du
Bois et Claude Mignot, leurs co-habitans, assistés de Claude Clerc, docteur
es drois, et Jean Foyot, leur advocat et procureur, lesquelz, par la voix dudict sieur docteur Clerc nous ont remonstré que, comme le lieu de Sainct-
Madon dépend de la seigneurie d'Amance, il auroit pleu aux sieurs dudict
Amance leur fère diverses franchises, mesme Henry de Bourgogne, Jehan
de Bourgogne, Fernande de Neufchastel et Marc de Rye, rapportez et escriptz qu'ils en avoient, et lesquelles franchises avoient esté appreuvées et
rattifiées par les seigneurs dudit Amance et Neufchastel, par illustre seigneur messire Christophle de la Palud, dit de Rye, chevalier, marquis de
Varambon, comte de Varaix, la Roche, etc., seigneur de Villersexel, dudict Amance, etc. etc., par haute puissante dame Elionor Chabot, dame
desdits lieux, Neufchastel, etc. Lesquelz ayant veu lesdites franchises et entendu la teneur par la lecture qu'ils en avoient fait faire, auroient appreuvé
et rattifié icelles et auroient voulu qu'iceulx fussent condamnez à l'observance, accomplissement et entretien desdictes franchises, selon qu'il en

apparoissoit par les lettres de confirmation desdictes franchises cy-après insérées dont lesdicts supplians nous ont faict apparoir, nous requérant qu'il nous pleust ordonner que lesdictes franchises et confirmation d'icelles fussent insinuées es actes de ceste court afin de perpétuelle mémoire, et pour y avoir recours en cas de besoing, avec déclaration que les copies en pringes et signées par l'un des collibellances ou jurez, leur vauldroient comme les originaulx ; aussy qu'eussions à condamner lesdictz illustres seigneur et dame à l'observance et entretien desdictes franchises. Sur quoy s'est présenté maistre Jean Lamy, postulant audict siège, procureur desdicts sieur et dame, lequel a déclaré, qu'en vertu des procuratoire d'iceulx seigneur et dame, il consentoit es fins et réquisitions desdicts habitans de Sainct-Madon et que lesdicts seigneur et dame fussent condamnés. Suyvant quoy, parties ouyes, avons condamné et condamnons lesdicts sieur et dame à l'observance et entretien desdictes franchises, faisant pour ce d'office litis-contestation, conclusion et renonciation en cause ; déclairons qu'icelles franchises seront insinuées aux actes de céans afin de perpétuelle mémoire, et que les copies qui en seront prinses et extraictes, qui seront debuement collationnées et signées par l'un des collibellances en ce siège, leur vauldront à l'advenir comme les originaulx. Donné judicialement audict Vesoul es jours locaulx par nous y tenus, le mardy vingt-septième jour du mois de juin de l'an mil six cens et six.

S'ensuyvent les Traictés, Accordz et Franchises dont mention est faicte cy-devant.

Nous Henry de Bourgongne façons sçavoir à tous que, pour nous et pour noz hoirs, avons accensé et abonet les hommes, femmes et habitans de Sainct-Madon, demeurans et à demorer desoubz nous en ladicte ville Sainct-Madon, par la manière que s'ensuit : Premièrement nous voulons et ottroions que chascune beste trahans à charrue, soit bues, vaches, chevals ou asnes, soit quitte par douz soulz estevenans ou aultre monoie à la valleur, chascun an paiant une fois à nous ou à nostre commandement en ladicte ville de Sainct-Madon le jour de feste St-Martin d'hyver, et chascun feus la geline de Carementstrant ; et cilz que ne auroit beste trahant, chascun feus serai quittes par dous soulz de ladicte monnoie payans chascun an audict terme. Et parmi ce, nous volons et outroions que lesdicts habitans soient frans et quittes de toutes messageries de porter lettres, de faulconniers, de geite de seigneurs et de chiens, de gaîtes et de charrois et de toutes corvées de faulcilles et de faulx et de toutes aultres servitudes, excepté l'oz et la chevaulchié sus lesdiz habitans que nous retenons pour nous et les nostres. Et ce leur promettons en bonne foy tenir et garder fermement sans corruption. En tesmoignage de laquelle chose, nous avons mis nostre scel pendant en ces présentes lettres, faictes et données le lundy après les bordes l'an mil ccc trente six.

Lesquelles lettres sont scelées d'un vieil scel pendant à double quehue

de parchemin mis en une boëtte de bois, icelluy scel estant quelque peu
rompu où il y a une aigle en cyre brune tirant sur le verd.

Jehans de Bourgongne, damisels, à tous ceulx qui verront et orront ces
présentes lettres, salut. Les lettres de très bonne mémoire mon très cher
seigneur et père monseigneur Henry de Bourgongne, cuy Dieu pardoint,
ay vehues seines et entières en scel et escriptures contenans là forme qui
s'ensuyt : — (Suit la teneur de la charte rapportée ci-dessus.) — Lesquelles
lettres dessus transcriptes, Je Jehans de Bourgongne dessus dis, à la prière
et requeste desdiz habitans mes hommes et femmes dudict Sainct-Merdon,
liquelx à grand instance m'ont requis et supplié que je leur outroisse confirmation de leurs franchises, Je, pour moy et mes successeurs, de grace
especial leur confirme et aggrée et leur promet de tenir en leur force et
vertu sans corrumpre, retenue à moy et à mes hoirs ma justice et signorie
sux lesdis habitans. En tesmoing de laquelle chose, j'a faict mectre mon scel
en ces présentes lettres de confirmation, que furent faictes et données à
Amance le premier jour du mois d'octobre l'an mil trois cens soixante et huit.

Lesquelles lettres sont sceléez d'un scel en cire rouge entier estant mis
en une boitte de bois, à double queuhe de parchemin pendant, annexées
aux premières cy-dessus; auquel scel sont insculpées deux aigles, l'une
droitte et l'aultre de travers, et deux lyons l'un decea et l'aultre delà de ladicte aigle droite.

Nous Fernande de Neufchastel, chevalier, seigneur dudict lieu, Montagu,
d'Amance, Villafans, etc., Sçavoir faisons à tous que nous avons vehues,
tenues et leuttes de mot en mot les lettres de franchises et d'obonnement,
sainnes et entières en scel et escripture de très bonne et excellente mémoire
Henry de Bourgongne et de Jehan de Bourgongne, son filz, que Dieu ab-
soillent, noz prédécesseurs, de long temps données et ouctroyées ès hommes
et femmes habitans de nostre ville de Sainct-Mardon, demeurans et à demeurer dessoubz nous en ladicte ville, auxquelles ces présentes sont annexées et affixées, lesquelles lettres données et ouctroyées comme dit est
ausdictz habitans de Sainct-Mardon, Voulons et ordonnons demeurer en leur
force, vigueur et valeur; nous ledict seigneur Fernande de Neufchastel
dessus nommé, veuillant de tout nostre pouvoir entretenir et accomplir en
ce et en oultres choses tout ce que par nosdictz prédécesseurs ha esté faict,
louhé, accomply, promis et passé, aux prières et requeste desdictz habitans, noz hommes et femmes dudict Sainct-Mardon, lesquelz nous ont à
grande instance requis, prié et supplié leur vouloir confermer et rattiflier
leursdictes lettres de franchises et d'obonnement; nous, pour ces causes et
aultres à ce nous mouvans et de grace espéciale, pour nous, nozdicts hoirs
et successeurs et ayanz cause, avons rattifflié, confermé, approuvé et émo-
logué et, par ces présentes lettres, rattifions, confermons, approuvons et

émologons perpétuellement lesdictes lettres de franchise et d'abonnement
ausdictz habitants de Sainct-Mardon, nosdictz hommes et femmes, demeu-
rants et à demeurer en nostredicte ville de Sainct-Mardon, pour eulx, leurs
hoirs, successeurs et ayans cause, le tout par la forme et manière et selon
le contenu desdictes lettres de franchise et d'abonnement; et voulons que
lesdictz habitans dudict Saint-Mardon nosdictz hommes et femmes demeurans et à demeurer audict lieu, leurs hoirs, successeurs et ayans cause soient
francs, quittes et exemps de tous menus emparemens et de toutes aultres
servitutes quelconques, excepté seullement l'ost et la chevaulchée, que nous
retenons pour nous, noz hoirs, successeurs et ayans cause. Promectons nous
ledict seigneur de Neufchastel dessus nommé en bonne foy et soubz l'obligation de tous noz biens meubles et immeubles et de ceulx de noz hoirs,
successeurs et ayans cause, présens et advenir quelconques, ceste présente
ratification et tout le contenu en cesdites présentes lettres tenir, entretenir,
maintenir, faire garder et observer perpétuellement sans jamais ou temps
advenir la corrompre, aller ne venir, ne faire aller ne venir pour nous, nosditz hoirs, successeurs et ayans cause au contraire en quelque manière que
ce soit. En tesmoinaige desquelles choses, nous avons signé ces présentes de
nostre nom et seing manuel, et faict sceler de nostre scel secret armoyé de noz
armes en cire vermeille, avec le signet manuel du notaire et tabellion général
nostre secrétaire, cy-mis en signe de vérité et consentement des choses
dessus dictes. Donné en nostre chastel dudict Amance le vingt-sixième jour
du mois de juin l'an Nostre Seigneur courant mil cinq cens et seize. Ainsi
signé : F. de Neufchastel et L. Garneret.

Lesdictes lettres scelées d'un scel en cire rouge et vermeil, escriptes en
parchemin estans annexées aux aultres deux cy-devant, auquel scel (qu'est
sain et entier) sont les armes dudict sieur Fernande de Neufchastel.

Nous Marc de Rye, chevallier, seigneur de Discey, Amance, Montagu,
Bourguygnon, Poinsson, etc., Sçavoir faisons à tous présens et advenir
comme il soit que noz hommes et subjectz du lieu de Sainct-Mardon dépen-
dans de nostre seigneurie dudict Amance nous fussent, entre aultres servitudes et redevances, subjectz et tenus à la prestation du l'oth et chevaulchée
qu'estoit que toutes et quantesfois que par le comte de Bourgongne nous
serions mandé pour son exercice militaire à l'encontre de ses ennemys, nos-
dicts subjectz de Sainct-Mardon y manans et résidans, estoient tenus conduyre et mener audict exercice militaire noz hardes et bagaiges à nous nécessaires, selon que, par l'arrest qu'en avons de piéça obtenu à l'encontre
d'eulx à la Court souverainne de Parlement à Dole et exécution d'icelluy
appart et peult apparoir. Ainsi est que, désirans iceulx nosditz subjectz relever de telle servitute et prestation que ilz nous ont déclaré et remonstré leur
estre insupportable et que à icelle leur estoit impossible satisfaire et fournir
pour le petit nombre d'eulx et pauvreté dont ils sont chargés, nous sup-

plians et remonstrans humblement en ce les vouloir soulager et quicter et
remectre ladicte servitute de l'oth et chevaulchée, inclinant à leur quelle
remonstrance et supplication et à ce de les accomoder et donner moyen plus
aysément à l'advenir vivre en nostredicte seigneurie, tant en nostre nom que
pour et ou nom de Claude-François de Rye, nostre très chier et bien aymé
filz, et nous pourtant et faisant fort de luy, promectant luy faire rattiffier le
contenu cy-après escript toutes et quantesfois que mestier sera et requis en
serons par nosdictz subjectz absens, Jean Picquenet, Hugues Fyard, Guillemin Richardet, Jean Cabassit, Jean Bijoley, Martin Treullet, Jaquot Pou-
thier, Thevenin Treullet, Jean Rouhier dict Rouhot, Jean Demongin le
jeune, Jean Huguenel, Jean Hymbelot, Jean Maillard dict Gousset, Didier
Fyard, Jacquot Bijotey, Jean Menu, Jean Gilley, Anthoine Humbelot, Jean
Dubois, Claude Olivier, Nicolas Maillard le vieil, Noël Malain, Jean de Lestang, Claude Jouffroy, Jean Lescornel, Nicolas Doz, Pierre Joly, Jean Gauthier le vieil, Jean Verdey, Claude Desbaulays, Nicolas Gauthier et Claude
Deshault, tous manans et habitans dudict Sainct-Mardon, nosdictz subjectz
et faisans et représentans plus que les deux partz du corps de tous les aultres
manans et habitans dudict Sainct-Mardon, nosdictz subjectz pour eulx et
lesditz absens et chascun d'eulx, et pour leurs hoirs, successeurs et ayans
cause qui seront à l'advenir manans et résidans et qui demeureront et résideront audict Sainct-Mardon, tant hommes que femmes, présens, stipulans,
acceptans et aggréablement recepvans, remis, [avons] quicté et relaxé, quictons, remectons et relaxons par ceste dez maintenant pour l'advenir ladicte
servitute et prestation de l'otz et chevauchée pour nous, nostredict filz et
noz hoirs, successeurs et ayans cause, seigneurs dudict Amance, sans que à
perpétuité nous les puissions à ce contraindre en façon et manière que ce
soit, combien que fussions expressément mandé par comte de Bourgongne
en expédition et exercice militaire; parmy et moyennant que lesdictz habitans
dudict Sainct-Mardon, et que à l'advenir demeureront et résideront et seront
manans et résidans dudict Sainct-Mardon, hommes et femmes, leurs hoirs
et successeurs noz subjectz seront tenus nous payer chascun an, bailler et
délivrer audict Sainct-Mardon, à nostre recepveur ou commis pour ledict
droit de servitude de l'oth et chevaulchée et en nom d'icelle, chascun jour
de feste Sainct-Martin d'hyver, la somme de quarante livres estevenans monnoye courant en Bourgongne, à peinne de recouvrer sur chascun d'eulx l'a-
mande de deux solz estevenans applicable à nostre prouffit en cas de def-
fault de payement. Et pour la percepvoir et relever seront tenuz nozdicts
subjectz, manans et habitans dudict Sainct-Mardon donner un roole à nostredict recepveur et commis ledict jour Sainct-Martin, contenant le nombre des
feugs, manans et habitans dudict Sainct-Mardon, afin qu'ilz puissent plus
surement recouvrer et percepvoir d'eulz lesdictes quarante livres et amandes
que seront commises par les défaillans. Et commencera le premier terme et
payement de ladicte somme desdictes quarante livres estevenans au jour de

feste Sainct-Martin d'hyvers prochain venant et deslà en avant perpétuellement à tel et semblable jour et terme à peinne que dessus. Et oultre ce nous
ont nosdictz subjectz de Sainct-Mardon payé, baillé et délivré contant real-
lement et de faict, pour une fois et une partie des frais qu'avons supporté
à l'encontre d'eulx, la somme de cinquante escus d'or au soleil, dont nous
en sommes tenus pour contans, et les en quictons pour eulx et leurs hoirs,
successeurs et ayans cause; et dudict droit de servitute de l'oth et chevaulchée nous sumes désistés et départis moyennant ladicte somme de quarante
livres dessus déclairés au prouffict de nosdictz subjectz et de leurditz successeurs, manans et résidans, et qui demeureront et résideront audict Sainct-
Mardon. Promectons oultre ce, nous ledict seigneur dessus nommé par nostre
serment es mains des notaires soubsescriptz et soubz l'obligation de tous et
singuliers noz biens et ceulx de noz hoirs, successeurs et ayans cause pour
ce submis et obligés aux cours et jurisdiction de l'Empereur, duc et comte
de Bourgongne, nostre souverain prince et seigneur, tenir quictes à l'advenir
dudict droit de l'oth et chevaulchée nosdictz subjectz moyennant lesdites
quarante livres de rente annuelle comme dit est, et de faire ratiffier ledict
Claude-François de Rye, nostre filz, et oultre accomplir et inviolablement
observer tout le contenu es présentes, renonceans à tous objectz tant de droit,
de faict, stil que de coustumes que l'on pourroit dire et proposer au contraire, mesme au droit disant que géneralle renonciation ne vault si l'espécial ne précède. En tesmonnaige desquelles choses et à ce qu'elles soient plus
fermes et stables, nous avons scelé cestes de nostre scel et faict mectre et
apposer à icelles les scel et contrescel desquelz l'on use en la court du bailliage
d'Amont ou ressort de Vesoul pour la majesté de l'Empereur pour corrobo-
ration, fermeté et validité desdictes présentes lettres. Que furent faictes,
données, louhées et passées audict Amance ou jardin devant le chasteau le
dix-huictième jour du mois de may l'an mil cinq cens cinquante trois. Présens discrettes personnes messires Cathelin Coger et Bastien Meulle dudict
Amance, prebtres, Martin de Mugnans, escuyer, Jean Garnier dudict
Amance, et Guillemin Coillin, de Tencey, notaire, tesmoins appellés et es-
spécialement requis. Ainsi signé : Marc de Rye, N. Bamard, et J. Boutot.

Confirmation desdites franchises par Monseigneur le marquis de Varambon
et dame Léonor de Chabot, sa femme, en l'an 1606.

Nous Christophle de Rye de la Palud, chevalier, marquis de Varambon,
comte de Varaix, de la Roche et de Busançois, baron et seigneur de Neufchastel. Villersexel, Sainct-Ypolite, la Franche-Montaigne, Maiches, Chas-
telneufz, et dame Léonor Chabot, nostre femme et compaigne, marquise et
dame desdictz lieux, d'Amance, Sainct-Mardon, etc., Sçavoir faisons qu'ayans
veu et bien entendu le contenu entier des concessions faictes et franchises
accordées aux habitans dudict Sainct-Mardon, noz subjetz, la première par

Henry de Bourgongne, en datte du lundy après les bordes de l'an mil trois
cens trente sept, d'une aultre suyvant faicte par Jean de Bourgongne confirmative de celle dudict Henry, donnée au lieu d'Amance le premier jour
du mois d'octobre de l'an mil trois cens soixante huit; item, d'une aultre
confirmative et rattificative des deux précédantes, provenant de Fernande
de Neufchastel, chevallier, seigneur dudict lieu, Amance, etc., donnée audict Amance le vingt-sixième jour du mois de juin de l'an mil cinq cens et
seize; et encoir d'un traicté subsécutifs faict par fut Marc de Rye, chevallier, seigneur de Discey, dudict Amance, etc., tant en son nom que de Claude-
François de Rye, son filz, avec les habitants dudict Sainct-Mardon, par
lequel lesdictz habitans auroient esté acquitez et affranchis de la charge et
servitude de l'host et chevaulchée réservée par les franchises précédentes,
moyennant la rente et cense annuelle de quarante libvres estevenans, monnoye courant en Bourgongne payable à chascun jour de feste Sainct-Martin
d'hyvers, à relever sur lesdictz habitans sur un chascun d'eulx par feug,
moyennant un roole qu'ils sont tenus de donner au recepveur ou amodia-
teur de leur seigneur, contenant le nombre des feugs, manans et habitans
dudict Sainct-Mardon, ledict traicté en datte du dix-huitième de may de l'an
mil cinq cens cinquante trois, selon que le tout est plus au long rapporté
par les tiltres desdictes franchises, confirmations d'icelles et traictés susmen-
tionnés que lesdictz habitans nous ont faict veoir par les originaulx et copies
d'iceulx deheument autorisées soubsignées de maistres Philibert de Bresse
et Anthoinne Goux; de la teneur desquelz tittres estans à plain informez,
comme aussy de la jouyssance qu'ensuytte d'iceulx lesdictz habitans noz
subjects auroient exercé sans difficulté des exemptions et franchises à eulx
onctroyées, désirans les maintenir en telles franchises et les conserver en
leur juste possession d'icelles, avons de nostre plainne science, mesme ladicte
dame autorisié de nous, confirmé et rattiffié, confirmons et rattiffions et en
tant que besoing fut, appreuvons et aggréons de nouveau toutes les immunitez, franchises et exemptions concédées ausdictz habitans aux charges et
conditions rapportées es lettres, lettres et traictés, ensemble de la présente
confirmation et rattiffication soient publiées devant Monsieur le bailly d'A-
mont ou son lieutenant au siège de Vesoul pour estre insinuées aux registres
dudict siège afin de perpétuelle mémoire, nous submectons d'estre condamnés à l'observance du tout, à l'effect de quoy avons constitué et consti-
tuons maistre Jean Lamy postulant audict siège, nostre procureur spécial et
irrévocable pour comparoir audict siège en nostre nom et faire les réquisitions et submissions susdictes, soubz promesse de l'en relever, lequel Nicolas
Dubois et Claude Mignot, habitans dudict Sainct-Mardon, présens, tant en
leurs noms que de tous les aultres manans et habitans dudict lieu, ont sti-
pulé et accepté avec le notaire soubscript. Pour seurté et accomplissement
de quoy, avons obligé tous et quelconques noz biens présens et futurs et
submis iceulx au previlège du scel de leurs Altesses Sérinissimes, en renon-

ceans à toutes exceptions aux présentes contraires. En signe de quoy, nous avons signé cestes, faict et contresigné par nostre secrétaire et scelé de nostre scel ordinaire en nostre chasteau de Vilerssuxel, environ le midy du douzième jour de juin l'an mil six cens et six. Présens Guillaume Guyon de Dole, et Gaspard Demongenet, de Vesoul, docteur es drois, tesmoins requis. Ainsi signé au bas de ladicte confirmation : Christofle de Rye de la Palud, Léonor Chabot, Guillaume Guyon, G. Demongenet, et comme notaire l'ayant receu et par ordonnance de monseigneur et dame Lec. Gentil.

Scelé en cire rouge du scel ordinaire desdicts seigneur et dame.

Huguenot.

Par extraict des actes extraordinaires du bailliage d'Amont, siège de Vesoul, où lesdicts lettres ont esté enregistrés suyvant l'ordonnance du sieur lieutenant général cy-devant.

Collationné : Devaulx.

(Archives communales de Semmadon.)

Pour copie conforme :

Jules Finot,

Archiviste de la Haute-Saône.

Documents relatifs à Marly-le-Roi et à ses environs.

Communication de M. Adrien Maquet.

(Séance du 10 novembre 1879.)

M. Adrien Maquet, de Marly-le-Roi, nous adresse des extraits de deux actes féodaux. Le premier, un aveu rendu au roi, le 4 mai 1503, par Louis de Montmirel, seigneur de Fourqueux et de Mareil en partie, et conservé aux archives de Seine-et-Oise (fonds Bouvard, E 494), renferme la mention d'un droit qui, selon M. Maquet, a dû remplacer dans cette seigneurie le droit de jambage dont les documents ne lui ont, au reste, fourni aucune trace. Il s'agit du « plat de noces, qui est tel, dit le seigneur, que quand un homme, une femme ou une fille se marie à Fourqueux, ung plat nous est fourni de tous mets offerts à l'épouse. » Je signale ce passage sans m'associer autrement à la conclusion de M. Maquet. Le second document que signale notre correspondant consiste dans le début de l'acte de foi et hommage rendu, le 4 mars 1583, au seigneur de Tronchet par François Coignet, seigneur de Pontchartrain, et du fief Tiber (paroisse de Saint-Aubin) en la châtellenie de Neauphle-le-Château.

Cet acte, qui fait partie des archives particulières de M. Filassier, à
Meulan, n'apporte aucune lumière nouvelle sur la cérémonie de
l'hommage.

M. Maquet a joint à sa communication le texte de trois chartes en
faveur de l'abbaye de Joyenval, provenant toutes trois du fonds de
cette abbaye (archives départementales de Seine-et-Oise). L'une est
la confirmation par Bouchard Ier, seigneur de Marly, d'un don fait
par un de ses chevaliers à ladite abbaye, de trois setiers et d'un minot de blé à percevoir sur le moulin de la Grand-Roue (*molendi-
num quod vocatur Magna-Rota*), à Bougival ; cette pièce est datée du
mois d'avril 1224. La seconde, en date de mai 1282, est la donation faite par Simon de Neauphle, chanoine d'Orléans, d'une pièce
de terre sise à Plaisir. La troisième, qui émane de Philippe Poignard, chevalier, seigneur de Plaisir et de la Boissière, et d'Aveline,
sa femme (décembre 1293), porte confirmation d'un don fait par
Guillaume de Plaisir, religieux de l'ordre de Saint-Dominique.

Aucun des documents que nous adresse M. Maquet ne me paraît
susceptible d'être publié dans la *Revue*, et j'ai l'honneur d'en proposer simplement le dépôt dans les archives du Comité.

A. LONGNON,
Membre du Comité.

LES CHEVAUCHÉES D'UN MAÎTRE DES REQUÊTES EN PROVENCE (1556).

Communication de M. Mireur, correspondant à Draguignan.

(Séance du 1er décembre 1879.)

M. Mireur, archiviste du département du Var, ne nous envoie pas
le texte même des documents qui sont l'objet de sa communication,
ni leur forme ni leur étendue ne se prêtant à une reproduction *in
extenso*; mais, par une analyse substantielle, il fait connaître les
faits suivants, sur lesquels la section me permettra de fournir ensuite quelques renseignements complémentaires.

NOTE SUR LES CHEVAUCHÉES D'UN MAÎTRE DES REQUÊTES EN PROVENCE, EN 1556,
par M. MIREUR.

La présence en Provence, au commencement de l'année 1556,
d'un maître des requêtes faisant ses chevauchées, sans doute en
exécution de l'édit d'août 1553, nous est révélée à la fois par les
archives de l'ancienne sénéchaussée de Draguignan et par celles de

la municipalité de la même ville. François Barthélemy, sieur de Mezens [1] et baron de Grammont [2], conseiller du roi et maître des requêtes ordinaire de son hôtel, tels sont les noms, titres et qualités de ce commissaire extraordinaire. Les documents qui nous le font connaître, nous permettent de le suivre dans une partie de son itinéraire en Provence et, ce qui est plus intéressant, dans le cours et, en quelque sorte, le détail de ses opérations sur un point donné. Grâce à ces documents, nous savons en effet qu'avant de venir à Draguignan vers le 3 février, il avait déjà visité la sénéchaussée d'Aix, où il retournait aussitôt après, celle d'Hyères, peut-être celle de Marseille, et nous assistons aux diverses décisions ou mesures émanées de son autorité pendant son séjour dans notre ville.

Le premier et le plus important de ces documents est le procès-verbal de l'unique « audience tenue par-davant » ledit maître des requêtes, jugeant seul et sans assistance, le 4 février 1556 [3]. Ce procès-verbal mentionne l'appel d'une trentaine de causes, dont six seulement sont suivies de sentences définitives, les autres n'ayant donné lieu qu'à des jugements interlocutoires. Quoique ces sentences n'aient pour objet que de simples questions de droit privé ressortissant à la juridiction ordinaire du lieutenant de sénéchal, toutefois quelques-unes fournissent au maître des requêtes l'occasion de faire usage de ses pouvoirs et de rendre sur des matières d'ordre public et de police des ordonnances qui ont le véritable caractère de règlements généraux et permanents. Ainsi un prêtre d'Entrevaux [4], défendeur dans un procès civil, ayant comparu à l'audience en tenue peu convenable, le litige une fois vidé, il prononce contre lui une amende de 25 sous envers les pauvres de l'Hôpital, « pour.... . soy estre trouvé en habit indecent, ... luy enjoignant et (aux) aultres presbtres et mendians de eulx faire raser la barbe et pourter robbes convenables à son estat de pretrize, à peyne de cent livres et aultre arbitrayre [5] ». A propos d'une demande en rescision de contrat, il défend « aux advocatz et procureurs de ne s'occuper aulcune cause les ungz aux aultres, à peyne de privation de leur office et aultre

[1] Canton de Rabastens, arrondissement de Gaillac (Tarn).

[2] Canton de Lavit-de-Lomagne, arrondissement de Castelsarrasin (Tarn-et-Garonne).

[3] *Registre des causes*, 1556, fol. 69. (Fonds de la sénéchaussée de Draguignan, aux archives du département du Var.)

[4] Département des Basses-Alpes.

[5] *Registre des causes*, fol. 69 v°.

emande[1] ». Le juge ordinaire de la petite ville de Fayence[2], mis en cause à raison de l'exercice de son office, ayant été contraint de bailler à partie adverse certains papiers de son greffe, il prescrit « à tous juges royaulx de ne faire escripre aultres soubz eulx que les greffiers ordinaires, leurs clercz, commis et depputés en leurs offices de juges et commissions... »; il règle de même suite un conflit de juridiction entre ledit juge et celui de Draguignan, défendant au premier de faire « aulcunes commissions en ladite ville de Draguignan ». Quant au fond du procès, il sera vidé à Aix, où les parties comparaîtront devant lui « entre yci et dimenche prochain[3] ».

Deux requêtes seulement méritent d'être mentionnées comme touchant à des matières qui relèvent d'une compétence spéciale. La première émane du procureur du roi et concerne notamment l'abus des lettres d'évocation et de *committimus*, qui portent grand détriment au siège; mais elle est restée inachevée, et, de plus, le greffier a omis de transcrire l'ordonnance intervenue[4]. La deuxième est une requête verbale des consuls de Draguignan demandant l'autorisation de prendre, partout où ils en trouveront, « boes, pierres et aultres chouses... neccessaires... » à l'édification du nouveau palais du roi tout récemment ordonnée.

La construction de cet édifice, nécessitée par la création de la sénéchaussée[5], paraît avoir été l'une des principales affaires qui avaient amené le maître des requêtes à Draguignan; c'est au moins la première dont il s'occupa, car, dès la veille de l'audience, il avait fait convoquer à l'hôtel de ville, par le lieutenant de la sénéchaussée, un « grand conseil général » auquel avaient assisté, comme « appelés », les membres de la magistrature et du barreau. On y avait délibéré de voter pour ladite construction « jusques à la somme de mille escus », réalisable au moyen d'une taille d'un florin par livre, qui devait annuler une sorte de taxe proposée par le général des finances sur certains particuliers[6]. Une fois les voies et moyens assurés, de concert avec le général des finances qui l'avait

---

[1] *Registre des causes*, fol. 71.

[2] Chef-lieu de canton de l'arrondissement de Draguignan (Var).

[3] *Registre des causes*, fol. 71 v°.

[4] *Ibidem*, fol. 72.

[5] Le siège de Draguignan avait été érigé en 1535.

[6] Séance du 3 février 1556; *Délibérations communales*, BB 13, fol. 276 v°. (Archives communales de Draguignan.)

accompagné dans ses chevauchées [1], il chargea le lieutenant d'organiser le service de l'administration des deniers, que ce magistrat confia à un trésorier spécial avec l'assentiment du conseil de ville [2]. Enfin, complétant l'ensemble de ces mesures, il rendit, à la requête précitée des consuls, une ordonnance contenant ce que nous appellerions aujourd'hui une déclaration d'utilité publique, par laquelle il leur conférait un véritable droit d'expropriation, «en payant le juste prys», sur tous les matériaux quelconques dont ils pourraient avoir besoin pour ledit édifice, qu'il leur était enjoint d'«advancer et accellerer, tous aultres negoces et affaires cessantz, sur peine de s'en prendre sur eulx» [3].

En dehors de l'audience et le même jour, car il ne paraît pas avoir séjourné davantage à Draguignan, le maître des requêtes régla par provision deux conflits, l'un entre les procureurs et les avocats accusés de faire l'office de procureurs, l'autre entre le lieutenant du siège et les avocats, au sujet du droit ou de la prétention de ceux-ci de tenir les plaids en l'absence du lieutenant. A l'occasion du premier de ces différends, il nous apprend, ce qui sera confirmé ci-après, qu'il avait déjà fait ses chevauchées à Aix, où il déclare n'avoir «treuvé.... telz troublemens et contreverses» [4].

Me François Barthélemy ne réussit pas à rétablir l'harmonie parmi les membres du barreau, et sa décision fut l'objet, de la part des avocats, d'attaques qui ne s'adressaient rien moins qu'à son autorité et à sa compétence. A l'audience du dernier février, les procureurs s'étant déjà plaints qu'on n'exécutait pas son règlement, qui devait

---

[1] Ce général et trésorier du roi en la charge et généralité de ses finances établie à Aix fit publier à la même audience ses lettres de provisions, ainsi qu'elles l'avaient été en parlement le 19 décembre 1555, et à Marseille le 3 janvier 1556, ce qui autoriserait à supposer que le maître des requêtes faisait ses chevauchées à Marseille à cette date. (*Registre des insinuations* du greffe de la sénéchaussée de Draguignan, S. B. I. 1553-1567, fol. 125 v°, aux archives du Var.)

[2] «Et, suyvant la charge et pouvoyr bailhé et octroyé audit sieur lieutenant par Monsieur le maistre des requestes de l'hostel du roy nostre sire, Me Barthélemi, et Monsieur le général des finansses de ce pays de Prouvance, de Tulhe, ledit sieur lieutenant a nommé et depputé pour trezaurier et recepveur de la somme de mille scus pour la fabrice et construction dudit pallays et maison royalle affaire (*sic*) en ladite ville, sçavoyr M. Pyarre Laurens, dit Pons, de ladite ville; à laquelle nommynation ledit conseil a consenti...» (Séance du conseil de ville du 6 février 1556, BB 13, fol. 277, aux archives communales de Draguignan.)

[3] *Registre des causes*, fol. 72 v°.

[4] *Registre des insinuations*, S. B. I., fol. 128 v°, aux archives du département du Var.

tenir « non obstant appel et inhibitions. . . . pour ce que a esté faict, faisant les chevauchées ordonnées par le roy, par ledit sieur, son conseilhier et maistre dez requestes, ayant pouvoyr faire exequuter toutz ses rieglements et ordounances par provision », les avocats invoquèrent un édit du roi en leur faveur et allèrent jusqu'à soutenir que le lieutenant n'était « tenu de hobeyr à ung qui n'a aulcune auctorité sur les edictz dudit sire sans espécial mandat... »
..Autant vaudrait dire, répliquèrent alors leurs adversaires, que M⁰ François Barthélemy « n'est maistre des requestes » ! Or « ledit sieur estre tel pour avoyr, en ladite quallité, tenu audience tant à Aix, Hieres, que au présent siège, et comme tel l'ont advoué parties adverses ayant plaidé davant luy ; et consequement sadite auctorité est apparánte à ung chescung. . . . . L'auctorité dudit sieur,. . . sy ainsy estoet que dict partie adverse, ne seroyt plus que celle d'ung juge inferieur, lequel, après ung appel interjecté, n'áuse passer oultre, chouse reprovée et inicque, au mesprys et comptinement de l'auctorité dudit sieur et, que pys est, du roy nostre sire, telle auctorité luy baillant faisent ses chivauchées, tellement que, sy asdits rieglements et ordounances n'estoyt hobéy, frustractoyrement ledit sieur prince l'envoyaroit par son royaulme et provinces, contre, comme dict est, son voulloyr et intention [1] ».

Le texte de la commission de François Barthélemy n'a malheureusement pas été transcrit dans nos archives ; mais on jugera sans doute que les divers documents que nous venons d'analyser y suppléent dans une certaine mesure et renferment des éléments suffisants pour déterminer quel était le but de ces chevauchées et en quoi elles consistaient. Assurer l'exécution des lois et règlements, réformer les abus qui pouvaient s'être glissés dans l'administration de la justice, comme aussi régler les questions concernant la police, l'ordre public et les intérêts financiers de l'État, tel était l'objet de cette délégation, qui s'exerçait surtout au moyen d'assises judiciaires tenues dans chaque chef-lieu de juridiction secondaire d'une généralité. Sauf la différence de procédure et le caractère purement temporaire de la mission, celle-ci nous apparaît, même dans le cadre restreint où nous l'avons étudiée, comme contenant en principe les attributions essentielles des futurs *intendants de justice,*

---

[1] *Registre des causes,* fol. 116. — Le lieutenant ayant renvoyé les parties devant le Parlement, celui-ci prononça en faveur des avocats, et annula le règlement du maître des requêtes (*ibidem,* fol. 164 et 351).

police et finances. C'était en quelque sorte un essai de la grande institution qui ne devait s'asseoir, en se régularisant, que plus de trois quarts de siècle après : essai intéressant peut-être à noter à cause de sa date. Il est permis de penser en effet que, si le nom de François Barthélemy peut être inscrit sur la liste des prédécesseurs de ces hauts fonctionnaires dans la généralité de Provence, il doit y figurer l'un des premiers, sinon le premier de tous.

Mireur,

Correspondant du Comité, à Draguignan.

L'usage des enquêtes par chevauchées remontait aux premiers temps de la monarchie, puisque l'on trouve jusque sous les rois mérovingiens des *missi dominici* ou *missi regales*, dont la fonction était d'aller constater et réformer, sur tous les points du territoire, les abus signalés dans l'administration de la justice [1].

Ce fut Charlemagne qui régularisa l'institution, en faisant faire chaque année, par un prélat et un seigneur laïque, associés deux à deux, quatre tournées dans chaque circonscription de l'empire. Ces représentants de l'autorité impériale avaient l'inspection et la haute main sur tous les rouages administratifs, et plus particulièrement sur les tribunaux inférieurs, dont ils nommaient le personnel et recevaient les appels, avant que ceux-ci fussent portés en dernier ressort à la cour suprême du palais. Ils rendaient leurs jugements dans un plaid spécial et solennel, avec l'assistance des prélats, seigneurs, vicaires et autres administrateurs spirituels ou temporels du département [2].

Un historiographe des maîtres des requêtes dit à ce sujet : « Ceux qui se plaignoient de déni de justice leur portoient leurs requêtes. Les renvois du Conseil leur étoient adressés, afin qu'ils connussent par eux-mêmes de quoi il s'agissoit et pour éviter toute surprise. S'il se trouvoit des voleurs, des monopoleurs, des faux-monnoyeurs, ou d'autres gens qui troublassent la paix publique, ils en donnoient avis au Conseil, ou ils les punissoient, selon l'exigence des cas. Ils

---

[1] Waitz, *Deutsche Verfassungs geschichte*, t. III, p. 371 et suiv.

[2] Vétault, *Histoire de Charlemagne*, p. 409-410. Cf. Boulainvilliers, *Mémoires historiques*, éd. in-4°, t. I, p. 157; *Encyclopédie méthodique des finances*, v° Intendants, p. 621.

s'informoient si rien ne dépérissoit du fisc ou n'étoit aliéné du domaine du roi. Ils connoissoient des aubains, des poids et mesures, des turcies, levées, écluses, ponts, chaussées et grands chemins. Ils recevoient et mettoient à exécution les ordres de la cour pour le ban et arrière-ban, et, pour ce qu'ils ne pouvoient pas tout voir par eux-mêmes, ils choisissoient des subdélégués, gens de probité, qui savoient le besoin des peuples, qui étoient à portée de s'informer de la vérité des faits avancés, et qui, par leurs enquêtes secrètes, étoient d'un grand secours [1]. »

Les historiens ont conservé le souvenir d'une vaste enquête que Louis le Débonnaire fit faire par les *missi*, à la suite de l'assemblée générale d'Aix-la-Chapelle (août 814). Pendant les trois ou quatre siècles suivants, on ne retrouve pas trace d'opérations semblables, soit que les rares chroniqueurs de cette époque n'en aient point parlé, soit que le régime féodal eût supprimé les *missi* et leurs chevauchées; mais aussitôt que l'autorité monarchique a reconquis ses droits souverains, nous voyons apparaître des *inquisitores*, enquêteurs et réformateurs, qui offrent de grandes analogies avec les anciens *missi* [2]. En 1248, Louis IX, pour se préparer dignement à la croisade en faisant droit aux plaintes de ses sujets, charge des gens d'église ou des religieux de parcourir certaines parties du royaume, d'y prendre une exacte connaissance des abus de pouvoir et des extorsions restées impunies, même de juger les causes et de prononcer des sentences, aussi bien contre le roi lui-même que contre ses officiers, mais sans recevoir aucun appel de sentences rendues régulièrement par les tribunaux. Ces tournées se répétèrent à diverses reprises; peut-être même se succédèrent-elles sans interruption [3].

[1] Continuation inédite, par Chassebras de Bréau, de l'*Histoire généalogique des Maitres des requêtes* de Blanchard. Chassebras rappelle ces vers où le poète saxon dit que Charlemagne ne fit point d'expédition militaire en 801 :

> Perque sui partes regni direxerat omnes
> Legatos, æquo legum moderamine mandans
> Justitias facere et varias componere lites,
> Reddere jus civile bonis, terrere malignos.

Voy. les capitulaires de Charlemagne et de Louis le Débonnaire dont les citations sont réunies dans le *Glossaire* de Du Cange, v° Missi.

[2] Voy. le *Glossaire* de Du Cange, v° Inquisitores.

[3] Vyon d'Hérouval (*Notes sur les baptisés et les convers et sur les enquêteurs royaux du temps de saint Louis et de ses successeurs*, 1234-1334, publiées d'après le manuscrit autographe de l'auteur, en 1868, par M. Al. Bruel, p. 12 et suiv.) avait relevé des articles de frais payés aux *inquisitores*, ou des restitutions exécutées par leur

Selon Boutaric, il y eut une enquête générale en 1268. Une partie
des procédures de ces « véritables ministres de grâce et de justice »
sont conservées au Cabinet des manuscrits ou dans les layettes du
Trésor des chartes; quelques pièces ont maintenant vu le jour, par
exemple dans un article de M. Douët d'Arcq[1] et dans le volume
de l'*Inventaire des layettes* édité par M. Joseph de Laborde. Après
s'être servi de beaucoup de ces documents dans ses deux plus importantes études[2], notre regretté collègue Boutaric avait projeté
d'en faire une publication d'ensemble. Le temps lui manqua pour
mener cette entreprise à bonne fin; mais il est à espérer que l'Académie des inscriptions donnera une place d'honneur, dans le *Recueil
des historiens de la France*, à des textes si utiles pour faire connaître
l'état intérieur de la France au xiiie siècle.

Digne émule de son frère, Alfonse de Poitiers rendit l'institution des enquêteurs permanente dans ses États particuliers et en fit
un des organes essentiels du système judiciaire. On a des renseignements très précis sur les enquêtes faites par son ordre[3]; une partie
même des textes relatifs au Languedoc viennent d'être publiés par
M. Auguste Molinier[4].

D'autres enquêtes eurent lieu encore sous Philippe le Hardi et
sous Philippe le Bel. Ce dernier fit parcourir le royaume, à plusieurs reprises, par des commissaires extraordinaires; chaque commission, composée cette fois d'un homme d'épée et d'un homme
d'église[5], tandis que les commissaires des règnes précédents étaient
tous d'église, avait un département distinct, comprenant plusieurs
bailliages. La grande ordonnance de mars 1303 prescrivit une
enquête générale qui devait aboutir au rétablissement des bonnes
coutumes du temps de saint Louis; mais il paraît que l'autorité
discrétionnaire confiée aux représentants du roi ne produisit guère

ordre, sur leurs sentences, dans les comptes des années 1248, 1255 à 1258 et
1269. Voy. aussi l'*Encyclopédie méthodique des finances*, v° INTENDANTS, p. 622.

[1] *Bibliothèque de l'École des chartes*, 2e série, t. II, p. 375-378.

[2] *Philippe le Bel*, p. 174-178, et *Alfonse de Poitiers*, p. 385-412.

[3] Voy. les dernières livraisons des *Archives historiques de la Saintonge et de l'Aunis*.

[4] *Étude sur l'administration de saint Louis et d'Alfonse de Poitiers dans le Languedoc*, suivie des *Actes des enquêteurs de ces deux princes*. M. Molinier a fait ressortir (p. 3-5) des différences entre ces enquêteurs et les *missi*.

[5] De même au Parlement, les deux sections des enquêtes étaient mi-parties de
dignitaires ecclésiastiques et de chevaliers. (Boutaric, *La France sous Philippe le Bel*,
p. 201.)

que des extorsions, et que, bientôt étendu à tout l'ordre administratif et judiciaire, sauf les causes civiles, ce système d'enquêtes
devint plus fâcheux pour les peuples que les abus auxquels il devait
remédier [1].

Je ne saurais énumérer ici, règne par règne, les témoignages
divers qui prouvent que l'institution des *missi* ou des *inquisitores* et
l'usage des « chevauchées », c'est ainsi que l'on appelait leurs tournées d'enquête, subsistèrent à peu près en tout temps. Les événements politiques, les guerres surtout, les invasions, les dissensions
civiles, en entravaient souvent l'action ; mais, chaque fois que des
circonstances plus favorables permettaient à l'administration royale de
se reconstituer, l'envoi d'enquêteurs était une des premières mesures
mises en pratique pour réparer les maux et supprimer les abus. On
trouve de nombreuses mentions de ces « réformateurs généraux »
(telle est leur qualification la plus habituelle) dans les ordonnances [2] et dans les registres du Trésor des chartes ou dans ceux
du Parlement [3]. Parfois c'étaient des commissions exclusivement
judiciaires ; plus souvent, en 1373 par exemple, elles avaient pour

[1] Boutaric, *La France sous Philippe le Bel*, p. 174-178. Vyon d'Hérouval cite des
articles relatifs à quelques *inquisitores* de 1302 et 1312. C'est lui sans doute qui a fourni
à Du Cange le mandement de 1303, relatif à l'enquête d'Auvergne, qui est reproduit
dans le *Glossaire*. On trouvera dans le même endroit une charte des enquêteurs
chargés du Lyonnais et du Mâconnais en 1316, le détail de leurs fonctions et des
matières qui leur étaient soumises, et un statut du roi Philippe V, daté de 1320.

[2] Voyez de nombreuses pièces, entre 1361 et 1426, dans les *Ordonnances des rois
de France*.

[3] M. Tuetey m'a signalé quelques mentions de ce genre, en 1373 et 1384, dans
deux registres du parlement de Paris. Dans les *Pièces inédites du règne de Charles VI*,
M. Douët d'Arcq a publié une ordonnance du 9 mars 1384 portant révocation des
réformateurs qui avaient été peu auparavant envoyés dans les provinces et bailliages
du royaume, mais qui avaient accablé eux-mêmes les peuples d'exactions de tout
genre, et une autre pièce portant que, dans la séance solennelle du Conseil tenue
au Palais le dernier décembre 1409, « a esté dit que, pour ce qu'il y avoit eu grans
défaus ou faict de la justice de ce royaume et aussi ou gouvernement et recepte du
domaine et des aydes, le roy avoit ordonné plusieurs vaillans réformateurs géné-
raulx, desquelx les aucuns estoient du sanc du roy, c'est assavoir : les comtes de la
Marche, de Vendosme et de Saint-Pol. » En 1358, lorsque les états de Compiègne
demandèrent la suppression du grand conseil des Trente-six. (généraux sur le fait
de l'aide et réformateurs généraux dans tout le royaume), on annonça « l'intention formelle d'instituer dans chaque province des réformateurs spéciaux qui con-
naîtraient des excès de pouvoir imputés aux officiers et feraient le procès dans le
pays même où aurait été commis l'abus. » (Picot, *Histoire des États généraux*, t. I,
p. 98.)

but de· «vérifier l'administration financière, de récompenser les. comptables honnêtes, et de punir sévèrement les infidèles [1].» Mais encore ne faut-il pas confondre ces voyages solennels et extraordinaires des représentants du roi avec les tournées périodiques et régulières, exclusivement administratives, que les généraux des finances, à partir du règne de Charles V, puis les trésoriers de France, eurent mission de faire dans leurs départements respectifs. Ceux-ci, munis du pouvoir d'instituer et de destituer, devaient prendre connaissance chaque année, sur les lieux mêmes, de la conduite des élus, receveurs et autres agents des finances royales. Au cours de leurs chevauchées, s'ils découvraient quelque défaut ou quelque délit, soit dans la gestion des officiers du roi, soit dans celle de ses fermiers, ils transmettaient leurs informations au Conseil [2]; mais ils n'avaient point la même autorité judiciaire que les anciens *missi*, que les *inquisitores*, que les réformateurs généraux, et de plus, l'institution avait, en ce qui les concerne, un caractère bien précis de permanence.

Un temps vint où les maîtres des requêtes, de par leur origine, leurs connaissances juridiques et l'ensemble de leurs attributions, se trouvèrent tout naturellement désignés pour remplir, dans l'ordre judiciaire, les fonctions de commissaires enquêteurs ou réformateurs; ils finirent par en exclure les grands seigneurs et les membres du conseil intime du roi. Longtemps leur petit nombre (il n'y en avait encore que douze en 1526) fut un obstacle à ce qu'en dehors de leur service auprès du prince ils fussent à même d'exécuter fructueusement et régulièrement de longues tournées; mais des créations successives de charges nouvelles facilitèrent peu à peu les choses. En 1551, Henri II put charger plusieurs maîtres des requêtes, en qualité de «commissaires départis pour l'exécution des ordres du roi [3],» de lui faire des rapports sur l'exercice de la police et de la justice administrative dans les diverses provinces.

Un édit du même prince, rendu en août 1553 et enregistré au parlement de Paris le 7 septembre de la même année, contient plusieurs dispositions importantes sur les chevauchées des maîtres. des requêtes.

---

[1] Picot, *Histoire des États généraux*, t. I, p. 217.

[2] Sur les tournées des généraux des finances au temps de Charles VI, voir le recueil de Simon Fournival, p. 63.

[3] On sait que ce fut longtemps le titre officiel des intendants.

L'article Ier porte qu'au commencement de l'année le doyen des maîtres des requêtes fera, avec le garde des sceaux, le département des quartiers des maîtres des requêtes, et que, dans chaque quartier, il y en aura six qui seront chargés d'aller faire des chevauchées dans les ressorts des parlements de province.

L'article II déclare que, de ces six maîtres des requêtes, il y en aura un pour le ressort du parlement de Rouen, un pour le ressort du parlement de Bordeaux, un pour le ressort du parlement de Toulouse, un pour les ressorts des parlements de Grenoble et d'Aix, ainsi que pour les provinces de Lyonnais, Forez et Beaujolais, un pour le ressort du parlement de Dijon, et un pour la Bretagne.

L'article III ordonne qu'à l'égard des villes et des provinces du ressort du parlement de Paris, les six maîtres des requêtes y feront, «en allant et retournant de faire leurs chevauchées», tout ce que portera leur commission pour leurs propres départements. Le même article veut que ces magistrats partent dès le premier jour de leur quartier; qu'ils se transportent droit au lieu où siège le parlement dans le ressort duquel ils doivent faire leurs chevauchées; qu'à leur arrivée ils rendent compte au parlement de ce qu'ils auront fait et trouvé dans leur route; qu'ils assistent quelque temps aux séances de la cour; que de là ils aillent faire leurs chevauchées dans les autres endroits du ressort, et que, chaque fois qu'ils passeront par la ville où se tient le parlement, ils l'avertissent de «tout ce qu'ils verront être requis et nécessaire qu'il sache et entende, pour y pourvoir.»

L'article IV permet et enjoint à chaque parlement, en cas que le maître des requêtes nommé pour faire les chevauchées dans son ressort ne soit pas arrivé dans six semaines à compter du jour où son quartier aura commencé, de les faire faire par un conseiller, qui sera payé soit par le maître des requêtes défaillant, soit sur la caisse des chevauchées, si le maître des requêtes a été empêché légitimement de partir.

L'article V défend de payer les chevauchées aux maîtres des requêtes, «sinon qu'ils fassent préalablement apparoir de leurs procès-verbaux au Conseil privé, pour voir et entendre s'ils auront satisfait au devoir de leur charge.»

Quelques jours après la publication de cet édit, quatre nouvelles charges de maîtres des requêtes furent créées (21 septembre 1553); quatre autres le furent encore par un édit du mois d'août 1554,

et une neuvième par l'édit du mois de novembre suivant : ce qui en
porta le nombre total à vingt-cinq. Cinq de ces magistrats seulement furent désignés pour faire un service sédentaire auprès du
chancelier; les vingt autres furent envoyés dans les recettes générales, « pour entendre à la justice et aux finances. » Un rôle arrêté
en Conseil, le 23 mai 1555, régla les départements comme il suit :
à Paris, Henri de Mesmes de Roissy; à Amiens, Nicolas du Pré,
seigneur de Pacy et de Cossigny; à Troyes, Étienne Lallemant,
sieur de Vouzé; à Rouen, Nicolas Le Comte de Dracqueville; à
Caen, Nicolas du Val; à Orléans, François du Bourg, évêque de
Rieux; à Bourges, René de Bouvery; à Tours, Martin Fumée des
Roches; à Angers, André Guillart; à Châlons, Thierry du Mont,
sieur d'Assy; à Nantes, Antoine de Saint-Paul, sieur de Montbe-
ron; à Poitiers, Philibert Babou, évêque d'Angoulême; à Riom,
Jean Coutet; à Toulouse, Étienne Potier; à Montpellier, Pierre de
Saint-Martin; à Grenoble, Jean Poncher; à Lyon, Michel Vialart;
à Dijon, Claude Hennequin; à Agen, Geffroy de Hauteclaire;
enfin, à Aix, François Barthélemy[1].

Telle est l'origine de la chevauchée dont notre correspondant a
retrouvé les souvenirs aux archives de Draguignan. Comme on l'a
vu dans la note de M. Mireur, le maître des requêtes chargé du département de Provence s'appelait François Barthélemy. Il possédait
les seigneuries de Mézens, de Grammont et de Pomayrols, en
Rouergue. Pourvu d'abord d'un office de conseiller au Grand Conseil,
puis de celui de conseiller-président aux enquêtes du parlement
de Toulouse, il avait acquis une des quatre charges de maître des
requêtes créées en août 1554 et s'était fait recevoir le 22 septembre
de la même année. Il mourut dans l'année qui suivit sa chevauchée
en Provence, au mois d'octobre 1557, et laissa sa charge à son
fils unique, à peine âgé de vingt ans. L'un des petits-enfants de ce
fils, Gabriel Barthélemy, sieur de Grammont et conseiller d'État
sous Louis XIII, devait acquérir un certain renom comme auteur
des *Historiarum ab excessu Henrici IV libri decem octo*, qui forment
une continuation de la grande histoire de J.-A. de Thou, mais où
l'on trouve à regret autant de violence et d'injustice pour les pro-

---

[1] *Traité des droits attachés à chaque office*, par Guyot et Merlin, t. III, p. 120-
121, et continuation manuscrite de l'*Histoire des maîtres des requêtes* de Blanchard,
par Chasselbras de Bréau. Une copie de l'édit se trouve dans le ms. fr. 18158,
fol. 337.

testants et pour Arnauld d'Andilly que de basse flatterie pour le cardinal de Richelieu [1].

Dans sa note analytique, M. Mireur fait ressortir les caractères principaux de la mission de M° François Barthélemy; il y voit en germe l'institution des intendants de justice, police et finances qui allaient bientôt prendre la première place dans l'organisation administrative des provinces. Il me semble qu'on y doit remarquer une analogie encore plus frappante avec les pouvoirs et les fonctions des anciens *missi* ou *inquisitores*. Comme ceux-ci, le maître des requêtes en tournée juge seul et sans assistance les appels; comme eux, il rend des sentences définitives en matière de droit privé, il règle les questions d'ordre public, de police, de discipline, de hiérarchie administrative ou judiciaire. Mais, en ce qui concerne les finances, il a besoin de l'assistance du général de la province, ou, pour parler plus correctement, du trésorier de France en la généralité des finances d'Aix.

Les documents analysés par M. Mireur sont loin de présenter le tableau complet et détaillé d'une chevauchée de maître des requêtes; mais, par l'indication que j'ai donnée plus haut, on a vu qu'il serait possible de retrouver dans d'autres provinces les traces du passage des collègues de François Barthélemy, peut-être même les procès-verbaux de leurs audiences, les textes des plaintes déposées entre leurs mains, des enquêtes faites par leur ordre. Ce serait là un précieux contingent, non seulement pour l'histoire judiciaire et administrative, mais aussi pour l'étude de la vie de province au xvi° siècle et des mœurs locales : double motif qui nous engage à en recommander instamment la recherche à nos correspondants.

D'ailleurs les mêmes faits se représentent sans cesse à partir de cette époque. D'une part, les chevauchées ordinaires des maîtres de requêtes : réclamées instamment par les états d'Orléans, réglées par l'ordonnance de Moulins (1566), réclamées de nouveau par les états de Blois et rétablies dans l'ordonnance qui suivit cette assemblée (1576)[2], elles furent, dit-on, supprimées passagèrement, mais pour reparaître bientôt, et ce fut seulement en 1614 que les États généraux, qui commençaient à redouter la permanence de cette

[1] *Histoire des maîtres des requêtes,* par Blanchard, p. 294, et généalogie des Grammont (Barthélemy de), dans le *Dictionnaire de Moréri.*
[2] Picot, *Histoire des États généraux,* t. II, p. 146 et 490.

inspection, manquèrent pour la première fois à demander des chevauchées régulières et annuelles.

Indépendamment de ces chevauchées, le gouvernement royal
conserva l'habitude d'envoyer, selon les occasions, des enquêteurs
ou des commissaires extraordinaires dans les parties du royaume où
quelque grave désordre dans les finances, quelque conflit, exigeait
une intervention immédiate de l'autorité royale. On constate ce fait
à diverses reprises dans le cours des guerres civiles du xvi° siècle.
En 1576, par exemple, Antoine Séguier, qui était alors conseiller
au parlement de Paris et qui ne fut reçu maître des requêtes qu'à
la fin de l'année suivante, alla, comme surintendant de justice, en
Provence, pour pacifier le pays et aider de ses conseils le gouverneur de cette province. En 1582, Henri III commissionna encore
des conseillers d'État, des maîtres des requêtes et des maîtres des
comptes pour «entendre les plaintes de son peuple et leur donner
soulagement[1].» La Ligue elle-même, de 1591 à 1593, prétendit
faire parcourir les provinces où elle avait un semblant de pouvoir
par des membres de la Chambre des comptes, chargés de réprimer
les abus aussi bien que d'activer le recouvrement des deniers[2].
Quand Sully réorganisa l'administration intérieure, un de ses premiers soins fut d'emprunter à cette même Chambre des comptes
quelques magistrats assez énergiques et expérimentés pour réparer
les maux de la guerre intestine, liquider les exactions de toute
espèce commises par les deux partis, punir les prévarications, réprimer les extorsions, etc.[3]. De même encore, après la minorité de
Louis XIII, la cour proposa aux notables assemblés en 1617 «d'envoyer un maître des requêtes en chaque province, lequel ira par
tous les sièges et y fera tel séjour qu'il jugera nécessaire, reconnoître soigneusement tous les abus et malversations, pourvoir à faire
garder les ordonnances. Où il trouvera les juges et autres officiers
coupables, leur fera leur procès et l'instruira entièrement, nonobstant
oppositions ou appellations quelconques, et, le procès tout instruit,
il le renverra au parlement où le siège ressortit, lequel y sera jugé
promptement et toutes choses cessantes. Et afin que les maîtres des

---

[1] *Mémoires-journaux de P. de l'Estoile*, t. II, p. 83. Cette enquête fut suivie immédiatement d'une réunion des notables (1583-1584).

[2] Michel le Tellier, nommé maître des comptes par le duc de Mayenne, eut une
mission de ce genre en Champagne.

[3] *Économies royales*, années 1596 à 1602.

— 173 —

requêtes ne prennent point d'habitudes èsdites provinces, et ne donnent puis après du support à ceux avec lesquels ils auront acquis familiarité, ils seront changés de temps en temps selon qu'il sera avisé. » Interprètes intéressés de la répulsion des provinces pour les juridictions extraordinaires qui devenaient peu à peu presque permanentes, et pour des enquêteurs naturellement portés à empiéter sur les juridictions régulières, les notables demandèrent que ces représentants du roi ne pussent jamais juger en dernier ressort, et que leurs commissions fussent vérifiées et enregistrées préalablement dans le parlement du pays où ils venaient faire enquête[1]. L'opposition s'aggrava dans certaines provinces et créa de sérieuses difficultés au gouvernement royal. On voit, dans l'*Histoire du parlement de Normandie*[2], cette cour engager résolument la lutte contre deux commissaires royaux, Morant du Mesnil-Garnier (1617) et Turgot de Saint-Clair (1632), et obtenir la révocation du premier. Dans le *Traité des offices* (tome III, p. 122-123), Guyot raconte en détail un long conflit du parlement de Bordeaux avec le maître des requêtes Abel Servien, qui était envoyé en Guyenne sous le titre d'intendant de justice et de police, mais avec une commission extraordinaire pour juger les Rochellois vaincus. En février 1631, à propos de l'établissement d'une Chambre extraordinaire à l'Arsenal, le parlement de Paris présenta de vives remontrances contre ces commissions et leur procédure[3]. Les emplois de ce genre finissaient par devenir déplaisants, périlleux même, pour les maîtres des requêtes[4]; ce fut évidemment l'hostilité des juridictions régulières qui hâta l'organisation des intendances, c'est-à-dire la réunion de tous les pouvoirs ordinaires et extraordinaires entre les mains des maîtres des requêtes, transformés en intendants sédentaires, avec le titre de « commissaires départis par le roi, » et avec des commissions permanentes pour connaître de tout ce qui était justice, police et finances[5]. Mais un si grand progrès ne put être obtenu

[1] Picot, *Histoire des États généraux*, t. III, p. 418 et 426, et t. IV, p. 23-25. Cf. les *Mémoires de Mathieu Molé*, t. I, p. 175 et 208-209.

[2] Floquet, t. IV, p. 480-498.

[3] *Mémoires de Mathieu Molé*, t. II, p. 33. Les parlements eussent préféré que l'exercice de la justice restât aux baillis et sénéchaux. (*Ibidem*, p. 182.)

[4] « Aller choquer un corps puissant, couper leurs robes et être le ministre d'une punition rigoureuse! » (*Journal d'Ol. d'Ormesson*, t. I, p. 315.)

[5] L'institution des intendants de justice et police d'une part, de finances d'autre part, était déjà ancienne; mais, tant que la stabilité leur manqua et qu'on n'eut point

que peu à peu, par des modifications successives, qui rendent,
pour l'historien, la transition presque insensible, sinon même impossible à saisir, entre l'ancien état de choses et le nouveau [1]. Alors
même que les intendants existent en titre, on les voit encore por-
teurs de commissions extraordinaires qui rappellent le temps passé.
Tel est, par exemple, le cas de M. de Gourgue, envoyé en 1626
dans le Poitou, la Guyenne et les lieux circonvoisins, comme intendant de justice. Par une commission supplémentaire, cet intendant
est chargé de recueillir les plaintes de contraventions aux édits et
ordonnances, de malversations commises au fait de la justice et des
finances; non seulement il doit en dresser des procès-verbaux, pour
les transmettre au chancelier, mais, le cas échéant, et jusqu'à ce
que le roi en ordonne autrement, il pourra, « par manière de provision, pourvoir [2] sur lesdits désordres et malversations comme il
jugera être juste et convenable pour le bien du service du roi et
justice et manutention de la paix, union et repos de ses sujets [3]. »

M. Caillet a cité aussi, en 1630, une commission donnée aux
maîtres des requêtes [4] Daubray et Le Roy de la Potherie comme in-

donné à leurs fonctions un caractère suffisant de régularité et de permanence, ces
intendants ne furent, à proprement parler, que des commissaires spéciaux et extraordinaires. Quoique M. Caillet, dans son *Histoire de l'administration de Richelieu*, ait
en partie élucidé cette question de l'origine des intendants, on a encore beaucoup
de peine à distinguer entre les intendants des premiers temps (intendants de *justice
et de police, — de finances, — d'armée*) et les maîtres des requêtes chargés de missions extraordinaires, temporaires et spéciales. Pour la permanence, elle ne vint que
peu à peu : sous Mazarin, il fallait encore que la commission de chaque intendant,
aussi bien que celle d'un gouverneur ou d'un commandant de province, fût renou-
velée tous les trois ans. (Dépêche à M. de Lauzière, intendant en Dauphiné, vers
1648.)

[1] C'est pour cette raison que l'on ne peut assigner une date précise à l'institution
définitive des intendants. Quant aux chevauchées, la charge en fut encore attribuée
aux maîtres des requêtes par l'article 58 de l'ordonnance de 1629.

[2] M. Caillet, qui a reproduit ce texte, écrit *pour voir* en deux mots, ce qui change
totalement le sens.

[3] Archives nationales, O¹ 11, fol. 33 v°, et *Histoire de l'administration du cardinal
de Richelieu*, par M. Caillet, t. I, p. 61-62. Cf. une commission du 27 avril 1621,
pour Pierre Séguier, intendant de justice en Auvergne (Bibl. nat., papiers de La
Reynie, vol. II, fol. 158), et une autre commission de 1627, citée par M. de Boyer de
Sainte-Suzanne dans son livre sur les *Intendants de la généralité d'Amiens*, p. 565.

[4] M. Caillet, d'après l'*Histoire de Provence*, de Bouche, les qualifie de conseillers
d'État; c'est une erreur, car Dreux Daubray, père de la trop fameuse Brinvilliers,
n'était que maître des requêtes (1628-1643), non plus que Charles Le Roy de la
Potherie, qui avait fait les fonctions d'intendant à Caen et à Rouen.

tendants de justice, pour informer en Provence sur les « remuements
passés, » et, en 1633, celle d'Isaac de Laffemas et d'un autre maître
des requêtes, chargés de châtier les auteurs de la dernière rébel-
lion, — ces deux derniers commissaires portant le titre complet
d'intendants de justice, police et finances [1]. Plus tard encore, sous
le ministère du cardinal Mazarin, M. Foullé de Prunevaux, maître
des requêtes et intendant des finances [2], fut envoyé, comme plusieurs autres de ses collègues [3], pour parcourir la généralité de
Limoges, « visiter toutes les villes et lieux qu'il jugera à propos,
informer des malversations commises et qui se commettent au fait
des finances, informer aussi des contraventions aux ordonnances
du roi, des violences, excès et exactions faites et qui se pourront
faire par les gens de guerre et par ceux qui ont été et sont commis
à la levée des deniers du roi ; empêcher les désordres et contraventions aux règlements et ordonnances ; et généralement s'employer en toutes les fonctions attribuées par les ordonnances du
roi aux maîtres des requêtes de son hôtel et appartenant aux intendants de ses finances, et apporter le bon ordre qu'il jugera nécessaire pour le bien du service du roi et le soulagement de ses sujets
de ladite généralité… [4] »

A côté des enquêtes judiciaires et d'ordre public, un document
qui, je crois, avait échappé jusqu'ici aux recherches des historiens de l'ancienne administration, prouve qu'il y eut aussi, sous
Louis XIII, des enquêtes d'un caractère plus général, portant non
seulement sur les finances, mais sur presque toutes les questions
de statistique intérieure. Ce document est une instruction signée,
le 27 avril 1630, par le surintendant d'Effiat. La qualité des agents
chargés de l'enquête n'y est point indiquée ; mais le détail du questionnaire qu'ils emportaient avec eux présente assez d'intérêt pour
que je n'hésite pas à en reproduire le texte entier. On remarquera

[1] Caillet, t. I, p. 67. Lors de la sédition de 1627, un maître des requêtes avait
été envoyé en Champagne pour instruire le procès des coupables et veiller à l'exécution du jugement. (*Mémoires de Mathieu Molé*, t. I, p. 464.)

[2] Reçu maître des requêtes en 1636, il avait été chargé successivement des fonctions de commissaire départi en Languedoc, à Limoges et à Moulins, et n'exerçait
celles d'intendant des finances que depuis 1650. Il mourut à Rennes en 1673.

[3] « Suivant le département fait par M. le Chancelier. »

[4] Archives nationales, Protocoles de la Maison du roi, O¹ 12, fol. 260 v° et 261.
Le texte même de l'instruction pour l'intendant est joint à celui de la dépêche ou
lettre de créance adressée au gouverneur du Limousin.

la recommandation expresse de dissimuler le but véritable de l'enquête derrière une simple opération de contrôle financier. Le surintendant et Richelieu lui-même voulaient-ils éviter que la province ne s'inquiétât de leur curiosité, et que leurs envoyés ne fussent aussi mal vus que l'étaient déjà les intendants de justice[1]?

Instruction pour le sieur   , qui s'acheminera en la généralité de   et élections en dépendantes, pour faire venir à l'Épargne tous les deniers des receveurs généraux qui sont demeurés en reste des années 1628 et 1629, ainsi qu'il est porté par les états de recouvrement, dont il rapportera réponses telles qu'il les faut pour satisfaire au Conseil l'éclaircissement qu'il en veut, et faire voiturer le quartier de janvier de l'année présente. Il a ordre de ne point partir de l'étendue de ladite généralité que tous les deniers ne soient partis pour être voiturés à l'Épargne, et avertira le Conseil de semaine en semaine, afin qu'il pourvoie à ce qui sera nécessaire pour éviter le retardement; et prendra cependant des personnes affidés dans toutes les villes dont il s'accostera, qui font profession des choses qu'il veut savoir; le tout doucement, gardant son instruction pour lui-même, si secrète que personne n'en ait connoissance, ne mettant au jour que ses états de recouvrement dont il est chargé.

Prendra un extrait de toutes les choses contenues en l'état du roi expédié pour l'année 1609; saura quels domaines sont dans la province; s'ils sont engagés ou non, et, s'ils ne le sont pas, en quoi ils consistent et quel est le revenu, et s'ils sont tirés hors ligne dans l'état de la valeur, pour en être fait recette dans l'état du roi; et saura quelles raisons ont les trésoriers de France de laisser ainsi le domaine, vu que leur établissement et leurs charges les obligent à la conservation d'icelui; et leur dira que j'en veux être instruit par le menu, et que voyant qu'ils n'ont point fait de réponses à tant de lettres que je leur ai écrites sur ce sujet, que je vous ai dépêché tout exprès; quant aux domaines de leur généralité, en quoi ils consistent, ce qu'ils peuvent valoir, à qui ils sont engagés; et enverront autant des contrats d'engagement qui doivent être en leurs greffes, ou en empêcheront la jouissance, à peine d'en répondre en leurs propres et privés noms, dont l'effet s'en ensuivra, s'ils ne justifient au Conseil d'une ample et exacte di-

[1] M. Chéruel, *Histoire de l'administration monarchique*, t. I, p. 292 et 293, et M. Caillet, *Richelieu*, t. I, p. 61, ont cité une plainte des parlements aux notables de 1626 contre «un nouvel usage d'intendants de la justice qui sont envoyés ès ressort et étendue desdits parlements, près MM. les gouverneurs et lieutenants généraux, ou qui, sous d'autres sujets, résident en icelle plusieurs années, fonctions qu'ils veulent tenir à vie..... »

ligence; et y satisfaisant au contraire, ils se peuvent assurer, dans la fonction de leurs charges, de toute sorte d'honneur et de protection.

Et ayant fait ainsi en ladite généralité, se transportera ainsi en toutes les élections dépendantes desdites généralités, et les parcourra paroisse par paroisse, et apprendra en icelles à qui elles sont; si elles sont au roi, qui en a l'engagement, et combien elles peuvent valoir de revenu; et si elles sont à l'église, de quelles abbayes elles dépendent, qui les possède, et combien elles peuvent valoir de revenu. De même pour celles qui sont aux particuliers : de qui elles dépendent, à qui elles appartiennent, et combien elles peuvent valoir de revenu ; quelle étendue de terre se trouve dans l'enclave de chacune paroisse; bois, prairies, et rivières qui y passent; de combien elles sont composées de feux, quel nombre de personnes y habitent, combien il y a de privilégiés et quels ils sont, Sa Majesté voulant faire un bon règlement pour le régalement des tailles, qu'il veut diminuer à son peuple, et faire ce qui se pourra pour soulager les pauvres; et pour cet effet Sa Majesté a besoin de savoir toutes les choses ci-dessus spécifiées, pour parvenir à l'effet de ses bonnes intentions; et pour cet effet sera pris extrait des rôles des paroisses depuis trois ans en çà, contenant tout ce qui a été imposé pendant lesdites années. Il faut aussi savoir le nombre des évêchés, abbayes, prieurés, cures, et jusques aux moindres dignités; combien il y a d'officiers, quels droits et gages ils ont, à commencer par les plus grands officiers et finir par les moindres, jusques aux sergents des justiciers subalternes; le prix d'iceux offices, et de quand ils sont établis. Et quand il arrivera dans les villes, il saura, si c'est évêché, ce qu'il vaut, et en quoi consiste le revenu, combien il y a de chanoines, et combien valent les prébendes; et ainsi jusques aux moindres dignités; s'il y a des abbayes, prieurés, dans la ville, combien il y en a, et le revenu; combien de paroisses, combien il y peut avoir d'âmes en chacune, combien de communautés; s'il y a parlement, combien de présidents et conseillers. Et fera le même jusques aux moindres offices qui ont police dans la ville, soit échevins, consuls et autres, et fera le même aux autres lieux où il n'y a que des présidiaux, bailliages ou châtellenies, aux villes franches ou celles qui ne le sont pas.

Et d'autant qu'il se commet plusieurs abus à la levée des droits du roi, que Sa Majesté veut corriger autant qu'il se pourra, pour cet effet saura par le menu quels droits s'exigent sur le peuple, tant de la taille, taillon, crues, tant ordinaires qu'extraordinaires, droits héréditaires et autres droits, tant par distraction des parties du roi que par impositions qui ont été faites lorsque les droits ont été établis, principalement ceux qui se lèvent depuis l'an 1610; s'ils sont aliénés, qui en jouit, quelles finances ils ont payées aux coffres du roi, l'année de l'engagement, qui en a expédié la quittance, et le revenu des choses engagées.

S'informera de même des gabelles : si les paroisses sont en lieu d'impôt où non, de quel grenier elles dépendent, ce qui se vend en chaque grenier en général, et en chaque paroisse en particulier; si ce sont lieux d'impôt, comment l'impôt se distribue, quelle quantité de têtes sont contenues au minot, et voir la quantité qui se distribue tant en chaque grenier d'impôt qu'en chacun lieu dépendant dudit grenier, et la manière dudit impôt, si c'est par grand, moyen ou petit impôt, selon que les lieux où se doivent faire les distributions en sont tenus; et quant aux droits, rapportera quels droits se lèvent, tant pour le prix des marchands que pour les droits du roi, crues et augmentations qui ont été faites, tant pour les octrois en général des villes et communautés, que pour composer droits ou gages des nouveaux officiers, qu'attributions faites aux anciens, qu'autres droits généralement quelconques, tant au profit de Sa Majesté que des particuliers; et pour cet effet retirera l'extrait des ventes et arrivages faites (*sic*) en chacun grenier depuis vingt ans en çà; et par là connoîtra et rapportera les choses en tel ordre que l'on puisse voir ce dont il se peut être fait état au profit du roi; à quoi se monte le revenu des concessions qui ont été faites, et pour quelles causes, si elles durent encore, si elles ont été renouvelées. Le reste, consistant en droits qui appartiennent aux particuliers, en connoîtra semblablement la valeur, les noms de ceux qui en jouissent, à combien se monte le revenu, quelles finances ils ont payées, et qui en a délivré la quittance.

Saura aussi, pour ce qui est des aides, de quelle manière elles s'exigent, tant pour le gros et huitième que pour le vin et autres denrées sujettes auxdites aides, tant pour le sol pour livre qu'au-dessous, soit qu'il se paye en espèce ou autrement; s'il y a fermiers aux recettes générales ou élections, quels ils sont; si les taverniers sont abonnés, combien il y en a, quel est leur abonnement; bref, quel prix provient desdites aides, tant par paroisses, élections, que généralités; quelles charges il y a sur icelles, revenu, gages, droits de baux et autres; combien il y en a, qui sont ceux qui en jouissent, ainsi que des autres natures susdites.

Saura pareillement le nom des taverniers, s'ils ont payé l'hérédité, ce qu'ils en ont payé, s'ils en ont tiré quittance, ou si la quittance est moindre de ce qu'ils en ont payé.

Saura semblablement s'il se lève quelque droit forain, si c'est au profit du roi ou des particuliers, pour quelque chose que ce puisse être; en saura le menu comme aux choses susdites; s'il y a aussi plusieurs offices de police pour les foires et marchés, et aux endroits établis pour les étalonnages de toutes sortes de poids et mesures, de quel nombre et quantité lesdits poids et mesures sont composés, pour en connoître la différence et quelle elle est.

N'oubliera point de savoir quel nombre de foires et marchés il y a en chacune desdites villes, bourgs et villages, quelles choses s'y débitent, la quantité et le prix des choses qui s'y vendent, généralement quelconques, s'il y a office de police ou non, si ceux qui s'y établissent sont du roi ou des particuliers; et saura les droits de ceux qui y sont établis, et en vertu de quoi ils en jouissent, comme il est dit ci-dessus.

Saura semblablement les deniers communs et patrimoniaux des villes, bourgs, villages et communautés, tous les octrois d'icelles, le temps de leur concession, pour quelle cause, et s'ils sont renouvelés; sur quoi ils se lèvent et ce qu'ils peuvent valoir de revenu.

Saura le nom des forêts et buissons des provinces, si c'est au roi ou aux particuliers, leurs contenances et grandeurs; quels droits de gruerie il y a, et généralement à quoi lesdits bois sont tenus; si sont bois de haute futaie ou taillis : si de haute futaie, [s']ils ne sont point sur leur retour, ce qu'ils peuvent valoir en leur particulier, tant par pied que par arpent; si ce sont bois qui peuvent servir à bâtir maisons ou vaisseaux, tonnelages ou autres ouvrages de charpenterie, si le débit en est bon, si le transport en est facile, s'il y a rivière ou non pour les transporter, et celles qui se peuvent rendre navigables et capables du bois flotté, pour en faire les débits; quelle distance il y a des bois aux rivières.

Saura aussi les terres vaines et vagues qui sont tant ès environs desdites forêts que dans l'étendue de chacune généralité; s'il n'y a point d'usurpations faites, si ceux qui en jouissent en ont bons titres, en quoi consistent lesdites terres vaines et vagues; quel ménage il s'y pourroit faire, soit en les aliénant en général ou en particulier, ou les améliorant par des réparations nécessaires; quelles elles sont, en quoi consisteroient cesdites réparations et comme il les faudroit faire; et faire le même des palus et marais, et, si quelque chose a été aliéné, tant desdites forêts, palus ou marais, en quelle forme se sont faites les aliénations; les îles et îlots, en avoir un état par le menu.

S'informera aussi des fiefs qui sont en chacune paroisse, à quels seigneurs ils rendent les mouvances, et de qui lesdits seigneurs relèvent; s'ils sont châtelains, barons ou marquis, comtes ou vicomtes, pour savoir la mouvance desdits fiefs jusques à la source, qui est du roi, et pour reconnoître si quelque vassal de Sa Majesté, soit comte, marquis, baron, vicomte, châtelain ou autre, ne s'est point distrait de la mouvance de Sadite Majesté en faveur de quelque seigneur particulier, pour accroître la dignité de sa terre; et s'informera aussi des fiefs qui sont entrés dans l'église et ceux qui sont amortis, et qui ne le sont pas.

Plus, recevra des mains des collecteurs les droits d'un sol pour livre attribués aux greffiers des tailles et qui ont été ordonnés être levés sur les trois derniers quartiers de l'année passée et compris aux levées ordinaires de la présente année, et ce pour les généralités non comprises au traité de Faucher ou Houel. Est à noter pour l'année dernière que tous les deniers qui ont été imposés de cette nature reviennent au roi, d'autant que ledit traitant a précompté sur le principal de son traité le revenu qui lui pouvoit appartenir; et, pour l'année présente, les généralités contenues en sondit bail lui appartiennent, les autres reviennent au roi. De même du denier obole attribué aux receveurs généraux, dont il n'y a encore de traité fait, et qui doit entièrement revenir au roi, tant de l'année passée que de la présente. Et est à noter que lesdits deniers doivent être reçus, comme a été dit ci-dessus, des mains des collecteurs, attendu que nul comptable n'en peut faire ni recette ni dépense. Et d'autant qu'il ne sera tout le long de l'année dans ladite généralité pour recevoir lesdits deniers de quartier par quartier, il commettra quelque personne affidée pour les lui faire tenir, et les emploiera au service du roi, suivant mes ordonnances où il en sera besoin.

Fait au Conseil d'État du roi tenu pour ses finances à Dijon, le 27ᵉ avril 1630.

EFFIAT [1].

Avec cette instruction, les envoyés du surintendant emportaient de pleins pouvoirs pour réclamer aide et assistance des juridictions inférieures, bureaux des finances, élections, greniers à sel, et pour prendre communication de tous papiers et registres qui pourraient les éclairer [2].

J'ignore si l'enquête de 1630 fut exécutée [3] et si nos statisticiens auront la bonne fortune de retrouver quelque jour les rapports demandés par d'Effiat; mais, en lisant ce questionnaire si complet et en le rapprochant de celui que Colbert remit aux mains des maîtres des requêtes envoyés dans diverses provinces en 1663, ou encore de celui que M. de Beauvillier adressa à tous les intendants en 1697, on s'aperçoit qu'il faut reporter aux ministres de Louis XIII l'honneur d'avoir ordonné la première enquête générale sur l'état du royaume dont la trace se retrouve dans notre histoire moderne.

Avant que Richelieu disparaisse, l'institution des intendants prend sa forme définitive. Héritiers directs des maîtres des requêtes, c'est à eux qu'incomberont désormais les chevauchées, telles que

---

[1] Cette pièce est tirée du ms. Dupuy 94, fol. 168-172. La copie paraît fautive; mais je n'ose la corriger.

[2] Pouvoir délivré à Lyon, le 8 mai, et signé : «Par le roi, en son Conseil, Bardeau.» (*Ibid.*, fol. 167.)

[3] Il y eut une autre commission d'enquête quatre ans plus tard; mais l'instruction qui fut dressée le 23 mai 1634, et que M. Caillet a eu tort de comparer avec celle de l'année 1697, ne porte que sur les impositions et les recouvrements, matières nouvellement réglées par une grande ordonnance sur les tailles. (*Administration du cardinal de Richelieu*, t. 1, p. 425-427.)

les avait réglées l'édit de 1553 ; ce sont eux qui informeront des
« exactions, abus et malversations commises contre les contribuables
par les officiers, receveurs, commis et autres [1]. » Dans un registre
de protocoles de la Maison du roi [2], nous trouvons, à la date du
10 août 1653, l'instruction qui suit, pour M. de Fortia, maître
des requêtes récemment nommé à l'intendance des trois provinces
réunies de Poitou, d'Aunis et de la Rochelle [3].

*Instruction à M. de Fortia, maître des requêtes, allant faire ses chevauchées
en Poitou.*

Ledit sieur de Fortia, faisant ses chevauchées dans la généralité de Poitiers suivant l'ordonnance, recevra les plaintes qui lui seront faites tant à
cause du déni de justice que des vexations faites aux sujets de Sa Majesté
par les personnes puissantes ou autres, et tiendra la main à ce que les juges
à qui la connoissance en appartient fassent leur devoir ; et, en cas de refus
ou manquement, ledit sieur de Fortia en dressera ses procès-verbaux , qu'il
enverra au Conseil, avec son avis pour y pourvoir.

Il s'emploiera diligemment, et par préférence à toutes choses, à imposer et à faire lever la somme que ladite généralité doit porter pour sa
part, tant des 3,800,000 ₶ ordonnés par Sa Majesté être levés pour l'ustensile, que des 5,200,000 ₶ qu'elle a aussi ordonné être levés, et ce par
avance sur la taille de l'année prochaine 1654, suivant les arrêts et la
commission qui sont, pour cet effet, mis en ses mains.

Aussitôt que ledit sieur de Fortia sera arrivé dans la ville où est établi
le bureau des finances, il enverra querir le greffier d'icelui, pour lui mettre
entre les mains lesdits arrêts et commission pour ladite imposition, et lui
ordonner d'avertir les trésoriers de France de s'assembler le jour même ou
le lendemain, extraordinairement, pour ordonner l'enregistrement desdits
arrêts et commission, et expédier promptement leurs attaches ; de quoi il

---

[1] Article 18 du règlement des tailles d'août 1642.

[2] Archives nationales, O¹ 12 , fol. 376-377. En marge du texte de l'instruction
est cette note : « Il a été fait un édit en 1553 pour la création de quatre maîtres
des requêtes, portant règlement sur les charges des maîtres des requêtes, dans
lequel il y a plusieurs choses dont on peut se servir pour les instructions données
aux maîtres des requêtes allant dans les provinces. Cet édit est dans le volume des
Patentes, fol. 326. » Une autre copie de l'instruction du 10 août 1653 se trouve à
la Bibliothèque nationale, ms. fr. 18158, fol. 354. Les noms y sont en blanc, ce
qui permet de considérer cette pièce comme une circulaire

[3] Bernard de Fortia, ancien conseiller au parlement de Rouen, maître des requêtes depuis le mois de juin 1649, administra par la suite plusieurs autres provinces, fut un des commissaires de la Chambre ardente de 1679, et mourut en
1694.

dressera procès-verbal, et le fera signer audit greffier; et, en cas qu'il y soit apporté quelque délai ou difficulté, ledit sieur de Fortia ira dans les élections et procédera aux départements desdites impositions sans attendre lesdites attaches, ainsi qu'il est [porté] par lesdits arrêts.

Ensuite, ledit sieur de Fortia ira dans les élections, et enverra avertir les receveurs des tailles et greffiers de le venir trouver et d'apporter les départements de la présente année, et prendra leurs avis en particulier sur l'imposition qui sera à faire; et, comme les officiers en corps ne manqueront pas d'aller voir ledit sieur de Fortia, il leur donnera heure pour travailler ou en son logis ou au bureau de l'élection, où il sera fait deux départements : l'un, pour la part que devront porter les exempts et privilégiés des 3,800,000^{tt} pour l'ustensile et décharge du logement des gens de guerre, dont le recouvrement sera fait directement par les receveurs des tailles des mains de ceux qui seront taxés; et l'autre, de ce que les contribuables aux tailles et subsistances devront aussi porter, tant pour leur part des 3,800,000^{tt}, par un autre article séparé, que desdits 5,200,000^{tt}, par un autre article, à déduire sur la taille de 1654.

Si ledit sieur de Fortia reconnoît qu'en procédant auxdits départements, les élus commettent quelque abus au préjudice du service du roi et du soulagement du peuple, il se servira du pouvoir à lui donné par l'arrêt du Conseil portant que sa voix prévaudra sur toutes autres.

Ce fait, ledit sieur de Fortia fera dresser et remplir les commissions pour être envoyées aux paroisses à la diligence des receveurs des tailles, auxquels il enjoindra de travailler à faire faire les rôles et à recouvrer les deniers dans les termes portés par ledit arrêt, et faire pour cela les diligences nécessaires en temps et lieux, à peine d'en répondre en son nom et d'être privé de l'exercice de sa charge.

Il s'informera de la force et foiblesse de toutes les paroisses et de la protection donnée à aucunes d'icelles au préjudice des autres, afin de se servir de la connoissance qu'il aura acquise sur les lieux, lorsqu'on travaillera aux départements qui se feront ci-après.

Il observera la même chose en toutes les autres élections; mais surtout il usera de diligence, étant important, dans la fin d'octobre prochain, qui est le temps auquel la campagne sera faite, que le fonds de l'ustensile et de la subsistance des gens de guerre soit prêt à leur être délivré, et que, pour cet effet, il soit reçu dans le temps porté par ledit arrêt.

Il fournira les étapes aux troupes qui passeront dans ladite généralité, suivant les ordres du roi qui lui seront envoyés, et empêchera que les troupes ne logent en d'autres lieux que ceux portés par les routes et ordres de Sa Majesté; et, en cas qu'elles y contreviennent, il en informera et fera châtier les coupables suivant les ordonnances.

Il donnera le plus souvent qu'il pourra avis à Sa Majesté et à son Conseil de ce qu'il fera pendant ses chevauchées, et, quand il aura besoin

d'expéditions pour lesdites impositions et autres affaires de finances, il
s'adressera à l'intendant des finances qui a la généralité dans son département.

Fait à Paris, le 10 août 1653.

En arrivant au pouvoir, Colbert, comme jadis Sully et Mazarin
après les guerres civiles, recourut à une enquête générale pour se
rendre compte de l'état du royaume et pour inspirer en même temps
aux agents inférieurs le respect de l'autorité royale redevenue toute-
puissante. Dans le courant de l'année 1663, avant que la Chambre
de justice eût achevé de punir « les auteurs et complices des crimes
énormes de péculat qui avaient épuisé les finances et appauvri les
provinces, » plusieurs maîtres des requêtes furent chargés de fournir des rapports sur la situation statistique, économique, judiciaire et morale de diverses provinces. L'instruction préparée à cette
occasion [1] et plusieurs rapports des commissaires parvenus jusqu'à
nous, quelques-uns même sont déjà publiés, font voir qu'il ne s'agissait plus de faire prononcer des jugements ou de réformer des sentences injustes de tribunaux inférieurs, mais de signaler les abus
en toutes choses, dans la justice comme dans la finance ou dans
l'administration militaire, et de renseigner le ministre, et le roi par
contre-coup, sur la valeur morale des agents de tout grade dont ils
auraient à se servir, ou sur l'état des esprits et des forces vitales du
royaume. Soit qu'il s'agît de gouverneurs ou de lieutenants généraux, de grands ou de petits seigneurs, d'officiers de finance, de
fermiers ou de traitants, Colbert demandait des informations précises sur l'origine de chacun, sur sa conduite, ses mérites personnels,
ses aptitudes, ses façons d'administrer, sa réputation dans le public [2],

---

[1] On a cru bien souvent que cette instruction se rapportait à la statistique générale
dressée en 1697 pour le compte du duc de Bourgogne, et par suite quelques-uns
de nos plus savants historiens ont pensé que le questionnaire de Colbert n'avait pas
été conservé. Un examen plus attentif leur eût fait reconnaître l'origine et la date
véritable du document. C'est Boulainvilliers qui est responsable de cette grave mé-
prise; MM. Chéruel et P. Clément ont fort bien su restituer le nom de l'auteur de
l'instruction et sa date.

[2] « Et comme la principale et plus importante application que S. M. veut que les
gouverneurs des provinces aient, est d'appuyer fortement la justice et d'empêcher
l'oppression des foibles par la violence des puissants, S. M. veut être particulièrement
informée de la conduite passée de ces gouverneurs, pour juger de ce qu'elle en doit
et peut attendre à l'avenir. »

son crédit dans les diverses classes, etc. Mais ce n'était là qu'une partie des visées de Colbert, et, dans une lettre au chancelier Séguier, dont le texte a été rapporté de Saint-Pétersbourg par M. le comte de la Ferrière-Percy, on peut discerner le véritable esprit de cette enquête de 1663. «J'ai cherché surtout, disait-il, à éveiller dans les maîtres des requêtes l'envie de curiosités qui peuvent toujours être utiles pour le service du roi et du public : joint que le roi a toujours désiré de savoir toutes ces choses, qui est un assez puissant motif pour obliger ces messieurs à avoir la même curiosité et à avoir la satisfaction de la pouvoir donner à leur roi et maître. »

Qu'on ne se méprenne point sur ce mot de *curiosités;* voici ce qu'il signifiait, selon la même lettre : «Il est nécessaire d'examiner avec grand soin de quelle humeur et de quel esprit sont les peuples de chaque province, de chacun pays et de chacune ville; s'ils sont portés à la guerre, à l'agriculture, ou à la marchandise et manufacture; de quelle qualité est le terroir; si les habitants sont laborieux, et s'ils s'appliquent non seulement à bien cultiver, mais même à bien connoître ce à quoi leurs terres sont plus propres, et s'ils entendent la bonne économie [1]. »

En outre, si nous nous reportons au texte de l'instruction de 1663, nous y voyons figurer aussi les questions de statistique, de topographie, d'histoire, d'administration, à côté de la morale sociale et de l'économie politique. C'est une reproduction de la circulaire de M. d'Effiat en 1630, mais agrandie et développée à l'image de cette intelligence universelle de Colbert qui allait donner à la monarchie dix ou douze des plus belles années qu'on puisse trouver dans notre histoire.

Des maîtres des requêtes sûrs et expérimentés firent les premières enquêtes. Ce furent : Charles Colbert, propre frère du ministre, et MM. de Pomereu, Voysin de la Noraye et de Machault. Chacun d'eux devait consacrer à son exploration quatre ou cinq mois, puis se transporter dans une autre province, en laissant les mémoires et instructions commencés à celui de ses collègues qui viendrait le remplacer, de telle façon qu'ils auraient, les uns et les autres, par le moyen de ce roulement, visité le royaume entier en sept ou huit ans. Les considérants d'une des commissions, dont le texte a été re-

---

[1] Ces prescriptions se retrouvent textuellement dans la circulaire.

cueilli par Nicolas Delamare [1], suffiront à montrer quels rapports
étroits l'enquête de 1663 avait, non seulement avec celle de 1630,
mais avec les procédés beaucoup plus anciens dont j'ai entrepris ici
d'esquisser la filiation de siècle en siècle. Le terme même de *chevauchée* s'y retrouve en toutes lettres.

Louis,... à notre amé et féal conseiller en nos Conseils, maître des
requêtes ordinaire de notre hôtel, le sieur ***, salut. Quoique les soins et
l'assiduité avec lesquels nous nous appliquons, non seulement à l'administration des affaires générales de notre royaume, mais encore à l'économie
et règlement de nos finances, doivent servir d'exemple et de motif assez
puissant pour exciter tous ceux qui sont préposés dans nos provinces au
gouvernement, tant militaire que de justice et de finance, de faire, chacun
dans l'étendue de leur fonction (*sic*), tout ce qui peut contribuer à la fin que
nous nous sommes proposée, et seconder de tout leur pouvoir nos bonnes
intentions, nous avons estimé que, pour rétablir la discipline dans tous les
ordres de notre royaume, pour faire revivre les lois et faire jouir nos sujets
de la félicité que l'exacte observation d'icelles leur peut permettre, nous
devons, à l'exemple des rois nos prédécesseurs, envoyer dans les provinces
de notre royaume quelqu'uns (*sic*) de nos conseillers maîtres des requêtes
ordinaires en notre hôtel, lesquels, ayant toute la capacité et intégrité
requise, et étant d'autant mieux informés de nos sentiments qu'ils ont l'honneur d'approcher de notre personne et d'entrer dans nos Conseils, puissent
successivement les uns après les autres, pendant le temps que nous voulons
qu'ils vaquent à faire leur chevauchée en chaque généralité, s'employer
avec tout le zèle qu'ils doivent avoir pour le bien de notre service à reconnoître l'état de nos provinces et les abus qui se sont glissés dans tous les
ordres qu'ils jugeront les plus convenables; exciter tous les officiers de judicature à rendre la justice suivant la pureté de nos intentions, et si tous
ceux qui possèdent quelques dignités, charges et emplois, se sont bien et
dûment acquittés; et de tout ce qu'ils auront fait et géré en conséquence
de nos commissions, nous en venir rendre compte en notre Conseil, afin
qu'ayant, par leur ministère et organe, fait entendre nos volontés à tous
nos sujets, nous puissions par eux être instruit des désordres qu'ils auront
reconnus, et faire ensuite les règlements que nous jugerons nécessaires pour
faire jouir tous nos sujets des fruits de la paix que nous leur avons pro-
curée. A ces causes, etc.

L'enquête ne se poursuivit pas au delà de l'année 1664. Les rapports qui sont parvenus jusqu'à nous permettent de penser que le

---

[1] Ms. fr. 21773, contenant au fol. 122 le texte de l'instruction de 1663, et
au fol. 255 une commission en blanc.

travail, exécuté aussi consciencieusement, fût devenu un puissant instrument de réforme entre les mains du ministre [1]; mais on peut croire aussi que Colbert renonça à son singulier système de roulement en reconnaissant les désavantages d'un personnel d'enquêteurs ambulants, qui faisait double emploi avec les intendances.

Il régla donc, dans la suite, que chaque intendant ferait deux tournées par an, l'une comprenant toute la généralité, l'autre restreinte à une seule élection [2] : de telle sorte que ces administrateurs pussent tout à la fois le tenir au courant de l'état du pays et lui fournir, sur chaque élection prise en particulier, des rapports de détail dont la réunion formerait à la longue un tableau exact et complet du royaume, de ses ressources, de ses organes, etc. L'usage de ces enquêtes subsista quelque temps après la mort de Colbert, et j'ai inséré, dans l'Appendice du *Mémoire de la généralité de Paris*, les rapports de l'intendant Charron de Ménars sur un certain nombre d'élections visitées dans les années 1684, 1685 et 1686; mais, comme l'administration du Contrôle général ne tint pas la main à ce que les intendants se conformassent au règlement, ils en arrivèrent presque partout à ne plus faire qu'une tournée fort rapide à l'époque du département des tailles, sans envoyer désormais des rapports détaillés.

Quoique le fonctionnement des intendances fût alors parfaitement assuré, il se présenta encore, dans les dernières années du xviie siècle, plusieurs occasions de faire faire des enquêtes extraordinaires de diverses natures. Ces faits ne sont guère connus; ils offrent d'ailleurs une connexité intéressante avec ceux que je viens de rappeler,

---

[1] Nous avons un mémoire de M. de Pomereu sur la généralité de Moulins, et un autre attribué au même commissaire, sur le Berry; celui de M. Voysin sur la généralité de Rouen, celui de M. de Machault sur la Champagne, ceux enfin de Charles Colbert sur les trois provinces de la généralité de Tours et sur le Poitou, sans compter le rapport sur son administration en Alsace de 1656 à 1663, et un procès-verbal de son voyage en Bretagne comme commissaire aux États de 1665. Très inégaux comme développements et comme valeur respective, ces rapports n'en sont pas moins des documents de premier ordre. — Il se pourrait que l'enquête ait été continuée sous une autre forme, par les intendants, et que ce soit là l'origine de la grande statistique dressée par M. Bouchu, pour la province de Bourgogne, vers 1666, dont l'original, en plusieurs volumes in-folio, existe à la Bibliothèque nationale, et des copies à Bourg, à Aix, etc. Une partie importante de ce travail, celle qui concerne le comté d'Auxerre, a été publiée en 1853, par M. Challe.

[2] Voyez les *Lettres de Colbert*, t. II, p. 159, 186, 199 et 200.

et les rapports qui constatent les résultats de ces enquêtes révèlent
des faits tellement utiles pour notre histoire économique, que je
veux en indiquer au moins les caractères principaux.

En 1686, à l'approche d'un renouvellement du bail des fermes,
le contrôleur général Claude le Peletier, ne se contentant plus des
rapports que lui envoyaient chaque année les fermiers généraux
détachés sur divers points du royaume, voulut se rendre compte de
l'immense détail du mécanisme et apprécier en connaissance de
cause quelles étaient les réformes propres à concilier l'intérêt général des peuples avec les intérêts particuliers des fermiers[1]. Il
chargea tous les intendants de faire en secret une enquête exacte
sur l'état des sous-fermes et de la régie des fermes, et de lui en envoyer des mémoires particuliers, sans que fermiers ni sous-fermiers
en eussent connaissance, ou du moins en leur faisant croire qu'on
n'avait en vue que d'obtenir des diminutions sur le prix des baux[2].

Au mois de mai de l'année suivante (1687), une autre mesure
fut prise, qui produisit tout d'abord une profonde et heureuse impression dans le public. Les gazettes annoncèrent à l'envi cette
grande nouvelle : «Le roi a absolument résolu la réforme de l'État.
Il a nommé cinq conseillers d'État et cinq maîtres des requêtes pour
être inspecteurs de justice dans toutes les provinces, où ils seront
tenus de recevoir toutes les plaintes qu'on leur fera, même contre
les intendants de province; ils prendront un état des biens de chaque
particulier, afin de rendre les tailles réelles[3].» Et Dangeau tout
aussitôt d'observer que «cela ressemble fort aux anciens *missi dominici*[4].» Il y avait beaucoup d'exagération dans cette façon de présenter les choses; le contrôleur général, comme il le dit lui-même
dans sa circulaire du 12 juin 1687 aux intendants[5], ne voulait que
«prendre une connoissance la plus exacte et la plus particulière
qu'il se pourra de la régie des fermes et des droits qui les composent...; prévenir les abus qui se commettent ordinairement

---

[1] Appendice du tome Ier de la *Correspondance des Contrôleurs généraux*, p. 556.

[2] *Contrôleurs généraux*, t. Ier, n°s 274 et 320.

[3] *Gazette de Leyde*, correspondance de Paris du 13 mai 1687 ; *Histoire abrégée
de l'Europe*, volumes de juin 1687, p. 645, et de juillet 1687, p. 34 ; *Mercure galant*, juillet 1687.

[4] *Journal de Dangeau*, t. II, p. 41.

[5] *Contrôleurs généraux*, t. Ier, n° 418.

dans les changements de fermiers et de commis, tant au préjudice
des fermes qu'à la foule des peuples; faire commencer les nouveaux
baux d'une manière qui pût remédier à une partie des inconvénients que l'on a reconnus dans les précédents; empêcher, autant
qu'il se peut, les fraudes qui se commettent par les contribuables
au préjudice des droits du roi, et surtout retrancher les frais et les
procédures dont Sa Majesté a reçu beaucoup de plaintes, qui dimi-
nuent en même temps le produit des fermes et sont plus à charge
aux contribuables que les droits mêmes. »

On n'avait pas cru possible, surtout dans le temps des tournées
annuelles, de confier aux intendants ce travail, «renfermé uniquement dans ce qui regarde l'administration des fermes, et qui désire une particulière attention;» mais le roi leur recommandait de
faire promptement connaître au public qu'il n'était point question
de rien changer dans la perception des droits, «afin d'éviter tout
ce qui pourroit mettre les peuples en quelque mouvement et les
exciter contre les fermiers, sous-fermiers et employés [1]. »

Cinq commissions furent donc envoyées dans les généralités.
Elles étaient composées chacune d'un conseiller d'État et d'un maître
des requêtes, choisis parmi les membres du Conseil qui joignaient
à un parfait renom d'honnêteté et d'intelligence l'autorité nécessaire
pour sonder à fond le pays; des intéressés aux fermes leur furent
adjoints, pour faire au besoin la contre-partie des influences. Dans
les provinces où ces commissaires ne devaient point passer, les intendants furent chargés de s'instruire, avec la même discrétion, de
tout ce qui concernait la régie des fermes ou des droits du roi, et
particulièrement de donner des rapports circonstanciés sur les employés de chaque ferme, leurs protecteurs, leurs occupations, etc.[2].

On voit qu'il n'y a pas précisément lieu de comparer en principe cette enquête avec celles que nous avons précédemment énumérées et qui avaient pour but l'administration de la justice et la
réforme immédiate des abus signalés aux commissaires.

Les cinq conseillers d'État de 1687, prenant au sérieux leurs
attributions et interprétant leur devoir en bons citoyens, non plus
en courtisans flatteurs, voulurent faire connaître au roi l'ensemble
de leurs impressions et la gravité du mal que ces tournées met-

---

[1] Cf. le *Journal de Dangeau*, article du 8 mai 1687, déjà indiqué.
[2] *Contrôleurs généraux*, t. Ier, n° 445.

taient à nu partout; revenus au bout de cinq mois, ils eurent une audience de Louis XIV, et, selon les expressions mêmes de Dangeau, «lui représentèrent le véritable état de la province [1].» Cette audience n'ayant pas suffi, une après-dînée entière fut consacrée à entendre les récits, et les commissaires eurent enfin ordre de remettre un rapport d'ensemble sur leurs vues de réforme [2].

Satisfait de voir que cette opération eût plu au roi, le contrôleur général envoya encore, l'année suivante, six des mêmes commissaires dans des généralités ou portions de généralité qui n'avaient point été visitées en 1687 [3]. Mais, comme le dit le chancelier Daguesseau dans la *Vie* de son père, il était plus facile d'ordonner une enquête que de porter remède au mal, et, malgré la bonne volonté du roi, malgré les intentions consciencieuses du contrôleur général et la sincère conviction des commissaires, en dépit aussi des masses d'édits et de déclarations qui furent rendus pendant les années 1688 et 1689 sur les différentes questions élucidées par cette enquête, les remèdes restèrent bien au-dessous du mal révélé. Pour s'en rendre exactement compte, tant les choses étaient poussées à l'excès, il faut lire les rapports mêmes des conseillers d'État, tout émus de la misère qu'ils venaient de constater au milieu d'abus inextricables [4].

De même que, sous Colbert, l'enquête de 1663-1664 avait été suivie immédiatement de la tenue des Grands Jours d'Auvergne, celle de 1687-1688 coïncida, mais sans qu'on doive voir là cependant une relation directe, avec une autre tenue, la dernière que nous ayons eue en France. Celle-ci eut pour siège Limoges, puis Poitiers, avec un ressort comprenant le Poitou, la Saintonge, l'Aunis, le pays de la Rochelle, le Périgord, le Limousin, l'Angoumois et la Marche [5]. Le but du roi était de «faire rendre la jus-

---

[1] *Journal*, articles des 18 et 28 octobre 1687.

[2] *Vie de Henri Daguesseau*, dans les *OEuvres du Chancelier*, t. XIII, p. 57.

[3] *Journal de Dangeau*, 29 avril 1688. Il y a erreur dans la *Vie de H. Daguesseau*, p. 57, quand le Chancelier dit que la première enquête avait porté sur la perception des revenus de l'État, et que la seconde porta sur les cinq grosses fermes.

[4] On trouvera un de ces rapports à la fin de l'Appendice du *Mémoire de la généralité de Paris*.

[5] *Journal de Dangeau*, 8 août 1688, et documents inédits des Archives nationales ou du Dépôt des Affaires étrangères.

tice à ses sujets qui ne l'avaient pu obtenir sur les lieux, par l'autorité des plus puissants, ou par la négligence ou connivence des
juges. » Postérieurement, le 29 octobre 1688, une commission
attribua à cette Chambre royale la connaissance par appel et par
évocation de toutes les affaires civiles et criminelles dont l'appel
n'avait pas été relevé ou suivi, ni la cause retenue, et où les parties
n'avaient pas volontairement contesté. La Chambre pouvait commettre quelques-uns de ses membres ou des subdélégués pour
instruire les affaires dans l'étendue de son ressort.

Cette fois, nous retrouvons bien exactement les attributions et
les pouvoirs judiciaires des *missi dominici* ou des enquêteurs.

Le résultat de ces Grands Jours, malgré quelques exemples de
sévérité, exécutions ou restitutions forcées, fut peu considérable.
Les maîtres des requêtes qui composaient la Chambre n'aspiraient
déjà, au bout du premier mois, qu'à revenir à Paris; il fallut toute
l'autorité du Chancelier pour les maintenir jusqu'au mois de janvier 1689, et ils ne produisirent guère autre chose qu'un règlement
général sur les affaires civiles et criminelles.

Sans rien affirmer d'une façon positive, je ne crois pas qu'on retrouve, après cette époque, les traces d'autres enquêtes judiciaires
ayant un caractère général et rentrant dans l'espèce de celles que
je viens d'énumérer au cours de ce mémoire. Armés désormais de
moyens suffisants d'information et de répression, les ministres
n'avaient plus besoin de recourir aux commissions extraordinaires,
qui étaient toujours mal vues des peuples et de la magistrature;
quand ils firent des enquêtes, elles n'eurent plus pour but que de
renseigner leur «curiosité,» au sens fort large où l'entendait Colbert, celle du souverain ou celle de l'héritier de la couronne, sur
ces questions de statistique intérieure dont l'importance était désormais reconnue par tout le monde. Aussi ne parlerai-je ni de
la grande enquête de 1697, dont la publication commence en ce
moment dans la collection des Documents inédits, ni des opérations
analogues qui eurent lieu au cours du xviiiᵉ siècle. Mon seul but, en
utilisant les notes que je possédais sur les chevauchées, a été de montrer la persistance de l'institution à travers les époques les plus variées de notre histoire, d'en indiquer le caractère, et, je l'ai déjà dit,
d'attirer l'attention de nos correspondants sur une classe de documents qui peuvent fournir les notions les plus précises sur l'état in-

térieur de l'ancienne France, sur son organisation judiciaire, sur ses besoins, sur ses aspirations naturelles.

A. de Boislisle,
Membre du Comité.

Documents sur l'enseignement primaire en Provence avant 1789.

Communication de M. Mireur, correspondant, à Draguignan.

(Séance du 1er décembre 1879.)

Les notes suivantes ont été puisées aux archives d'une trentaine de localités choisies un peu au hasard sur divers points du département du Var actuel, et, de préférence, parmi les anciennes communes rurales. Elles peuvent donner un aperçu des idées et des usages qui avaient généralement cours parmi les populations de la Provence en matière d'instruction publique, et font connaître assez exactement comment les municipalités avaient compris et résolu la question de l'enseignement populaire.

Nos recherches, qui ont porté sur un plus grand nombre de localités, nous ont permis de constater tout d'abord que, s'il était peu de communes d'une certaine importance absolument privées d'école avant 1789, là où celle-ci existe, son origine est d'ordinaire antérieure aux plus anciens documents administratifs, c'est-à-dire aux premières délibérations ou ordonnances municipales. Les précieuses collections de ces actes ne dépassent guère, il est vrai, la seconde moitié du xvie siècle; mais lorsque, par exception, elles remontent plus haut, jusqu'au moyen âge par exemple, comme à Draguignan, le même fait se vérifie, et nous trouvons, dès la fin du xive siècle, des écoles fonctionnant sous la surveillance de la municipalité et l'autorité de l'évêque diocésain, de l'archidiacre ou du capiscol du chapitre de qui le maître doit recevoir en quelque sorte l'investiture [1]. Presque partout ailleurs les premiers textes, que nous avons

---

[1] Ces écoles, où l'on enseignait la grammaire et la logique, devaient comprendre une classe primaire, comme cela continua d'avoir lieu dans la suite.

Voir : Réception d'un maître en qualité de nouvel habitant de la ville (séance du Conseil communal du 29 avril 1373) et Convention pour la direction desdites écoles (séance du 21 avril 1378, S. BB. 4, fol. 52 et 165).

Le 7 octobre 1407, le Conseil délibère d'envoyer chercher un maître, « audita re-

consultés de préférence, s'occupent déjà de l'enseignement primaire comme d'un service communal régulier, paraissant organisé de longue date et qui fait même parfois l'objet d'une disposition spéciale dans le règlement de la communauté[1]. De ce que ces textes sont plus récents dans les petites communes, est-ce à dire que l'institution y fut moins ancienne?

Le « régime » de l'école est en général baillé pour un an commençant à la Saint-Michel, — point de départ de certains baux dans la coutume de Provence, — en vertu de contrats publics dont quelques modèles nous ont été conservés. Le maître est choisi par le Conseil de ville, qui s'entoure quelquefois de l'avis des pères de famille, sans autre garantie que sa bonne réputation et ses services antérieurs. Quant à l'agrément de l'autorité ecclésiastique, il a cessé d'être requis, tout au moins à partir du xvie siècle, et on ne trouve que deux ou trois communes où l'usage de le solliciter ait persisté jusqu'au siècle dernier. S'il y a plusieurs candidats, le plus capable est nommé après un concours ou « dispute », présidé par un jury

latione... quod, sicut dominus precemtor promiserat, complevit et comisit collationem scolarum domino archidiacono Forojuliensi... » (S. BB. 5, fol. 121 v°.)

Le 17 septembre 1414, députation à Fréjus : « ... quod ille qui ibit tractet cum archidyacono si poterit ab eo habere literas pro magistris novis scolarum sive illorum presentatione. » (S. BB. 6, fol. 125.)

Le 10 septembre 1417, l'un des syndics est député à Fréjus avec les nouveaux maîtres et devra les présenter « domino Forojuliensi episcopo et inde impetrare et habere licencie litteras opportunas hujusmodi scolarum exercicii et gubernationis. » (*Ibid.*, fol. 234 v°; archives communales de Draguignan.)

[1] « Art. 26. — La regence des escolles sera donnée annuellement par les conseulz aux gages de cent livres, sans le pouvoir augmenter; moyennant quoy, [les régents] seront obligés fere le service de la [chapelle du] purcatoire accoustumé et, en cas que les consulz en donnent davantage, le suporteront à leur propre». «Règlement politique» de la commune de Châteaudouble (Var), homologué par arrêt du Parlement du 5 avril 1680 (Registre des ordonnances, 1668-1680, fol. 218; archives communales de Châteaudouble).

Lorsque les municipalités négligeaient d'assurer ce service, elles pouvaient y être contraintes par voie de justice. En 1614, l'école de Figanières (Var) se trouvant vacante par suite de la compétition de deux maîtres, les pères de famille recoururent au lieutenant de sénéchal, lequel, par sentence du 23 mai, ordonna d'assembler « ung conseil general pour prouvoir à la charge du regent pour les escolles... et que ces deux regents littigans *seraient* examinés par» celui des écoles de Draguignan et par le capiscol de la collégiale de la même ville (S. B. Fonds de la sénéchaussée de Draguignan; Registre d'appointement des causes, 1614-1615, fol. 139 et 145; archives du Var). Voir également plus loin la sentence du 2 octobre 1617, concernant la commune de Mons.

composé de notables, docteurs en droit canon, en droit civil ou en médecine, et les étrangers qui y prennent part sont libéralement hébergés aux frais de la commune[1]. Mais cette disposition, prescrite par un arrêt de règlement du Parlement de Provence, basé sur la loi romaine et l'ordonnance de Charles IX, n'est légalement obligatoire que pour la direction des grandes écoles[2]. Nous avons transcrit un certificat d'aptitude délivré à la suite d'une de ces épreuves et, par le programme de l'examen, on peut apprécier celui de l'enseignement. Le lauréat qui l'obtint en 1618 dans la petite commune de Claviers, était tenu d'enseigner aussi les éléments du latin, et la même obligation incombait vraisemblablement à la plupart de ses collègues. Aussi bien n'est-il pas rare de voir les modestes fonctions d'instituteur recherchées par les desservants des paroisses ou les chapelains, qui y trouvaient une occasion d'encourager les vocations ecclésiastiques, par des notaires, des médecins et des avocats. Quant à ceux qui s'intitulent pompeusement « philosophes »[3], ce sont sans doute de véritables pédagogues.

Partout le maître reçoit de la commune une allocation dont le *quantum* varie, suivant les époques et l'importance des localités, entre 3 écus et 300 livres par an. A ces « gages » s'ajoutent souvent une rétribution scolaire, fixée et quelquefois même perçue par la commune, et certains avantages matériels, tels que la nourriture et le logement, qui sont fournis directement et à tour de rôle par les familles[4]. La gratuité absolue n'est formellement stipulée que dans les trois localités formant l'ancienne baronnie de Forcalqueiret et, temporairement, à Puget-Ville; mais on peut raisonnablement sup-

[1] Séance du Conseil communal d'Aups (Var) du 24 juin 1569... — « Item an ordenat que lou trezaurier pague a Isnart Eissautier, oste, la despenso que an sach loud. magistres a son logis... » (Registre des ordonnances, 1567-1575, non folioté; archives communales d'Aups.)

Séance du Conseil communal de Draguignan du 8 juillet 1579. — Délibéré de payer la dépense faite au logis des *Trois-Rois* par les « escoliers que sont venus en grand nombre pour les disputes des escolles...., comme est la coustume. » (S. BB. 16, fol. 273; archives communales de Draguignan.)

[2] Boniface, *Suite d'arrêts notables* du Parlement de Provence. Lyon, Pierre Bailly, 1689 (t. Ier, p. 354).

[3] Parcelle de dépens baillée par-devant le lieutenant des soumissions de Draguignan par le procureur d'Honoré Beletrud, « philosophe », de Figanières, contre les consuls dudit lieu, 15 février 1662. (S. B. Sénéchaussée de Draguignan; pièces de procédure civile; archives du Var.)

[4] Cette coutume paraît avoir été générale en Provence. (Boniface, t. Ier, p. 355.)

poser qu'elle existait aussi là où on ne rencontre aucune trace de tarif pour la rétribution, et que l'allocation municipale avait partout pour but et pour effet l'admission gratuite des indigents.

Dans les villes, au contraire, l'enseignement primaire était libéralement donné à tous les enfants des familles indigènes. Un bail du régime des écoles de Toulon du 1er août 1568, passé par les consuls en présence du chapitre qui fournit les gages du maître, fixés à 120 florins, oblige ce dernier à instruire les enfants de la ville tant «de bonnes lettres, chascung par son degré, que bonnes meurs et principallement au service de Dieu, gratuitement[1]». A Draguignan, où le collège comprenait une classe élémentaire dite «d'abecedaire», le régent devait ne prendre «rien des petits[2]». A Saint-Tropez la gratuité absolue existait également au moins dès la fin du XVIe siècle.

Ce qui précède ne s'applique qu'aux écoles de garçons. Celles de filles sont beaucoup plus rares, bien moins anciennes et, à la différence des premières, les textes permettent d'en déterminer l'origine. Nous n'avons pu en trouver trace que dans neuf communes et nulle part avant le XVIe siècle. Serait-il téméraire de supposer que les classes commencèrent généralement par être mixtes, comme nous en avons la preuve pour celle de Puget-Ville?

Quels étaient, au point de vue de la diffusion de l'instruction, les résultats effectifs d'un enseignement qui semble avoir eu plus souvent pour objet l'éducation morale et religieuse que l'instruction scolaire, proprement dite, surtout en ce qui concerne les filles? En d'autres termes, quelle était dans ces communes pourvues d'écoles la proportion des personnes des deux sexes sachant lire et écrire et de celles, sensiblement plus nombreuses, sachant simplement lire, l'enseignement de la lecture, plus rapide et moins coûteux, devant être par là même, et étant en effet plus général? S'il est impossible de résoudre la dernière partie de la question, il ne l'est

[1] S. GG. 54, archives communales de Toulon.

[2] Bail du 31 mai 1569, notaire Palayoni, protocole de 1569, fol. 164 (chez M. Laugier, notaire à Draguignán).

La gratuité fut même étendue plus tard à tous les élèves de la ville, sans distinction, fréquentant le collège. Le 26 juin 1623, la commune baille ledit collège à François Hugolin, bachelier en théologie, «sans que led. M°..... ny les autres regentz (ses adjoints), puissent prandre deniers ou autre chozes des enfants de lad. ville, habitants ou poceedant biens en icelle». (S. BB. 51, fol. 309; archives communales.)

pas moins de répondre avec un peu de précision à la première. Les éléments d'une statistique des personnes sachant écrire ne se trouvent nulle part assez complets dans les documents du passé. Les relevés faits sur l'état civil lui-même ne peuvent être acceptés, selon nous, que comme exprimant, quant au nombre des personnes lettrées, un minimum plus ou moins inférieur à la réalité, à cause de la négligence avec laquelle les rédacteurs des actes constataient ou recueillaient les signatures. Aussi ne consignons-nous que sous cette réserve et malgré les singuliers écarts qu'ils présentent entre eux, les résultats de vérifications opérées sur les anciens registres de la paroisse de Draguignan de 1686 à 1690 et de 1786 à 1790[1], · nous abstenant de dresser une moyenne générale qui serait forcément inexacte :

ANNÉES.	MARIAGES.	CONJOINTS AYANT SIGNÉ.		NOMBRE SUR CENT DES CONJOINTS AYANT SIGNÉ.	
		ÉPOUX.	ÉPOUSES.	ÉPOUX.	ÉPOUSES.
1686.:............	39	9	3	23 07	7 68
1687............	36	7	2	19 44	5 55
1688............	42	19	9	45 23	21 42
1689............	74	19	3	25 67	4 05
1690............	43	13	1	30 23	2 32
1786............	34	19	9	55 88	26 47
1787............	56	26	8	46 42	14 28
1788............	42	20	12	47 61	28 57
1789............	48	23	14	47 91	29 16
1790............	40	13	7	32 5	17 5

En comparant entre eux les chiffres les plus élevés de chaque période, les seuls approximatifs, on constate que, dans l'espace d'un siècle, l'instruction des hommes avait progressé de 10,65 p. o/o, et celle des femmes de ·7,54 p. o/o. L'état d'ignorance de ces dernières au xviie siècle serait à peine croyable s'il n'était attesté directement par d'autres témoignages qui, ceux-là, sont irrécusables[2].

[1] S. GG. archives communales.
[2] Voici quelques constatations faites sur des actes publics de la deuxième moitié du xviie siècle, desquelles il résulte qu'à Draguignan, où se trouvaient cependant,

Outre les instituteurs nommés et salariés par les communes, on sait qu'il existait dans les villes des « écrivains » faisant métier d'enseigner en chambre à lire, écrire et chiffrer. A Draguignan, ces classes libres créaient même aux écoles publiques une sérieuse concurrence, qui plus d'une fois excita leurs réclamations, et motiva en 1614 l'intervention de la justice [1]. Il n'est peut-être pas hors de propos de faire connaître en quoi consistaient ces éducations pri-

depuis 1632 tout au moins, deux maisons religieuses d'éducation, et qui avait eu, dès le XVIᵉ siècle, une école de filles, les dames appartenant à la bourgeoisie ou aux classes aisées étaient généralement hors d'état d'écrire même leur nom.

Ont déclaré ne savoir signer, de ce requises :

Jeanne de Fabry, veuve de Balthazar Arnoux, vivant écuyer. (Quittance du 27 mars 1657, notaire Arnoux, non folioté, chez M. Laugier, notaire à Draguignan.)

Catin Renoux, fille de Jean, docteur en médecine, épouse d'Angelin Simian (bourgeois, *alias* écuyer). (Contrat de mariage du 1ᵉʳ juin 1660; insinuations, B. 22, fol. 480 vº, archives du Var.)

Suzanne de Gardenc, fille de feu Claude, bourgeois, et de Marguerite de Raphelis, ép. de Philippe Vacquier, procureur. (Contrat de mariage du 28 décembre 1677, même collection, B. 21, fol. 215, *ibid.*)

Anne d'Amodieu, fille de feu Jean-Baptiste, bourgeois, et de feue Madeleine de Raphelis, ép. de Balthazar Borrelly, marchand. (Contrat de mariage du 3 avril 1679; *ibid.*, fol. 314 vº.)

Marguerite de Tardivi, fille de Jean, avocat, ép. de Joseph de Castellane la Valette. (Acte de mariage du 9 mai 1682; état civil S. GG. 33, fol. 30; archives communales de Draguignan.)

Marie Pierrugues, fille d'Antoine, procureur,... ép. de Charles Muraire, avocat. (Contrat de mariage du 14 octobre 1682; insinuations, B. 21, fol. 177 vº; archives du Var.)

Blanche Bourjac, fille de feu Honoré, bourgeois,... ép. de Jean Laurent, maître cardeur. (Contrat de mariage du 11 mai 1684, *ibid.*, fol. 195.)

Anne-Rose Raphelis, fille de feu Antoine, bourgeois, ép. d'Esprit Vialis, notaire. (Contrat de mariage du 25 novembre 1696; même collection, B. 22, fol. 369 vº.)

Jeanne Cordoan, fille d'Honoré, avocat, ép. de Gaspard Laurency, ci-devant garde du corps de Sa Majesté. (Contrat de mariage du 17 septembre 1696; *ibid.*, fol. 361.)

Françoise de Raimondis, épouse de Melchior de Raimondis. (Acte de baptême du 13 juillet 1699; état civil, S. GG. 35, fol. 277; archives communales de Draguignan.)

[1] Voir Sentence du lieutenant de sénéchal de Draguignan du 7 novembre 1614, à la requête du principal du collège, « fesant inhibition et deffances (à Sébastien Paris) et autres tenir (escolles), ny fere lecture d'escolles hors du collège de la communauté, appeine (*sic*) de troys cents livres. » (Registre d'appointement des causes, 1614-1615, fol. 318; S. B. Fonds de la sénéchaussée de Draguignan, archives du Var.)

vées, à quel prix et dans quelles conditions elles étaient données. Nous transcrivons dans ce but un contrat, comme on en trouve assez fréquemment chez les notaires, passé entre l'un de ces magisters et un père de famille [1].

Chacun de ces documents concourt à montrer à l'aide de quels moyens et dans quelle mesure, sans aucun secours de l'État et en l'absence de toute organisation un peu régulière du personnel enseignant, l'initiative communale ou privée avait pourvu aux besoins de l'instruction. Le progrès sérieux réalisé à Draguignan prouve que les résultats n'avaient pas été partout stériles [2]. Dans tous les cas, les efforts tentés, efforts auxquels on regrette que le représentant de l'autorité royale en Provence ne se soit pas toujours associé [3], méritaient d'être connus, et cet ensemble de témoignages qui concordent, malgré la diversité de leur origine, paraît concluant pour attester la pratique constante et générale des anciennes municipalités provençales. S'il ajoute peu de faits nouveaux à ceux déjà recueillis, il s'en dégage pourtant, en ce qui concerne l'ancienneté et le nombre des petites écoles, leur organisation et leur régime, le mode de recrutement, le salaire et la condition des maîtres, quelques renseignements précis et définitifs, croyons-nous; et, à ces divers points de vue, cette petite enquête peut n'être pas sans utilité pour l'étude de la question historique de l'enseignement primaire.

MIREUR,

archiviste du département du Var.

[1] Voir plus loin le «Prisfaict a escripre et chiffrer pour Jehan-Anthoine Goyran, marchand de Draguignan», du 27 octobre 1614.

[2] Ampus, petite commune du même canton qui, d'après les procès-verbaux de réaffouagement de 1728 (S. C. 109, archives du Var), comptait 236 chefs de maison, soit environ 700 âmes, et où il y avait une école depuis assez longtemps, en possédait deux, vers 1722, dirigées l'une et l'autre par des ecclésiastiques. Un procès-verbal d'enquête du 28 avril 1723 nous apprend que l'école communale, ou soi-disant telle, «avoit plus de vingt-cinq ecolliers» et que le maître «n'exigeoit rien de personne». (S. B. Sénéchaussée de Draguignan; procédures civiles; archives du Var.)

[3] Voir la correspondance de l'intendant avec le ministère au sujet de l'école de Carnoules.

ÉCOLES DE GARÇONS.

Aups [1].

Conseil du 29 juin 1541.

Losqualz tous ensiemble an ordenat que, si si trobo ung magister suffi-cient per regir las escolos, que l'on li baylle quinze florins per sos gages, et los enfans privatz et estrangiers pagon lur estudi, comma es de costuma, assaber : los gramalios (*sic*), syeis gros per estudi [2], et los miniors, tres gros per estudi, commeten sindics.

(1er registre des ordonnances du Conseil, 1540-1542, fol. 37 v° [3].)

Conseil du 24 juin 1569.

Lousquals tous ensemble et d'ung comun accort, ausido l'esposision de Mess. les consulx que, suivent l'ansienne coustume de balhar les escolles le jour et feste de Sainct-Jehan-Batiste et far disputar lasd. escolles en pre-senses de M. le chanoine Raphellis et plusieurs autres, exposicion et con-clusions que eron estades meses, et non si seris trobat aucung plus capable que pretendiso a lasd. escolles, fores que. . . (en blanc).

An comys et deputat lesd. consulx, ensemble M° Estienne Fabre et Ho-noré Arbaud, Honorat Brolhon a pasar acte ambe loud., ambe lous guages acostumas, que son soixante florins paguas per lou trezaurier, per cartons.

(Registre des ordonnances, 1567-1575 [4].)

Besse [5].

Conseil du 30 septembre 1582.

Led. Conseilh a proveu pour mestre d'escolles aud. Besse, sçavoyr : M° Claude Lambert, pour une année comptable despuis Sainct-Michel dernier, tel jour finissent, aux gaiges et raison de dix escus sol, lesquelz luy seront paiés *ratta pro ratta* du temps qu'il servira.

(1er registre des ordonnances, 1576-1593, fol. 46 [6].)

[1] Chef-lieu de canton, arrondissement de Draguignan.
[2] L'étude correspondait au trimestre. Voir page 215, note 5.
[3] Archives communales d'Aups.
[4] Archives communales d'Aups.
[5] Chef-lieu de canton, arrondissement de Brignoles.
[6] Archives communales de Besse.

Bormes [1].

Conseil d'octobre (?) 1646.

Le conseil a desliberé que sera donné douze escus a M᷊ Nicollas Mesurut (*alias* Mesureur), et huit escus a M᷊ Jacques Cotte, pour regenter les escolles de ce lieu ceste année, a condition qu'iceulx enseigneront les pouvres emfans et ce loueront a ces despans des chambres, payables (lesdits 20 écus) en deux payes, moitié a Noël et moitié a Saint-Michel.

(2᷊ cahier des ordonnances, 1646-1647, fol. 1 [2].)

Conseil du 1ᵉʳ septembre 1647.

Le conseilh a desliberé qui sera donné quarante-huict livres de gaiges, pour une année, à M᷊ Nicollas Mesureur, pour regenter en ce lieu durant led. temps et vingt-quatre livres a M᷊ Jacques Cotte aussi pour regenter durant le mesme temps, a la charge qu'iceux seront tenus de prendre et enseigner les pouvres emfans, orphelins, quj vouldront aller à l'escolle, sans luy fere rien payer.

(*Ibid.*, fol. 25.)

Conseil du 4 novembre 1657.

Au presant conseilh c'est presenté Jacques Cotte, lequel nous a remonstré qu'il a toujours teneu les escolles de ce lieu, comme enfant de la ville et que neanmoins les presdans (*sic*) administrateurs en ont aresté un autre, et luy demure sans aucun gage, requerant le presant conseilh luy vouloir donner quelques choses (*sic*).

Sur quoy led. conseilh a ordonné qu'y sera donné aud. Cotte vingt-quatre livres par dessus les gages donnés à l'autre.

(Cahier des ordonnances, 1657, non folioté [3].)

Callas [4].

Conseil du 27 septembre 1643.

Et premierement ont assuré pour regeant des escolles du present lieu, M. Jacques Blond, advocat, cy presant, pour une année, a compter du jour Sainct-Michel prochain en une année, aux gaiges de septante-cinq livres que luy seront payés en sixiesmes, de deux en deux mois et par advance, a condition que, a son peril, il truvera des geans qu'il le nourrissent, et, là où il n'en truveroyt, ne pourra aulcunes chozes prethandre

---

[1] Canton de Collobrières, arrondissement de Toulon.
[2] Archives communales de Bormes.
[3] Archives communales de Bormes.
[4] Chef-lieu de canton, arrondissement de Draguignan.

pour la norriteure contre la communauté, et ce de pache exprès, et s'est
soubzigné. (Signé) : Blond.

(Registre des ordonnances, 1643, fol. 106 [1].)

CALLIAN [2].

*Bail du régime des écoles passé par la commune le 19 avril 1667 en faveur
d'un ecclésiastique.*

CLAUSES ET CONDITIONS.

. . . aprandre et instruire les. . . enfants et escolliers qui . . . seront envoyés
à l'escolle, aux bonnes lettres et meurs. et ce, durant le temps et l'espasse
d'une année, qui commansera le jour de Sainct-Michel en septembre. . .
et finira semblable jour, . . . moyennant les gages de soixante livres. . .

Et pour la nourriture, sera payé par les parens aussi soixante livres, . . .
lesquelles led. m⁵ exigera des parens, . . . à son risq, peril et fortune,
suivant la taxe qui en sera faicte par lesd. s⁵⁵ conseuls et du conseil, sur
les rolles qui leur seront remis par led. m⁵ au commencement de juillet,
sans que lesd. s⁵⁵ conseuls puissent prandre aultres salaires touchant lad.
taxe; lequel rolle et taxe faicte, sera par apprès remise aud. m⁵. . . le sept
août apprès suyvant, pour en faire l'exaction à son risq, peril et fortune; . . . et, moyennant ce, sera tenu de bien et debuemant et a son possible enseigner et aprandre les escoliers . . . et les instruire à la foy catholique, apostolique et romaine, sans qu'il soit permis (?) aud. m⁵ de remettre
lad. regeance a personne autre, qui ne soit de l'advis et consentement desd.
s⁵⁵ consuls et communauté, . . . a pache que sera permis audit m⁵. . . tenir
des enfants estrangiers dans sa maison, les nourrir et les faire aller a lad.
escolle, sans que payent rien pour raison des soixante livres que les parens desd. enfans sont tenus payer aud. m⁵. . . Led. m⁵ dira et celebrera
la sainte messe que la comunauté a acoustumé de faire dire dans la chapelle des Fr. pénitants blancs dud. Callian les dimanches et festes, . . . et
lui sera expedié, pour ce, quarante-quatre livres neuf sous neuf deniers.

(Recueil des actes de la commune; fragment de cahier [3].)

CARCÈS [4].

Conseil du 21 juillet 1577.

Magister.

Lesquelz tous ansamble ont accepté mes⁵⁵ Jehan Chieusse, prebstre de

---

[1] Archives communales de Callas.
[2] Canton de Fayence, arrondissement de Draguignan.
[3] Archives communales de Callian.
[4] Canton de Cotignac, arrondissement de Brignoles.

Lorgues [1], pour servyr la capello de Sainct-Bastian a (*sic*) dire troys messes la sepmaine, a la coustume, et aprendra les enffans des particuliers du present lieu pour une année a compter de Sainct-Michel prochain en ung an, aux gages de sezer (*sic*) escus de quatre florins la pièce, y compris l'argent qui a esté promis par les particulliers, qu'est huict florins, lesquelz luy seront payés par quartiers de troys en troys moys, et les enfans lui fornyront (?) sa vye, durant led. temps, ansamble chambre et lict.

(2e registre des ordonnances, 1563-1580, non folioté [2].)

CARNOULES [3].

Requéte des maires et consuls à l'intendant (1782).

... Ont l'honneur de représenter... à Votre Grandeur.,. qu'il n'est accordé (au régent des écoles) que quarante-deux livres (par l'arrêt de vérification des dettes de la communauté) et comme, depuis le 11 septembre 1714 (date de cet arrêt), les affaires ont changé, puisque nous avons vu de régent en ce lieu depuis l'année 1724 et d'autre après, auxquels la communauté luy a toujour accorder pour ses honnoraires cent cinquante livres;... et, comme le régent d'aujourd'huy désire être peyé, nous avons pris une délibération... par laquelle nous luy acordons, soub votre bon plaisir, se qui luy est encore dû,... à raison de 150 fr. par année, supliant encore Votre Grandeur de permetre que la communauté continue d'acorder les mêmes émolumens au régent des écolles, sans quoy notre comunauté se voit privée de l'éducation des anfans pour ne trouver personne pour ocuper cette charge aux gages de quarante-deux livres,... puisque nous avons été obligé d'envoyer prendre celuy qui est en exercice de Thorame [4] qui est au delà de vingt lieue loin de ce lieu...

Ordonnance de l'intendant.

Nous permettons... de faire payer, sans tirer à conséquence, au maître d'école les gages qui peuvent lui être dus,... à raison de 150 fr.,... faisons néanmoins deffenses de faire payer à l'avenir... des gages au dessus de la fixation qui en a été faite par l'arrêt du Conseil portant vériffication des dettes de lad. communauté...

Fait le 9 mai 1782.

[1] Chef-lieu de canton, arrondissement de Draguignan.
[2] Archives communales de Carcès.
[3] Canton de Cuers, arrondissement de Toulon.
[4] Basses-Alpes.

Extrait d'une lettre du même, du 26 juillet 1782, au ministre Joly de Fleury, en réponse à la communication d'un mémoire adressé à ce dernier par la communauté de Carnoules.

Je dois, M., vous observer que, cette dépense étant à la charge de la communauté, le peuple y contribue sans en proffiter, ce qui ne paroît pas juste. Ces établissemens ne peuvent être utiles qu'aux personnes aisées, elles doivent par conséquent pourvoir en particulier au traitement du maître d'école; non seulement le bas peuple n'en a pas besoin, mais j'ai toujours trouvé qu'il convenoit qu'il n'y en eut point dans les villages. Un paysan qui sçait lire et écrire quitte l'agriculture pour aprendre un métier ou pour devenir un praticien, ce qui est un très grand mal. *C'est un principe que je me suis fait et je suis parvenu à empêcher bien des établissemens de cette nature dans des lieux où ils tirent à conséqueuce* [1]. J'ai lieu de croire que vous adopterez cette façon de penser et que vous rejetterez la demande des consuls de Carnoules [2].

(Archives du département du Var, S. C. 79.)

CHÂTEAUDOUBLE [3].

Conseil tenu entre le 22 octobre et le 9 décembre 1606.

Louer ung purgaturier [4] pour l'année qui vient et, a ces fins, en parler a messire Allegre dud. lieu et, du mesme, d'un (?) M[e] pour les escolles et, a ces fins, en parler a mess[re] Hugues Bonneti.

(Ordonnances, cahier 1606-1607, p. 31 [5].)

Conseil du 29 octobre 1679.

Mes[re] Romani, purcatorier et regent de l'escolle.

Item a (été) represanté par lesd. s[rs] consulz qu'il est aussi necessere de loué (*sic*) un regeant pour enseigner la vertu aux enfans et dire les messes que la communauté a accoustumé de faire dire pour les trespassés à l'autel de purgatoire, requerant lad. assanblée d'y delliberer.

---

[1] Ajouté par un renvoi sur la minute de la lettre et vraisemblablement de la main de l'intendant lui-même.

[2] L'ordonnance de l'intendant fut approuvée par le ministère, attendu, dit M. Joly de Fleury, dans sa dépèche du 14 novembre 1782, que «l'arrêt (de vérification) ayant été rendu pour diminuer les dépenses de la communauté, il convient qu'elle s'y conforme». (*Ibidem.*)

[3] Canton de Callas, arrondissement de Draguignan.

[4] Chapelain chargé de desservir l'autel du purgatoire.

[5] Archives communales de Châteaudouble.

Ce que entandu par lad. assamblée, ont donné charge ausd. s^rs consuls de loué (*sic*), pour le subject que dessus, messire Anth^e Romani, prebstre, docteur en sainte theollogie, aux gages de cent livres pour un an : moyennant ce, dira lesd. messes à l'autel du purgatoire pour les trepassés; enseignera ou fera enseigner a quy bon luy semblera la vertu aux enfans du lieu; ira, lhors que le temps le permetra, dire la messe les festes et dimanches à la chapelle du glorieux St Jean et adcistera aux offices dans l'esglise de ce lieu aussi les festes et dimanches et tout ainsin que les autres regeans avaint faict.

(Registre des ordonnances, 1668-1680, p. 206 [1].)

Claviers [2].

Sommation adressée aux consuls.

Nous soubzignés, tous ayantz jeunes enfantz que vont a l'escolle tant a nous (nos) noms que de nous adhérantz, remonstrons à vous, M^e... consulx,.... comme il y a quelques ungz de ce lieu que ont mandé querir ung ezcollier a Draguignan pour servir de regent a ced. lieu, pour l'année qui vient, et, d'autre part, Monsieur Trecour, regent asseuré de la commune, qu'est allé jusques à Auriol pour quelques benefices, an a mandé ung fort cappable, a son lieu et plasse, jusques. qu'il vient, lesquels se contraversant, allants chacung au college pour enseigner la jeunesse, disant la lesson aux ungz et aux aultres, en sorte que, sy ne y pourvoyiès, y porroit survenir quelque escandalle que vous en seriès la cause, estans soubstenu ung des ungz et l'autre des autres, tellement que vient a vous autres de y pourvoir comme consulx et chefz du general, et non a aultres; vous metantz en science que, par ung arrest general donné par la souveraine court du parlement de ce païs, donné sur la pollice des escolles des villes et villages, est porté et fait injonction aux consulx de prendre, quand y aura de concurrantz, le plus cappable, sur les peines y contenues. Aussi, par une delliberation du conseilh de ced. lieu, faicte l'an mil six centz seze, que y heust mesme dissention, est porté de prendre le plus cappable;... suivant lesquelz arrest et delliberation,.... vous sommons et requerons de pourvoir a est (*sic*) affere et d'aller presenter requeste a monsieur le lieutenant de seneschal de Draguignan pour les fere venir en dispute et prendre le plus capable, aultrement et a faulte de ce fere, protextons en contre de vous de tous despens..... Courtès, Jehan Blanc, B. Courtès, Pierre Abelhe, B. Blanc, A. Dhéran, H. Blanc, L. Blanc, Jehan Blanc, ainsy signés à l'original.

L'an mil six centz dix-huit et le vingt neufviesme jour du mois d'octobre,

[1] Archives communales de Châteaudouble.
[2] Canton de Callas, arrondissement de Draguignan.

la susd. sommation a esté signiffiée,... par moy not. royal soubsigné, a
..... consulx du present lieu.,... lesquelz, ayant heu entendu le contenu
d'icelle, ont dit et respondu que hier feust arresté de les fere venir en disputte et de prendre le plus cappable, de M⁰⁰ Babellon et Broc, suivant
l'arrest de la souveraine court... et delliberation de conseilh tenu fait
quelque temps, protextants *in forma*, et acte.

Fait au devant la grand'porte de l'esglise dud. lieu, presentz...

(Signé) : Blanc, not.

Sommation des consuls à Jean Broc, régent des écoles.

L'an mil six centz dix-huit et le vingt-neufviesme jour du mois d'octobre,
de matin, par devant moy not... (les) conseulx... ont dit et remonstré
à M⁰ Jehan Broc, soy disant regent des escolles dud. lieu,... trouvé dans
la maison commune,... que hier feust dit que viendroit a la disputte avec
ung M⁰ Babellon que la commune a asseuré et fait venir pour regent pour
l'année que vient; qu'il ne se doibt point mesler de l'escolle et regence,...
tant pour ce subjet que pour ce qu'il n'a esté requis d'eulx ni d'autres, par
ainsj ne se doibt esmeller de ce, le somantz et requerantz de sortir de lad.
maison commune et laisser regenter le regent que la commune a fait venir,
luy remonstrant que n'est point le debvoir de s'enparer d'authorité des
escolles d'ung lieu sans y estre requis, et ont protexté... et d'user de la
force, si ne sort a l'amiable, requerant acte.

Et, le tout entendu par led. M⁰ Broc, a dit qu'il est prest a venir en
dispute ce jourd'huj mesmes, acordant de mander querir Monsieur Gache,
docteur en medecine de Bargemon[1] et Monsieur Garcin, regent dud. Bargemon. Et quand a ce qu'il c'est emparé desd. escoles, il a esté mandé querir
par ung des consulx vieulx... et autres, ayant, despuis led. mandat, re-
genté et enseigné les enfantz dud. lieu; et, advenent que led. M⁰ Babellon
emportast la dispute et que, par ce moyen, il feust desproveu, il doibt estre
payé de ce qu'il a servy et de ses domaiges et interestz, attendu qu'il faisoit la sixiesme classe à Draguignan et a present il sera desproveu, protestant *in forma*.

Et lesd. consulx, pour replique, disent que quj l'a mandé querir le paye,
n'empeschantz qu'il se provoye contre eulx; et que, quant a eulx, ilz n'en
ont jamais sceu rien de sa venue, advant laquelle venue ilz avoint loué et
affermé M⁰ Trecour et, a son absence, led. M⁰ Babellon, protextants comme
dessus.....

Fait et publié aud. Clavier, dans la maison commune, presentz M⁰⁰ Barthelemy Blanc, coturiès (*sic*) et Pierre Abeilhe, dud. lieu, tesmoings ad ce
requis; soubsigné quj a sceu... B. Blanc, present, Pierre Abelhe, ainsi

[1] Localité voisine.

signés a l'original, et non led. Broc, pour estre sortj dehors lhors que la
sommation s'escripvoit.....   (Signé) : Blanc, not.

Certificat d'aptitude.

Du penultiesme octobre mil six cens dix-huit, certifie je soubsigné,
M⁰ Honnoré Gaiche, docteur en medecine du lieu de Bargemon, avoir esté
envoyé querir par messieurs les conseuls du present lieu de Clavier pour
venir examiner Mᵉˢ Simon Babellon et Jehan Broc, pour voir quel des deux
seroit le plus cappable pour regir les escolles dud. lieu ; ou, estant arrivé
et sejorné jusques à l'heure de cinq après midy pour fere led. examen,
ne s'estent presenté en icelluy que le susd. Simon Babellon, lequel, après
avoir interrogé tant en prosodi que prosodi latine (*sic*), ay truvé icellui capable pour regir les escolles dud. lieu, n'estent point appareu d'autre.
Gairent et en foy de ce et a la requisition que dessus, ay faict la presente
et me suis soubsigné.   (Signé) : Gache, med.

Conseil du 1ᵉʳ novembre 1618.

.....Lesquelz, attandu que ce treuvent deux regens concurrens pour
les escolles,... et d'aultant que le pere (*sic*) des enfantz ne ce treuvent
d'accord pour iceulx, delibererent dimange dernier le donner au plus capable. D'aboundant, ce treuventz lesd. consuls.·. soumés,... à la requeste d'une trouppe des peres des enfantz, de donner ordre ausd. escolles,
a peyne d'en respondre a son propre, et d'eslire le plus capable; a ces fins
lesd. consulz... firent soumer l'ung des regentz, appellé M⁰ Broc, d'en
venir a la dispulte, pour estre l'autre tout prezt... et par ainsin ayant,
led. M⁰ Broc, accourdé... et mandé quairir monsʳ Guaiche, medecin de
Bargemon, suivant l'assignation, et ayant faict ses dilligences, ainsin que
apert de son rapport, auroint donné la clef des escolles a celluy que avoyt
examiné led. monsʳ Gaiche, qu'est led. M⁰ Babellon, pour n'estre l'autre
compareu. Et d'aultant que led. M⁰ Babellon se trouve troublé par led.
M⁰ Broc, a faict sa plainte ausd. consulz de le maintenir, suivant les deli-
berations verballes de dimenge dernier.

A ses fins, tous, d'ung commun accord, ont deliberé... donner lesd.
escolles au plus capable, suivant les arretz de la Cour et que led. M⁰ Babellon exercera icelle pour avoyr esté examiné dud. M⁰ Guaiche...

Led. Courtès (lieutenant de juge), advant signer lad. ordonnance, en a
protexté *in forma* et requis acte.....   (Signé) : Blanc, not.

(Liasse GG. 22 ¹.)

¹ Archives communales de Claviers.

Comps [1].

Sentence du lieutenant de sénéchal de Draguignan du 29 octobre 1694.

.... Fezant droit a toutes les fins et conclusions des partyes, avons ordonné qu'il sera assamblé un conseil general au lieu de Comps, ou tous les peres des enfantz quy vont à l'escolle assisteront, ensemble les particulliers demurantz a l'ameau de Jabron [2], pour delliberer sur le choix du regent des escolles d'entre messire Maunier, quy est presentement en exercisse et tel autre qu'ils voudront choisir, a l'esclusion de messire Lions, attandu l'incompatibillitté de la cure qu'il exersse dans la parroisse du lieu de Comps, sy mieux il n'ayme declairer qu'il dellaisse le service de sad. parroisse, pour, ce faict, estre faict droit aux partyes, ainssy que de raison...

Fait à Draguignan en jugement.... (signé) Raimondis.

(Registre des causes, 1693-1694, partie inférieure, fol. 194 [3].)

Correns [4].

Conseil du 11 janvier 1568.

Item led. conseil a commis Pierres Andrieu (conseiller), Honorat Ripert [5] et moy, notere soubzigné, a tauxer les enfans que vont a l'escolle du surplus des gages que lesd. enfans ont promys au mestre de lad. escolle, ayant esgard a la quallité et sçavoyr desd. enfans.

(1er registre des ordonnances, 1564-1578, fol. 132 [6].)

Conseil du 12 septembre 1568.

Item led. conseil a loué (*sic*) messe Anthoine Leydet, prebstre, pour magister pour l'année que vient prochaine, qui acommensera a St-Michel prochain et semblable jour fenissant, auquel ont promis la somme de vingt-cinq florins, lesquels lad. commune est acoustumé bailler aux magisters, payables lesd. vingt-(cinq) florins par cartons.

(*Ibid.*, fol. 175 v°.)

Conseil du 26 novembre 1569.

Item led. conseil a donné charge a Me Jauffre Gautier, Me Loys Leydet

---

[1] Chef-lieu de canton, arrondissement de Draguignan.
[2] Hameau de la commune de Comps.
[3] Archives du Var (S. B., fonds de la sénéchaussée de Draguignan).
[4] Canton de Cotignac, arrondissement de Brignoles.
[5] Ne figure pas au nombre des conseillers.
[6] Archives communales de Correns.

et a Pierre Andrieu (conseillers ou chefs de maison), de tauxer les enfans que vont a l'escolle des gages du Mᵉ de l'escolle que luy ont esté promis, oultre les gages de la ville, ayant esgard aux lisans et à la pourté (?) des enfans.

(1ᵉʳ registre des ordonnances, 1564-1578, fol. 216 vᵉ.)

Conseil du 8 juin 1636.

Charge de proceder a la taxe des enfans :

Led. conseil a donné charge ausd. sʳˢ consuls de proceder a lad. taxe pour, en suite d'icelle, en fere fere l'exaction par le trezorier des peres desd. enfans, suivant la cotte leur (*sic*) concernant.

(Registre des ordonnances, 1630-1637, fol. 429 vᵉ [1].)

ENTRECASTEAUX [2].

Conseil du 20 septembre 1626.

Mᵉ d'escolle.

Led. conseilh ont donné charge aulxd. consuls que, sy ce prezente aucun mᵉ des escolles, de le louer, proveu que les peres des enfants luy fasent sa noriture.

(1ᵉʳ registre des ordonnances, 1626, non folioté [3].)

FORCALQUEIRET [4].

Conseil du 22 septembre 1600.

Item an conclus, lou conselz, que sera baillat as magistres que ensegnaran lous enfans de Sainct-Estaïes (Sainte-Anastasie) et lous enfans de Forcalqueiret et de Roquebaron, ly sera baillat siei escus per cadolluoc que es, en soume, des et hüict escus.

(Registre des ordonnances, 1592-1604, fol. 715 [5].)

Conseil du 29 septembre 1600.

Item an rectificat, lou consselz nouveu, l'ordenanse fache per le conselz si devant fect, comme parei au ffullet (*sic*) 718 (715) dud. libre, lous gages que baillaran as magistres que ensegnaran lous enfans de la Baronie, tanct paures que riches, et non ausara refudar aucuns garsons, et la

---

[1] Archives communales de Correns.

[2] Canton de Cotignac, arrondissement de Brignoles.

[3] Archives communales d'Entrecasteaux.

[4] Canton de la Roquebrussanne, arrondissement de Brignoles, autrefois le chef-lieu d'une baronnie dont faisaient partie Rocbaron et Sainte-Anastasie.

[5] Archives communales de Forcalqueiret.

ville l'i a proumes siei escus par cadolluoc, qu'es en tout des et huict escus, et seran pagas per la villa.

(Registre des ordonnances, 1592-1604, fol. 720 v°.)

Conseil du 3o novembre 1668.

Auquel conseil a esté proposé par lesd. consuls comme chasque année ce comet beaucoup d'abus aux mettres d'ecoles et que l'ordonnance du Roy Henric porte d'establir de maistres d'escolle en chasque communauté pour enseigner la junesse et, de suitte, de gaiges necessaires, cellon la coutume des communautés, le tout pour les pauvres.

Sur quoy a eté deliberé, tous d'un commun accort, qu'il sera payé par …(le)… tresorier, a Mre Augier, curé de Ste-Anastasie, douze livres pour avoir enseigné les enfans dud. Ste-Anastasie; douze livres a Mre Ollivier, prebstre de Roquebaron, pour avoir enseigné les enfans dud. lieu, et douze livres a M. le consul Saquet Requiert, de Forcalqueiret, pour les employer, cellon les choses, pour l'année passée (*sic*). Et parce que l'ordonnance du Roy Henric quatre doit estre observée, c'est pourquoy,… nous… establissons pour maistres d'ecolle, sçavoir : pour Sainct-Estayes (Sainte-Anastasie), Pierre Teollier, m^e chirurgien dud. lieu… et Mre Ollivier, prebstre, pour les escolles de Roquebaron; lesquelz Ollivier et Teolier seront tenus enseigner les enfans des pauvres, sans en rien tirer, hors des gaiges que lad. communauté a coustume bailher, qu'est douze livres pour chaque lieu, le tout pour l'année presente.

(Registre des ordonnances, 1667-1673, fol. 18 v°[1].)

Fréjus [2].

Sentence du lieutenant de sénéchal de Draguignan du 4 septembre 1618.

En la cause de Me Jacques Dauriac, escollier de la ville de Frejus, appellant de delliberation du conseilh dud. Frejus,

Contre les consuls et communautté dud. Frejus….. et Esperit Charabot;

Avons dict mal avoir esté ordonné par le conseilh, bien appellé par l'appellant et, retenant la matyere, avons ordonné que les escolles dud. Frejus seront bailhées aud. Dauriac sans despans. Vaixiere (procureur de la commune) appelle; nonobstant lequel et, sans prejudice d'icelluj, attandu de quoy s'agist, sera passé oultre….

(Registre des causes, 1617-1618, fol. 539 [3].)

---

[1] Archives communales de Forcalqueiret.

[2] Chef-lieu de canton, arrondissement de Draguignan.

[3] Archives du Var (S. B., fonds de la sénéchaussée de Draguignan).

La Garde-Freinet [1].

Conseil du 1er novembre 1550.

Item ossis an ordenat, uneis tos ensemble, que lad. villo donara au magister, per sos gages, tres escus, auls patis que ensegnara los paures enfans senso ren pagar. Et led. consol Clemens Perin non a consentit en losd. gages.

(1er registre des ordonnances, 1550, non folioté [2].)

Garéoult [3].

Conseil du 24 novembre 1557.

...Plus ont conclud qu'il sera accordé ung maistre d'escolles qu'est venu icy de Pignans [4]; ont commis a sire André Depetri et a moy Nicolas Bon (greffier de la commune [?]), soubzigné.

(1er registre des ordonnances, 1557-1571, non folioté [5].)

Le Luc [6].

Sentence du lieutenant de sénéchal de Draguignan du 7 septembre 1618.

En la cause de messire Charles Pistre, prebstre, vicaire du Luc. appelant...,

Contre les consuls et communauté dudit lieu, inthimés....;

Avons dict qu'il a esté mal procedé par led. conseilh, bien appellé par led. appellant et, retenant la mathiere, avons ordonné que l'eslection de messire Pistre aux escolles dud. lieu tiendra et sortira a son plain et entier effaict, aux gaiges acoustumés, sans despens....

(Registre des causes, 1617-1618, fol. 543 v° [7].)

Mons [8].

Sentence du lieutenant de sénéchal de Draguignan du 2 octobre 1617.

En la cause de.... (divers) particuliers du lieu de Mons, demandeurs

[1] Canton de Grimaud, arrondissement de Draguignan.
[2] Archives communales de la Garde-Freinet.
[3] Canton de la Roquebrussanne, arrondissement de Brignoles.
[4] Canton de Besse, arrondissement de Brignoles.
[5] Archives communales de Garéoult.
[6] Chef-lieu de canton, arrondissement de Draguignan.
[7] Archives du Var (S. B., fonds de la sénéchaussée de Draguignan).
[8] Canton de Fayence, arrondissement de Draguignan.

en requeste aux fins d'avoir ung regent pour instruire la junesse aud. lieu . . . . ,

Contre les conseuls et communautté dud. lieu, deffandeurs . . . . ;

Apprès que (le procureur des demandeurs) requiert l'intberinement de leur requeste avec despens, et, ad ces fins, seront les conseulz et communautté dud. Montz condempnés a douner gaiges compectantz a ung regent, afin d'avoir pour l'advenir houme cappable pour instruire la junesse et autres . . . . ; M᷑ Canety pour lad. communautté dict que les conseuls ont faict ce qu'est de leur charge, ayant faict assembler le conseilh, lequel y ont delliberé et, d'aultant que a lad. delliberation n'ont peu demeurer d'accord, n'empeche les gaiges d'ung precepteur estre par vous, Monsieur, reiglé . . . .

Nous lieutenant particulier, . . . treuvant par lad. ordonnance conseilhiere par ladicte communautté les oppinions des particulliers d'icelles (*sic*) differentes sur l'establissement des salleres d'ung precepteur d'escolle aud. lieu, avons ordonné que, pour l'advenir, led. sallere sera estably bon et suffizant, sellon la quallitté du lieu, par la delliberation d'un grand conseilh, enjouignant a ceulx que oppinent estre reduix en deux oppinions, et la plus grande d'icelles sera suivie; et, cependant, afin que les enfantz ne demeurent sans instruction, avons ordonné, par provizion, que lesd. conseuls et communautté establiront quarante-cinq livres a ung precepteur pour une année, le tout sans despens.

(Registro des causes, 1617-1618, fol. 217 v°.)

Montmeyan [1].

Conseil du 1ᵉʳ janvier 1667.

Escolles pour les enffans et filles.

Le present conseil a accordé cinq escus a Monsieur Chaix (pretre), pour enseigner les enffans, sur lesquels en sera prins deux escus et demy pour Anne Beraud, quy ensseigne les filhes.

(1ᵉʳ registre des ordonnances, 1660-1673, fol. 136 v° [2].)

Conseil du 18 septembre 1667.

Hont tous les susd. delliberans accordé à Monsieur Chaix, pretre, en augment des gages acourdés au nouveau estat teneu le premier janvier dernier, ancores deux escus trante soubz, que fait en tout cinq escus pour le subject d'enseigner la verteu a la junesse.

(*Ibid.*, fol. 176 v°.)

[1] Canton de Tavernes, arrondissement de Brignoles.
[2] Archives communales de Montmeyan.

Nans [1].

Baptême du 21 août 1583.

Es stat batezat Esteve Dozol, filh de messier Anthoni, magiste (*sic*) des anfans de Nans. . . .

(1er registre des actes de baptême, 1579-1622, non folioté [2].)

Pierrefeu [3].

Quittance du 2 janvier 1576.

Jeu mesier Anthoni Dosol, maistre des escoles dud. lieu [4], . . . confece d'aver agut et ressauput. . . 8 florins pour moitié d'une année et jeu que ai fach la presento podiso.

(Compte trésoraire de 1576, non folioté [5].)

Puget-Ville [6].

Conseil du 29 septembre 1572.

Concernant la quomission baillée aux sindics du present lieu du Puget de prouvoir de ung magister pour ensegnar les enfans du present lieu, . . . lesd. scindics. . . ont logat maistre Giraud Alogué, de Colmars [7], pour bien et debuement ensegnar lesd. enfans dud. Puget et luy ont promis pour ses gaiges la some de sept escus de quatro florins la piesse, et lesd. sindics sont tenus de lui prouvoir de messon pour tenir escolle.

(1er registre des ordonnances, 1569-1581, non folioté, S. BB. 5 [8].)

Conseil du 25 juin 1690.

Auquel conseil a esté proposé par les sieurs consuls que Me Toussaint Reymonenq a prins parti pour l'année prochaine au lieu de Signe, de façon qu'il est expedian de pourvoir et establir un autre pour la regence des escolles, . . . s'estant offert trois diverses personnes pour ce subjet, savoir : Mre Laugier, prestre, du lieu d'Ollioules [9], Jacques Boissiere, du lieu

---

[1] Canton de Saint-Maximin, arrondissement de Brignoles.
[2] Archives communales de Nans.
[3] Canton de Cuers, arrondissement de Toulon.
[4] Probablement le même qui se trouvait à Nans en 1583.
[5] Archives communales de Pierrefeu.
[6] Canton de Cuers, arrondissement de Toulon.
[7] Basses-Alpes.
[8] Archives communales de Puget-Ville.
[9] Chef-lieu de canton, arrondissement de Toulon.

14.

du Luc [1] et Pierre Roustan, de ce lieu, requerant le conseil de choisir tel qu'il trouvera a propos et le plus capable, de l'aggrement de ceux qui ont des enfans a enseigner.

Ce que entendu par le conseil et après avoir prins le sentiment des habitans qui on des enfans a enseigner et qui se sont treuvés au conseil, a choisi et establi pour la regence des escolles de ce lieu, M° Boissiere, Jacques,... pour l'année prochaine qui commencera a Sainct-Michel prochain, aux gages accoustumés, sous le bon plaisir toutefois de Mgr l'evesque de Tollon ou de son grand vicaire, duquel led. Boissière sera tenu rapporter l'approbation.

(Registre des ordonnances, 1683-1703, non folioté, S. BB. 17 [2].)

Conseil du 24 octobre 1745.

Le s^r Rossolin représente... que lui a été intimé un acte de somation, par exploit du 22 du courant, de la part de plusieurs particuliers au sujet de l'installation de Mre Cristine, ecclésiastique, nommé par le conseil à la régence des escolles de ce lieu, sur lequel acte led. s^r Rossolin aurait repondu que, s'il n'a pas été installé, c'est qu'il n'a pas rapporté l'aprobation de Mgr l'évêque de Toullon et même qu'il le luy a refusée...

Le conseil, instruit parfaitement de la bonne vie, mœurs, capacité et suffisance du s^r Cristine... pour régeant des écolles,... l'a receu et installé pour lad. régence,... sous le bon plaisir de Mgr l'évêque de Toullon qu'on priera très humblement de voulloir aprouver, pour que la jeunesse ne reste plus négligée et errante, comme elle a faict jusques à présent.

(Registre des ordonnances, 1743-1756, non folioté, S. BB. 20 [3].)

Conseil du 27 février 1780.

Le s^r maire a dit qu'un des principaux objets de leur administration était de veiller à ce qui soit donné une bonne éducation aux enfans; il voit, d'après plusieurs observations qui lui ont été faites, que le vœu public ni les intentions du gouvernement ne sont pas remplies au Puget. En effet, chacun s'aperçoit que l'on voyoit autres fois d'enfans bien jeunes qui avoient profité de leçons qu'on leur avoit donné à propos et savoient leur compte à l'âge de 12 ans, mieux qu'on ne voit aujourd'huy à ceux de 15 ans. Les principes de lecture et d'écriture ne sont pas moins négligés, de sorte que, sous peu d'années, on trouvera à peine en ce lieu 6 personnes qui sachent seulement signer, parmi cette pépinière d'enfans qui doit un jour former ce conseil et régir cette communauté.

[1] Chef-lieu de canton, arrondissement de Draguignan.
[2] Archives communales de Puget-Ville.
[3] *Idem.*

Le sr maire s'étant occupé et ayant pris l'avis de M. le curé de ce lieu, de plusieurs autres personnes·de connaissance pour découvrir d'où vient cette décadance, croit qu'elle ne vient que de la modicité des gages du régent... qui ne sont pas suffisans pour entretenir un bon maître... En conséquence, (il)... propose au conseil d'augmenter les gages du régent et de les porter à 3oo livres...

...Le conseil... a unanimement délibéré qu'il sera payé à l'avenir trois cents livres de gages au régent,... sans qu'(il) puisse exiger aucun salaire des écoliers, après en avoir obtenu l'authorisation de Monseigneur l'Intendant...

(Registre des ordonnances, 1773-1784, non folioté, S. BB. 22 [1].)

Conseil du 29 avril 1781.

Le sr maire a dit que, n'y ayant point de régent de l'école des garçons de ce lieu depuis quelque temps, plusieurs pères de famille l'ont requis plusieurs fois de chercher quelqu'un,... afin que les jeunes gens,... qui doivent un jour former ce conseil et régir la communauté, puissent le faire avec lumières et connaissance de cause. En conséquence et de l'avis de quelques personnes, le sr maire avait jetté les yeux... sur le sr Roubaud..., de la Roque, qu'on dit honnette et capable. Mais la pluspart des pères de famille luy ayant observé qu'ils aimeraient mieux Me Rossolin, notaire de ce lieu, et led. Me Rossolin, dont tout le lieu connait la capacité pour remplir cette place, voulant bien l'accepter, le sr maire... a cru ne rien devoir prendre sur son compte et réfère le choix au conseil.

Le conseil a unanimement délibéré et fait choix de Me Rossolin,... sous condition qu'il tiendra deux écoles de trois heures chacune, chaque jour ouvrier, à l'exception du jeudy des semaines où il n'y aura point de fêtes comandées; qu'il ne pourra donner d'autres vaccances que pendant le mois de septembre; qu'il montrera quatre pauvres garçons gratis, lesquels luy seront désignés et nommés par MM. les maire, consuls; qu'il luy sera payé par les parents six sols par mois pour chaque enfant qui n'aprendra qu'à lire, douze sols par ceux qui aprendront à lire et à écrire, et dix-huit sols par ceux qui aprendront à lire, à écrire et à chiffrer, en outre et par dessus la rétribution que la communauté est en usage de payer [2].

(Registre des ordonnances, 1773-1784, non folioté, S. BB. 22 [3].)

---

[1] Archives communales de Puget-Ville.

[2] Aux signatures le préposé de Mme du Puget « approuve le conseil, sauf ce qui est relatif au maître d'école », et quatre conseillers font précéder leurs signatures de ces mots : « J'aprouve le conseil cy dessus à l'eception dud. Jaque Rossolin que je l'aprouveré que lorsqu'y sera [a]prouvé de Monseigneur l'évêque ».

[3] Archives communales de Puget-Ville.

Le Revest [1].

Conseil du 3o décembre 1706.

Sur ce qui a esté représenté au conseil que, depuis prez d'une année, il n'y a point de régent pour les écoles de ce lieu et qu'on n'a pu en trouver aucun de la qualité requise jusques à présent, ce qui est extrêmement préjudiciable au public par le deffaut d'instruction de la jeunesse et d'ailleurs contraire aux ordonnances de Monseigneur l'évêque de Toulon, et que Mr Jean Teisseire, prestre de ce lieu, sur les représentations que luy ont esté faites là dessus, a donné les mains de se charger de lad. régence jusques à St-Michel prochain ;

Le conseil, recognoissant l'importance qu'il y a pour le bien public et pour l'instruction des enfans d'avoir un regent pour les enseigner, a delliberé de donner la régence des écoles publiques aud. Mre Teisseire jusques aud. jour St-Michel vingt-neuf septembre prochain, moyennant quatre-vingt-dix livres de gages pour led. temps ;... et, par dessus lesd. gages,... (il) exigera dix sols par mois de chacun enfant qu'il aprendra d'écrire et cinq sols de ceux à qui il enseignera seulement de lire, le tout soubs le bon plaisir et avec l'aprobation de mond. seigneur l'évêque.

(Cahier des ordonnances, 1706-1707, non folioté [2].)

Roquebrune [3].

Jordani, mestre d'escolles.

Se descharge (le trésorier) de la somme de trante escus payés à M. Jourdaini, méstre d'escolles, pour ses gajes d'une année ; apert en deux mandatz, signés par le consul Brunet....

(Comptes trésoraires, 1600-1601, fol. 36 [4].)

Rougiers [5].

Conseil du 21 avril 1566.

Item plus es stat ordenat que sera admis au tresorier.... la sumo de duze florins par lui poiés a mosen Peire Aicart (prêtre), pour ses gages de magister.

(1er registre des ordonnances, 1563-1580, non folioté [6].)

---

[1] Canton de Toulon ouest.
[2] Archives communales du Revest.
[3] Canton de Fréjus, arrondissement de Draguignan.
[4] Archives communales de Roquebrune.
[5] Canton de Saint-Maximin, arrondissement de Brignoles.
[6] Archives communales de Rougiers.

Saint-Martin-des-Pallières [1].

Conseil du 1er janvier 1709.

.... Atbandeu que la reg[e]ance des escolles est vaquante, et que, pour le bien publicq, est nécessere dans ce lieu, et c'estant présenté Mathieu Blanc, fils de Jean, musucien (?) de ce lieu, de faire lad. reg[e]ance, le conseil a accepté yselluy, sous les gages ordinaires de la communauté qui est de trante livres par an; les enfans de l'escriture huit sous par mois; ceux qui ne scriront pas encore, cinq sous le mois. Et, de suite, le conseil l'a prié de lez ellever a la pitié (piété) et a signé.

(Registre des ordonnances, 1701-1719, non folioté [2].)

Saint-Maximin [3].

Anno que supra (1427) die xxᵉ mensis decembris, ponit prefatus thesaurarius solvisse, ex ordinatione sive exequtione facta per dominos consiliarios die xx predicto, magistro scolarum presentis ville et pro primo sui studii, in diminutione x florenorum eidem promissorum per olim dominos de consilio, videlicet : florenos duos et solidos octo....... fl. ii s. viiito.

(1ᵉʳ registre des comptes trésoraires, 1427-1556; cahier de 1427-1428, fol. 15 [4].)

Eadem die (26 mars 1428) ponit solvisse dictus thesaurarius magistro scolarum...., ex ordinatione seu pacto inter dominos de consilio antiquo et ipsum magistrum habito et pro secundo studio, videlicet : florenos duos et solidos octo............................... fl. ii. s. viiito [5].

(*Ibid.*, fol. 18.)

Saint-Tropez [6].

Conseil du 3 novembre 1585.

Plus es estat conclus aud. conselh que sy donara de gages au mestre dez

---

[1] Canton de Barjols, arrondissement de Brignoles.

[2] Archives communales de Saint-Martin-des-Pallières.

[3] Chef-lieu de canton, arrondissement de Brignoles.

[4] Archives communales de Saint-Maximin.

[5] 2 florins 8 sous formant exactement le quart de 10 florins (de 16 sous chacun) représentent le traitement d'un trimestre.

La durée du *Studium* équivalait donc à celle d'un trimestre. On a déjà vu (page 198) la même division de l'année scolaire adoptée à Aups pour le payement de la rétribution.

[6] Chef-lieu de canton, arrondissement de Draguignan.

escolles la somme de vingt-cinq escus d'or sol, et les enffantz non pagaran ren.

(Registre des ordonnances, 1565-1587, fol. 288 v° [1].)

SAINT-ZACHARIE [2].

Conseil du 6 décembre 1548.

Item ont ordonné que led. conselh moderne louue ung mestre d'escolles pour enseigner les enfans dud. lieu, au melheur pris qu'ils pourront convenir et accourder.

(2ᵉ registre des ordonnances, 1546-1549, fol. 109 v° [3].)

SOLLIÈS-PONT [4].

Dud. jour (30 juillet 1656) a esté delliberé que sera payé a Mᵉ Louis Allamandi, docteur en medecine, et a messire Jean Giraudi, prebstre, regent[s] des escolles, la somme de cinquante livres a compte de ses gages de lad. regence....

(Livre des ordonnances de la trésorerie, 1656-1657 [5].)

SEILLANS [6].

Conseil du 23 août 1598.

Item ont ordonné de louuer et prouvoyr d'ung mᵉ regent pour l'année que vient pour aprandre les enfans aux lettres; que, pour ce fere, ont ordonné de assurer Mʳᵉ...Segallozi, de Bargemon, ausquels (*sic*) sera bailhé vingt-cinq escus de gaiges, payables aux quatre payes ordineres du Roi et du Pais.

(1ᵉʳ cahier des ordonnances, 1598, non folioté [7].)

TOURVES [8].

Conseil du ..... 1456 (?).

Item ordinaverunt exsolvi per thesaurarium magistro scolarum illud

---

[1] Archives communales de Saint-Tropez.
[2] Canton de Saint-Maximin, arrondissement de Brignoles.
[3] Archives communales de Saint-Zacharie.
[4] Chef-lieu de canton, arrondissement de Toulon.
[5] Archives communales de Solliès-Pont.
[6] Canton de Fayence, arrondissement de Draguignan.
[7] Archives communales de Seillans.
[8] Canton et arrondissement de Brignoles.

quod universitas castri de Torreves sibi debet de suis gagiis et quod, ab inde, dicta universitas nichil sibi dare debeat pro gagiis.

(Registre des ordonnances, 1456-1460, non folioté [1].)

Vidauban [2].

Conseil du 17 octobre 1694.

L'assemblée a delliberé de donner a messire Pierre de Laubre, prêtre, pour la regence qu'il a faict des escolles puis la mort de feu Jean Clerion, jusques a Saint-Michel dernier, de luy donner douse livres. . . .

(1ᵉʳ registre des ordonnances, 1691-1703, non folioté [3].)

Conseil du 19 juin 1695.

Le conseil a delliberé que, atandeu que messire Pierre de Laubre, pretre, n'a pas vouleu acepter les douze livres que la communauté delibera luy donner pour avoir enseigné quelques anfans l'année derniere, de luy donner encore deux escus, par ainsin, luy sera faict mandat de six escus.

(*Ibid.*)

ÉCOLES DE FILLES.

Bormes [4].

Requéte des consuls à l'intendant (1763).

Remontrent que, de touttes les dépenses que sont obligées de faire les communautés, il n'en est point de plus indispensables et de plus utiles que celles qui sont employées à l'éducation de la jeunesse. C'est cette première éducation qui développe les sentiments et qui est seule capable de former de bons citoyens. Fautte d'une maîtresse d'école dans le lieu de Bormes, les pères et mères, qui sont d'ailleurs trop occupés de leurs affaires particulières pour prêter des soins assidus à l'instruction de leurs filles, sont obligés de les laisser languir dans l'ignorance, ce qui est un inconvénient des plus dangereux et auquel on ne sçauroit trop tôt remédier. Aussi les suplians, animés du zèle que tout bon administrateur doit avoir pour sa patrie, ont-ils assemblé un conseil général de la communauté. . . qui a approuvé pour maîtresse d'école la demoiselle Françoise Emeric dont les bonnes mœurs et

[1] Archives communales de Tourves.
[2] Canton du Luc, arrondissement de Draguignan.
[3] Archives communales de Vidauban.
[4] Canton de Collobrières, arrondissement de Toulon.

l'expérience sont connues; et, vu l'utilité d'en avoir une pour l'instruction et éducation des jeunes filles, a délibéré de luy donner trente livres de gages touttes les années, sans pouvoir exiger autre chose, le tout néanmoins sous le bon plaisir de Votre Grandeur,... et encore sous la condition que lad. d[lle] Emeric sera approuvée par M[r] l'évêque ou son grand vicaire.

Une dépense de trente livres touttes les années pour un objet aussi important n'est point assurément d'une bien grande considération; aussi les suplians espèrent-ils que Votre Grandeur voudra bien leur en accorder la permission... Et, au cas que Votre Grandeur fasse quelque difficulté de permettre pour toujours l'établissement d'une maîtresse d'école,... il vous plaira, Mgr, en fixer le taux de dix ou huit années...

Ordonnance de l'intendant [1].

La communauté étant hors d'état d'augmenter ses charges, il n'y a pas lieu d'autoriser la délibération dont il s'agit. Fesons deffenses aux consuls et administrateurs de faire payer aucuns gages à la maîtresse d'école des deniers de la communauté, à peine d'en répondre en leur propre et privé nom. Fait à Aix, le 8 octobre 1763. (Signé) : La Tour [2].

Conseil du 25 mars 1788.

M. le maire a dit que la d[lle] Françoise Hémeric, metraisse des écolles des filles dud. lieu, les a fait prévenir que... l'intendant n'avoit authorisé la délibération du conseil... (du 22 février 1775) qui luy accorde dix-huit livres toutes les années pour la rente d'un logement pour enseigner lesd. filles, que pour dix années seulement, sauf d'amplier, s'il y écheoit, dit Sa Grandeur dans son ordonnance du deux avril suivant; ajoutant, led. sieur maire, que rien n'est sy utile et sy nécessaire dans la communauté que d'avoir quelqu'un dans le lieu pour aprendre la vertu et la créance chrétienne aux jeunes filles, que toute la communauté sait que lad. d[lle] Hémeric c'est toujours acquitée avec zèle de son devoir; que, bien plus, l'usage est dans cette communauté qu'un mois avant que le s[r] curé donne la première communion auxd. filles, lad. d[lle] Hémeric, maîtresse d'école, se prête avec zèle et gratis à leur aprendre ce qu'il faut qu'elles sachent chrétiennement pour recevoir lad. communion, en sorte qu'à tous égards la communauté a besoin d'une maîtresse d'escolle pour remplir ces deux objets intéressants.

Le Conseil... a unanimement délibéré et donné pouvoir auxd. s[rs] maire, consuls d'envoyer l'expédition de la présente... à... l'intendant,... aprouvant d'avance... tout ce qui sera fait à ce sujet, attendu le besoin et l'avantage de la communauté.

[1] En marge et en tête de la requête.
[2] Archives communales de Borines, S. GG.

Ordonnance de l'intendant,

Vu la délibération ci-dessus;

Nous avons autorisé, sans tirer à conséquence, lad. délibération pour être exécutée... et ce jusqu'à ce qu'il en soit autrement dit et ordonné. Fait le trois octobre mil sept cent quatre-vingt-huit. (Signé) : La Tour [1].

CHÂTEAUDOUBLE [2].

Conseil du 10 octobre 1745.

Le Conseil a... chargé... (le consul et divers conseillers) de pourvoir à un mestre des écoles, comme aussi d'une metrege (*sic*) des écoles pour les files, à 45 livres de gages et à ce mestre d'éscole à 120 livres.

(Registre des ordonnances, 1745-1756, fol. 8 [3].)

Conseil du 23 janvier 1746.

Les... consuls on... représenté que les pleintes que différens particuliers avoient fait sur la délibération qui a esté prise au sujet d'une metresse des écoles pour l'instruction des junes filles allegents (allèguent) qu'elle doit estre anéantie, sauf à ceux qu'il voudront envoyer leurs filles à l'escole à l'advenir les paierent à leurs freix......

... Le Conseil a délibéré de pajer lad. metresse jusques aujurduj et, pour l'advenir, a révoqué et révoque la délibération précédente, sauf à ceux qu'il voudrent envoyer leurs filles à l'escolle de la pejer en leur propre.

(*Ibid.*, fol. 17.)

COTIGNAC [4].

30 juin 1786.

Mandat de douze livres à Anne Paul, maîtresse d'école publique, pour premier quartier de ses honoraires.

(Liasse de mandats [5].)

DRAGUIGNAN.

Octobre 1566.

Françoise Gavote, mestresse des filhes.

(Payé) a Francoise Gavote, mestresse pour apprendre les filhes, quatre

[1] Archives communales de Bormes, S. GG.
[2] Canton de Callas, arrondissement de Draguignan.
[3] Archives communales de Châteaudouble.
[4] Chef-lieu de canton, arrondissement de Brignoles.
[5] Archives communales de Cotignac.

florins pour la moytié du loage d'une maison que la ville luy a accordé par
mand[amus] et acquict du xxix dud. octobre, cy produit, cy..... iiii fl.

(Compte trésoraire, S. CC. 79, fol. 181 v°[1].)

Conseil du 26 mai 1718.

Sœurs des écolles chrétienne[s].

Il a été proposé par le premier... consul que plusieurs personnes de con-
cidération et de piété de cette ville luy ont fait connoître qu'il seroit très-
avantageux pour le public que les Sœurs de l'Écolle Chrétiene qui sont icy
depuis une année eussent de quoy subsister deux en cette ville pour y continuer leur exercisse et donner une éducation chrétiene aux filles et enseigner aux pauvres les principes de la relligion, et qu'il y a des personnes en
cette ville qui, par un motif de relligion, veullent bien fournir à l'entretien
d'une de ces sœurs; mais qu'étant nécessaire qu'il y en ait deux, une seulle
ne pouvant pas suffire, la communauté fairoit un bien infini si elle vouloit
continuer pour la dépense de l'entretien de l'autre, ce qui procureroit un
grand bien en cette ville et fourniroit le mojen aux pauvres de pouvoir bien
ellever leurs filles, requérant le conseil d'y delliberer.

... Les voix courues, il a été délibéré unanimément, à la réserve de...
(deux conseillers), de donner cinquante écus pour l'entretien d'une de ces
Sœurs, tant seullement pour cette année, sauf à la communauté dans la
suite de pourvoir à leur établissement, si elle le trouve nécessaire et utile
au public [2].

(Registre des ordonnances, 1717-1721, fol. 57, S. BB. 37[3].)

MONTAUROUX [4].

(Honoré Funel, prêtre, légua à la commune, en 1765, 4970[l],9[s]) pour
le bouillon des pauvres... et pour les honoraires d'une maîtresse d'école
pour l'instruction gratuite des pauvres filles de Montauroux.

(Extrait d'une consultation de 1781 [5].)

PUGET-VILLE.

Conseil du 16 janvier 1689.

Les... consuls ont proposé que le R. P. Paul, pretre de l'Oratoire, estant

---

[1] Archives communales de Draguignan.

[2] Il n'est plus question dans la suite de ces religieuses qui ne paraissent avoir eu
à Draguignan qu'un établissement temporaire.

[3] Archives communales de Draguignan.

[4] Canton de Fayence, arrondissement de Draguignan.

[5] Archives de l'ancien hôpital Saint-Jacques déposées aux archives communales
de Montauroux.

en mission en ce lieu, les festes de Noël dernieres, leur fit cognoistre qu'il n'est pas licite ni honeste que les filles aillent dans une mesme escole que les garçons et que Caterine Amigue,... qui sçait bien lire et escrire, s'est offerte d'enseigner les filles, moyenan quelques gages moderés que la communauté luy donne, requerant le conseil de délibérer:..

... Le conseil a establi pour enseigner les filles en ce lieu, pour une année, lad. Caterine Amigue, aux gages de douze livres et ce pour une année tant seulement,... sauf, après lad. année expirée, de restablir lad. Amigue en lad. fonction ou de finir led. establissement, suivant que le cas le requiera.

(Registre des ordonnances, 1683-1703, non folioté, S. BB. 17[1].)

Le Revest.

Conseil du 11 novembre 1708.

L'asemblée recogn[aiss]ant l'important (*sic*) qu'il y a que les filles du lieu soient enseignées et qu'elles soient instruites dans la croyance de la relligion, de quoy on a déjà reçu des effect par les soins que la Sœur Catherine Teisseire en a pris jusqu'à présent, attendu qu'elle a témoigné ne pouvoir continuer sans avoir quelque rétribution, cette demande paroissant juste, le Conseil a delliberé qu'il sera payé à lad. sœur Teisseire dix-huit livres de gage chaque année, à compter dujourd'huy,... pour l'enseignement et l'éducation des filles, tant que bon semblera à la communauté.

(Cahier des ordonnances, 1708-1709, non folioté[2].)

Seillans.

Sentence du lieutenant de sénéchal de Draguignan du 20 novembre 1714.

En la cause de D[lle] Catherine Barthélemi, de la ville de Fréjus, régente des écoles des filles du lieu de Seillans, demanderesse en requête de garde en lad. fonction....,

Contre D[lle] Spérite Giraude, du lieu de Montauroux, et contre les consuls et communauté de Seillans;

Nous... avons ordonné que l'instance d'oposition sera poursuivie ainsy et pardevant qui il apartient et.... avons maintenu la partie de Richard (demanderesse) en la fonction de régente des écoles des filles du lieu de Seillans avec déffenses à celle de Mus (défenderesse) de l'y troubler, à peine de cent livres d'amende, condamnant la partie de Mus aux depens.

(Registres des causes, 1713-1716, partie inférieure, fol. 299 v°[3].)

---

[1] Archives communales de Puget-Ville.

[2] Archives communales du Revest.

[3] Archives du Var (S. B., fonds de la sénéchaussée de Draguignan .

*Prisfaict a escripre et chifrer pour Jehan-Anthoine Goyran,
marchand de Draguignan.*

L'an mil six cens quatorze et le vingt-septiesme jour du moys d'octobre, après midy, constitué en personne Jehan Voullayre, m⁰ escripvain de ceste ville de Draguignan, lequel, de son gré, a promis et promect a Jehan-Anthoine Goyran, marchand de ceste ville, y present et stippulant, de apprendre bien et deubment a escripre et chiffrer jusques aux regles de trois, compagnie et les 4 règles, nombre ronpt et jusques a perfection d'icelles, Barthelemy Goyran, son fils, et ce le plus tost que fere se pourra, moyennant le prix et somme de huict escus vailhent vingt-quatre livres, lesquelles led. m⁰ Voullayre a dict avoyr receu par cy devant, (tant) en de drap de cadis que argent preté et dont, come coumtant, en quitte le s⁰ Goyran. Et, moyennant ce, led. Goyran promet aller et adcister sond. fils a la chambre dud. m⁰ Voullayre, aux heures acoustumés et luy fornir bon papier, plumes et encre, et led. m⁰ Voullayre s'acquittera bien et duebment d'icellui et l'anseignera en tout son possible et jusques a perfection, come dict est, a peyne de touts despans, domages et interests...

Acte fait et publié aud. Draguignan.........................
....

(Malespine notaire; registre de l'année 1614, déposé dans les minutes de M. Laugier, notaire à Draguignan, fol. 776.)

Pour copie conforme :

Mireur,

correspondant du Ministère.

Pénitence expiatoire imposée au premier président d'Oppède.

Communication de M. l'abbé André.

(Séance du 1ᵉʳ décembre 1879.)

En 1544, le premier président d'Oppède, lieutenant du roi dans le pays de Provence, commandait une expédition contre les Vaudois. Il prit d'assaut Mérindol, en Provence, et Cabrières, dans le comtat Venaissin, et la population de ces deux petites villes fut exterminée. L'indignation publique fut telle qu'en octobre 1547 le premier président était arrêté par ordre du roi, amené à Paris, traduit devant le Parlement, et acquitté après cinquante audiences, parce qu'il fut démontré qu'il avait exécuté les instructions du Parlement de Provence.

M. l'abbé André a découvert une bulle d'institution du chapitre collégial d'Oppède, qui fut donnée le 17 avril 1546 par le vicaire général du Saint-Siège dans le comtat Venaissin. Cette bulle, d'une assez grande étendue, traite du chapitre nouveau, de ses droits et de son organisation. Ce qui en fait l'intérêt est une mention de quelques lignes rappelant que Jean de Maynier, baron d'Oppède, était sous le coup d'une sentence d'excommunication. M. l'abbé André assure que cette peine spirituelle l'avait atteint à la suite des cruautés commises à Cabrières, et il en conclut que la fondation avait un caractère purement expiatoire. C'est le point intéressant que nous aurions voulu voir plus clairement établi par les termes mêmes de la bulle et dont nous avons vainement cherché la preuve dans le document dont nous proposons le dépôt aux archives.

Georges Picot,

Membre du Comité.

Découverte du premier livre imprimé en Franche-Comté.

Communication de M. Castan, correspondant de l'Institut.

(Séance du 1er décembre 1879.)

Rien n'est moins élucidé que la première phase de l'histoire de l'imprimerie. Les propagateurs de l'art nouveau qui allèrent de ville en ville, avec un matériel ambulant comme eux, n'ont pas laissé de trace dans les annales des localités où ils reçurent et exécutèrent des commandes. Ils avaient cependant conscience de l'importance de leur mission : les formules pompeuses qu'ils employèrent pour dater leurs livres en témoignent; mais il est probable que l'opinion publique de l'époque fut assez indifférente à leur égard. S'ils rendaient le livre accessible à tous, ils tendaient, d'autre part, à en bannir cette ornementation qui jusqu'alors avait donné au manuscrit tant de prestige. Pour le clergé, qui les employait exclusivement, ils ne pouvaient être que des ouvriers; pour la masse, ils devaient passer inaperçus. C'est donc uniquement par leurs produits que nous pouvons connaître leurs noms, juger de leur habileté et reconstituer leurs itinéraires. Mais leurs produits ont été en majeure partie des livres de dévotion ou de liturgie, c'est-à-dire des volumes destinés à être journellement feuilletés et voués conséquemment à une destruction rapide. Ainsi s'explique l'extrême rareté de ces produits et la difficulté de déterminer le premier livre imprimé dans chaque province ou dans chaque ville de quelque importance.

En Franche-Comté, par exemple, on considère comme le premier imprimé local un *Missel* à l'usage du diocèse de Besançon, fabriqué à Salins, en 1485, par Jean des Prés, imprimeur, et édité par lui avec le concours de deux associés, Benoît Bigot et Claude Bodram [1]. C'est un fort beau volume, du format in-4°, à deux colonnes soigneusement alignées, avec intercalation de passages et de signes divers imprimés en rouge. Dans un avertissement, placé à la fin du *Propre des saints*, il est dit que ce livre fut commandé par l'archevêque de Besançon, Charles de Neufchâtel, qui voulut ainsi remédier à la pénurie et à l'incorrection des livres d'église, la plupart détruits ou mutilés durant les longues années de guerre que son diocèse venait de traverser [2]. Déjà, de 1479 à 1480, le même prélat

---

[1] Laire, *Dissertation sur l'origine et les progrès de l'imprimerie en Franche-Comté;* Dôle, 1785, in-8°. — L. de Sainte-Agathe, dans les *Mémoires de l'Académie de Besançon,* 29 janvier 1872.

[2] In Christo reverendissimi ac piissimi patris et pastoris vigilantissimi domini Caroli de Novo Castro, Dei et apostolice sedis gracia Archimandrite Bisuntini, expresso mandato, in sue diocesis antiquo ac celebri opido de Salinis (Spiritus Sancti explente gracia) presens Missalium elaboratum opus, ad usum et secundum Bisuntinum Ordinarium, ad finem usque perductum est. Rara profecto et fere nulla Missalia (his et diversorum generum aliis libris inibi impietate guerrarum absorptis) ad manum habebantur; et que supercrant, inumeris remissionibus confusa, haud parum damnosa suis lectoribus erant, quando quidem et sine artificiosa punctuatione et absque grata commodaque quotatione, inculta doctis lectoribus videbantur. His discriminibus, per solertes et industrios viros Johannem de Pratis, Benedictum Bigot et Claudium Bodram, conspicuos et plurimum commendandos impressores, occursum est et subventum. Sane hi, suo ab opere omnem lectoribus inimicam abalienantes remissionem, securis ac fidelibus punctuationi et quotationi inservierunt: in punctuatione siquidem Franciscum Petrarcham, in quotatione vero modernos Theologos imitantes. Porro, si qui, generis emulorum, hos artifices lacerare dente mordaci presumant, ab Aristotele meminerint dictum esse : «In omnibus bene agere et in nullo deviare, divinitatis quam humanitatis potius est.» Enim vero haud absurde conticere emulos Fabius facit, dum dicit: «Felices essent artes si de illis soli artifices judicarent.» — Deo gracias.

La souscription finale de ce *Missel* est ainsi conçue : «Divinis exactum auspiciis, claro Salinensi opido, secundum Bisuntine metropolitane Ecclesie missarum annualium usum, opus clarissimum caracteribus, impensa Johannis de Pratis diligenter correctis, olimpiadibus vero Domini millesimo cccc° LXXXV.»

avait eu recours à un imprimeur de Bâle, Bernard Richel, pour faire éditer un bréviaire à l'usage de son diocèse[1], circonstance qui contribuerait à prouver que Jean des Prés n'avait pas eu de prédécesseur comme typographe dans la province de Franche-Comté. Mais cet imprimeur débuta-t-il réellement par le *Missel* de 1485? Est-il croyable que, s'il n'eût rien produit antérieurement dans la province, il aurait pu trouver des associés pour répondre à une importante commande? Il était donc vraisemblable que Jean des Prés avait dû s'essayer à quelque travail préalable, afin d'inspirer confiance dans les procédés du nouvel art et dans son aptitude à les mettre en œuvre.

Cette vraisemblance devra se convertir en certitude. Je viens, en effet, de rencontrer, dans la riche série de livres du xv° siècle que possède la bibliothèque de Besançon, un volume imprimé à Salins par Jean des Prés, qui me paraît être antérieur à la production du *Missel*.

Ce volume, que personne n'avait remarqué jusqu'ici, est un *Bréviaire* à l'usage du diocèse de Besançon. Il est du format petit in-8° : 165 millimètres sur 110; les feuillets y sont groupés par cahiers de huit, mais les pontuseaux du papier affectent la disposition horizontale qui caractérise habituellement les livres du format in-12. Le nombre des feuillets est de 301. Le texte est disposé sur deux colonnes de 35 lignes chacune par page. Les caractères sont de l'espèce minuscule gothique et d'une variété très fine. Tout est im-

---

[1] Ce bréviaire, du format in-8° (22 centimètres sur 16) se compose de deux volumes, l'un renfermant les prières et offices depuis l'Avent jusqu'à la veille de Pâques, l'autre partant de ce dernier point et se terminant par les vigiles du premier dimanche de l'Avent. Sur le verso du feuillet qui ouvre le premier volume, on lit, au-dessus des armoiries de l'archevêque Charles de Neufchâtel, cet intitulé : «Presens Breviarium, cum suis regulis et constitutionibus, collectum per reverendissimum in Christo patrem et dominum, dominum Carolum de Novo Castro, Dei et apostolice sedis gratia Archiepiscopum Ecclesie metropolitane Bisuntinensis, ad laudem omnipotentis Dei ejusque intemerate Virginis et Matris Marie ac omnium civium supernorum, nec non ad decorem prefate sue Ecclesie metropolitane Bisuntinensis totiusque cleri utilitatem, in inclita urbe Basiliensi impressum ac bene correctum feliciter finit, sub anno Incarnationis Dominice millesimo quadringentesimo octuagesimo, die vero decima septima mensis augusti.» A la fin de chacun des volumes est cette souscription : «Ex Dei adjutorio, a quo omne datum optimum, finit Breviarium secundum usum Ecclesie metropolitane Bisuntinensis, per Bernardum Richel, civem Basiliensem, impressum, anno currente, a partu Virginis salutifero, millesimo quadringentesimo septuagesimo nono.»

primé à l'encre noire, de telle sorte que les passages formant rubriques ont dû être postérieurement soulignés en vermillon au moyen
du pinceau. Les grandes lettres ont été omises, car c'était alors
l'usage de laisser aux enlumineurs le soin de les tracer au pinceau.
Dans la première partie, celle occupée par le psautier, on a omis
également d'imprimer toutes les majuscules de l'intérieur du texte,
ce qui a nécessité un repiquage au pinceau très considérable. Il n'y
a pas de numérotage individuel des feuillets : chaque cahier est
signé par une lettre apposée au bas de la première et de la cinquième page de ses feuillets. Les sept premiers feuillets, remplis
par le *Calendrier* et les *Formules de bénédictions*, sont imprimés à
longues lignes et ne portent pas de signatures. Les cahiers du *Psautier*, qui viennent ensuite, se succèdent suivant les lettres de l'alphabet minuscule, depuis *a* jusqu'à *g* inclusivement. La partie
dominicale emprunte les lettres majuscules, de A jusqu'à K. La partie
des *offices propres* reprend la série des majuscules à la lettre L; mais
comme cette partie se compose de seize cahiers, les trois derniers
sont chiffrés par des signes abréviatifs de l'alphabet minuscule. Le
Commun des saints n'a que deux cahiers, qui sont signés par des
majuscules redoublées : AA et BB. Les *Heures de la Vierge* occupent
le cahier CC qui a 10 feuillets. Enfin deux cahiers sont remplis par
l'énoncé des *Règles* particulières au diocèse de Besançon, et ces deux
cahiers ont pour signatures les deux premières lettres de l'alphabet
majuscule : A et B.

Conformément aux habitudes de l'époque, il n'y a pas de feuillet
constituant un titre. La nature du livre est indiquée par deux formules initiales et deux souscriptions. La première des formules initiales est ainsi conçue :

> Christi nomine invocato. Inci-
> pit psalterium cum antiphonis versicu-
> lis et hymnis prout per anni circulum
> in ecclesia metropolitana et dio-
> cesi Bisuntinensi decantatur.

La principale souscription se lit à la fin de la partie *dominicale*
du *Bréviaire*. C'est là que gît la signature de l'œuvre, c'est-à-dire le
nom du lieu d'impression, celui de l'imprimeur et la date du produit. Mais ces indications, englobées dans des formules poétiques
du plus méchant style, ne sont pas toutes immédiatement saisis-

sables : le dégagement de l'une d'elles nous a même coûté quelques
efforts. Voici le morceau dans son ensemble :

Impressoris manus que presens
perfecit opus. Eacide similis Vulca-
nique arma capessans. De Pratis
hujus artis veri productus Achi-
les. Que sunt digna suis inter-
dum gaudia curis. Anno milleno : bis quater velut centeno. Salinis in valle : herculeo nomine
clara. Dedit Bisuntinis : hoc presens munus aptum.

Essayons de traduire en humble prose cette élucubration d'un
triste versificateur :

La main de l'imprimeur qui accomplit le présent ouvrage
Fut digne d'un Eacide et disposa des armes de Vulcain.
Des Prés, devenu l'Achille de cet art véritable,
Ayant ainsi de dignes jouissances comme intermède de ses soucis,
L'an millième, avec deux nombres multipliés par quatre ainsi que la centaine,
A Salins, dans une vallée illustre par un renom herculéen,
Fit aux Bisontins cet opportun cadeau.

Aucune ambiguïté n'est possible au sujet du nom de l'imprimeur
et de celui de la localité où le livre fut édité : il s'agit bien de Jean
des Prés et de la ville de Salins, exactement comme dans la souscription finale du *Missel* de 1485. Mais ici, la date, au lieu d'être
exprimée par le mot *millesimo* suivi de chiffres romains, est énoncée
par une formule qui a du être étriquée, pour qu'elle se prêtât aux
exigences de la versification. De là ce vers chronologique :

Anno milleno, bis quater velut centeno,

vers que nous avons interprété par cette paraphrase qui, elle-même
ne saurait se passer d'un commentaire :

« L'an millième, avec deux nombres multipliés par quatre ainsi
que la centaine. »

L'an millième avec quatre fois la centaine, cela nous donne mil
quatre cent : à quoi il faut ajouter deux nombres multipliés par
quatre, *bis quater*, littéralement « deux fois de suite quatre fois ».
Quels sont les deux nombres multiplicandes que les nécessités de la
mesure du vers ont fait sous-entendre?

Le premier de ces nombres est forcément *vingt*, car il est certain que notre *Bréviaire* salinois n'est pas antérieur à 1480, vu qu'en cette année-là l'imprimeur bâlois Bernard Richel avait produit un *Bréviaire* à l'usage du diocèse de Besançon, sous les auspices de l'archevêque Charles de Neufchâtel, le prélat même qui se fit plus tard le patron de Jean des Prés.

Quel nombre multiplié par quatre y a-t-il lieu d'ajouter à la date 1480? Si nous descendions seulement jusqu'à *deux* dans l'échelle des nombres, nous obtiendrions par multiplication le nombre *huit*, et il en résulterait la date 1488 pour notre *Bréviaire*, date inadmissible, car elle ferait naître ce volume trois ans après le *Missel* du même imprimeur, ce que l'examen comparatif des deux travaux ne permet pas de supposer un seul instant. En effet, lors de la confection du *Bréviaire*, Jean des Prés n'a qu'un outillage des plus imparfaits : il n'a pas la possibilité de tirer en rouge les passages ayant le caractère de *rubriques;* de plus, il opère encore seul et cherche visiblement à se faire valoir. Quand il confectionne le *Missel*, il a trouvé des associés, il se flatte d'avoir des correcteurs à son service; son outillage est complet, et il semble n'avoir plus besoin de s'intituler l'*Achille* de son art. Il est à remarquer, d'autre part, qu'en 1488 l'imprimerie fonctionnait à Besançon; qu'elle y produisait, pour le compte de l'administration diocésaine, un recueil de *Statuts synodaux*[1], qui débute par un grand titre et dont toutes les pages sont surmontées de titres courants, agréments typographiques qui n'apparaissent ni dans l'un ni dans l'autre des volumes produits à Salins par Jean des Prés.

La multiplication du nombre *deux* par quatre nous conduirait donc à assigner au *Bréviaire* salinois une date que démentirait l'imperfection typographique de ce volume. Force nous est dès lors de rétrograder dans l'ordre numérique et d'essayer la multiplication par quatre du nombre qui précède *deux*, c'est-à-dire de l'*unité* simple.

---

[1] «Statuta sinodalia, cum Speculo sacerdotum : Speculum anime peccatricis, Canones penitentiales, Tractatus de horis canonicis dicendis, Tractatus de arte bene moriendi, Speculum ecclesie. — Finit Speculum ecclesie, una cum aliis tractatibus. Impressum Bisuntii, anno Domini millesimo quadringentesimo octuagesimo septimo, prima die martii.» — In-fol., 28 centimètres de haut sur 20 de large. — Le changement de millésime ayant lieu à la fête de Pâques, et le 1er mars étant antérieur à cette fête, la date ci-dessus transcrite doit être considérée comme appartenant à l'année 1488.

Nous obtenons ainsi le nombre *quatre*, qui, ajouté à 1480, fournit la date 1484. Avec cette date, le *Bréviaire* salinois apparaît comme l'œuvre du début de Jean des Prés, et il n'y a plus à s'étonner de son imperfection; il précède d'une année le *Missel* salinois, et la supériorité relative de ce *Missel* s'explique par l'existence d'un produit antérieur du même typographe; il devance enfin de quatre années le premier livre imprimé à Besançon, et l'on doit trouver naturel qu'il ne s'y rencontre pas, comme dans ce dernier volume, un grand titre ainsi que des titres courants faisant têtes de pages.

On le voit, la date 1484 est la seule qui, tout en donnant une explication plausible de l'énigme chronologique du *Bréviaire* salinois, permette que l'on se rende compte de l'insuffisance des moyens typographiques et des prétentions singulières de l'auteur de ce volume. Nous pensons donc que la date 1484 est la seule traduction possible de cette malencontreuse formule :

Anno milleno, bis quater velut centeno.

Cette restitution aura pour conséquence de reculer d'une année le point de départ de l'imprimerie en Franche-Comté, comme aussi de reléguer au second rang des produits de la typographie comtoise le *Missel* édité à Salins en 1485. Mais Jean des Prés, auteur du *Bréviaire* et du *Missel*, n'en devra pas moins être considéré comme l'importateur de l'imprimerie dans notre province.

Il serait intéressant de savoir à quel courant de propagande typographique se rattachait notre Jean des Prés, et quel avait été son itinéraire avant de travailler à Salins pendant les années 1484 et 1485. Un indice semblerait à cet égard résulter de l'examen du papier dont se compose le *Bréviaire*. Ce papier a pour *filigrane*, ou marque de fabrique, un P fleuronné à queue fourchue. Or cette marque ne compte pas au nombre de celles qui se trouvent sur les papiers de notre région au xve siècle; généralement on y voit une tête de bœuf. Le P à queue fourchue est, au contraire, fréquent sur les papiers fabriqués dans l'Ile-de-France, durant la seconde moitié du xve siècle[1]. Pourrait-on baser sur un aussi frêle indice la présomption que Jean des Prés nous serait venu de la région parisienne? En attendant des indications plus précises que nous promet

---

[1] Midoux et Matton, *Études sur les filigranes des papiers employés en France aux xive et xve siècles*, nos 327-336; Paris (Laon), 1868, in-8°.

un libraire érudit, M. Claudin, remarquons que le nom de notre premier imprimeur a une allure essentiellement française, puis gardons-nous aussi d'oublier que l'archevêque Charles de Neufchâtel, pour qui Jean des Prés opérait, ne quittait guère alors la cour du roi Louis XI, ses diocésains ne lui pardonnant pas d'avoir tiré profit de l'annexion violente de la Franche-Comté à la France.

Auguste Castan,

Membre non résidant du Comité.

Documents relatifs à la principauté de Sedan.
Communication de M. Nozot, correspondant à Sedan.

(Séance du 5 janvier 1880.)

M. Nozot a continué d'envoyer au Comité, dans le courant de 1879, comme précédemment, un certain nombre de documents relatifs à la principauté de Sedan. Ces documents, qui portent presque tous la date du xvii° siècle, sont pour la plupart des ordonnances émanant des souverains de cette principauté et concernant des mesures et des règlements de police, soit sur la voirie, soit sur les cabaretiers et les mendiants, soit sur les précautions à prendre dans les maladies contagieuses, soit sur l'usage du vin et du tabac, etc. Un seule pièce parmi ces diverses communications ne rentre pas dans cette catégorie; c'est un édit rendu, le 31 août 1638, à l'occasion de son changement de religion, par Frédéric Maurice de La Tour, dernier prince souverain de Sedan, qui, après avoir épousé, en 1634, Éléonore de Bergues, catholique et fille du gouverneur de la Frise, venait d'abjurer la religion protestante et d'embrasser le catholicisme, malgré les réclamations de sa mère Élisabeth de Nassau, fervente calviniste. Cet édit, qui avait pour objet de rassurer les fonctionnaires publics et ses sujets en général sur les effets de sa conversion et de confirmer la liberté des cultes dans sa principauté, se distingue non seulement par une absence complète de prosélytisme, mais encore par un remarquable esprit de modération et de tolérance, à une époque d'ardents dissentiments religieux. Toutefois, ces dispositions libérales, qui n'étaient peut-être que le résultat d'un calcul politique de circonstance, ne durèrent pas au delà de l'année suivante, et le zèle du nouveau converti ne tarda pas à se manifester. D'ailleurs, peu de temps après, en 1642, la principauté ayant été réunie à la couronne de France, le maréchal Fabert, nommé gouverneur de Sedan, signala son administration par les actes les plus défavorables aux protestants.

J'ai l'honneur de proposer au Comité le dépôt de cette pièce dans ses archives. Quant aux autres, elles pourront être jointes utilement à toutes celles de même nature que M. Nozot a déjà communiquées à la section d'histoire.

Je propose en même temps des remerciements à notre correspondant de Sedan.

L. Bellaguet,

Membre du Comité.

Une lettre inédite de Jean Cavalier.

Communication de M. Charvet, correspondant à Alais (Gard).

(Séance du 5 janvier 1880.)

M. Charvet, en nous envoyant la lettre inédite dont on trouvera le texte ci-dessous, nous annonce qu'une découverte récente, faite par M. Charles Sagnier, dans les archives du palais de justice de Nîmes, permet de fixer d'une façon précise la date de naissance du fameux chef des Camisards cévénols. Jean Cavalier (l'acte porte *Cavallier*), fils aîné d'Antoine Cavalier, de Tornac, et d'Élisabeth Granier, du Mas-Roux, serait né dans cette dernière localité, petit hameau dépendant de la commune de Ribaute (canton d'Alais), le 28 novembre 1681, et aurait été baptisé le mois suivant, à Cardet, village situé en face de Ribaute, sur la rive droite du Gardon d'Anduze.

La lettre que nous communique M. Charvet se trouve actuellement entre les mains d'un parent fort éloigné de la mère de Cavalier, habitant un autre hameau de la commune de Ribaute. Elle est écrite de Jersey, où l'Angleterre avait donné un asile et de belles fonctions à l'ancien adversaire des Villars et des Montrevel. Elle porte la date de 1739, et n'est antérieure que de dix mois à la mort du signataire. On en remarquera l'orthographe barbare, qui était bien explicable chez l'ouvrier boulanger ou chez le chef de partisans, mais qui étonne singulièrement de la part du gouverneur général d'une île anglaise. La signature, que M. Charvet lit *Cavallier*, mais qui me paraît être plutôt terminée par une *s*, d'après le fac-similé de notre correspondant, diffère soit de l'orthographe suivie par tous les historiens, soit des signatures (*Cauailier, Jean Cavalier, J. Cavaillé*) de trois lettres publiées par M. Roschach, dans le tome XIV de l'*Histoire générale du Languedoc*. L'acte de naissance ou de baptême signalé par M. Charvet porte, comme nous l'avons dit en commençant : *Cavallier*, et c'est ainsi que sont signées deux lettres qu'on trouve dans le *Bulletin de la Société du Protestantisme français*, année 1858, p. 70-71.

A. DE BOISLISLE,

Membre du Comité.

Une lettre inédite de Jean Cavalier.

A Jersey, ce 26 aous 1739.

Jay receut, ma chere cousine, la votre ans sont temt; mais jay ete si acablé de maux, pandant six mois, que jait ete a larticle de la mort pleusieurs fois; mais le bont Dieu a ete mont medesint, comme il a toujour ete mont protetur et mont defanseur contre tout mais ennemis; lorsque jay crie a luy il ma toujour exauce : beni soit a jamais sont saint nomt. Les prieres des veves et des horfelints sont montees jusque a sont tronne, et jespere que ma reconesance durera aux tant que mais jour, car il ma chatié, mais comme unt bont paire chatie ses enfant. Je suis assez bient et tabli, Dieu soit benit, et je parti disi aux premier jour pour aller remercier a mont bont maitre de se quil lui a pleu mai faire Major general, out, comme on apelle ent France, Maraisal de camp general de ses armee. Ont masure que le Roi a eut la bounte de me donner unt regimant, mais je ne suis pas assure que se ne soit a Londre : cela seroit for heureux pour moy; car, dans ce gouvernement, jai beaucoupt de painne et de fatigue, et je commance a me faire vieux, 57 ant[1], et mont age et ma lounge emdisposi^{ont} ma fors affoibli; je vais prandre laise eaux en Engleterre pour etre ent etat de faire la guerre aux Expagnol sil ne veulent pas etre sage. Cependant je soite for la paix et la tranquilite, comme je vous la soite a tous mais parant et amis qui creignent Dieu et gardent ses commandemant. Je nait pas le tant de crire a mont fraire et seur, car jait ordre dalair faire la reveue des troupes qui sont dant un ille tout proche dicy, et vous prie de luy faire savoyr que je me porte

---

[1] Cet âge énoncé par Cavalier est parfaitement justifié par la date de sa naissance. Ce personnage étant né le 28 novembre 1681, il avait en effet cinquante-sept ans au mois d'août 1739, date de sa lettre; et il fallait arriver à la fin du mois de novembre suivant pour qu'il eût cinquante-huit ans révolus.

asses bient, apres que je les ambrasse, comme ausi ma chere cousine nee
Cavalier. Je suis ravit daprandre quelle ount ete toutes ete mariee; je leur
soite toute sorte de bontheur, comme a vous et a tout ceux qui vous apar-
tiennent, et suis trais veritablemant, ma chere cousine, tout a vous.

Cavallier.

> Faut il o Dieu que nous soyons epars
> Et que, sant faint, ta colerre enfllamee
> Jete sur nous une epasse fumee
> Sur nous, Seigneur, les brebis de tes pars?
>
> A souvient toit dunt peuple rachete
> Qui, de tout tems techu comme en partage,
> Et du saint mont qui fut tont eritage,
> Que lont a veu par toit maime abite;
>
> Hate tes pas viens confondre a jamais
> Ses ennemis [1].....

Pour copie conforme :

G. Charvet,

Correspondant du Ministère.

Lettres relatives à l'Université de Pont-à-Mousson.

Communication de M. l'abbé Hyver, à Pont-à-Mousson (Meurthe-et-Moselle).

(Séance du 5 janvier 1880.)

M. l'abbé Ch. Hyver, chanoine honoraire et président de la Société
philotechnique de Pont-à-Mousson, nous transmet le texte de deux
lettres relatives à l'Université établie dans cette ville, en 1573, par le
cardinal Charles de Lorraine, et où les jésuites faisaient des cours de
philosophie, de théologie et de langues, à côté desquels le duc
Charles II avait fondé des chaires de droit et de médecine. L'une de
ces lettres est adressée par le chancelier Daguesseau, le 21 décembre
1741, au président d'Argny, et a trait aux formalités requises pour
la validation en France des degrés pris à Pont-à-Mousson par les
avocats lorrains. L'autre lettre est écrite par le duc de Choiseul,
secrétaire d'État, à l'évêque de Metz, le 7 août 1768, et expose les
motifs qui avaient décidé le roi Louis XV à transférer l'Université
à Nancy, par suite de l'expulsion des jésuites.

[1] Psaume 74.

Je propose le dépôt de la première pièce aux archives du Comité et la publication de la seconde, qui renferme quelques détails intéressants sur la réorganisation de l'Université et sur les liens qui continuaient à y rattacher, même après son transfert à Nancy, le séminaire et le collège de Pont-à-Mousson.

Dans la même lettre d'envoi, M. l'abbé Hyver annonce une série de documents relatifs au séjour du duc de Mercœur à Nantes pendant la Ligue et à sa campagne en Hongrie, ainsi qu'une *Vie du duc Charles IV de Lorraine*, par Hugo, abbé d'Estival, de l'ordre de Prémontré[1], et le journal d'un curé lorrain pendant la fin du xvii⁰ siècle et le commencement du xviii⁰; mais il paraît, par un *post-scriptum*, que cet envoi a été retardé, et une seule pièce a été jointe aux deux lettres indiquées plus haut. C'est un ordre du duc de Mercœur pour la garde du château de Nantes (15 juillet 1589), que je propose de remettre aux archives du Comité.

A. DE BOISLISLE,

Membre du Comité.

Lettre originale du duc de Choiseul, ministre, à M. l'évêque de Metz.

A Compiègne, le 7 août 1768.

Le Roy, Monsieur, vient d'ordonner, par des lettres patentes adressées à la Cour souveraine de Lorraine, la translation de l'Université de Pont-à-Mousson en la ville de Nancy.

Ce projet avoit été formé par le roi de Pologne, et il paroît avoir eu un commencement d'exécution par la translation faite en 1760, à Nancy, de la chaire de mathématiques fondée en ladite Université, par la création de deux chaires de philosophie dans le collège de cette ville, et son agrégation à l'Université. Les obstacles qui se sont opposés alors à l'entier accomplissement du projet, sont levés aujourd'hui par la dissolution de la Société des Jésuites, en faveur desquels l'établissement de l'Université semble avoir été fait, et le moment ne peut pas être plus favorable pour consommer un arrangement convenable à tous égards. Vous verrez, Monsieur, par les précautions prises par les lettres et patentes, que vos intentions et vos droits ont été ménagés autant que cette considération pouvoit se concilier avec un changement reconnu nécessaire.

---

[1] Cet abbé, qui fut évêque *in partibus* de Ptolémaïde, est l'auteur d'une *Dissertation sur les armes des maisons de Lorraine et du Châtelet* (1736), insérée dans l'ouvrage de Dom Calmet.

L'Université de Pont-à-Mousson, au moins pour le séminaire et la faculté de théologie et des arts, ce qui comprend le collège, est de votre diocèse. On distrait de l'Université le séminaire et les revenus qui lui sont particulièrement attachés, et on le laisse subsister à Pont-à-Mousson sous votre direction seule : ce qui vous donne les mêmes ressources que vous offroit l'Université pour les ressources de vos ecclésiastiques. De plus, on conserve encore à Pont-à-Mousson, outre le collège, sur l'administration duquel vous aurez l'influence que vous devez avoir, une chaire de théologie à votre nomination et on agrège cette chaire à l'Université de Nancy, en sorte que les étudiants qui l'auront suivie pourront, dans un seul voyage qu'ils feront dans cette ville, prendre leurs grades.

Il n'est pas douteux que l'Université sera bien plus florissante à Nancy, tant par le nombre que par le choix des étudiants, dans les quatre facultés, et que celle de droit surtout sera beaucoup mieux sous les yeux des tribunaux supérieurs. D'ailleurs, Nancy ne contient pas un grand nombre d'habitants proportionné à son étendue, et il faut la peupler de quelque manière que ce soit.

J'ai l'honneur d'être, Monsieur, votre très humble et très obéissant serviteur.

Le duc de Choiseul.

(Archives de la préfecture de Metz, G. 250.)

Pour copie conforme :

Ch. Hyver.

PIÈCES EXTRAITES DES ARCHIVES DU GRAND-DUCHÉ DE LUXEMBOURG.

Communication de M. de Marsy, correspondant à Compiègne.

(Séance du 5 janvier 1880.)

J'ai rendu compte, il y a quelques mois à peine, d'une première communication de pièces que M. le docteur Ruppert, archiviste et secrétaire général du gouvernement du grand-duché de Luxembourg, avait pris la peine de faire transcrire pour notre correspondant. Le nouvel envoi se compose de six pièces : 1° un passeport délivré, le 15 novembre 1593, par le duc de Bouillon, à un trompette allant à la recherche d'un déserteur; 2° et 3° deux lettres de Henri IV aux officiers et magistrats de Luxembourg (1er octobre 1598 et 6 avril 1600), relatives à un vol de bijoux commis dans la ville de Metz; 4° des lettres de sauvegarde pour l'abbaye d'Orval, datées du 21 novembre 1644; 5° et 6° deux autres sauvegardes pour les jésuites de Luxembourg.

Je propose de remettre ces pièces aux archives du Comité, à l'exception des deux lettres de Henri IV, qui doivent prendre place dans le dossier dont la formation m'a été confiée.

A. de Boislisle,
Membre du Comité.

Documents envoyés par M. Pouy, correspondant.

(Séance du 5 janvier 1880.)

M. Pouy, correspondant du Ministère de l'instruction publique, a envoyé au Comité une copie manuscrite d'un édit de Louis XV, du 5 août 1768, relatif à la cession faite à la France, par la république de Gênes, de ses droits sur l'île de Corse, et une proclamation en italien adressée aux peuples de ce pays, datée de Corte, le 28 août 1768, et publiée au nom du Conseil d'État de ce royaume par le grand chancelier Joseph Masseri, protestant contre l'acte de cession. La première de ces pièces est imprimée dans le *Recueil des anciennes lois françaises* d'Isambert; quant à la seconde, il est évident qu'elle doit figurer dans les nombreuses histoires de la Corse écrites en français et en italien et qu'elle se retrouve à Gênes au Palazzeto, annexe du palais ducal, dans la collection nommée *Archivio del Magistrato di Corsica*, qui réunit tous les documents ayant trait à la domination génoise et s'étendant même jusqu'en 1769. Comme il peut être intéressant de comparer les textes entre eux, nous proposons de déposer les deux actes aux archives du Comité et d'adresser des remerciements à l'auteur de l'envoi.

E. de Mofras,
Membre du Comité.

Ordonnance de Jean de Soissons, sire de Moreuil, relative aux mesures à prendre pour la défense de la ville de Compiègne en mai 1411.

Communication de M. le comte de Marsy, correspondant à Compiègne.

(Séance du 2 février 1880.)

L'ordonnance dont M. de Marsy nous transmet une copie se trouve transcrite dans le *Journal des affaires de la ville de Compiègne de 1406 et 1413*, que possèdent les archives municipales de cette ville. On y voit comment se faisait le service du guet dans les places fortes pendant les premières années du xve siècle. Jean de Soissons, sire de Moreuil, capitaine de Compiègne, avait sous ses ordres quatre lieutenants, et chacun de ces lieutenants était chargé de pourvoir à la défense de l'un des quartiers de la ville. L'escorte du capitaine comprenait quarante hommes d'armes, celle de chaque lieutenant, vingt seulement.

Quatre portes principales donnaient accès dans l'intérieur de la ville de Compiègne : la porte du Pont, la porte de Paris, la porte de Pierrefonds et la porte de Soissons. Chacune de ces portes était gardée par dix hommes d'armes et dix arbalétriers commandés par un connétable. On n'était pas admis à faire le guet si l'on n'était âgé de seize ans au moins. Une amende de cinq sous parisis était infligée aux bourgeois qui ne remplissaient pas ce devoir civique. Ouverte entre 5 et 6 heures du matin, les portes étaient fermées entre 7 et 8 heures du soir. En cas de danger, tous les hommes de Compiègne non employés à la garde des portes devaient se rassembler au marché au blé pour se mettre à la disposition du capitaine de la place ou de son lieutenant ou du lieutenant du bailli.

Telles sont les principales dispositions de ce règlement dont le texte a été savamment annoté par M. de Marsy. La région où se trouve Compiègne fut, vers le milieu de 1411, le théâtre d'une lutte acharnée entre les ducs d'Orléans et de Bourgogne. Vers les premiers jours du mois de septembre de cette année, les deux armées orléanaise et bourguignonne se trouvèrent en présence entre Compiègne et Montdidier [2]. C'est en prévision de cette lutte, notre zélé correspondant a omis de le faire remarquer, qu'avaient été prises les mesures consignées dans l'ordonnance de 1411. Nous proposons de publier le texte de cette ordonnance dans la *Revue des Sociétés savantes*.

SIMÉON LUCE,

Membre du Comité.

[1] Le plan dressé en 1509 mentionne aussi la porte de Notre-Dame, la porte de l'Oise et la porte Corbie. La porte de Soissons est appelée porte Chapelle.

[2] *Geste des nobles*, publiée par Vallet de Viriville, Paris, 1869, in-18, p. 136.

Ordonnance [1] pour la défense de la ville de Compiègne (1411).

Ordonnances faites par monseigneur le cappitaine de Compiègne [2] pour le fait de la garde d'icelle :

1. Et premiers, est ordonné que le guet de jour et de nuit sera renforcié et seront contrains ceulx des portes à estre armés et à eulx tenir à la porte et se ilz font le contraire, ils le amenderont de v sous parisis et se il est ainsy que les chiefs ne puissent estre en personne, ils seront quittes, eulx premiers excusés, de y mettre personne souffisante; et sera la moictié de la paine acquise à monseigneur le cappitaine et l'autre moictié aux autres compaignons de la porte.

2. Item, les connestables ne receveront personne à guet de nuit, se il n'est aagé de xvi ans et de plus.

3. Item, les portes seront ouvertes entre v et vi heures et closes entre sept et huit heures; et seront à la porte de Pierrefons les gardes des portes à iiii heures; et, ainçois que on ouvre la porte, mettront hors par la planchette ii ou iii personnes, pour descouvrer et savoir se il y a embusches et, jusques à leur retour, ne seront ouvertes.

4. Item, que ceulx des connestablies pour le fait du guet, en cas d'effroy, se tenront en leur gardes et connestablie sans aler ailleurs.

5. Item, en ce cas, le gens d'armes, qui ne seront pour ce jour ès portes, seront divisez en vi parties. C'est que le cappitaine commettra iiii lieutenans, dont chacun lieutenant aura vint hommes d'armes, pour aler sur les murs, et le cappitaine aura pour aler avec lui xl.

4. Item, aux portes ouvertes, aura, en ce cas, à chacune x hommes

[1] L'ordonnance suivante se trouve transcrite dans le *Journal des affaires de la ville de Compiègne*, de 1406 à 1413, fol. 119 et 120, entre des délibérations de mai et juillet 1411 (Archives de Compiègne, BB. 1 : Inventaire l'Épinois). M. de l'Épinois mentionne cette ordonnance dans ses *notes sur les archives municipales de Compiègne* (*Bibl. de l'École des chartes*, t. XXIV, p. 478). On en trouve le projet dans les notes de l'assemblée du 13 mai 1411.

[2] Jean de Soissons, sire de Moreuil, chambellan du roi, tué à la bataille d'Azincourt (P. Anselme, VI, p. 718, et *Azincourt*, par R. de Belleval, p. 232). Il avait été nommé en août 1410, et les habitants avaient d'abord refusé de le reconnaître, mais, peu après, ils ne tardèrent pas à l'envoyer chercher à Paris, pour venir pourvoir à la défense de la ville « menaciée par plusieurs gens armés du pais de Brebant et aillieurs ». Arrivé le 21 octobre 1410, J. de Soissons en était reparti le 6 novembre; mais, appelé de nouveau, il était à Compiègne depuis le 22 avril 1411, pour faire garder la ville (BB. 1. fol. 102 et 114).

d'armes et x arbalatriers et, où cas que il y avait si grant effroy que il fau-
roit lever le pont, les x hommes d'armes et les x arbalatriers se retrairont
sur la porte.

7. Item, tous les dessus diz, tant hommes d'armes, comme arbalatriers
et comun, ne se bougeront, pour quelque effroy que il adviengne, de leurs
dites gardes, si non par l'ordonnance dudit cappitaine ou de ses lieuxtenans, et sera deffendu sur le hart.

8. Item, est ordonné que, en cas d'effroy, se les connestables, pour l'estat du guet, estoient aux portes pour le jour de l'effroy, ils ne se partiront
point desdites portes et auront un lieutenant, qui, pour ledit jour, fera
l'office de connestables, que eulx mesmes, esliront des gens gardans les
portes et non d'autres; et auront charge lesdits connestables de le dire pour
chacun jour qu'ilz yront aux portes. Lequel lieutenant sera tenus de prenre
et avoir la charge de ladicte connestablie et faire autel comme ledit connestable feroit en sa personne. Et, de fin, eslira chacun connestable son dit
lieutenant, à ce que il reffusoient à loy estre, on y peust pourveoir.

9. Item, seront ordonnés iiii lieutenans dudit monseigneur le cappitaine,
dont chacun aura, en cas d'effroy, un cartier de la ville à garder. C'est assavoir : Gille du Val, Lorens de l'Eglise, Jehan le Feron et Simon Pouillet[1].
Et aura ledit Gille du Val, pour son quartier de la ville, depuis la porte
du Pont jusques à la porte Paris; item, ledit Lorens, depuis la porte de
Paris jusques à la porte de Soissons; item, ledit Simon Pouillet, depuis la
porte de Soissons jusques à la tour des Offices ; et ledit Feron, depuis la tour
des Offices jusques au Pont. Lesquelx lieuxtenans seront eux xx° de gens
armés, pour leurs dis quatres gardes, qui leur seront baillez par ledit cappitaine. Et, en cas que lesdis lieuxtenans seroient empeschiez, ilz feront et
esliront lieuxtenans, pareillement que les connestables.

10. Item, sera tenu le connestable des arbalatriers[2] de envoier à chacune de deux portes ouvertes x arbalatriers, en cas d'effroy, à compenre
ceulx qui pour ledit jour serviront, et le dira ledit connestable aux arbalatriers.

11. Item, tout le demourant de gens armés, qui ne seront point occupez,
se assambleront au Marché au blé, et là trouveront le cappitaine ou son

[1] Trois d'entre eux avaient rempli ou remplissaient encore les fonctions de gouverneur attourné : Laurent de l'Église, en 1390-1393; Jehan le Bon, de 1410 à 1416
et Simon Pouillet, également de 1410 à 1416.

[2] Les arbalétriers de Compiègne, sur lesquels j'ai déjà réuni d'assez nombreux
renseignements, avaient été investis de privilèges par une charte de Charles V, de
septembre 1368, citée dans les *Ordonnances* (t. V, p. 144) et dont l'original est mentionné par M. Cocheris, dans son *Inventaire des manuscrits concernant la Picardie*
(v° *Compiègne*, n° LXXI).

lieutenant [1], le lieutenant de monseigneur le bailly [2], et le procureur du roy notre sire [3], qui en ordonneront ainsy que bon sera à faire.

Pour copie conforme :

Marsy,

Correspondant à Compiègne.

Diplômes d'Édouard III, roi d'Angleterre, et autres documents relatifs à la Guyenne.

Communication de M. Gragnon-Lacoste, à Talence, près Bordeaux.

(Séance du 2 février 1880.)

M. Gragnon-Lacoste, qui a en sa possession une partie des archives de la seigneurie de Saint-Magne en Bordelais, a adressé au Comité la copie d'un certain nombre de pièces qui font partie de sa collection.

1° Le plus ancien de ces documents est un acte daté de Westminster le 1er juin, la seizième année du règne d'Édouard III, par lequel ce prince concède à Bernard d'Escoussans, seigneur de Langoiran, le droit de haute justice dans la terre de Saint-Magne dont ledit Bernard est seigneur, du chef de sa femme, Miramonde de Calhau, dame de Fronsac. La seizième année du règne d'Édouard III correspond à l'année 1342. Cet acte n'a pas été publié dans la collection de Rymer. Toutefois nous ne proposons pas de l'insérer dans la *Revue des Sociétés savantes*, parce que l'envoi de M. Gragnon-Lacoste n'est qu'une traduction faite, non d'après l'original, mais d'après une expédition authentique délivrée le 17 août 1745, la dix-neuvième année du règne de Georges II, par un notaire public de Londres, nommé Benjamin Bonnet. Il est regrettable que notre correspondant ne nous

---

[1] Probablement Jacques Lallemant. On connaît aussi un autre lieutenant de Jean de Soissons, appelé Jacques le Changeur.

[2] Henri Auchier, écuyer, échanson du roi, exerça ces fonctions de 1409 à 1418 (Gaya, *Barons fieffés de Saint-Coreillo*, p. 151). Il avait eu comme prédécesseur, depuis 1389, un Pierre d'Ailly, proche parent du cardinal évêque de Cambrai et dont le nom continue à figurer en tête des assemblées de la ville, à côté de celui de Henri Auchier.

[3] Jacques Aubry. Il paraît avoir rempli antérieurement les fonctions de prévôt de la ville, de 1402 à 1404.

ait pas adressé, au lieu d'une traduction française, une copie fidèle
du texte latin de cette expédition. Un extrait de ce même document,
certifié le 22 janvier 1589 par le garde du trésor des titres déposés
au château de Nérac, qui nous a aussi été transmis par M. Gragnon-
Lacoste, renferme de telles fautes de lecture qu'il ne peut être d'aucune utilité. Nous en dirons autant d'un autre extrait, de même
origine, où l'on trouve l'analyse d'un acte, sans date, mais postérieur au précédent, par lequel Édouard III autorise Bertrand de
Podensac à faire construire une maison forte à Saint-Magne. La
qualification de « seigneur des Indes », au lieu de seigneur d'Irlande,
donnée au roi d'Angleterre, indique suffisamment la légèreté ou
l'ignorance du scribe qui a rédigé cet extrait. Un troisième extrait,
dépourvu de date comme les deux précédents, est relatif à un hommage de la terre de Saint-Magne fait à Charles, seigneur d'Albret,
par Bertrand, seigneur de Saint-Magne.

2° Arrêt du parlement de Bordeaux en date du 23 décembre 1491,
maintenant les habitants de la ville et châtellenie de Saint-Macaire,
notamment ceux de la paroisse de Sainte-Croix-du-Mont, dans la
possession et jouissance de certains pacages y énumérés au sujet
desquels il y avait procès entre lesdits habitants et Gaston de Foix,
comte de Candale et de Benauges, qui prétendait que lesdits pacages relevaient de son comté de Benauges.

3° Édit de Henri II, daté de Saint-Germain-en-Laye au mois de
décembre 1556, portant érection du duché d'Albret en faveur de
Henri, roi de Navarre, chef de la maison d'Albret. Le texte de cet
édit a été établi par notre correspondant d'après une expédition
authentique délivrée le 6 février 1734, qui fait partie de sa collection. Quoi qu'en dise M. Gragnon-Lacoste, l'édit d'érection du duché
d'Albret a été plusieurs fois publié, notamment par le P. Anselme
(*Histoire généalogique de la maison de France*, IV, 506 à 509).

4° État des biens que possédait, en la province de Guyenne, Jean-
Louis de Nogaret et de la Valette, duc d'Épernon, mort à Loches
en 1642. L'évaluation du revenu de chaque terre, jointe à cet état
dressé en 1678, offre un certain intérêt au point de vue de l'histoire
économique.

5° Conventions arrêtées le 16 juillet 1710 entre Jean-Baptiste
comte de Rochechouart, agissant comme curateur de dame Marie-
Gabrielle de Rochechouart, veuve de Jules-Armand Colbert, marquis de Blainville, sa belle-mère, d'une part, et les habitants de

l'Isle-Dieu, d'autre part. On remarque surtout, parmi ces conventions, un article qui enjoint aux pêcheurs apportant de la sardine à l'Isle-Dieu d'en donner un cent au seigneur, quand même ils n'en vendraient pas.

6° Extrait du registre du greffe de la châtellenie royale de l'Isle-Dieu, du 6 mars 1786, et statistique de l'Isle-Dieu adressée en 1788 par le chevalier de Verteuil, gouverneur de cette île, au procureur général près la sénéchaussée de Poitiers. On voit par ce mémoire que la population de l'Isle-Dieu était alors de 2,600 âmes environ; elle n'en compte aujourd'hui que 2,200 seulement. M. Gragnon-Lacoste a joint à ces documents statistiques une notice biographique fort intéressante sur le marquis Marc-Antoine de Verteuil, né à Saint-Loubès, près Bordeaux, le 10 septembre 1718, gouverneur de l'île d'Oléron en 1776, appelé le 1er avril 1791 au commandement militaire de la Vendée et des Deux-Sèvres, mort en 1803 au château de Cros, commune de Sainte-Croix-du-Mont (Gironde).

7° La septième et dernière communication de M. Gragnon-Lacoste est un mémoire sur le véritable emplacement de l'ancien manoir et par suite du fameux vignoble dit du pape Clément. Ce mémoire est accompagné d'un plan parcellaire de la commune de Pessac, près Bordeaux, où est situé ce vignoble donné par Bertrand de Goth, devenu pape sous le nom de Clément V, aux archevêques de Bordeaux. Le mémoire de notre correspondant tend à déposséder un domaine, aujourd'hui indûment appelé du « pape Clément », d'un titre qui, d'après lui, serait usurpé, et ce au profit d'une certaine portion de terrain qui porte encore sur un plan cadastral, dressé en 1780, la désignation de « quartier du pape Clément ». Nous avons toutes sortes de raisons de nous abstenir de prendre parti dans ce litige d'un intérêt purement local. Nous dirons seulement que M. Gragnon-Lacoste, non content de produire des arguments fort solides à l'appui de sa thèse, l'a soutenue avec une chaleur parfois excessive; il sied bien d'apporter plus de calme dans une discussion topographique, même lorsqu'un intérêt vinicole est en jeu.

Remerciements et dépôt aux archives.

Siméon Luce,
Membre du Comité.

Notes sur les gages des serviteurs de Daniel Huet.

Communication de M. le baron de Girardot, membre non résidant du Comité.

(Séance du 2 février 1880.)

La communication que M. de Girardot adresse au Comité, et dont je suis chargé de vous rendre compte, est relative à un registre de 269 feuillets in-folio, où Daniel Huet a inscrit ses dépenses quotidiennes de mai 1671 à la fin de 1691, les recettes qu'il a effectuées et la liste des actes qu'il a passés pour l'administration de ses biens depuis le 23 juillet 1654 jusqu'au 27 décembre 1691, les comptes particuliers qu'il a ouverts de 1660 à 1691 aux personnes avec lesquelles il a été en relations d'affaires, ainsi qu'à ses fournisseurs et à ses serviteurs, et enfin la mention des arrangements de fortune qui ont été arrêtés entre sa sœur et lui. Cet intéressant manuscrit appartient aujourd'hui à M. de Girardot[1].

A la description sommaire qu'il nous fait parvenir, notre collègue a mêlé quelques indications sur les dépenses et les revenus de Daniel Huet, que nous voyons dépenser 437 livres, dont 143 pour le carrosse, en mai 1671; 5,834 livres, dont 1,104 pour le carrosse, dans le cours de l'année entière 1671, et enfin 22,804 livres en 1691[2]. Nous ne connaissons ses revenus que pour cette dernière année et celle qui l'a précédée : en 1690, il reçoit 24,416 livres, et en 1691, 23,444 livres. Ses recettes dépassent de 640 livres ses dépenses en 1691.

Ces chiffres, que M. de Girardot nous donne incidemment et sans commentaires, ne correspondent pas aux termes extrêmes de la fortune de Daniel Huet. En 1671, il a cessé de vivre uniquement sur ses ressources personnelles : il habite Paris avec le titre de sous-précepteur du Dauphin, et reçoit 6,000 livres du roi. En 1690 et 1691, d'autre part, il n'a pas encore atteint le maximum des revenus qui lui sont réservés : il est abbé d'Aunay, et son abbaye lui donne

---

[1] Depuis la lecture de ce rapport, M. de Girardot a bien voulu céder son manuscrit à la Bibliothèque nationale.

[2] Huet, qui, dès le début, a totalisé dans le registre les dépenses de chaque mois, fait de plus, à partir de 1672, des additions distinctes pour les dépenses d'habits, de blanchissage, de lettres, de bois, de flambeaux, de meubles, de carrosse et de chandelle. Le chapitre de la cuisine n'est pas mentionné, non plus que celui des achats de livres et des frais de reliure, dont il serait intéressant d'avoir le détail.

16.

12,000 livres par an; il est de plus évêque[1], mais il attend encore
les bulles de Rome et n'est pas sacré. On peut supposer, jusqu'à
preuve contraire, qu'il n'a point perçu avant son intronisation, c'est-
à-dire avant 1692, les revenus de son évêché d'Avranches, qui, en
y joignant la pension que lui promit M. de Sillery, son prédécesseur à l'évêché d'Avranches et son successeur à Soissons, devaient
s'élever à 19,500 livres, si mes conjectures sont exactes. Mais sur ce
point la lumière sans doute se fera bientôt. A l'aide du document
qui est entre ses mains, M. de Girardot pourra nous apprendre si
quelque faveur exceptionnelle ou quelque circonstance particulière
avait mis fin à la régale au profit de l'évêque d'Avranches, avant
qu'il prêtat serment de fidélité.

L'objet de la communication de M. de Girardot n'est pas de nous
renseigner sur la fortune, non plus que sur les habitudes de Daniel
Huet. Il s'est proposé de nous faire connaître les gages des serviteurs
qui se sont succédé chez lui avant qu'il prît possession de son
évêché.

«Peut-être, écrit-il, le Comité trouvera-t-il quelque intérêt à savoir
quel était le salaire de ses gens de service de 1660 à 1691, et à
constater le peu de durée du séjour de la plupart d'entre eux dans
la maison du célèbre érudit.

«Sur 66 domestiques inscrits, 31 sont restés chez lui d'un mois
à dix, 9 un an, 6 deux ans, 6 trois ans, 2 cinq ans, 2 enfin plus
de dix ans.

«D. Huet, ajoute notre collègue, habillait ses laquais; mais les
boutons d'argent de leurs justaucorps étaient payés par ceux-ci,
et, à leur départ, la valeur leur était remboursée par le successeur.»

Cela dit, M. de Girardot nous donne en 66 alinéas, qui offrent
tantôt la reproduction littérale, tantôt l'analyse de textes, sans qu'il
soit toujours facile de distinguer ce qui est copie et ce qui est analyse, la liste de 66 domestiques de Huet et le taux de leurs gages.
Ce tableau, qui n'indique pas toujours le service auquel est affecté
chacun d'eux, et qui ne suit pas l'ordre chronologique, ne permet
pas d'établir avec précision l'effectif du personnel des serviteurs de

---

[1] Évêque de Soissons depuis le 10 novembre 1685, d'Avranches depuis le 5 octobre 1689; il ne fut sacré que le 24 août 1692, et prêta serment de fidélité le
2 septembre suivant.

Huet. Avant 1670, il semblerait n'avoir à Caen qu'une servante unique, à 12 écus par an, si un trait de générosité dont il se fait honneur n'indiquait la présence d'un laquais dans la maison : « Le vendredi 18 février 1667, écrit-il, Gabrielle est sortie de céans. Elle a perdu une chemise du laquais et une assiette : je ne luy ai pas déduites. » En 1670, appelé à seconder Bossuet dans l'éducation du Dauphin, il devient un personnage, et ses comptes, tenus désormais très régulièrement, nous le montrent entouré pour le moins de deux ou trois laquais, d'une servante[1] et d'un cocher, auxquels s'adjoindront plus tard des palefreniers et des postillons, et un portier; en 1677, sinon plus tôt, il prendra un cuisinier, et l'on peut remarquer que, chez le plus sobre des érudits, les cuisiniers sont les serviteurs le plus chèrement payés.

Les servantes qui, à Caen et même à Paris pendant une année, ne gagnent chez lui que 36 livres, atteignent bientôt 60 livres, puis, dernière limite, 120 livres. Les cochers, payés de 36 à 50 livres à Caen, demandent à Paris de 75 à 180 livres[2]; les laquais reçoivent en général de 90 à 150 livres. Les cuisiniers, à l'exception d'un seul, gagnent pour le moins 200 et 220 livres, et le plus souvent 250[3].

Il convient de parler des laquais de Daniel Huet avec quelque

---

[1] Du moins en eut-il jusqu'en octobre 1671, date à partir de laquelle il semble ne plus admettre que des hommes à son service jusqu'en 1681, année où il prend une servante, qui reste près de deux ans et n'est pas remplacée.

[2] « Louvigny entra céans (le 16 septembre 1670) pour être mon cocher. Il ne voulut point faire de marché, et je luy promis de luy donner plus qu'aux cochers de Caen, mais moins qu'aux cochers de Paris, et qu'en cas qu'il me quittât à Paris contre mon gré, je luy payerois moins encore. L'on donne à Caen aux cochers, suyvant l'information que j'en ay faite, 50 l. par an pour le plus, et on les entretient d'habits, chapeaux et souliers, sans linge. D'autres m'ont dit qu'on leur donne un chapeau et une paire de souliers par an, qu'on les entretient d'habits sans linge et qu'on leur donne 36 l. par an. » En somme Louvigny eut à Paris, tout compris, 180 l., plus les vieilles roues du carrosse.

[3] Le taux des gages variait, selon les antécédents et les mérites du serviteur, et aussi selon les conditions accessoires du « marché ». Tandis que les uns recevaient une somme fixe pour gages, vin « et toutes choses », d'autres avaient, pour le vin, soit 3 et plus souvent 4 sols par jour, soit 36 ou encore 45 livres par an. Les uns devaient prendre sur leurs gages le prix de deux justaucorps par an, qui coûtaient 15 livres chacun; à d'autres ils étaient fournis par Huet, qui parfois y ajoutait bas et culottes. Les étrennes encore sont quelquefois convenues d'avance (4 l. 10 sols d'ordinaire); le blanchissage est explicitement accordé à la plupart. Pendant les séjours en Normandie, Huet octroyait habituellement du cidre.

considération. Ils étaient ses lecteurs ordinaires aux heures du lever, des repas et du coucher : il n'admit jamais chez lui, nous dit-il en ses mémoires, de domestiques illettrés [1]. Il eut donc à son service, de 1660 à 1690, 66 serviteurs au moins, car nous n'en avons pas la liste complète pour les premières années, qui savaient lire et sans doute écrire. Il ne semble pas que, suivant le conseil que donne l'abbé Fleury dans son *Traité des devoirs des maîtres et des domestiques*, il les ait jamais employés à faire des copies.

M. de Girardot appelle votre attention sur le nombre des domestiques qui se sont remplacés auprès de Daniel Huet et sur la brièveté de leur séjour en sa maison. Les maîtres du xvii° siècle ne retenaient pas en général aussi longtemps qu'on le croit leurs serviteurs à leurs foyers. L'année même qui précéda l'arrivée de Huet à Paris, en 1669, le lieutenant de police de la Reynie, ému des doléances qui lui parvenaient chaque jour, avait enjoint par ordonnance, et sans nul doute avec peu de succès, « à tous serviteurs et domestiques de ne point quitter le service de leurs maîtres pour aller servir d'autres sans leur consentement » ou du moins « sans quelque cause ou occasion légitime », leur enjoignant de se munir d'un certificat « qui attestât la cause, occasion ou raison » du congé reçu ou obtenu. Je n'oserais prétendre toutefois que les exemples de persévérance et de fidélité fussent aussi rares en toute autre maison qu'en celle de Huet. Sans contester aucune des qualités que ses amis ont louées en lui, on peut supposer que la vivacité de son caractère, ou du moins de sa parole, et le soin très vigilant qu'il apportait aux minuties du ménage ont souvent mis en fuite les Lafleur, les Bourguignon, les Tourangeau, les La Verdure qui le servaient; je n'emprunte pas ces noms, ou plutôt ces surnoms, aux comédies du temps, mais à la liste communiquée par M. de Girardot. Ce n'était pas toujours cependant de la population nomade et souvent indisciplinée des domestiques de Paris que Daniel Huet tirait ses gens. Il en fit venir de Normandie, mais ses compatriotes ne furent pas plus fidèles ou plus dociles. La seule expulsion qu'il ait notée est celle d'une ser-

---

[1] . . . « Præsto enim tunc erant pueri anagnostæ; nam in famulatum apud me illiteratus admittebatur nemo. » (*P. D. Huetii . . . Commentarius de rebus ad eum pertinentibus*, Amsterdam, 1718, p. 278.) — *Pueri* a été traduit « des enfants », dans la seule traduction française qui ait été faite du *Commentaire*; mais l'interprétation est fautive, et ce sont ses valets qui lui faisaient la lecture : consultez l'*Histoire de l'Académie française*, par Pellisson et d'Olivet, édition Livet, t. II, p. 362.

vante mandée de Caen [1] et bientôt chassée. Parmi les conditions que Daniel Huet impose, se trouve quelquefois celle d'une diminution de gages en cas d'un prompt abandon [2] : vaine précaution. Dans cette succession de serviteurs qui traversent son logis, il semble que ceux-là mêmes qui, à leur entrée, n'ont pas voulu conclure de marché précis, s'en rapportant à la décision et à la générosité du maître, séjournent le moins longtemps chez lui.

L'un de ces laquais a une histoire, et c'est Bossuet qui nous l'apprend dans une assez longue et curieuse lettre, publiée par M. l'abbé Verlaque sous le n° XXX, avec la date « mercredi soir », entre les lettres de 1677 et celles de 1678 [3]. Bossuet s'y montre très ému des choses « très fâcheuses » qu'il a sues « au sujet d'Honoré, » et qui lui ont « fait horreur ». On accuse Honoré, valet dont Huet paraît « content », d'avoir été « voleur de grand chemin » et d'avoir commis « des actions exécrables ». Huet vient déjà d'être victime d'un autre valet : Bossuet, qui l'apprend, lui transmet sommairement les renseignements qui lui sont parvenus sur Honoré, et qu'il se reproche d'avoir tardé à lui faire connaître : il se réserve de lui « dire tout, » et de lui apprendre « les circonstances, qui ne sont pas à mépriser ». Cet Honoré est un laquais à épée que Daniel Huet garda pour le moins vingt ans; et il est celui qui demeura le plus longtemps à son service. Entré dans sa maison avec 90 livres en 1671, il en recevait 200 dix ans plus tard; en 1676, Huet lui donnait en cadeau un violon. Il semble qu'Honoré ait été son valet de confiance et son lecteur favori. L'accusation sans doute était fausse, car nous le trou-

---

[1] Jacqueline, venue en trois jours de Caen; le voyage avait coûté 10 livres à Huet. Il est encore question de voyages aux frais de Huet dans un autre article : « Le Moyne est entré céans (novembre 1682) à 165 l. par an pour gages, pour vin et pour toutes choses. Je le feray blanchir. Je lui fourniray de voitures (*voiture* signifie ici le prix du transport) dans les voyages. Je ne luy réduiray rien pour son cidre que je luy fourniray en Normandie. »

[2] « L'Abbé est entré céans (20 août 1670) à 90 l. de gages pour toutes choses, et sans récompense lorsqu'il sortira de chez moi. Je luy ay promis quelques vieux habits, mais sans obligation. S'il me quitte à Paris contre mon gré, je ne le payerai que sur le pied que je voudray. Si je retourne demeurer à Caen, je ne le payerai que ce que l'on paye les valets de chambre à Caen. Je ne luy ay promis à Paris qu'un escu par mois pour son vin. » Les 10 livres de son voyage et les 5 livres reçues pour denier à Dieu et ses menues dépenses de voyage devaient être déduites des gages de la Jacqueline de la note précédente, si elle se retirait avant la fin de l'année. (Voyez encore ci-dessus, page 245, la note 2.)

[3] *Mélanges historiques*, t. II, 1877, p. 643.

vons encore au service de Daniel Huet en 1691 ; or la lettre de Bossuet est antérieure à 1686.

A travers les notes et les chiffres qu'à transcrits M. de Girardot, apparaissent parfois les projets de Huet. C'est ainsi qu'en 1683 il règle les gages de son jardinier en prévision d'un séjour de cinq mois par an à sa chère abbaye d'Aunay[1] ; ou encore qu'en 1685 il prévoit dans ses conventions avec un cuisinier son installation à l'évêché de Soissons, dont il ne devait pas prendre possession : le cuisinier recevra du vin à Soissons, tandis qu'à Aunay il aura droit à du cidre en essence[2].

Tout ce qui vient de Daniel Huet, l'un des érudits les plus attachants du xviie siècle, éveille la curiosité, et les extraits de M. de Girardot dont je cite quelques passages en notes, méritent votre attention, bien qu'ils ne soient pas empruntés aux pages les plus intéressantes du registre. Je ne crois pas cependant devoir en proposer l'impression dans la *Revue*. Il serait regrettable que les chapitres de ce document, qui doivent s'éclairer et se compléter les uns par les autres, fussent imprimés isolément. Il conviendrait qu'ils fussent l'objet d'une publication d'ensemble ; je ne doute pas que M. de Girardot ne l'entreprenne et n'ajoute à la biographie, très

[1] Ce sont les conventions faites avec le jardinier d'Aunay qui sont le plus longuement exposées : « Je lui donneray, écrit Huet, 150 l. pour ses gages. Je le nourriray pendant le temps que je seray à Aunay, c'est-à-dire pendant cinq mois de l'année, et si je suis davantage à Aunay, je le nourrirai encore sans rien déduire sur ses gages pour sa nourriture, et si je suis moins que cinq mois, je luy payeray le temps qu'il se fera nourrir à 6 s. par jour. Les légumes du jardin luy appartiendront pendant mon absence, pour quoy il sera obligé de tenir le jardin en bon estat, tant arbres que légumes, parterres et allées, qu'il tiendra nettes ; et si, pour fournir à ce travail, il a besoin de gens, il les contentera sans m'y appeler. Il gardera ma maison d'Aunay, prendra garde à mes bois, et aura soin de donner, pendant l'hyver, aux pigeons de mon colombier de la mangeaille que je luy feray fournir. Je luy donne en entrant céans 6 l. pour son vin. » Le jardinier dont sont ainsi réglés les droits et les devoirs, entra à Aunay le 1er octobre 1683 et en sortit en septembre 1685. Son successeur semble y être resté dix ans.

[2] Lafontaine, cuisinier, entré en 1686, sorti en 1691 : « Je luy donneray du vin ou sidre en essence quand je seray à Soissons ou à Aunay. Quand je seray à Paris, je ne luy donneray pas de vin, mais je luy ay promis de l'en récompenser par de plus fortes estreines. » Nous retrouvons ailleurs l'expression « cidre en essence ». Il s'agit d'un postillon, Bourguignon, qui semble entrer en service vers 1689 : « Je luy donneray, quand je seray à Paris, pour son vin et ses gages 110 l. ; quand je seray dans la province, je luy donneray 55 l. pour ses gages et je luy fourniray du sidre en essence. Je l'entretiendray de bas, culotte et justaucorps et le feray blanchir. »

ample déjà, de Daniel Huet le complément instructif qu'il peut tirer
des diverses parties du registre dont il est le possesseur. C'est donc
une publication de quelque étendue que je réclame, pour ma part,
de son zèle et de son savoir, sous la forme qu'il lui appartiendra de
déterminer; et avec l'espoir qu'elle ne tardera pas à paraître pour
la plus grande satisfaction de tous ceux qu'intéresse l'histoire intime du célèbre érudit normand, je proposerai le dépôt dans vos
archives de la copie de M. de Girardot et l'envoi à notre collègue de
nos remerciements.

G. Servois,
Membre du Comité.

Communications manuscrites de MM. Hérelle, l'abbé André,
l'abbé P. Terris, le Dr Barthélemy.

(Séance du 2 février 1880.)

M. Hérelle, professeur de philosophie au collège de Vitry-le-
François, a proposé de faire pour le Comité, dans le cas où la publication en serait jugée opportune : 1° la copie du cartulaire de
Saint-Étienne de Châlons-sur-Marne, contenant 34 pièces, de
565 à 1111, réunies au xiie siècle par le chantre Warin ; 2° la
copie d'une traduction française de la Loi de Beaumont, faite au
xive siècle. Je ne pense pas qu'il y ait lieu de donner suite à ces
propositions. La section a, dès à présent, à sa disposition une transcription du cartulaire du chapitre de Châlons, dont l'original est aux
archives de la préfecture de la Marne; d'un autre côté, M. Hérelle
a reconnu, depuis, que le texte de la Loi de Beaumont, qu'il avait
sous les yeux, avait été publié par D. Calmet.

M. l'abbé André, correspondant à Lagnes, près de Vaucluse, a
pris, dans les manuscrits de Peiresc, la copie d'un acte de 1186,
par lequel Pierre Isnard, archevêque d'Arles, aurait donné le pouvoir de battre monnaie à un particulier de cette ville ; cet énoncé
n'est pas parfaitement exact. La charte en question a pour but, non
pas de concéder le droit de frapper monnaie, ce que l'archevêque
ne pouvait faire, mais d'octroyer le privilège de fabriquer pour le
compte du chapitre et du prélat, moyennant une redevance fixée,

la monnaie arlésienne; ce n'est pas non plus un bail puisque l'on ne spécifie pas les règles à observer pour la taille et la loi de la monnaie. J'y vois une inféodation consentie en faveur d'une famille, analogue à celle qui fut faite en 1225 par le roi Louis VIII à Henri Plartrart, au sujet de la fabrication de la monnaie parisis. Cette charte n'est pas inédite; M. l'abbé André fait remarquer qu'elle est analysée dans le *Gallia Christiana*, tome Ier, colonne 561, mais il n'a pas pensé à recourir aux *preuves* du même volume, colonne 100, où il l'aurait trouvée reproduite intégralement.

M. l'abbé Paul Terris, à Fréjus, nous a transmis la copie d'une Vie de saint Auspice, premier évêque d'Apt, attribuée par lui au viie siècle. Ce texte a déjà été soumis à l'examen de plusieurs de nos collègues, et l'un d'eux avait cru devoir renvoyer ce document à la Commission des Mélanges, pensant qu'il pourrait figurer utilement dans cette série des publications du Comité. Permettez-moi de vous exposer les raisons qui, après une lecture attentive, me décident à vous demander de déposer la Vie de saint Auspice aux archives, ainsi que les deux communications qui précèdent.

Ce texte a été conservé par J.-F. de Remerville, historien d'Apt, né en 1650, mort en 1730, comme transcrit des anciens cahiers du chapitre, par les soins de Raymond Bot, qui fut évêque de 1275 à 1303; une copie un peu plus ancienne, du xvie ou du commencement du xviie siècle, très incorrecte, existe aussi à la bibliothèque de Carpentras.

Cette légende, dans son ensemble, me semble bien loin de pouvoir être d'une époque aussi reculée que le suppose M. l'abbé Terris; je la considérerais volontiers comme une de ces œuvres de pieuse érudition composées pour servir de preuve à la haute antiquité de plusieurs églises du Midi. Trouvant dans la légende des saints Nérée et Achillée un *Auspitius*, on s'est évertué à le confondre avec un des plus anciens évêques d'Apt dont la tradition conservait peut-être le souvenir. La légende de saint Auspice, telle qu'elle nous est offerte aujourd'hui, est un mélange de celles des saints Nérée et Achillée et de Domitilla. Il suffit, pour s'en convaincre, de lire dans les *Bollandistes* les pages 156 et 157 du 2 août et 5 du 12 mai; j'indiquerai en outre au 26 juillet, page 252, la légende de l'Invention des reliques de sainte Anne à Apt, dans laquelle paraît encore Auspitius, tantôt sous le règne de Trajan, tantôt sous celui de

Marc-Aurèle. Je termine cet examen par deux remarques. La première porte sur le passage : « Hæc nos, ipso Auspicio referente, cognovimus qui eorum corpora rapuit et sepelivit »; M. l'abbé Terris semble y voir que l'auteur anonyme a écrit d'après le témoignage d'Auspice lui-même; mais tout ce qui précède cette phrase, et cette phrase elle-même, sont empruntés à la lettre écrite à Marcellus par Eutychès, Victorin et Maro (Act. SS. Ner. et Achill.) ; elle ne prouve nullement que cet Auspice doive être assimilé à l'évêque aptésien. La seconde remarque est simplement qu'il est inexplicable que l'archevêque Adon, qui mentionne le disciple des saints Nérée et Achillée, ne fasse pas allusion à son passage en Provence et à son établissement à Apt. Les légendes authentiques des saints peuvent fournir à l'historien de précieux renseignements; chacun de nous sait tout le parti qu'en tire notre collègue M. Edmond Le Blant; mais on ne saurait trop se mettre en garde contre ces récits apocryphes, composés avec des fragments de textes anciens, plus ou moins habilement raccordés, qui sont pour les questions de l'origine des églises ou des corporations ce que les faux parchemins sont pour les premiers degrés de certaines familles.

Si je retire ainsi aux *Mélanges* un document qui d'abord avait paru pouvoir y prendre place, je signalerai une autre communication qui me semble devoir y figurer utilement; nous la devons à M. le Dr Barthélemy, de Marseille. C'est le procès-verbal de visite, en 1324, des fortifications des côtes de Provence et des munitions d'armes et de vivres depuis Albaron (Bouches-du-Rhône) jusqu'à la Turbie (Alpes-Maritimes). Cette pièce, provenant des archives de la préfecture des Bouches-du-Rhône, comprend 51 pages et a, par conséquent, une trop grande étendue pour être admise dans la *Revue des Sociétés savantes*.

Menacé par une flotte de douze galères qui erraient sur les côtes de la Méditerranée, avec le dessein de s'emparer du pays de Nice au profit de quelques seigneurs voisins, les Spinola, les Doria et les Lascaris, le roi Robert, en 1324, voulut mettre en état de défense les places fortes de cette partie de la Provence. A cet effet, il chargea son trésorier, Robert de Mileto, de visiter les châteaux, bourgs fortifiés et stations du littoral, d'en vérifier les moyens de défense, de constater les réparations à faire, les travaux à compléter, d'assurer l'armement et les approvisionnements pour trois mois, enfin de voir à établir la part qui, dans les dépenses, incombait aux habitants et à son trésor. Dans sa mission qui dura du 20 février au 22 mai, Robert de Mileto s'arrêta dans quarante localités, et son procès-verbal contient des détails précis et importants sur chacune d'elles. Le seul article qui soit incomplet concerne Marseille. Là, le trésorier du roi Robert se heurta contre la résistance du conseil de ville qui, s'appuyant sur des chartes antérieures, se refusa à prendre part aux dépenses et à laisser le roi se mêler des fortifications de la ville; M. le Dr Barthélemy a comblé en partie cette lacune, dans son préambule, en consultant les registres de délibérations de la commune.

La copie de notre correspondant paraît soigneusement faite; d'ailleurs, si le Comité admet ce document dans les *Mélanges*, il sera facile d'assurer la correction du texte en faisant collationner les épreuves sur l'original, par l'auteur, sous la direction de M. Blancard.

ANATOLE DE BARTHÉLEMY,

Membre du Comité.

SECTION D'ARCHÉOLOGIE.

INVENTAIRE DU CHÂTEAU DE COURSAN, EN 1482.

Communication de M. Alphonse Roserot, archiviste adjoint du département
de l'Aube.

(Séance du 17 novembre 1879.)

L'inventaire après décès de Claude du Bruillart, seigneur de
Coursan, nous montre quel était à la fin du xv⁵ siècle, en 1482,
le mobilier du château d'un gentilhomme, qui nous semble avoir
été à son aise, car il prêtait sur gages et nourrissait dans son écu-
rie trois chevaux de selle et quatre chevaux de trait.

Il est assez difficile de reconstituer le plan du château de Coursan
d'après son inventaire. Ce château devait cependant être entouré d'un
fossé, car on y accédait par un pont, mais ce pont était fixe, car une
salle le surmontait : «la salle dessus le pont». La vis de l'escalier
devait être voisine de la salle et d'une tour dont le rez-de-chaussée
servait de prison. De plus, le logis formait enceinte, car une
chambre dominait la porte d'entrée. En tout cas, la chambre du
maître du logis, qui avait une garde-robe pour annexe, était au
même étage que la cuisine dont une chambre basse la séparait.

Cinq chambres hautes qui complétaient le logis, étaient sur la
chambre précédente, sur la cuisine et sur la porte.

Le mobilier était fort simple. Suivant une habitude constante,
chaque chambre contenait deux lits, un grand et un petit; puis un
certain nombre de coffres. Une miniature du commencement du
xv⁵ siècle, publiée par Shaw, nous montre Isabeau de Bavière assise
dans sa chambre, sur un petit lit, comme sur un canapé, tandis
que le grand lit de parement est dans un autre coin de la chambre.
La chambre de M. du Bruillart possédait à elle seule six coffres qui
renfermaient les titres, les bijoux, l'argenterie, peu abondante, le
linge de maison et de corps, et enfin les vêtements du maître et de
sa femme, et même des armes. Des buffets, des tables à tréteaux,

des bancs et des escabelles complétaient le mobilier. L'argenterie ne se compose que d'une aiguière avec son plateau d'argent partiellement doré, de quinze tasses d'argent, doré sur les bords, pesant trois, deux et un marc, et de six petites cuillers. La vaisselle d'usage était d'étain et se composait de quarante-deux écuelles, de quarante-huit plats, de dix brocs, quartes et chopines, et de deux sallerectes ou salières.

Les bijoux sont moindres encore et ne consistent qu'en un rubis monté en or et un *Agnus Dei* d'or, enchâssé d'une pierre (art. 63), en deux ou trois *Agnus Dei* d'argent doré, avec un joyau de même matière, portant une figure de sainte Catherine, en fleurs émaillées (nᵒ 28), avec quelques chaînes d'or parmi lesquelles il s'en trouve qui sont des gages de prêts, et en quelques anneaux et verges, qui ne semblent différer entre eux qu'en ce que les premiers portent une pierre.

Une frontière (nᵒ 21) garnie de perles, à paillettes et boucles d'argent, est le seul ornement de tête. Quant aux ceintures, elles sont nombreuses et se classent parmi les bijoux à cause de leurs garnitures.

Les unes sont larges (art. 23 à 27) et les autres doivent être étroites (nᵒˢ 22, 61, 74 à 78); ce qui peut indiquer deux modes et deux époques successives s'il s'agit de ceintures de femmes, et une même époque s'il est question de ceintures d'hommes et de ceintures de femmes.

On voit, en effet, dans les miniatures du milieu du xvᵉ siècle, que les femmes portent des ceintures très larges, faites en riches tissus brochés, « ung tissu large figuré, garni de quatre clox, boucle et morgant d'argent doré », dit l'inventaire à l'article 23; et sur une tapisserie où les personnages étaient représentés de grandeur naturelle, nous en avons mesuré une qui n'avait pas moins de 12 centimètres de largeur.

En même temps les hommes portent des ceintures étroites, qui, étant figurées généralement en noir, doivent être de cuir. L'aumonière et le poignard y sont suspendus.

Mais vers la fin du xvᵉ siècle, la mode chez les femmes revient aux ceintures étroites, et celles qui sont inventoriées dans le château de Coursan étant faites d'un tissu : « ung tissu cendré figuré garny de quatre clox, boucle et morgant d'argent dorés (art. 75) », nous supposons qu'elles appartenaient à Mᵐᵉ du Bruillart.

Une des ceintures larges (art. 26) en outre de ses clous, de la boucle et du mordant, est « à tengles d'or et maille ». Les « tengles » sont-elles des tringles ou traverses pour maintenir la largeur de la ceinture, comme on en voit sur celles du xiiie siècle, et les mailles des petites monnaies ou médailles cousues sur le tissu? Il nous est impossible de le spécifier.

Parmi les ceintures nous trouvons (art. 60) « une petite troussette d'un lacs jaune figuré de plusieurs colleurs, garny de boucle et morgans d'or esmaillé, » qui doit être ce que l'Inventaire de Charlotte de Savoie, qui est de même époque, appelle « troussouère » et décrit de la même façon. C'étaient des « ceintures à trousser » la robe.

L'article 62 vise « une estrainte de drap veloux garnye de boucle d'or », qui, si l'on s'en rapporte à Du Cange, aux mots *Striga* et *Strula*, serait un vêtement d'homme étroit ou un caleçon. Les hommes portaient, en effet, sous Louis XI, des sortes de pourpoints très serrés, et, ce nous semble aussi, par-dessus leurs chausses, des hauts-de-chausses très courts qui pouvaient passer pour des caleçons.

Enfin (art. 59) nous trouvons avec ces derniers accessoires de toilette « ung demy cint sur tissu roge garny de copplets, chaumettes et glan d'argent doré ».

Léon de Laborde dans son *Glossaire* donne deux exemples de demi-ceint qui appartiennent au xive siècle, mais l'explication qu'il en fournit ne nous satisfait guère. Pour lui ce seraient des ceintures plus longues que les autres. Ne serait-ce pas plutôt des bouts de ceinture d'apparat, visibles seulement sur le devant? Les « copplets » sont des plaques à charnière, dont nous trouvons déjà des exemples dans l'Inventaire de Charlotte de Savoie, et dans une lettre de rémission de 1391, citée par Du Cange, au mot *Copula*. Du reste le terme *couplet* est encore employé pour désigner une sorte de charnière. Quant au mot « chaumette » du texte, il faut, ce nous semble, le lire chaînette. Nous avons, en effet, plusieurs exemples de ceintures terminées par une chaîne qui porte un gland de métal.

Voyons maintenant quelles étaient les garde-robes de Claude du Bruillart et de sa femme.

Celle du mari se composait de sept robes dont quatre étaient de drap gris, pers, violet et écarlate, deux de velours et une de camelot noir, plus d'une robe courte de drap pers. Ces robes sont garnies de fourrures; deux d'entre elles sont à manches indépendantes (art. 13 et 14). Il faut y ajouter deux pourpoints, l'un de satin, l'autre de toile noire, à collet et manches de velours, pour aller sans doute avec les robes sans manches, et deux jaquettes, dont une vieille, de drap noir. Ce qui concorde avec ce que nous montrent les miniatures sur la simultanéité des vêtements trop longs et trop courts du xve siècle. Un hoqueton de velours et des chausses de drap vermeil sont trouvés dans le même coffre que la cotte d'armes et une cornette de taffetas, coiffure longue qui, à cette époque du moyen âge, peut bien être le chaperon.

Cette cornette ne constitue pas la seule coiffure que signale l'inventaire, car nous y relevons, un peu partout, trente-huit couvre-chefs, mais sans désignation de tissus et sans indication s'ils sont à «us d'homme», ou à «us de femme», comme pour les autres pièces de vêtement.

Enfin huit chemises complètent la garde-robe du défunt.

Sa veuve possédait douze robes, tant de drap que de camelot de plusieurs couleurs, avec une robe de satin pers, et trois coctes ou cottes de drap ou de camelot, et un bas de robe que l'on appellerait une jupe aujourd'hui, avec un chaperon de velours, et un collet de gris.

La plupart des robes sont fourrées de vair, de gris ou d'agneau, ou garnies d'une autre étoffe. Parmi ces garnitures il y en a une qui porte le nom de *get*. «Une robe de drap pers, ayant le get de menus vers, à us de femme» (art. 5). «Un get de panne (penne) de gris à us de femme» (art. 11) et «une robe, à us de femme, d'escarlate, à get de velours» (art. 17).

Ce *get* qui est tantôt d'étoffe, tantôt de fourrure, est cité deux fois avec la forme *gez*, par M. Douët d'Arcq, dans le nouveau recueil des *Comptes de l'argenterie*, mais un siècle avant la rédaction de l'inventaire qui nous occupe. Il s'agit de la garniture de houppelandes.

«Pour les gez de dessous et pour le collet xvi lettices», p. 157. «Pour les gez de dessoubz, colet et poignez de la dicte houppelande, de garnison 14 lettices», page 170.

Les lettices étant des bandes de fourrure qui valent comme unités de compte, nous voyons qu'à un siècle de distance, si le gex ou get s'applique à deux vêtements différents, sa nature est toujours la même. En nous reportant aux miniatures nous voyons que les robes de femme de la fin du xve siècle, ouvertes sur la poitrine pour laisser voir la gorge et un corsage de dessous, sont garnies tout le long de l'ouverture d'un revers d'autre couleur formant une sorte de collet. C'est ce revers qui nous semble porter le nom de *get* dans l'inventaire du château de Coursan.

Parmi les fourrures de robe, nous en trouvons une (art. 98) qui est dite de *panne de mommot*, sans que nous ayons pu trouver la nature de l'animal d'où elle provient. Une autre (art. 116) est « une vieille panne de cuissettes blanches ». Du Cange, au mot *cuissetus*, cite une « *pliciam de cuissetis* » en 1314. S'agit-il de la fourrure de la cuisse de quelque animal?

Une robe (art. 9) est dite « de mygrainne violette », c'est-à-dire de mi-graine : teinte dans une cuve composée par moitié de kermès, qu'on appelait graine, et de garance.

Le linge de corps de Mᵐᵉ du Bruillart ne semble pas avoir été inventorié.

Le linge de maison est assez abondant. Il y a quinze draps de trois toiles, c'est-à-dire faits de trois lés de toile cousus ensemble, quarante et un de deux toiles et trois de grosse toile, treize nappes pleines, c'est-à-dire unies, ou ouvrées, et quarante serviettes.

Nous trouvons en outre treize touailles qui sont des essuie-mains, et vingt tabliers. Mais ces tabliers d'une aune de large et de quatre aunes de long ne font certainement point partie du vêtement. Comme ils sont en général ou de linge fin, ou de linge ouvré à la façon de Venise, ce sont peut-être des tapis de buffet.

Le mobilier, avons-nous dit, consiste surtout en lits, grands et petits, en coffres, en tables à tréteaux, en bancs, en escabelles et en quelques buffets à pied et à vantaux.

Les lits principaux sont généralement garnis de « coussins, courte-pointe et couvertures de laine et d'une courtine contenant ciel, dociel et trois pans » (art. 1 et 91). Les coussins qu'accompagnent deux « toyes » ou taies dans les articles 1 et 85 ne sont pas des oreillers, mais des matelas, car sans cela il ne serait question de ces derniers dans aucun des articles qui se rapportent aux lits. Les articles 131 et 149 donnent cinq oreillers, les seuls que nous trouvions dans tout l'inventaire.

La garniture du lit s'explique en se reportant aux miniatures du xvᵉ siècle. Elle se compose, en effet, d'un ciel, d'un dossier qui pend au chevet du lit, et de trois rideaux. On était dans l'habitude de relever celui qui pouvait s'étendre au pied du lit.

Les buffets qu'il est assez rare de rencontrer sont à noter. Celui qui, avec les six coffres que nous avons mentionnés, meuble la chambre du maître du château, est dit à pié (art. 35). Celui de la chambre au-dessus était à guichets (art. 120); enfin celui de la chambre basse était à deux fenestrages ou à deux vantaux, probablement à jour (art. 159).

«Un fer à faire des gaufres» (art. 90), qui se trouve avec des vêtements dans la garde-robe; «ung quadran estant en ung estuy de cuir», (art. 37) qu'il faut rapprocher d'«ung ploge de cuivre doré d'or» renfermé précieusement dans une petite bougette de cuivre (art. 112), trouvés tous deux dans les coffres de deux chambres différentes, et la garniture d'une salade, sont les seuls objets que nous trouvions encore à noter avec treize ou quatorze chandeliers de diverses façons rejetés à la fin de l'inventaire (art. 174).

La garniture de salade est singulière. Elle est (art. 31) «à vingt et trois glans d'argent, à deux bouchons de fidor et moucher de soie noire». Le moucher est sans doute le volet de jadis que remplacèrent les lambrequins; les vingt-trois glands d'argent étaient probablement fixés à l'extrémité de chacune de ses découpures; quant aux «deux bouchons de fidor», c'étaient peut-être des faisceaux de fils d'or, formant aigrettes en guise de cimier.

Les détails que nous venons de donner sur l'envoi de M. Alphonse Roserot montreront l'intérêt que présente l'inventaire du château de Coursan, dont nous avons pris soin de numéroter les articles en les divisant par chapitres, suivant les pièces où ils se trouvent. Nous en proposons la publication.

Alfred Darcel,

Membre du Comité.

Inventaire du château de Coursan, en 1482.

Inventoire des biens meubles demeurés du déceps de feu noble seigneur Claude du Bruillart, à son vyvant seigneur de Coursan, appartenens à nobles personnes damoiselle Marie de Boucart, vefve dudit deffunt, et Gaulcher du Bruillart, filz et héritier d'iceluy deffunt, ledit inventoire fait à requeste et en présence desdits vefve et héritier par Jacques Goiaust, bailly dudit Coursan, prins et appelés Jehan Drouot et Pierre Dullot, clercs, notaires audit Coursan, ès jours et en la manière qui s'ensuivent.

Chambre de Claude du Bruillart.

Premiers, le lundi xxviii° jour d'octobre, l'an mil iiij° iiij^xx et deux, ou chastel dudit Coursan, en la chambre où ledit dessus gisoit estoient le biens (*sic*) qui s'ensuit :

1. Ung lit de deux toilles de large, garny de deux toyes, coussin, coustepoincte, deux draps de deux toilles et demye de large, couvertour de lainne vermel, une cortines à ciel, dousiel et trois pens de serge vermelle, ensemble le chaslit.

2. Item, une petite couchette garnie de deux draps, coustepoincte et couvertour vermel de lainne rayé.

3. Item, ung escrin estant au pié du grant lit ouquel estoient les biens qui s'ensuient, c'est assavoir : une robe de satin pers, fourré d'une panne de gris, à us de femme.

4. Item, une robe à us d'omme, faite de drap pers, fourré de vielle panne de gris par le bas, et par le hault de aneaulx [1] blans.

5. Item, une robe de drap pers, ayent le get de menus vers [2], à us de femme.

6. Item, une aultre robe à us de femme, de camellot vyolet, à get de veloux et doublé de toille noire.

7. Item, environ trois aulnes de toille verte.

8. Item, une robe à us de femme, de drap gris, fourré de aneaulx blancs et noirs.

9. Item, une aultre robe à us de femme, de mygrainne [3] violette, fourré d'une panne de gris.

10. Item, une robe à us d'omme, d'escarlate, fourré par le bas d'une panne de gris et par le hault de frise noire.

11. Item, ung get de panne de gris à us de femme.

12. Item, ung porpoint de toille noire, à collet et manches de veloux.

13. Item, une robe de veloux, à us d'omme, avec les menches qui ne sont pas atachées à ladite robe.

14. Item, une aultre robe de veloux, à us d'omme, de laquelle les manches sont destachées.

15. Item ung chapperon de veloux, doublé de toille noire, à us de femme.

---

[1] Agneaux.

[2] Vair.

[3] Mi-graine, c'est-à-dire teinte dans un bain composé par moitié de graine ou kermès et de garance. — A. D.

17.

16. Item, ung collet de gris, à us de femme.

17. Item, une robe, à us de femme, d'escarlate, à get de veloux, doublé de toille noire et d'autre drap.

18. Item, ung drap de lit de toille de lin, de trois toilles de large.

19. Item, ung petit couffre onquel sont les choses qui s'ensuivent, c'est assavoir : une petite bource quarrée de drap d'or figuré, en laquelle a trois agnus deis couvertz d'argent, dont l'un est doré.

20. Item, une petite bource de soye figurée.

21. Item, une frontière guernye de perles et à paillettes et boucles d'argent.

22. Item, une sainture sus tissus pers, à six clox, boucle et morgant[1] d'argent, que ladite vefve dit est en gage pour la somme d'ung escu presté à Pierre Moreau.

23. Item, ung tissu de large figuré, garny de quatre clox, boucle et morgant d'argent doré.

24. Item, ung aultre tissu large, figuré et gris noir, garny de trois clox, boucle et morgant d'argent doré.

25. Item, ung tissu large de tannel[2].

26. Item, ung aultre tissu large vert velouté, guerny de quatre clox, boucle et morgant d'argent doré, à tengles d'or et maille.

27. Item, ung aultre tissu large, de vermeil, à quatre clox, boucle et morgant d'argent doré et figuré.

28. Item, ung joyau d'argent doré guerny de pierres et fleurs esmaillées, et y a ung image de sainte Katerine.

29. Item, une pièce de corrail avec une quoquille de saint Jacques enchassée d'argent.

30. Item, plusieurs quictances, liés ensemble, ou non de ladite vefve, touchant ses besongnes de Noisse et aultres.

31. Item, une garniture de salade à vingt et trois glans d'argent, à deux bouchons de fidor[3] et moucher de soye noire.

32. Item, ung aultre petit couffret ouquel sont les choses qui s'ensuivent, c'est assavoir : deux couvrechex de lin et plusieurs aultres petis couvrechés et pièces de lin et de soye, avec plusieurs lacs de soye.

33. Item, une sédulle datée du xxvii[e] jour de juing mil iiij[c] lxxviii par laquelle appert Jehanin Jocmacmorin[4] doit à ma damoisselle de Noisse la somme de huit livres tournois.

34. Item, une pièce de drap de blanchet de dix neuf aulnes.

[1] Mordant.
[2] Tanné?
[3] Fil d'or?
[4] Voy. n° 73.

35. Item, ung buffet à pié, une table, ung ban, deux tréteaulx avec plusieurs scabelles, et une paire de chenets de fer fondu.

36. Item, ung coffre lonc de environ trois piés ouquel sont les biens qui s'ensuivent, c'est assavoir : cinq chemises de ling, à us d'omme.

37. Item, ung quadran estant en ung estuy de cuir.

38. Item, ung drap de ling de trois toilles finne.

39. Item, quatre tabliés de ling d'une aulne de Paris de large, chascun desdits taibliés de environ quatre aulnes de long, à la façon de Venise.

40. Item, ung aultre tabliés de la longueur que dessus.

41. Item, quatre truaibles de ling, ouvrées, chacune de environ quatre aulnes de long.

42. Item, ung taibliés de ling fin, de environ quatre aulnes de long.

43. Item, ung aultre viez tabliés.

44. Item, ung aultre tabliés de ling, d'environ quatre aulnes, à la façon de Venise.

45. Item, ung aultre tabliés à la façon et longeur que dessus.

46. Item, vingt et six serviectes ouvrées de fy de ling.

47. Item, trois aultres serviectes ouvrées, et une plaine.

48. Item, vingt et trois couvrechés de plusieurs façons.

49. Item, ung coppon de toille de liée.

50. Item, huit serviettes ouvrées, tant de ling comme de chanve, qui sont salles et trouvés en ladite chambre.

51. Item, ung banquier rayé de plusieurs colleurs.

52. Item, ung aultre viez banquier de plusieurs colleurs, à fleurs et escritures.

53. Item, viez drap de deux toilles de large.

54. Item, trois draps de grosse toille.

55. Item, une robe de drap jaulne, doublé de toille noire, à us de femme.

56. Item, ung viez couffre, d'environ trois piés de long, où sont les biens qui s'ensuivent, c'est assavoir (inachevé).

57. Item, deux vielles nappes de grosse toille et une vielle nappe ouvrée.

58. Item, treize petites trualles et deux couvrechées en toille.

59. Item, une boiste carré couverte de cuir, en laquelle estoit se qui s'ensuit, c'est assavoir ung demycint sur tissu roge, garny de copplets, chainette et glan d'argent doré.

60. Item, une petite troussette[1] d'un lacs jaune figuré de plusieurs colleurs, garny de boucle et morgans d'or esmaillé.

61. Item, ung tissu de soye et filz d'or garny de quatre clox, boucle et morgant d'or esmaillé.

---

[1] *Troussoire* dans l'inventaire de Charlotte de Savoie, en 1485. Lanière destinée à relever la robe. — A. D.

62. Item, une estrainte de drap veloux garnye de boucle d'or.

63. Item, ung ballay enchassé en or et ung petit agneau d'or ouquel a une pierre enchassée.

64. Item, une besace en laquelle a une chemise de blanchet, deux chemises à us d'omme, deux serviettes ouvrées, deux couvrechefs et une cornette de veloux doublé de satin.

65. Item, ung coffre couvert de cuir ouquel ont esté trouvées les choses qui s'ensuyvent, c'est assavoir : ung bonnet d'escarlate vermeille.

66. Item, deux aulnes de futaine noire.

67. Item, ung bassin d'argent à borts dorrés et ung pot à anse d'argent, le pié et le dessus doré.

68. Item, trois tasses d'argent à pié et borts dorrés, chacune pesant environ six marcs.

69. Item, six aultres tasses d'argent, à borts dorés, pesant chacune environ deux marcs.

70. Item, six aultres tasses d'argent, à borts dorrés, pesant chacune environ ung marc, et six petites cuilliers d'argent.

71. Item, oudit coffre a esté trouvé une boiste de cuir carrée en laquelle estoit se qui s'ensuit, c'est assavoir : une chainne d'or à boucles rondes contenant quarante et quatre mailles, ung agneau plat d'or ou qué a enchassé une pierre nommée amatiste.

72. Item, une aultre chainne d'or plate, que ladite vefve dit pesant environ six vingts et unze escus.

73. Item, une aultre petite chainne d'or que ladite vefve dit estre en gage pour la somme de huit livres tournois prestés à Job Macquemorin [1], dont la sédulle est mancionnée sy devant.

74. Item, ung petit tissu argent garny de trois clox, boucle et bout d'argent dorés.

75. Item, ung tissu cendré figuré garny de quatre clox, boucle et morgant d'argent dorés.

76. Item, ung aultre tissu vermeil garny de trois clox, boucle et morgant d'argent dorés.

77. Item, ung aultre tissu pers garny de deux clox, boucle et morgant d'argent dorés.

78. Item, ung petit tissu vert et ung petit ruban bleu garny d'une boucle et bout d'or amaillé.

79. Item, ung petit agneau [2] à demi ront ouquel a une pierre perse, et ung aultre agneau d'or ou qui a ung saffy enchassé.

80. Item, une petite verge d'or à demy ront, une aultre verge d'or, esmaillée.

---

[1] Voy. n° 33, où ce nom est écrit différemment.
[2] Anneau.

81. Item, une petite bource de cuir, estant en ladite boiste, en laquelle bource a sept nobles à la rose, huit salus, ung viez escu et ung angelot d'or.

82. Item, une lettres de traictié faites et passées soubz le seel de la prévosté de Paris xıjᵉ jour de janvier, l'an mil ııııᵉ ıııjˣˣ et ung, de certain traictié fait entre ladite Marie, à present vefve, et maistre Jehan Potart, avec certaines mémoires déclairées en plusieurs feulles de papier, esquieulx sont contenus les parties dudit traictié, et une quictance de l'esglise de Nostre-Dame de la Sauçoie pour les reliés et rachats du fié de messire Lancelot de Boucart.

83. Item, six boistes covertes de cuir esquelles a plusieurs lettres, tiltres et enseignemens.

84. Item, sont oudit coffre plusieurs registres, lettres, papiers, tiltres et enseignemens, lequel coffre a esté seellé, et du consentement des parties ont esté otées dudit coffre les six petites tasses, six cuilliers et pot d'argent, pour soy en aider parmy ledit hostel.

Garde-robe.

85. Item, en la chambre où est la garde robe dudit hostel, atenant de la dessusdite chambre, ont esté trouvés les biens qui s'ensuivent, c'est assavoir : ung lit de deux toilles de large, garny de deux toyes, coussin; ung viez couvertor de tiretaingne et deux draps.

86. Item, ung aultre lit estant en couchette, couvert d'une vielle couverture de blanchet, avec deux draps.

87. Item, une robe à us d'omme, de drap gris, forrée de aneaulx blans.

88. Item, ung perpoint de sactin, doublé de toille.

89. Item, une robe à us d'omme, de drap violet.

90. Item, ung fer à faire gauffres.

Première chambre haute.

91. Item, en la chambre haulte dessus, où ledit deffunt gisoit, ont esté trouvés les biens qui s'ensuivent, c'est assavoir : ung lit de deux toilles de large, garny de coussin, deux draps, couvertour vermel, cortine contenant ciel dociel et trois pans.

92. Item, en salle.....

93. Item, grans malle de cuir.....

94. Item, trois couvrechefs.....

95. Item, ung panier couvert d'ossière blanche ouquel estoit ung hocqueton de veloux foré de agneaulx blans, une paire de chausses de drap vermel doublé de blanchet, à us d'omme, et la cotte d'armes dudit seigneur, et une cornete delfetas.

96. Item, une robe à us de femme, de drap gris, doublé de toille noire.

97. Item, une aultre robe à us de femme, de drap noir, forré de agneaulx noirs.

98. Item, une aultre robe à us de femme, de camellot noir, forré d'une vielle panne de mommot (?).

99. Item, une cocte à us de femme, de drap violet.

100. Item, une vielle robe à us de femme, de drap gris.

101. Item, une vielle panne de aneaulx noirs et blans.

102. Item, une jaquette de drap noir.

103. Item, une robe à us d'omme, de camellot noir, doublé de toille noire.

104. Item, une vielle jaquette de drap noir, doublé de drap violet.

105. Item, une vielle robe à us de femme, de drap pers.

106. Item, une vielle panne de gorge de regnars.

107. Item, une corte robe à us d'omme, de drap pers.

108. Item, une cocte de camelot violet, doublé de toille noire.

109. Item, une aultre cocte de drap jaulne, fourrée de aneaulx blans.

110. Item, le bas d'une robe de drap jaulne.

111. Item, quatorze draps de lit, chacun de deux toilles de large, et ung aultre drap de trois toilles de large.

112. Item, une petite bougette de cuir en laquelle a ung ologe de cuivre doré d'or.

113. Item deux flacons d'estaing, garnis de leurs estuys de cuir.

114. Item, une couchette garnye de coussin et trois orelliers.

115. Item, une aultre couchette estant sur ung chaslit, avec coussin et cortine dessus.

116. Item, une vielle panne de cuissettes blanches.

117. Item, en chainne.

118. Item, en lainne fillée et à filler.

119. Item, une paire de petits chenets.

120. Item, ung buffet ouquel, en un des guiches, a certaines lettres enfermées.

121. Item, une table et quatre tréteaulx.

122. Item, une vielle malle de cuir.

Deuxième chambre haute.

123. Item, en une aultre chambre haulte atenant de la devant dicte ont esté trouvés les biens qui s'ensuivent, c'est assavoir : ung lit garny de coussin, coustepointe, ciel, dociel, trois pans et chaslit.

124. Item, une couchette, coussin et chaslit.

125. Item, deux petits chenets de fer.

126. Item, une table, deux tréteaulx et le banc.

Troisième chambre haute, sur la cuisine.

127. Item, en la chambre haulte dessus la cuisine ung lit garny de coussin, trois draps, coustepointe, ciel, dociel et trois pans.

128. Item, une couchette garnye de coustepointe et deux draps.

129. Item, ung buffet viez, une table, deux tréteaulx et ung banc.

130. Item, ung petit escrin ferment à clot, ouquel a des lettres, lequel est seellé.

131. Item, trois oreilliers.

132. Item, deux petits chenets de fer.

Quatrième chambre haute, sur la porte.

133. Item, en la chambre haulte dessus la porte, appellée la chambre roge, ung lit garny de coussin, deux draps lodiers, ciel, dociel et trois pans, chaslit et ung viez escrin.

134. Item, une couchecte garnye de coussin, deux draps, d'un viez couvertor de tiretaigne noire et d'une vielle cortine.

Cinquième chambre haute.

135. Item, en l'aultre chambre haulte atenant, ung lit garny de coussin, d'une vielle coustepointe et de deux draps.

136. Item, ung grant coffre enfonsé, estant sur la muraille dudit chastel, ouquel estoit le linge qui s'ensuit, c'est assavoir : ung viez tabliés contenant plus de quatre aulnes de long.

137. Item, ung aultre tabliés, ouvré et litelé, contenant environ huit aulnes de long.

138. Item, ung aultre tablié, marqué pour deux, contenant environ huit aulnes.

139. Item, quatre aultres gros tabliés contenant chacun environ quatre aulnes.

140. Item, une nappe plaine, de telle longeur.

141. Item, une toalle[1] de ling, ouvrée, de environ quatre aulnes.

142. Item, trois petites toalles ouvrées.

143. Item, ung viez drap de ling contenant trois toilles de large.

144. Item, une toalle de ling, ouvrée, contenant environ quatre aulnes.

145. Item, ung drap de ling contenant trois toilles de large.

146. Item, unze draps de lit, chacun de trois toilles de large.

147. Item, vingt et six draps de lit, my usés et viez, contenant deux toilles de large.

---

[1] *Treillis*, Du Cange. N'est-ce pas plutôt *touaille* ? — A. D.

148. Item, deux cortines contenant ciel et dociex; environ huit aulnes de toille neufve et une coiste de lit.

Salle.

149. Item, en la salle dessus le pont, ung grant coffre enfonsé où ont esté trovés les choses qui s'ensuivent, c'est assavoir : deux oréliés couvers de taffetas vermel.

150. Item, environ deux aulnes de blanchet.

151. Item, une robe à us de femme, de drap noir, avec ung chapperon à us d'omme, noir, appartenant à..., qui sont en gage pour la somme de 1 tournois.

152. Item, plusieurs viez censiers estant en ung sachet de toille.

153. Item, quinze pains et six demys que quartiers de cire.

154. Item, une eschevecte de fil pers à nappes.

155. Item, plusieurs arbelestes, ars d'acier et aultres espies, colevrines et aultres bastons de guerre.

156. Item, ung viez escrin estant sur les meurs, contre la vits dudict hostel, ouquel avoit ung drap de lit de deux toilles et une cortine contenant ciel et dociex.

157. Item, une robe à us de femme, de drap violet, appartenant à la femme Jehan de Liège, de Nensins (?), estant en gage pour la somme de xx s. t.

Tour.

158. Item, en la tour dessus la prison a esté trouvé ung lit garny de tappis et deux draps.

Chambre basse.

159. Item, en la chambre basse estant entre la chambre dudit seigneur et la cuisine, estoient les biens qui s'ensuivent, c'est assavoir : ung buffet à deux fenestrages fermant à clef, deux tables garnyes de treteaulx et bancs, une paire de gros chenets de fer fondu, une cramillier.

Mardi, xxix⁰ jour dudit moys d'octobre, l'an dessusdict.

160. Item, quarante et deux escuelles et quarante huit plats de fin estain que ladite vefve a rapporté estre oudict hostel.

161. Item, deux grans bros, deux quartes à enses, deux pots neufs, deux ou trois pintes, quatre chopines et tierces, six sallerectes de fin estain, par le rapport de ladicte vefve.

162. Item, ung couvrechef, sept nappes plainnes, trois nappes ouvrées, huit toualles petites, ouvrées.

Cuisine. — En la cuisine dudict hostel.

163. Une grant pesle darain tenant environ de six à sept seilles.

164. Item, une aultre paesle darain tenant environ quatre seilles.

165. Item, une aultre paesle darain tenant environ seille et demye.

166. Item, sept petites paesles darain de plusieurs sortes.

167. Item, huit pots de cuivre tant grans que petis.

168. Item, deux petits palons a ceue [1] et sercles de fer, trois chauderons anse et sercles de fer, tenant environ chacun une seille, l'un portant l'autre.

169. Item, deux reschauffoux de cuivre, trois chauferettes de locton, ung quocquemart darain, trois basins à lavés mains et ung à barbier, deux paesles de fer, trois greys de fer, deux truppies [2], deu hastes de fer, deux lochefroyes, deux seris [3], deux chaudières darain, vielles, ung viez buffet, ung gros mortier monté, avec plusieurs menues heutenciles de cuisine, deux chenets de fer fondu, une cramillée.

Vinée ou cave.

170. Et en la vinnée dudit hostel cinq trantains, une queue de vin vermel, viel, trois trantains, deux demyes queues et deux quinzains de vin noveau, et ung aultre trantain, tant vermel que claret.

Écurie.

171. Item, oudit chastel de Coursan ont esté trouvées trois chevaulx de scelle, c'est assavoir : une haquenée blanche, ung petit grison et ung bayart, avec quatre chevaulx de harnois.

172. Item, sept vaches et cinq veaulx.

173. Item, en noix, poys, fèves, froment, avoine et aultre grain.

174. Item, treize ou quatorze chandeliers de plusieurs façons.

175. Item, ledit jour, par Pierre de Cillot, fermyer du tabellionage dudit Coursan, ont esté apportées douze paires de lectres faites et passées soubz le seel de la prévosté dudit Coursan pour et au proffit dudit feu monseigneur Claude du Bruillart, c'est assavoir : une de xxx s. t. de rente à prandre sur Perrinot Chatel, demorant en la ville de Neufvis, par chacun an, le xIIIIᵉ jour doctobre, dactée du IIIᵉ jour doctobre mil IIIIᶜ IIIIˣˣ et ung, seigné A.

176. Item, une aultre lectre de la somme de vingt livres tournois de rente vendue par Jehan de Garchy, à paier le xxIIIIᵉ jour de juing, premier paiement lan mil IIIIᶜ IIIIˣˣ et deux, donnée le IXᵉ jour de juing lan mil IIIIᶜ IIIIˣˣ et ung, seignée au dos B.

177. Item, une lectres de soixante solz tournois de rente paiable le pre-

---

[1] Queue ?

[2] Trépieds ?

[3] *Sericum*, mesure de liquide. Du Cange:

mier jour de novembre, premier paiement lan mil iiii° iiii** et ung, sur Colas Greslot, dudit Coursan, dacté du xxv° jour de février lan mil iiii° iiii**, seignée au dos .C.

178. Item, une lectre de vendue faite par Jehan Guiot, de Neufvis, dune pièce de vigne séant ou finage dudit Neufvis, ou lieudit *en brouart*, donnée le xvii° jour de septembre lan mil iiii° iiii**, singnée au dos D.

179. Item, une lectre de debt pour Jehan Brunet et Millet Brunet, de la somme de iiii** livres tournois, dacté le xxvi° jour de mars lan mil iiii° lxxix, singnée au dos E.

180. Item, ung aultre debt de la somme de cent solz tournois contre Jehan d'Arle l'ainné, dacté le darenier jour doctobre lan mil iiii° iiii**, singnée au dos F.

181. Item, une amodiacion contre Jehan Guiot, de Neufvis, dune pièce de vigne quil a détenue jusques à trois ans parmi une queue de vin paiable à la Toussains, premier paiement lan mil iiii° iiii** et ung, dacté le xxvii° jour de septembre lan mil iiii° iiii**, singnée au dos G.

182. Item, une vendue de xiiii solz tournois de rente paiable chacun an pár Didière, vefve de Jehan Cherel, de Neufvis, au jour de Toussains, premier paiement lan mil iiii° iiii** et ung, donné le darrenier jour doctobre lan mil iiii° iiii**, singné au dos H.

183. Item, une vendue de la somme de soixante solz tournois de rente contre Jehan de Rostut, paiable chacun an le jour de Toussains, premier paiement lan mil iiii° iiii** et ung, dactée du xxvii° jour de may lan mil iiii° iiii**, singnée au dos I.

184. Item, une vendue de la somme de quarante solz tournois de rente contre Andry Hatert, de Chavic, paiable au jour de Toussains, premier paiement lan mil iiii° iiii** et ung, donnée du xxiiii° jour de janvier lan mil iiii° iiii**, et singnée au dos K.

185. Item, une vendue contre messire Jehan Poncet, presbre, de la somme de soixante et xii solz tournois de rente paiable chacun an, jour de Toussains, premier paiement lan mil iiii° iiii**, dactée du sixiesme jour daoust lan mil iiii° lxxix, singnée au dos L.

186. Item, une vendue de x solz tournois de rente contre Jehan Bertelin, de Laxon, paiable par chacun an au jour de Toussains, premier paiement lan mil iiii° iiii**, singnée au dos M.

Lesquelle xii paires de lectres sont demeurées ès mains de ladite vefve.

(Signé) Goiaust. Drouot. Deullot.

(Archives de l'Aube, E. 227.)

Pour copie conforme :

ROSEROT.

Découverte de monnaies romaines dans le département de la Mayenne.

Communication de M. Bertrand, archiviste-paléographe.

(Séance du 8 décembre 1879.)

M. Bertrand, archiviste-paléographe, vice-président de la Société historique et archéologique du Maine, a adressé au Ministre l'annonce de la découverte dans le département de la Mayenne, par M. Plessis, membre de cette savante compagnie, en démolissant une muraille chez lui, à Jublains, un trésor renfermé dans une grande brique creuse à rebord. Ce sont des monnaies romaines de grand et de petit bronze, qui ne sont pas encore classées, mais dont M. Plessis se propose de dresser le catalogue. Nous n'avons qu'à attendre l'accomplissement de cette promesse; j'ajouterai seulement qu'il serait bon de recommander au nom de la section à M. Plessis de ne décrire que les pièces inédites ou les variantes des pièces connues; pour les autres, il suffirait de renvoyer aux numéros du livre de M. Cohen sur les monnaies impériales. C'est perdre temps et papier que de se consumer, comme on le fait encore trop souvent, à décrire plus ou moins exactement des pièces archiconnues.

CHABOUILLET,

Membre du Comité.

———

Recherches sur l'emplacement du Prætorium d'Aquitaine.

Communication de M. Mayaud, à Guéret.

(Séance du 8 décembre 1879.)

M. Mayaud, membre de la Société des sciences naturelles et archéologiques de la Creuse, à Guéret, envoie au Ministre, à l'appui d'une demande de subvention, un mémoire intitulé : *Recherches sur l'emplacement du Prætorium d'Aquitaine.* Ce mémoire, ayant été lu par l'auteur à la Sorbonne cette année (séance du 18 avril 1879), a été analysé dans le compte rendu que votre secrétaire fait tous les ans des lectures de la Sorbonne [1]. Il suffit donc de dire ici que c'est un travail consciencieux et intéressant.

[1] Voy. *Rev. des Soc. sav.* 7ᵉ série, t. I, p. 454.

En ce qui concerne la demande de subvention, il y a été répondu d'avance dans ce compte rendu, attendu que M. Mayaud l'avait déjà formulée dans les conclusions de son mémoire.

Votre secrétaire, s'inspirant des doctrines émises souvent ici par plusieurs de ses collègues, faisait observer que les ressources de l'État, sur lesquelles on a trop l'habitude de compter, ne sont pas inépuisables; ce n'est pas seulement au Mont-de-Jouë qu'il y aurait des fouilles intéressantes à entreprendre. Il n'est pas un de nos départements qui ne puisse fournir d'aussi curieux sujets d'études. Il faut donc que les particuliers, les Sociétés savantes, les communes, les conseils généraux prennent l'initiative de ces utiles opérations; si leurs débuts sont couronnés de succès, si l'État reconnaît qu'elles sont dirigées scientifiquement et promettent d'être fructueuses, alors il intervient et vient à l'aide de ceux qui se sont aidés eux-mêmes.

CHABOUILLET,
Membre du Comité.

La Vierge de Beaulieu (Corrèze).

Communication de M. Ernest Rupin, à Brive.

(Séance du 8 décembre 1879.)

Le Comité a reçu de M. Ernest Rupin la description, accompagnée de photographies, de dessins et d'empreintes en cire, d'une très intéressante statue en bois recouverte de lames d'argent, que possède de temps immémorial l'église paroissiale, jadis abbatiale, de Saint-Pierre de Beaulieu (Corrèze).

Cette statue a une hauteur de 61 centimètres, elle représente la Vierge assise tenant l'enfant Jésus assis sur son genou gauche. Elle paraît appartenir à la seconde moitié du xiie siècle.

La Vierge est vêtue d'une robe talaire à larges manches recouverte d'une robe de dessus, tombant à mi-jambes et garnie de manches demi-longues. Un ample manteau agrafé sur l'épaule droite lui recouvre la plus grande partie de la poitrine et laisse à découvert le bras droit. Elle a la tête couverte d'un voile, qui lui cache entièrement les cheveux et les oreilles et qui retombe en plis nombreux sur les épaules. Elle porte une riche couronne d'argent doré, ornée de filigranes, de cabochons et de pierres gravées. Une bordure de même style que la couronne garnit l'extrémité des manches de la robe. Un camée antique, malheureusement mutilé, est fixé sur le manteau au milieu de la poitrine. Les pieds de la Vierge sont chaussés de souliers pointus, dont la partie supérieure est ornée d'un galon perlé. La Vierge a la main gauche posée sur l'épaule de son divin fils, de la droite elle tient une sorte de tube, dans lequel M. Rupin suppose, non sans raison, qu'il devait y avoir primitivement une tige de fleur. On y a attaché, à une époque sans doute assez voisine de nous, une grappe de raisin en cire, pieuse offrande de quelque fidèle. L'enfant Jésus est assis sur un coussin posé sur le genou gauche de la Vierge. Il est vêtu d'une longue robe ouverte sur le milieu de la poitrine, et dont le tour de cou et l'ouverture sont garnis d'un riche galon. Une bordure perlée décore le bord des manches. Son épaule gauche est couverte par un pan du pallium, qu'il porte enroulé autour de la taille et retombant sur le bras gauche. Il a les pieds nus, suivant les règles habituelles de l'iconographie, la tête couverte d'une couronne semblable à celle de sa mère. De la main gauche il tient, appuyé sur son genou, un livre ouvert sur lequel on lit les lettres IHS XPS. Il tient la main droite levée, la paume en avant, les doigts étendus.

La statue de la Vierge est formée de plusieurs plaques d'argent : l'une embrasse tout le dos, une autre est consacrée à la figure et à la poitrine, une troisième forme le bas de la robe, une autre les pieds, d'autres plus petites ont servi à recouvrir les bras et les mains. L'enfant Jésus est enveloppé dans deux grandes plaques de métal. Toutes ces plaques sont très habilement réunies entre elles, soit par de petites pointes, le plus souvent dissimulées dans les plis des draperies, soit par de fines soudures lorsque les bords de deux plaques différentes se rencontrent sur des parties délicates et trop en vue comme la figure ou les mains.

Certaines parties sont dorées ; ce sont la robe de dessus, le voile et les souliers de la Vierge, les cheveux, la bordure de la robe et le manteau de l'enfant Jésus.

Le trône qui sert de siège à la Vierge est une sorte de banc sans dossier, mais muni d'accoudoirs fort bas, qui se redressent par derrière en forme de volutes. Il mesure 20 centimètres de haut, 11 de large et 24 de long. Une bordure d'oves entre deux grènetis en suit tous les contours. Une sorte d'arcade aveugle de forme allongée occupe le milieu des deux faces latérales.

«Cette statue, dit M. Rupin, est remarquable au point de vue de l'art. La pose, l'expression, l'agencement des draperies, le fini

des plus petits détails, tout en un mot dénote la main d'un ouvrier habile. On peut, il est vrai, relever certaines imperfections de dessin, la tête est trop grosse, les mains sont un peu fortes, les propor-

tions du nez sont exagérées. On peut critiquer la rigidité de la pose,
et une trop grande recherche dans la façon d'indiquer les plis des

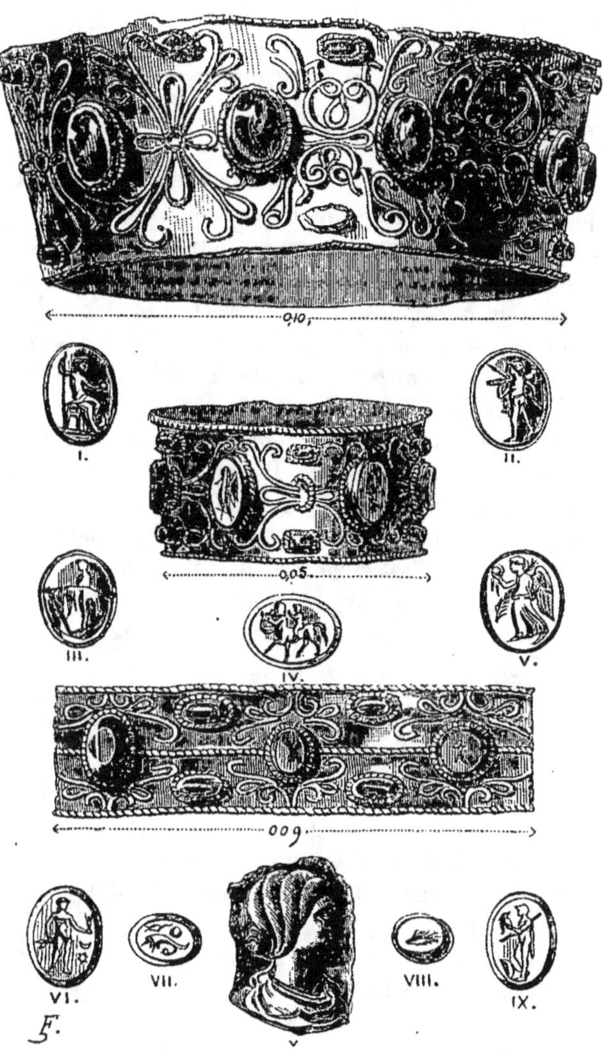

vêtements. Mais, loin de nuire à l'effet général, cette recherche et cette
rigidité donnent à l'ensemble de l'œuvre quelque chose de solennel.
« L'expression de la figure révèle une certaine grandeur, le front

est large, la bouche est grave, les yeux sont fixes et bien ouverts.
Ce n'est plus une jeune fille à l'air fade et maniéré, comme l'on
représente la Vierge de nos jours, c'est la femme forte, la femme
de l'Évangile.

«La figure de l'enfant Jésus a été travaillée dans le même sentiment. C'est la tête d'un petit homme plutôt que celle d'un enfant.»

Le fini du travail est remarquable, principalement dans les couronnes qui ornent les deux figures.

Celle de la Vierge a 9 centimètres de diamètre, elle est formée
d'une plaque d'argent, large de 4 centimètres, et ornée de vingt
cabochons de diverses natures disposés sur deux rangs. Une ligne
perlée garnit les deux bords du bandeau. Au centre, entre les
deux rangées de cabochons, on avait inséré une série de dix intailles antiques. Aujourd'hui il n'en reste plus que quatre gravées
sur des cornalines de diverses nuances. Tout le champ de la couronne est couvert de filigranes.

La couronne de l'enfant Jésus n'a que 5 centimètres de diamètre.
Sa hauteur est de 25 millimètres. De même forme que celle de la
Vierge, elle est comme celle-ci ornée d'une bordure de perles, et
d'une rangée d'intailles entre deux rangs de cabochons, entourés
de filigranes. Les intailles étaient primitivement au nombre de cinq,
il n'en reste plus que trois aujourd'hui [1].

Une décoration tout à fait semblable forme la bordure des manches de la Vierge.

Un galon beaucoup plus simple et qui n'est pas orné de pierre-
ries garnit le bord des manches et de l'ouverture de la robe de l'enfant Jésus.

M. Rupin ayant pris le soin de nous envoyer d'excellentes empreintes en cire de toutes les pierres gravées qui ornent la statue,
j'en puis donner la description exacte, d'après les indications de
notre collègue, M. Chabouillet, et du savant M. de Witte, à qui je
les ai communiquées.

1° La plus importante est le camée qui décore la poitrine de la
Vierge. C'est une fort belle pierre à deux couches qui représente

---

[1] M. Rupin pense que les deux couronnes ne sont plus posées comme elles l'é-
taient dans le principe. Il a remarqué autour de la tête de la Vierge et de l'enfant
une série de petits trous qui servaient sans doute à l'origine à fixer les couronnes
et qui indiqueraient qu'elles devaient descendre un peu plus bas sur le front des
deux figures.

une tête de femme vue de profil. Un regrettable accident a malheureusement fait disparaître tout le profil de la figure. Autant qu'on en peut juger par la coiffure, seule partie de cette tête qui soit bien conservée, cette pierre appartiendrait à l'époque de Caracalla ou de ses premiers successeurs. C'est notamment la coiffure de Plautilla, la femme de Caracalla.

Les pierres de la couronne de l'enfant Jésus représentent :

1° Une Victoire tenant une couronne et une palme, basse époque.

2° Jupiter debout et nu, tenant à ce qu'il semble une victoire et un foudre; à côté de lui, dans le champ, un astre et le croissant de la lune.

3° Centaure jouant de la lyre, portant un amour à cheval sur son dos.

Les intailles qui décorent la couronne de la Vierge représentent :

1° Un personnage nu, peut-être une femme, debout, tenant un objet indéterminé. Cette pierre est fracturée.

2° Jupiter assis sur un trône, tenant à la main le sceptre et le globe, à ses pieds un aigle.

3° Mars casqué, portant un trophée sur ses épaules.

4° Guerrier debout tenant un casque et une lance, un bouclier ou une cuirasse est à terre devant lui.

Enfin les deux petites intailles enchâssées dans la bordure du manteau de la Vierge représentent l'une une palme, l'autre une corne d'abondance.

La statue de Beaulieu est en bon état de conservation. La Vierge, il est vrai, a la figure bosselée en deux endroits, les bords de sa couronne sont un peu endommagés. Le camée qui décore sa poitrine est gravement mutilé; le pied gauche a été remanié. Plusieurs intailles ont disparu. Mais en somme ces accidents n'ont pas altéré le caractère du monument, et l'on est en droit d'admirer l'état de conservation de cette statue si l'on songe aux vicissitudes par lesquelles elle a dû passer depuis cinq ou six siècles. .

M. Rupin a consciencieusement recherché ce que les histoires imprimées ou les documents manuscrits avaient pu dire de la Vierge de Beaulieu. Elle n'est mentionnée dans aucun texte antérieur à l'an

1432 [1]. Elle dut courir de grands dangers dans les sanglants événements dont la ville de Beaulieu fut le théâtre comme tant d'autres villes au moyen âge. Au mois d'octobre 1569, les gens de l'amiral Coligny envahirent la ville et pillèrent l'abbaye. S'il faut en croire un des prieurs de l'abbaye, Amand Vaslet, qui écrivit en 1727 une histoire de son monastère, dont le manuscrit encore inédit est actuellement entre les mains de M. Rupin, la Vierge de Beaulieu aurait été enlevée avec la plupart des reliquaires de l'abbaye et destinée au feu. Heureusement « un huguenot la racheta d'un de ses compagnons qui l'emportait pour la faire brûler. » Comment, après la catastrophe de 1569, la statue rentra-t-elle dans le trésor de l'abbaye, on l'ignore. Tout ce que M. Rupin a pu savoir, c'est qu'elle fut sauvée à l'époque de la Révolution grâce au dévouement de deux courageuses habitantes de Beaulieu, mesdemoiselles Albert.

Quant à l'origine même de cette précieuse œuvre d'art, on ne peut, bien entendu, la déterminer que d'une façon approximative. M. Rupin la croit sortie des fabriques de Limoges; c'est un fait très vraisemblable. Il l'attribue aux premières années du xiie siècle. C'est peut-être un peu trop la vieillir; les œuvres des orfèvres comme celles des émailleurs limousins ont souvent un air archaïque dont il est bon de se méfier. La Vierge de Beaulieu pourrait donc bien n'appartenir qu'à la seconde moitié du xiie siècle.

J'ajoute cependant que l'opinion de M. Rupin était celle de l'abbé Texier, juge d'une compétence exceptionnelle en fait d'orfèvrerie limousine, aussi ne refuserai-je pas absolument de m'y rallier.

Chose étonnante, cette œuvre remarquable est restée jusqu'ici absolument inconnue. L'abbé Texier, il est vrai, l'avait vue, il en a même parlé dans son *Dictionnaire d'orfèvrerie* [2]. Mais sa description est remplie d'inexactitudes si flagrantes qu'il est évident qu'il l'a décrite de souvenir et qu'il l'a confondue avec d'autres œuvres d'orfèvrerie qui existent encore dans le trésor de l'église de Beaulieu.

Un seul auteur depuis l'abbé Texier a eu l'occasion de dire quelques mots de la Vierge de Beaulieu, c'est M. Rohault de Fleury dans son grand ouvrage sur la Vierge. Sa description est plus inexacte encore; il ignorait même que ce fût une œuvre d'orfèvrerie. On

---

[1] Les statuts de 1432 nous apprennent qu'on l'exposait aux grandes fêtes sur le maître autel de l'abbaye. (Note de M. Rupin d'après l'histoire manuscrite de Beaulieu, par Amand Vaslet.)

[2] *Dictionnaire d'orfèvrerie*, col. 1043.

peut donc dire que ce précieux monument est inédit, et nous devons remercier M. Rupin d'avoir bien voulu en donner la primeur
au Comité. Tout le monde sait, au surplus, combien les œuvres de
ce genre sont chose rare. L'espèce d'enquête faite par M. Rohault de
Fleury à l'occasion du travail que je citais plus haut, n'en a fait
connaître qu'un bien petit nombre, parmi lesquelles une seule peut-
être, celle d'Orcival, est contemporaine de celle de Beaulieu. En
terminant, M. Rupin n'a pas manqué de rappeler les deux statues
de Sainte-Foy et de la Vierge conservées dans le trésor de Conques
et si bien décrites par notre collègue, M. Darcel. Si la Vierge de
Beaulieu peut paraître inférieure sous quelques rapports à la statue
de Sainte-Foy, dont elle est certainement contemporaine, elle est
évidemment fort supérieure à la Vierge de Conques, œuvre du
xv° siècle du style le plus médiocre.

J'ai dit en commençant que M. Rupin avait joint à sa communication des photographies et des dessins qui permettent d'apprécier
la Vierge de Beaulieu sous ses divers aspects; le Comité voudra, je
n'en doute pas, les faire reproduire dans la *Revue des Sociétés savantes*.
J'aurais également voulu proposer au Comité l'impression *in extenso*
de la notice rédigée par M. Rupin, mais j'ai appris que cette notice était primitivement destinée à une jeune Société dont l'auteur est
un des membres les plus actifs; j'ai pensé qu'en enlevant à cette Société la primeur de la communication, il convenait de lui laisser au
moins le plaisir de publier elle-même un excellent mémoire[1], et
je me suis contenté de puiser largement dans la notice que M. Rupin avait eu l'obligeance de mettre à la disposition du Comité.

Robert de Lasteyrie,
Membre du Comité.

Inscriptions de l'église d'Yèvre-le-Châtel (Loiret).

Communication de M. Edmond Michel.

(Séance du 8 décembre 1879.)

M. Edmond Michel a adressé au Comité des notices détaillées sur
six inscriptions recueillies par lui dans la petite église d'Yèvre en

---

[1] Depuis la lecture de ce rapport, le mémoire de M. Rupin a été imprimé dans
le *Bulletin de la Société scientifique, historique et archéologique de la Corrèze*, t. II.

Gâtinais. Tous ces monuments, sauf un, appartiennent à une date assez récente. Le plus ancien est l'épitaphe d'une dame morte en 1356. Le second contient un résumé des fondations faites par diverses personnes en l'église d'Yèvre, depuis 1471 jusqu'en 1651. Les trois suivants sont relatifs à Philippe et à Charlotte de Garges, dont la famille d'origine écossaise vint, comme tant d'autres, se fixer en France à la fin du xive siècle, et prit son nom de la terre de Garges, près Gonesse, dont elle fut propriétaire pendant un siècle environ.

Charlotte de Garges épousa en secondes noces François de Montmorency, seigneur de Fosseuse, mort en 1620 d'après Moreri, en 1631 d'après le *Nobiliaire* de M. de Saint-Allais. Une des inscriptions signalées par M. Edmond Michel prouve que c'est la date donnée par Moreri qui est la bonne. Charlotte de Garges mourut, d'après son épitaphe, le 4 juillet 1631. M. de Saint-Allais aura pris sans doute la date du décès de la femme pour celle de la mort du mari. La dernière des inscriptions communiquées par M. Edmond Michel se lit sur la cloche de l'église d'Yèvre. Elle n'a d'autre intérêt que d'ajouter un nom probablement nouveau à la liste des fondeurs de cloches du xviiie siècle. Nous ne saurions trop louer le soin que M. Edmond Michel a mis à réunir, à propos de ces monuments, tous les renseignements historiques ou archéologiques qui pouvaient donner quelque intérêt à sa communication. Il arrive trop souvent que nos correspondants nous envoient des copies d'inscriptions sans une ligne de commentaire; quelques-uns même se contentent de nous adresser des estampages mal venus et d'une lecture difficile, sans même y joindre la transcription de ce qu'ils ont pu déchiffrer. Nous devons donc savoir gré à ceux qui veulent bien, comme M. Michel, accompagner leurs communications de notices, dont nous serons toujours heureux de proposer l'insertion dans la *Revue des Sociétés savantes.*

Robert de Lasteyrie,

Membre du Comité.

INSCRIPTIONS DE L'ÉGLISE D'YÈVRE-LE-CHÂTEL (LOIRET).

I.

1356.

ICI · GIST · YSABIAV · FEM · DE
BARTELEMI · P........ · EN · LAN · DE · RR.............
....
.......ME · DE · VALE[1] · DACHELEINNE · Q[VI · MOVRVT ·
LAR] · MCCCLVI ·

Pierre. — Hauteur, 1ᵐ,72 ; largeur, 0ᵐ,96 et 0ᵐ,75.

Yèvre-le-Châtel est une ancienne forteresse féodale élevée sur l'escarpement d'une colline, au pied de laquelle coule la Rimarde. Dès l'an 1120, elle appartint à la couronne par la vente que Foulques, vicomte de Gâtinais, en fit au roi Louis le Gros.

La chapelle du château, construite dans l'intérieur de l'enceinte, à environ 50 mètres des hautes murailles du donjon, fut placée sous l'invocation de saint Gaut (*Gualdus*).

Au xviii⁰ siècle, cette chapelle, dont l'abbé de Saint-Benoît-sur-Loire avait le droit de présenter le curé, et l'évêque d'Orléans le droit de le nommer, possédait encore pour annexe l'église du hameau de Souville, qui se trouve situé sur la rive droite de la Rimarde, vis-à-vis de la forteresse d'Yèvre.

Depuis la Révolution, toute une population s'est établie dans les bâtiments de service du château, aussi bien que dans ceux du prieuré d'Yèvre, et en 1822 la petite église de Souville, sous le vocable de Saint-Martin, fut vendue et démolie. A partir de cette époque, la chapelle de Saint-Gaut devint l'église paroissiale de Souville et d'Yèvre, réunis en une seule commune.

Le chœur est la partie la plus ancienne de l'église; il date des premières années du xiiᵉ siècle. Sa voûte est construite en pierre et en forme de berceau; celle du sanctuaire en cul-de-four. Au xvᵉ siècle, on a ajouté une chapelle dans le prolongement du clocher, placé à droite du chœur; elle est voûtée en pierre avec tiercerons et sert de sacristie. L'édifice a été réparé à différentes époques.

[1] Nom d'un moulin situé au-dessous d'Yèvre et que nous retrouvons dans l'inscription II.

Une première date, celle de 1584, se trouve indiquée dans l'inscription n° II : M° Pépin de Bonnouvrier donna 2,028 livres pour aider à réédifier la nef qui était tombée. Sur un écusson sculpté, que porte la clef de l'archivolte de la première travée du côté droit de la nef, est gravée la date de 1551. Au-dessous de celle-ci nous en lisons une autre, celle de la restauration récente de cet édifice :

1859

RESTAVREE PAR T. LECONCE

et aussi sur la clef de la seconde archivolte, du même côté :

1859

FOIGNET

MAIRE

Devant la façade existe un parvis, en contre-bas du sol du donjon. Il est entouré d'un parapet et possède encore une arcade du xiii° siècle donnant accès, par un degré de neuf marches, au pavé de l'église [1].

La tombe de la dame Isabeau se trouve dans le côté gauche de la nef, vis-à-vis du second pilier du collatéral de droite; un de ses grands côtés longe l'allée centrale de la nef, c'est dire qu'elle fait partie intégrante du sol. Elle affecte la forme d'un trapèze.

Contrairement à ce qui se voit généralement, l'effigie, gravée en creux, n'est entourée d'aucune décoration d'architecture. Vêtue de la cotte hardie boutonnée sur la poitrine et à manches étroites, la défunte a les mains jointes et la tête couverte d'un voile. Par suite de la brisure de la pierre, nous ne pouvons plus savoir si les pieds reposaient sur un animal ou sur le sol.

Les caractères très soignés de l'épitaphe appartiennent à l'écriture capitale gothique et sont placés entre deux filets. Bien des mots manquent: le nom du mari est illisible; de plus, la pierre étant brisée aux pieds, la fin de la deuxième ligne, la troisième tout entière et le commencement de la quatrième font complètement défaut.

---

[1] Voy. Edmond Michel, *Monuments religieux, civils et militaires du Gâtinais*, Lyon, 1876-1879, pl. LXV, p. 116 et suiv., et p. 171; l'abbé Patron, *Recherches historiques sur l'Orléanais*, t. II, p. 289.

II

1471,.........1651.

Dons et anniversaires fondes a leglise Sᵗ Gavlt dyevre
le chastel Noble home

Mᵇᵉ Iacꝗ Delaroche p̄ dv roy ɴ siege et chastelnie
royal dvd̄ yevre et germā

Iacqviɴ le iē margᴮˢ delad̄ eglise en 1651 pō memᴮˢ fᵗ a levᴿˢ
povrsviteˢ Ieaɴ Boitevx

A done vn arpant de tᴿᴮ svr le chemain dyevre a cecheval
pō estre mise ɴx pᴿᴮˢ les iᴿˢ

Des fēs anvel pᴿᴮ Thicdot et iɴᴮ Benard sa fē ont doᴹ...s
de rente fonᴮᴿ par te-

stam̄ de laēe 1471 a prendre svr des tᴿᴮ et prez dv movlin
de Gondry paroˢᴮ

Detovy leqˡ apartī a la damᴸᴮ darchambaɴˡ payable le iō
de pvrificaon ɴ̄re dame

2 febᴮᴿ charge de 2 messes le mardy et ievdy devā lad̄
feste ɴ̄re dame

Denis Parens et Gvillemme sa fē dv 7 may 1482 ont doɴē
de rente fontᴮˢ svr

7 qᴜartier de prez soiˢ en la prayrie de sovville pres dv
movlin valle posedes par

Mˢ Dominiq fovre si paye le iō Sᵗ Andre charge 2 anniverˢ
les 4 temps de caresme

Desqᴜz est devb a la cvre 7. s. 6. d. Iean Thibaɴlt et sa fē
12. s. 6. d. de rente fontᴿˢ

svr demy arpent de tᴿᴮ a la rve de Nacele tenant dvn
long a la rve sentē

Dv 22 mars 1546 recog par Nicolas Delaroche et Olivier
....

Mar... dyevre le 6 feb 1607 et payabl̄ le iō.......niv...

Aprꞇ les.......... Benard doivent ayant a........er et

Delaroche...........arpent de t sve rec........ dv 15

feb 16...........moitie dvn annivers fonde svr ɴ en la

pr.............. posede par les de sovville·ayant acꝗ̄s
dvd̄ Merigot

par........daovst noble hoēm Benoist Pezard lievꞇ par

A͞Dᵗ [YEVRE]..... 16.3 A DO͞E PAR TESTA͞M LX S RENTE A LVY
   CONSTITV

........A PRENDRE SVR VNE MAISON SISE A͞ CAREFOVR DV͞D

YEVRE.......ANNIVERS..........CELLE RENTE RACHEPTEE ET
   AMORTIE

.... PEZARD A DO͞N LX S PAR TESTA͞M A

.............DV͞D YEVRE DONT LOVISE ANNE DESCHAMPS HE

RIT..........................EN CHARGE DV͞D ANNIVERSAIRE

.............DV 24 AOVST 15.. RECEV PN͞T DESQVELZ.........

LE 2. MAY 1599... ONEVX A DONE 30 S DE RENTE RACHEPTAB A
   PRENDRE SVR

TOVS BIENS DES HERITIERS.............BERNARD CHARGE DVN
   ANNIVERS LA

VEVILLE DE LA PENTECOSTE NOBLE HO͞E IACQVE PEZARD LIEVT͞E
   PAR͞ A͞D YEVRE

A DONE·60·S DE RENTE FONT͞ᴮᴱ A PRENDRE SVR VNE MAISON A
   SISE A Sᵀ LVBIN POSEDE PAR LEˢ

ENFENS IEAN REGNARD CHARGE DVN ANNIVER͞S LE 6 I͞O DAOVST
   I͞O DV DECEPS

Mᴿ PEPIN DE BONNOVVRIER CAPP DVNE CONPAGNE A͞ REGIMENT
   DES GARDE SEIG P͞ EN-

GAG͞E DV͞D YEVRE A DO͞N 2028ᴴ P͞O AIDER A REDIFIER LA NEFE
   DE LEGLISE TOMB͞E EN

1584 LE I͞O Sᵀ LVBIN VN CALICE 2 BVRETES DARG͞E GARNIES DV
   P͞ DE 3 MARS 6 ONCES

VN GROS........VXX...A LA CHARGE DES͞T MIS ES PRIERE DE
   LA͞D EGLISE LES I͞O DE FE͞S

.....DAME ESTIENNETTE ROYNARD FEM͞ DE NOB͞ HO͞E Mᴴ MICHEL
   PEZARD LX S DE RENTE

A PREN͞D SVR......... DE LA͞NE DE PITHIVIES CHARGE DVN
   ANNIVERS LE 3 NOVEMB͞ M

................DENIS ET LVCRESSE PEZARD SA FE͞M ONT DO͞NE
   ·16· S DE RENTE A PRE͞DRE

.... SES ENFENS CHARGE 2 MESSES BASSE LE 15 MARS ET
   15 AOVST PHILIPE DE

GARGES DE LA MAISON DE MAQVEVILLE EN VALLOIS PAR
   TESTA͞M DV·10 FEB 1620

.... LA COVSTVRE N͞O A͞D YEVRE A DONE 4ᴴ D͞ᴿ RENTE
   RACHEP.TA͞B A͞ DENIER 16 VNE

```
..........VIGILE A 9 LECONS LE 22 FEB DAME MARIE PEZARD
    FEM DE Mᴿᴱ CHARLES
..............RENTE A PREND SVR SES REQVIEST M CLAVDE
    PEZARD LIEVTE AV
BAILL DE BEAVLE SON FRERE QVI ....... DONE ............ S DE
    RENTE A PREND SVR
SES BOIS DE BOYNE CHARGE DVN ANNIVERS LE 6 APVRIL
A PREND SVR TOVS SES BIENS QVI SONT SCITV.........
BASSE ET VIGILLE LE .. MARS MAVRICE.................
.......DEVE PAR IEAN BOILEAV.........................
MESSE BASSE ET VIGILLE A 3 LECONS...................
    CETTE EGLISE A DONE DEMY ARP..............
    DVNE MESSE BASSE ET LIBERA SVR.........
```

Grès. — Hauteur, 0ᵐ,90 ; largeur, 0ᵐ,67.

Cette inscription de fondations se trouve fixée par des crampons de fer contre le mur septentrional de la seconde travée de la nef, auprès de l'autel de saint Vincent. Elle est gravée sur un grès taillé, ce qui a été pour les caractères une cause de ruine, car des ouvriers se sont servis du grès pour aiguiser leurs outils. Ils ont ainsi fait disparaître entièrement plusieurs lignes du texte et rendu très difficile la lecture de la partie encore visible.

En 1651, les deux marguilliers en charge, Jacques de la Roche, procureur du roi au siège et châtellenie royale d'Yèvre-le-Châtel, et Germain Jacquiau le jeune, ont profité de la restauration qu'ils faisaient subir à leur église pour rappeler sur une même pierre les dons et anniversaires antérieurs, fondés par diverses personnes, et qui étaient ou épars ou seulement mentionnés dans les registres de la paroisse. Grâce à eux, les témoignages de piété et de zèle des donateurs sont parvenus jusqu'à nous.

L'arpent de terre donné par Jeanne Boiteux fait sans doute partie aujourd'hui de l'exploitation des fermes de Secval, situées sur le chemin d'Yèvre à Dadonville. Quant au moulin de Gondry, commune d'Estouy voisine d'Yèvre, sur lequel Pierre Thiedot et Jeanne Bénard, sa femme, ont donné une rente foncière, il existe encore sur l'OEuf, petite rivière qui passe à Pithiviers et se jette dans l'Essonne, après avoir alimenté un grand nombre de moulins. Au don de Denis Parens et de sa femme Guillemme, le lapicide a omis de mentionner le montant de la rente foncière, instituée par eux, sur laquelle il revenait à la cure 7 sous et 6 deniers. Le lieu nommé Nacelle, dont il est question dans la donation des époux Thibaut, est une ferme, au nord d'Yèvre, distante d'environ 900 mètres du château.

Nous ferons remarquer que c'est un des ancêtres du marguillier et procureur du roi, son père peut-être, Nicolas de la Roche, qui a reconnu la rente établie par Jean Thibaut et sa femme.

La famille Pézard s'est montrée particulièrement généreuse envers l'église de Saint-Gault. Sept de ses membres, cinq hommes et deux femmes, sont nommés dans l'inscription. Parmi les hommes, quelques-uns ont occupé des fonctions importantes : Benoît et Jacques étaient lieutenants particuliers en la châtellenie d'Yèvre, au xvie siècle, et Claude lieutenant au bailliage de Baule, près Beaugenci, au xviie siècle. Les noms des époux de Lucrèce et de Marie Pézard ne sont malheureusement plus visibles.

Jacques Pézard possédait, entre autres biens, une maison sise à Saint-Lubin. On appelait ainsi un quartier de la ville d'Yèvre, situé au sud-ouest de la forteresse, dans lequel était bâtie une église dédiée à ce saint[1] et dont les ruines imposantes subsistent encore; ce monument date des plus belles années de l'art ogival.

Un des membres de la famille Pézard épousa une fille de l'ancienne famille de Billy, en Beauce[2].

---

[1] Voy. Edmond Michel, *op. cit.* t. I, p. 119; l'abbé Rocher, *Histoire de l'abbaye royale de Saint-Benoît-sur-Loire*, Orléans, 1865, 1 vol. in-8°, p. 302.

[2] Cf. de Vassal, *Généalogies des principales familles de l'Orléanais, table analytique des manuscrits d'Hubert*, Orléans, 1862, 1 vol. in-8°, p. 49.

III

1620.

ICI REPOSE LE CORPS DE PHILL
IPPE DE GARGES VIVANT ESCVIER
DE LA MAISON DE MACLINE
EN VALLOIS ENSEIGNE DVNE
CONPAGNIE DV R[EGIMENT] DEˢ
GAR[DES ....
....
.... DE LA VILLE
DE MEZ QVI DECEDDA EN CELLEᵛ
DYEVRE LE CHASTEL LE
VINST DEVLXIESME IOᵛ
R DE FEVBVRIER
1620 PRIEZ
DIEU POUR SON
AME

Pierre. — Hauteur, 2ᵐ,30 ; largeur, 1ᵐ,08 et 0ᵐ,85.

La maison de Garges est originaire d'Écosse, et, d'après une tradition de famille, le sang royal coule dans ses veines. Elle porte
d'or au lion armé et lampassé de gueules [1]. Au xivᵉ siècle, Raoul de
Garges vint s'établir en France et acheta, en 1377, la terre de
Garges, près Gonesse, d'où il tira son surnom. Ce fut lui qui, sous
Charles V, défendit la ville de Creil contre les Anglais si vaillamment
qu'il les força à lever le siège.

En 1570, Antoinette de Garges, fille de Pierre, seigneur de
Garges, Tiverny et Piseau, capitaine de Chantilly, vendit la terre
et seigneurie de Garges, en réservant pour sa famille le droit de
porter le nom de cette terre.

Par suite d'acquisitions de seigneuries et de mariages, la famille
de Garges se sépara en trois branches : la branche de Maquelines,
la branche de Villers-Saint-Genest et la branche d'Ormoy, dite de
Villers ; c'est à la première qu'appartient le défunt.

François de Garges, seigneur de Maquelines, chevalier de l'ordre
du roi et lieutenant commandant la compagnie d'hommes d'armes
de Thoré, avait épousé Gabrielle de la Grange, fille de Jean de la
Grange, seigneur de Dracy. De ce mariage naquirent dix-huit enfants, parmi lesquels nous comptons Philippe qui est inhumé dans

---

[1] Palliot, *La vraye et parfaicte science des armoiries*, p. 45. — Ce sont les mêmes
armes que portaient anciennement les rois d'Écosse.

l'église de Saint-Gaut. Enseigne d'une compagnie du régiment des gardes françaises, Philippe de Garges épousa la fille du premier président de Metz, dont il n'eut pas d'enfants [1]. Sa pierre tombale fait partie du dallage de la nef, et se trouve placée dans la première travée du côté gauche. Elle est plus large à la tête qu'aux pieds. Un filet entoure l'inscription, qui n'occupe, dans la hauteur de la pierre, que 73 centimètres; il n'y a ni armoiries ni ornements, et le tombier ne s'est pas distingué dans la gravure des caractères.

Les trois lignes que nous avons remplacées par des points sont devenues illisibles; elles se trouvent placées entre deux bancs et, par suite, exposées au frottement continuel des pieds des assistants. Les caractères de la première ligne ont entièrement disparu; quant à ceux des deux autres on en distingue encore quelques-uns, mais malgré l'estampage, nous n'avons pu parvenir à restituer aucun mot.

IV

1631.

CY DESSOVBs
GIST ET REPOSE
LE CORPS DE DAME CHARLOT
TE DE GARGE [DE LA MAISON]
DE MAQVELLINE EN PICARDIE
FĒME EN [PREMIE]RE NOPCE DE
M^{RE} PEPIN [DE BONN]OVVRIER
ET EN DE[RNIER]E DE M^{RE} FRANCOIS
DE MONMORANCY VIVĀT SEIG^R
ET BA[RRO]N DE FAVSSEVZE
LAQVELLE DECEDA EN LAAGE DE
LVI ANS EN SA MAISON DES GRĀDES
CHASTELL[IERS] PAR[OISS]E DYEVRE
LE CHAST[EL L]E IIII IVILLET 1631
Priez Dieu p[our son Ame]

Abel de Girard....................
Chastel ....
Chastelliers & de..................
de la Roche proc ....
Yevre Les.........................
aux fins de ....
pofer............

Pierre. — Hauteur, 1^m,95; largeur, 1 mètre.

[1] Voy. Moreri, *Le grand dictionnaire historique*, t. V, p. 72 et suiv.

Charlotte de Garges, sœur de Philippe, naquit en 1575. L'année suivante, un autre de ses frères, Guillaume de Garges Maquelines, était reçu chevalier de Malte [1]. Un premier mariage unit Charlotte à Pépin de Bonnouvrier, seigneur de Talmond-sur-Gironde, capitaine aux gardes, gouverneur de la ville et de la citadelle de Metz. Devenue veuve, elle se remaria à François de Montmorency, dit le Jeune, issu de la branche des seigneurs de Fosseuse devenus, en 1570, les aînés de la maison de Montmorency. Ce gentilhomme, seigneur de Lardières et de Crève-Cœur, puis par le décès de son frère aîné, François, mort en 1623 [2], sans avoir été marié, baron de Fosseuse, chevalier de l'ordre du roi, gentilhomme ordinaire de sa chambre et capitaine de cinquante hommes d'armes, ne survécut qu'une année à son frère [3]. Il était fils de Pierre de Montmorency, premier marquis de Thuri, qui servit avec distinction sous le règne des Valois, et participa à la défense de Metz [4].

Veuve une seconde fois, Charlotte se retira dans son domaine d'Yèvre-le-Châtel, où elle mourut le 4 juillet 1631 [5], âgée de cinquante-six ans, en sa maison des Grands-Châtelliers.

Sa tombe constitue, comme celle de son frère Philippe, une partie du dallage de l'édifice; elle est placée dans le collatéral septentrional, le seul que possède l'église, immédiatement à droite en entrant par la petite porte. Aussi malheureusement exposée sous des bancs que la première, elle a cependant moins souffert dans sa partie principale, pour laquelle nous n'avons eu à restituer que les quelques mots mis entre crochets. Il n'en est pas de même dans la seconde partie de l'inscription gravée aux pieds; nos points remplacent des mots qui n'existent pour ainsi dire plus et qu'un estampage soigneux ne fait revivre que de la façon la plus obscure.

Abel de Girard appartient sans doute à la famille de ce nom

---

[1] De Saint-Allais, *Nobiliaire universel de France*, t. IV, p. 50 du catalogue général et alphabétique des familles nobles de France admises dans l'ordre de Malte.

[2] De Saint-Allais, *ibid.*, t. III, p. 287.

[3] Le P. Anselme fait, en effet, mourir F. de Montmorency à la fin d'octobre 1624, et fixe la date de la mort de sa veuve au 4 juillet 1631. (Note du Secrétaire de la section d'archéologie.)

[4] Moreri, *op. cit.* t. V, p. 73 et t. VII, p. 739.

[5] M. de Saint-Allais fait mourir François de Montmorency le Jeune, le 4 juillet 1631. Il y a là évidemment une erreur. On aura pris la date du décès de la femme pour celle du mari.

établie à Pithiviers dans les premières années du xvie siècle et qui portait *losangé d'argent et de gueules*. Le nom de *Chastelliers*, que nous lisons à la troisième ligne, peut être celui d'un fief appartenant à cette famille, à moins qu'il ne s'agisse des Grands-Chastelliers de madame de Garges [1].

Quant au La Roche, dont on lit le nom à la quatrième ligne, il pourrait être question ici encore du même personnage qui était marguillier de l'église de Saint-Gaut en 1651, d'après la plaque de fondation reproduite au commencement de cet article. Il nous semble même voir sur l'estampage, à la fin de la troisième ligne, le prénom de Jacques.

La présence, sur cette pierre, des noms de ces deux personnages semble indiquer qu'ils ont été les exécuteurs testamentaires de Charlotte de Garges, et chargés du soin de lui élever une tombe; le mot *poser*, qui couronne la dernière ligne, porte au moins à le croire.

La pierre tombale est entourée d'un double filet au milieu duquel se trouvent une série de perles, groupées par trois et séparées par un ovale placé dans le sens de sa longueur. En haut, ce double filet s'arrête à la seconde ligne du texte et se retourne à angle droit pour former un arc plein cintre; le filet extérieur continue seul et enveloppe toute la pierre. Au-dessus de l'arc, les armes de la famille de Garges, *d'or au lion armé et lampassé de gueules*, occupent le centre d'un cartouche flanqué de deux cassolettes fumantes. Au pied, dans l'espace compris entre le double filet et le filet extérieur, le tombier a placé, au milieu d'enroulements très bien dessinés, un second cartouche rempli par une tête de mort.

[1] Voy. C. de Vassal, *op. cit.*, p. 203.

V

1637.

<table>
<tr><td rowspan="11" style="writing-mode: vertical-rl;">[DONS FAITS A] LEGLISE</td><td>X LIVRES · CINQ · S[OL]Z · DV · PAR · M · PHILIPE</td></tr>
<tr><td>DAME CHARLOTTE · DE GARGES · ESPOVSE</td></tr>
<tr><td>EN PRE[MIERE · NOP]CE · DE · DE[FVNT · ME</td></tr>
<tr><td>SSIRE · [PE]PIN · DE · BO[NOVVR]IER · ET · EN · S</td></tr>
<tr><td>ECONDE · DE · ME[SSIRE · FRANC]OIS · DE · MONM</td></tr>
<tr><td>ORANCY · SEIGNEVR · DEFOSSEVSE · LAQVEL</td></tr>
<tr><td>LE · ADONNE · X · LIVRES · CINQ · SOLZ · DE · RE</td></tr>
<tr><td>N[TE] · ALEGLISE · ET · FA[BRIQV]E · DE · CEANS [1]</td></tr>
<tr><td>PR · TEST[AMENT · PASS]E . P[NT] · BERNARDN</td></tr>
<tr><td>OTTAIRE · EN · CE · LIEVA · L[A · CHAR]GE · DE · PAR</td></tr>
</table>

LES · MARGVILLIERS ·	LAVOLONTE · DVDIT
DE · LADITE · EGLISE · FA	DEFFVNT · SON · FRERE
IRE · CHANTER · VN · AN	PAR · TESTAMENT · PNT
NNIVERSEL [2] · DE · TROI	LEPERE · NOTERE · EN · CE
S · GRANDES · MESSES · E	LIEV · EN · DATTE · DV · VIN
T · VIGILLE · A · NEVF · LE	GT · SIXE · MARSMIL · SIXE
CONS · LE · SIXE · IVILLIET ·	CENS · TRENTE · SEPT · A
IACQVELINE · BOVTH	LEPGVE · A · LEGLISE · DE · C
ELOV · SOEVR · DE · MESSI	EANS · TROIS · LIVRES · QV
RE · FRANCOIS · BOVTHE	INZE · SOLZ · DENRENTE [3]
LOV · VIVANT · PRTE · CVRE	ALEGLISE · DE · CEANS · A
DECE · LIEV · AVDESIR · DE	PRENDRE · SVR · VNE

MAISON · ET · HERITAGES · EN · DEPANDANT
APPERTENANT · ACOSME · GAVCHET · AVX
CHARGES · DVNE · GRANDE · MESSE · VIGILLE · AN
EVF · LECONS · VN · LIBERA · SVR · LA · FOSSE · DVDIT
DEFVNT · BOVTHELOV · PAR ▨ [4] · CHASCVN · AN
MRE · IEAN · CHLOPPIN · DE · ▨ [5] · SON · VIVANT
PRE · CVRE · DESTOVY · ADONNE · TROIS · CHVBL
ES · A[LEGLISE] · DE · CEANS · DONT · EST [6] ▨
▨ T ▨ NTE ▨

Grès. — Hauteur, 9m,88 ; largeur, 0m,66.

[1] Entre l'E et l'A de ce mot se trouve le premier jambage d'un V que le lapicide allait graver par erreur et qu'il a laissé.

[2-3] *Sic.*

[4-5] Défaut de la pierre par-dessus lequel le tombier a sauté.

[6] La pierre est brisée à partir de là, et entre les quelques lettres de notre dernière ligne.

Cette seconde inscription de fondations est fixée dans le mur septentrional de la nef, à côté et à gauche de la première, auprès de l'autel de saint Vincent. Elle se compose de quatre plaques de grès taillé.

Nous avons restitué entre crochets les mots et portions de mot enlevés. La plus haute a un peu souffert, le grès ayant servi au repassage des outils. Des trois plaques inférieures, la dernière seule a souffert; elle a été brisée à son extrémité.

Le nom de famille du premier donateur a disparu; mais on peut supposer, par la place que les mots occupent, qu'il s'agit de Philippe, père de madame de Garges; tous deux ont donné dix livres quinze sols de rente à leur paroisse. L'anniversaire de Charlotte de Garges ne se faisait pas le jour même de sa mort, 4 juillet, mais le lendemain, jour de son enterrement.

Les deux autres bienfaiteurs de l'église de Saint-Gaut sont deux prêtres : François Bouthelou, curé d'Yèvre, et Jean Chloppin, curé d'Estouy, village situé à 3 kilomètres d'Yèvre-le-Châtel. Le premier lègue une rente de trois livres quinze sols; le second, peut-être né à Yèvre, donne trois chasubles et sans doute aussi une petite rente.

VI

1774.

LAN 1774 IAY ETE BENITE PAR M⁺ IACQVES
BOVDIER CVRE DYEVRE LE CHATEL ET NOMMEE
ALEXANDRE THERESE OPPORTVNE PAR MESSIRE
CHARLES ALEXANDRE DE VIDAL CHEVALLIER
TRES HAVT & PVISSANT SEIGNEVR D'ANZANVILLE
DES GRANDS CHATELLIER DE VILLARSEAV
ET AVTRES LIEVX & PAR GENEVIEVE THEREZE LECLER
DE FLEVRIGNY DE VIDAL TRES HAVTE ET PVISSANTE
DAME DE LIONS DAYNEVX ET DE LA FERE [1]
DE LA REINIERE && AVTRES LIEVX FRANCOIS
MOIGNV & IEAN THOVARD MARGVILLIERS

PIERRE PERICHON SONNEVR

DOMINIQVE ET FRANCOIS & VINCENT LES THERIOT

La tour qui renferme la cloche de Saint-Gaut, très peu élevée

[1] Hameau à 3,500 mètres de Sermaises (Loiret).

et couverte par un simple toit à quatre eaux, n'a pas toujours été dans l'état où elle est actuellement. Pour s'en convaincre, il suffit de se placer dans le beffroi ; on aperçoit, en effet, à l'intérieur l'arrachement, à leur naissance, des ogives qui supportaient la voûte au-dessus de laquelle se trouvait le beffroi primitif. Les renseignements que nous avons recueillis à cet égard ne nous permettent pas de dire d'une manière certaine s'il faut attribuer cette diminution dans la hauteur de la tour à un incendie ou à un ouragan qui l'aurait renversée en partie au xviie siècle ou en 1774 peut-être, époque de laquelle date la cloche actuelle.

Le nom de la famille maternelle de la marraine, Le Clerc, rattache indirectement notre cloche à la famille de Garges, dont il a été question plus haut. En effet, à la fin de la première moitié du xviie siècle, un Henri de Garges, issu de la branche de Villers Saint-Genest, seigneur de Corbin, gouverneur de Lagny, épousa une fille de la famille Le Clerc, nommée Élisabeth. Il est probable que la seigneurie des Grands-Châtelliers arriva à Alexandre de Vidal, le parrain de la cloche par sa femme Geneviève-Thérèse Le Clerc, dame de Lions, d'Agneux et de la Fère de la Reinière. Charles-Alexandre de Vidal appartient à la famille de ce nom, établie à Pithiviers à la fin du xve siècle et qui portait d'*azur à trois casques d'argent posés de côté, fermés et panachés* [1].

Après les noms des parrain et marraine, ceux des marguilliers en charge. Mais le sonneur n'a pas voulu être oublié, et son nom suit avec sa qualité, ce qui est très fréquent dans les inscriptions des cloches du pays. Quant aux fondeurs, les Thériot, Dominique, François et Vincent, c'est la seule fois que nous ayons rencontré leur nom dans les trois cents et quelques clochers du Gâtinais que nous avons visités.

Edmond Michel.

Communications diverses de sceaux.

(Séance du 8 décembre 1879.)

M. Barbier de Montault, notre zélé correspondant, a envoyé au Comité les empreintes de huit sceaux.

Le premier et le plus important est celui d'une Mathilde la Bou-

Voy. C. de Vassal, *op. cit.* p. 347.

teillère, dont le nom ne se trouve pas dans la généalogie des Bouteillers de Senlis donnée par le P. Anselme. C'est un sceau ogival, un peu surbaissé, de 5o millimètres en hauteur. Il représente une femme debout, posant dans le vide, vue de profil à gauche, vêtue d'une robe et d'un manteau, coiffée en cheveux, tenant sur le poing gauche un oiseau de vol, et relevant de la main droite un pan de son manteau. Légende : **✠ SIG'. MAGILDIS BVGIOLARIG** (*Sigillum Mathildis Buticularie*). La matrice en cuivre de ce sceau a été trouvée en Poitou, et donnée par M. l'abbé Fossin au musée des Dunes, fondé par ses soins à Poitiers. M. Barbier de Montault attribue ce sceau à la fin du xiie siècle, et le dessin du type ainsi que la forme des caractères s'appliquent bien, soit aux dernières années du xiie siècle, soit aux premières du xiiie siècle.

2° Le deuxième sceau, rond, de 5o millimètres, est équestre. On y voit un cavalier galopant à droite, ayant son bouclier et la housse de son cheval à ses armes, un lion. Une partie de la légende est un peu effacée. M. Barbier de Montault y a lu : **MARCHIONIS I. TGRII**, et y voit un marquis du nom d'Ithier. Mais, s'il en était ainsi, il y aurait *Iterii marchionis* et non pas *marchionis Iterii*. En réalité il y a **MARCHIONIS IMPGRII**, mots qui doivent continuer une légende précédente, ce qui montre que nous avons affaire ici, non pas à un sceau, mais à un contre-sceau; on en a des exemples. C'est ainsi qu'on trouve dans la Collection des Archives, sous le n° 10399 et *bis*, un sceau avec contre-sceau de Henri III, duc de Lothier et de Brabant, de l'an 1257[1]. Il est équestre aux armes. Dans l'inventaire imprimé des Archives on entend par ces mots, *aux armes*, que les armoiries du personnage se trouvent à la fois et sur le bouclier et sur la housse du cheval. Lorsque les armoiries, comme cela arrive pour des temps postérieurs, se trouvent gravées en plus sur l'épaulière du cavalier, on dit équestre aux armes *y compris l'épaulière*. Au sceau du duc de Brabant la légende de la face manque, mais il reste le commencement de la légende du contre-sceau qui porte ✶ **ET HARChIO...** (*et marchionis imperii*). On peut remarquer en passant que le type du contre-sceau est équestre comme à la face. Cas assez rare. M. Barbier de Montault attribue son sceau au xiiie siècle. Nous le placerions volontiers à la fin de ce siècle, attendu que la représentation équestre est à l'épaulière. Or il se trouve dans

---

[1] Les ducs de Brabant étaient marquis de l'Empire.

la Collection (n° 245 des Archives nationales) un sceau de Pierre de Chambli, chambellan du roi, qui est dans le même cas, et de l'année 1294. La matrice du sceau communiqué fait partie du musée des Dunes, à Poitiers. Les six sceaux suivants ont beaucoup moins d'importance.

3° Sceau du couvent des religieuses de Notre-Dame de Clairvaux à Metz. Il se trouve dans la Collection des Archives sous le n° 9451. Il est rond, de 55 millimètres de diamètre, et représente la Vierge assise avec l'enfant Jésus debout, vus sous trois arcades gothiques. Il est du xiv° siècle. Sa matrice est déposée au musée des Dunes, à Poitiers.

4° Sceau rond, de 22 millimètres. Il est armorial. C'est un plein brisé d'un lambel à trois pendants mouvant du chef, chaque pendant chargé d'un annelet. M. Barbier de Montault a lu à la légende, et on peut lire après lui **I. DE FRESSELINES** (Jehan de Fresselines). Il le croit du xiii° siècle. Nous pensons qu'il est plutôt du xiv°. La matrice en cuivre appartient à M. Hilaire de Curzon, à Poitiers. Elle a été trouvée à Charroux (Vienne).

5° Sceau ovale, de 14 millimètres en hauteur. C'est ici un de ces sceaux à représentations que nous appellerions volontiers monogrammatiques, faute d'autre terme. On n'y voit en effet que des combinaisons de lignes droites plus ou moins fantasques et dont le dessin seul peut donner une idée. Quelquefois pourtant il s'y trouve quelque lettre entrelacée, et c'est le cas ici où l'on voit un G qui est l'initiale du nom du possesseur qui est gravé autour du sceau. M. Barbier y a lu **glaude piedor**. Nous croyons qu'il vaudrait mieux lire **piedoe** [1]. Ce petit sceau est gravé sur le chaton d'un anneau en cuivre qui appartient à M. Boutaud, architecte à Poitiers. M. Barbier l'attribue avec raison au xiv° siècle.

6° Sceau ovale, de 43 millimètres en hauteur. C'est un sceau ecclésiastique armorial. L'écu porte un chevron accompagné de deux trèfles en chef et d'une croix pattée en pointe. La légende ou plutôt la devise dit MORIEDO VIVAS. Il peut être du xvii° siècle. La matrice en cuivre jaune appartient à M. Yves Fresneau, instituteur à la Souterraine. Elle a été trouvée dans cette ville, et l'on estime qu'elle porte les armoiries d'un des abbés de la collégiale qui est située dans le diocèse de Limoges.

---

[1] C'est le nom bien connu de Pisdoë (*pis*, ou poitrine d'oie).

7° Sceau ogival, de 34 millimètres en hauteur; il est ecclésiastique armorial, comme le précédent. L'écu est d'azur à une fasce ondée accompagnée de trois monts, deux en chef, un en pointe. Il est timbré d'une crosse et d'une mitre, surmonté d'une couronne de baron, et sans légende. M. Barbier de Montault présume avec raison que c'est plutôt un sceau d'abbé que d'évêque, attendu qu'il n'y a pas le chapeau. Ce sceau peut être du xviii° siècle. Sa matrice achetée à Airvault (Deux-Sèvres) et provenant du château de Vernat, près Airvault, est à M. le conseiller Gaillard de la Dixmerie, à Poitiers.

8° Sceau du marquisat de Mézières, xvii° siècle; ogival, de 3o millimètres en hauteur. Deux écus accolés sous une couronne de marquis. L'un à trois fasces d'azur, l'autre d'un sautoir sur champ semé de losanges. La matrice en argent appartient à M^{llo} de Foy, à Chauvigny (Vienne).

Indépendamment de ces huit sceaux, M. Barbier de Montault a encore envoyé des empreintes de deux fers à hosties du xiii° siècle, l'un trouvé à Château-Ponsac (Haute-Vienne) et l'autre à Saint-Germain (Vienne). Il en donne la description. Nous reproduisons celle du premier. «Deux grandes hosties et deux petites, disposées 2, 1, 3, 4 : n° 1. Crucifixion. Le Christ percé de trois clous, la couronne d'épines et la nimbe crucifère à la tête. Au-dessous des bras de la croix, le soleil et la lune. Dans le champ de l'hostie les monogrammes des noms de Jésus et de Christ, IHS, $\overline{XPS}$, avec le sigle d'abréviation et un agrément en forme de grappes de raisin en prolongement des lettres H et X; 2° Majesté-Dieu, assis sur un banc quadrillé en losange, vêtu d'une tunique et manteau, figuré sans pieds, la tête entourée du nimbe crucifère, bénit à trois doigts de la droite, et de la gauche soutient le globe du monde surmonté d'une croix. Dans le champ, semis d'étoiles, et de chaque côté du trône une fleur de lis. Sous le trône, arcature cintrée dont les retombées se font sur des espèces de grappes; 3° Nom de Jésus, I$\overline{HS}$ dans un cercle perlé; 4° Nom du Christ $\overline{XPS}$ dans un cercle perlé. Au milieu du fer, marque de fabrique.» Le second fer n'est qu'une variété du premier, mais un peu postérieure.

On ne sait rien de certain du temps où on a commencé l'usage de ces fers à hosties. On croit que c'est à partir du ix° siècle. On trouve dans les comptes des mentions de ces fers à hosties. Par exemple, en 1290, dans un compte de l'abbaye de Saint-Denis : *Pro ferris ad panem faciendum pro cantare* [1], et en 1325 dans un inventaire de la Sainte-Chapelle : *Ferra ad faciendum panem seu hostias pro celebrando* [2]. Les continuateurs de Du Cange citent, d'après l'histoire de Nimes de l'académicien Ménard, un compte de 1393 où il est question d'hosties dorées. *Solvi pro duabus libris specierum confictarum, scilicet Manus-Christi et drageæ perladæ et Hostiarum deauratarum XVI grossos* [3]. Mais il doit s'agir là d'*oublies* et non d'hosties, et les Bénédictins l'ont bien senti, puisqu'ils renvoyent au mot *oblata*.

M. Gustave Gouellain, membre de la Commission des Antiquités de la Seine-Inférieure, a envoyé l'empreinte d'une matrice de sceau trouvée à Rouen, place de la cathédrale, à une profondeur de 3 mètres. C'est un sceau hexagonal, de 23 millimètres en hauteur. Il représente une clef en pal senestrée d'une demi-croix pattée. La légende porte **S. LAVRECII HOMINIS DEI CHI·** (*Sigillum Laurencii Hominis Dei, clerici*). Il peut être du xive siècle.

Enfin, M. de Vesly, professeur à l'École des sciences de Rouen, a envoyé l'empreinte d'une matrice de sceau en bronze, trouvée dans les fouilles faites pour la construction de l'église de Saint-Hilaire, à Rouen. C'est un sceau rond, de 23 millimètres. Le type est une fleur de lis fleuronnée ; la légende porte : ✖ **S. AMMABLA FIL ACHIGRG**, qu'il faut interpréter *le sceau d'Amable, fils d'Achière*. La gravure barbare des lettres rappelle celle des sceaux de paysans, dont la Collection des Archives possède une suite nombreuse. Nous croyons ce sceau du xive siècle.

L. Douët d'Arcq,

Membre du Comité.

QUELQUES NOTES SUR LES ANCIENS SOUTERRAINS DE L'ARTOIS.

(Séance du 17 novembre 1879.)

En lisant le numéro de juillet-août 1878 de la *Revue des Sociétés savantes*, je remarque, au sujet d'un travail de M. Albert des Meloizes.

---

[1] *Archives nationales*, LL, 1340, col. 105 v°.
[2] *Ibid.*, registre JJ, côté D, col. 47.
[3] Du Cange, au mot *hostia*.

sur quelques souterrains-refuges , un rapport de M. R. de Lasteyrie qui regrette l'absence dans ces substructions d'objets pouvant indiquer leur âge.

Comme ces souterrains sont très nombreux en Artois, et que j'en ai visité et étudié beaucoup, j'ai pensé qu'il pourrait être utile de soumettre au Comité les constatations que j'y ai faites et qui pourront aider, peut-être, à trouver leur origine.

Je dis qu'ils sont nombreux dans ce pays ; en effet, dans presque toutes les anciennes communes alignées sur les frontières des contrées habitées autrefois par les Ménapiens et les Nerviens, j'en ai constaté l'existence. Ils sont moins communs dans la Morinie et le Pévèle, parce que ces pays étaient assez protégés par leurs marais impraticables et leurs forêts impénétrables. Mais partout ailleurs, en Picardie, et dans les arrondissements d'Arras, de Béthune et de Saint-Pol, je les retrouve.

Presque tous ceux qui ont servi de refuges se ressemblent : ce sont de longs corridors étroits, peu élevés, se bifurquant souvent en diverses directions, et sur lesquels s'ouvrent de nombreuses cellules. Ces excavations sont grossièrement taillées dans l'argile et la marne ; on y voit encore les traces des mangeoires et des râteliers dans lesquels étaient les nourritures des bestiaux ; on peut distinguer aussi, par la hauteur des frottements qui ont usé les murs, la nature des animaux qui ont été enfermés dans chaque cellule : chevaux, vaches, moutons, porcs et volailles. A côté de ces étables est l'alcôve du gardien ; contre les parois sont les plaques de fumée provenant des lampes qui ont éclairé ces tristes réduits. De loin en loin sont les magasins de vivres qui n'ont ni traces de frottement ni plaques de fumée. Leur entrée n'a pas, comme celles des étables, les creux laissés par le frottement des longes avec lesquelles on y introduisit de force les animaux. Enfin çà et là sont des chambres plus grandes que les autres et qui ont servi d'habitation aux réfugiés ; car on y trouve la fumée des lampes, les débris de foyers et les os rongés provenant des viandes consommées. Quant à l'aération de ces profondes retraites, elle était obtenue par des puits creusés de distance en distance, descendant jusqu'à l'eau et remontant jusqu'à la surface du sol.

Quelquefois, comme à Morchies, plusieurs souterrains sont superposés en plusieurs étages, d'autres fois ils sont très vastes ; ainsi celui d'Hermies a huit galeries rayonnant autour d'une entrée commune et trois cents cellules ; celui d'Arleux-en-Gohelle a cinq corridors, etc.

D'autres formes de souterrains anciens ont aussi été étudiées par moi dans ce pays. Mais, avant de les décrire, je vais dire ce que j'ai trouvé dans les premiers.

A Ervillers c'étaient trois vases, dont deux samiens en terre rouge, sans reliefs ; une coupe et une soucoupe, puis une urne cinéraire dont les caractères dénotent le commencement du iiie siècle.

Sous une des antiques maisons d'Arras, datant du iie siècle, et dont les ruines sont couvertes par les fortifications, j'ai reconnu l'existence d'un souterrain semblable aux précédents, dans lequel je n'ai pu encore pénétrer, mais dont l'entrée m'a donné un magnifique plat en terre noire portant quatre fois l'empreinte du nom BITVᶜAN. Aucune construction postérieure au iie siècle n'a été élevée au-dessus de cette galerie.

Dans une autre crypte aboutissant au camp de César d'Etrun j'ai trouvé les restes d'un foyer, une cuiller en bronze romaine, et un peu plus loin une médaille gauloise atrébate en bronze.

Celle du castrum de Noyelles-Wion a été retouchée et garnie de maçonneries vers le xie ou xiie siècle, quand, sans doute, on construisit un donjon sur sa grande motte, l'ancien prætorium.

Mais ces travaux ne s'exécutèrent que sur la première partie de ses trois galeries qui sont interrompues un peu plus loin par des éboulements.

Le revêtement de maçonnerie du souterrain de Vimy ainsi que le château qui le surmontait datent de 1247 ; celui de Bois-Bernard est à peu près de la même époque. Les cryptes d'Avesnes-le-Comte, de Carency et d'Houdain sont différentes, ce sont de larges galeries droites, à claveaux superposés au-dessus de la descente, cintrées et à arêtes sans moulures. Elles sont coupées de distance en distance par d'autres voies perpendiculaires à la principale. Les caractères de leurs voûtes sont ceux du xiie et du xiiie siècle, comme ceux des châteaux qui les surmontaient.

Dans le souterrain de Rouvroy j'ai recueilli deux haches en silex. Cette crypte, en tout semblable aux autres, avait les portes de cellules bouchées avec des moellons bruts superposés sans ciment, et la seule chambre que j'aie pu visiter contenait des débris de vases incuits écrasés par les terres supérieures qui étaient tombées et avaient rempli l'excavation.

, Les stalactites et les stalagmites qui remplissent le souterrain dit *la grotte d'Albert,* ne prouvent-elles pas aussi que son origine est antique? Cependant il est tout à fait semblable à ceux que je viens de décrire.

Si l'on ne trouve pas plus souvent d'objets antiques dans ces retraites, c'est parce qu'elles n'ont pas été débarrassées des terres qui en recouvrent le sol, ou parce qu'elles ont été utilisées pendant les guerres du moyen âge et même à des époques plus récentes. Ce fait est constaté par la tradition et les chroniques. Pour ne pas sortir des témoignages qui prouvent l'existence des souterrains-refuges dans la Gaule romaine, je citerai Baldéric, chroniqueur du XII° siècle, chantre de l'église de Cambrai. Cet auteur racontant l'invasion des Huns, dit que nos ancêtres se réfugiaient *in speleis et fossis subterraneis,* dans lesquels on les étouffait quand on pouvait les découvrir : *Conditi suffocantur* [1]. A quoi j'ajoute que j'ai reconnu des cryptes semblables dans tous les *castra* romains de ce pays : à Etrun, à Noyelles-Wion, à Houdain, etc., et qu'au-dessus des autres existent des fondations antiques ou des dépôts d'instruments en silex.

Nous avons vu que quelques-uns de ces souterrains sont garnis de revêtements maçonnés dans la première partie de leur parcours, ce sont ceux qui, aboutissant à des forteresses bâties au moyen âge, sur l'emplacement de constructions antiques, ont été consolidés par les châtelains pour pouvoir être utilisés sans danger. Parmi ceux-ci nous citerons ceux de Vimy, Bois-Bernard, Noyelles-Wion, Houdain, Carency, Arleux, etc.

J'arrive maintenant aux autres formes de galeries souterraines que j'ai retrouvées en Artois.

La première était à Izel-les-Equerchins; ce n'était qu'une excavation carrée dans laquelle on arrivait par un escalier taillé dans le sol, et qui s'aérait par un tube remontant jusqu'à la surface, où le fermait imparfaitement un carreau posé dessus. Ce tube était formé par des tuiles à rebords disposées en carré et superposées.

A Rouvroy et à Billy j'ai ouvert deux autres fosses différant encore des excavations ci-dessus. Ce sont des creux carrés ou tubulaires, profonds de 3 à 4 mètres sur autant de diamètre, et au fond desquels a été disposé un banc réservé dans la craie et interrompu d'un côté seulement. Là se voient des débris de foyer, des

---

[1] Cap. v, p. 12 de l'édition Léglay.

cendres, des os et des tessons de vases antiques dont la pâte est mal pétrie, mal cuite et de grossière facture.

A Rouvroy aussi j'en ai exploré un autre que je vais décrire en peu de mots.

C'était d'abord une excavation carrée de 1^m,5o de côté sur 3^m,3o de profondeur. Du côté de l'Est, l'argile et la marne sont taillées de manière à former trois hauts degrés ou marches. Les autres côtés étaient coupés à pic. Au bas de la paroi opposée à la descente était creusée une porte basse et étroite, fermée par des moellons mal équarris et superposés sans ciment.

Quand cette ouverture eut été débouchée, nous avons trouvé une sorte de couloir long de 3 mètres sur 1^m,5o de large, mais un peu plus étroit à l'entrée. Le tout était rempli par les terres supérieures qui s'étaient affaissées. Je les fis enlever avec précaution pensant y trouver une tombe, mais je n'y vis qu'une tête de cheval posée sur le sol au milieu du couloir, et rien d'autre à côté, ni ossements humains, ni vases, ni rien qui pût indiquer l'âge et la destination du monument.

Enfin nous avons encore sous la ville d'Arras de vastes galeries souterraines, situées à une grande profondeur et qui semblent n'avoir été d'abord que des carrières de marne, s'étendant bien loin et ayant des issues hors de la ville. J'y ai trouvé une inscription romaine de la première période de l'occupation et dont j'ai eu l'honneur d'envoyer un calque au Comité l'an passé. Elle porte les mots : LECTAE PINARI.SABINI.CᴬESARⁱˢ. Ces *boves* (c'est le nom qu'on leur donne) ont évidemment servi de refuge en temps de guerre, car on y a trouvé, dit la tradition, des squelettes encore couverts d'armes et aussi de très vieilles monnaies. Le fait est que, creusées avant la construction des habitations, qui vers le xiiᵉ siècle ont été munies d'escaliers ayant les caractères de cette époque, pour y aboutir, et divisées ensuite, ces galeries doivent avoir une origine très reculée.

J'ai aussi reconnu quelques excavations donnant sur un grand fossé traversant ou limitant l'antique cité d'Arras et rempli de débris du iiᵉ siècle : statuettes, vases, monnaies et autres objets très curieux, mais il ne m'a pas été permis d'y pénétrer, et je ne puis dire ni leur forme ni leur destination.

A. Terninck,
Correspondant, à Bois-Bernard.

Note sur l'étrier gaulois.

Communication de M. Ch. Cournault, membre non résidant du Comité.

(Séance du 17 novembre 1879.)

En lisant dernièrement l'indicateur d'antiquités suisses du mois d'avril, qui venait de me parvenir [1], mon attention fut attirée sur l'article n° 363 qui porte la signature du Dr Gross, et qui est intitulé : *Un étrier en bronze.* Je vais donner copie d'une partie du texte et la reproduction du dessin qui l'accompagne.

« Il y a quelque temps, un cultivateur occupé à creuser un fossé dans un champ situé près de l'embouchure de la Thielle, dans le lac de Bienne (à quelque distance de l'abbaye de Saint-Jean), retira d'une profondeur de plus de 1 mètre, un curieux objet en bronze, parfaitement bien conservé et présentant une grande analogie avec nos étriers modernes. Il est d'un bronze jaunâtre, fondu d'une seule pièce, sans traces de rivets ou de soudures.

« L'anneau de suspension, de forme carrée, porte, sur les deux faces, l'ornementation caractéristique des bracelets en bronze du premier âge du fer, à savoir une série de cercles concentriques entourant un point central. Les deux angles supérieurs se terminent par deux petits prolongements, devant, apparemment, représenter la tête d'un animal quelconque.

« La partie inférieure, l'étrier proprement dit, relié à l'anneau de suspension par une tige arrondie de 15 millimètres de long, est de forme circulaire, renforcée par deux bourrelets latéraux et un peu élargie à sa base, qui n'est pas aplatie comme celle de nos étriers modernes. L'étrier, pris dans son ensemble, est de grandeur moyenne (125 millimètres); en revanche, la partie destinée à recevoir le pied est d'une petitesse remarquable; son plus grand diamètre ne mesure en effet que 85 millimètres de long, espace beaucoup trop restreint pour y placer le pied muni d'une chaussure de nos cavaliers actuels.

« Quant à l'époque à laquelle remonte ce curieux objet, il est assez difficile d'émettre une opinion précise à cet égard, vu qu'il a été trouvé isolé, sans être accompagné de pièces pouvant en déterminer l'âge, et dans un terrain ne fournissant aucune donnée archéo-

[1] *Anzeiger für schweizerische Alterthumskunde*, in-8°, Zürich, 1879.

logique, comme cela aurait été le cas s'il avait été trouvé dans une de nos palafittes.

« Il n'est pas d'origine romaine, car nous savons que les Romains n'usaient pas d'étriers pour monter à cheval, et les reliefs représentant des cavaliers romains, qui sont cependant d'une exactitude exemplaire, n'en portent pas de traces. Du reste, parmi la grande quantité d'objets recueillis dans les établissements remontant à l'époque romaine, on n'a pas encore retrouvé, jusqu'ici, d'objet qui ressemble à un étrier.

« Il en est de même des trouvailles faites dans les tombeaux de l'époque mérovingienne; on y a trouvé des mors, des garnitures de selle et d'autres objets, mais jamais d'étriers.

« On serait donc porté à admettre que cet objet est d'origine étrangère (étrusque?) et remonte à une époque ayant précédé la civilisation romaine. Le métal dont il est composé et les ornements qu'il porte, sembleraient confirmer cette assertion. »

Je ne puis me rallier à cette supposition qui n'est point appuyée par un examen attentif de la forme de l'objet en question. Selon moi, cet étrier est mérovingien, et ce qui me le prouve, ce sont les extrémités de la barre supérieure de la belière, qui sont découpées comme le sont les attaches des seaux de bois que l'on trouve dans les tombeaux mérovingiens [1]. Quant aux cercles concentriques, entourant un point central, on les trouve semés à profusion sur la garniture métallique des seaux en question.

Cette coïncidence n'est pas fortuite. Les objets d'une même époque et d'un même peuple ont toujours entre eux une certaine analogie de style et de travail qui les fait reconnaître et aide à déterminer leur classement.

Je vais en fournir de nouveau la preuve en examinant l'étrier gaulois dont je donne ici le dessin.

Jusqu'à présent, j'avais classé cette pièce de bronze trouvée aux environs de Toul, parmi les objets gaulois indéterminés du Musée lorrain. Les pointes obtuses dont il était orné rappelaient les boules des bracelets gaulois d'un usage général dans l'Est; mais la tige surmontée d'une belière excluait l'idée d'un ornement de bras ou de jambe. J'avais donc classé isolément ce bronze, bien gaulois, du

[1] Cochet, *Sépultures gauloises, romaines, franques et normandes*, faisant suite à la *Normandie souterraine*, ch. xii, p. 179 et suiv.

reste, par son travail, lorsque la vue de l'étrier mentionné par M. le
Dr Gross me le fit examiner de nouveau et je fus bien vite amené
à penser que nous possédions une pièce d'un grand intérêt, puisque,
jusqu'ici, on n'avait point encore signalé d'étrier dans le harnais
des chevaux gaulois. Les pointes dont il est orné me parurent autant d'aiguillons pour le cheval, tandis que dans l'étrier suisse,
une série d'encoches pratiquées sous la courbure extérieure de l'anneau remplissait les mêmes fonctions.

Le Dr Gross observe encore que des étriers presque semblables
à celui-ci, également en cuivre, ont été trouvés dans les *Bougors de*

Kaïnsk ou tumulus de Sibérie, remontant à une époque où l'usage
du fer n'était pas encore connu. M. le Dr Hamy les décrit[1] et donne
leur diamètre intérieur qui ne dépasse pas 8 centimètres et demi.
Ce sont exactement les dimensions intérieures de l'étrier suisse et
du nôtre. Il y en a de semblables, mais en fer, au musée de Buda-
Pesth.

Il n'y a pas lieu de s'étonner de l'exiguïté d'étriers mesurant
8 à 9 centimètres d'ouverture. Les Gaulois et les Francs n'étaient
pas chaussés de bottes fortes comme les cavaliers du siècle dernier,
qui avaient des étriers de 13 à 15 centimètres d'ouverture. Leur

[1] *Documents inédits sur les Bougors du gouvernement de Tomsk*, Paris, 1875.

manière de se tenir à cheval était probablement la même que celle
qui est en usage aujourd'hui. Le cavalier tenait le haut du corps
droit, en équilibre, lorsque la monture était au trot, qui est l'allure ordinaire de nos chevaux. Dans cette position, l'extrémité des
pieds pesait seulement sur les étriers qui n'étaient pas un soutien
pour l'homme, mais seulement un léger point d'appui. Les cavaliers
gaulois et francs n'avaient donc pas besoin d'un grand développement de l'anneau, ni d'une large base soit pour monter à cheval,
soit pour se tenir en équilibre sur leur selle.

Tout autre est l'assiette du cavalier arabe, qui, lui, pose son
pied à plat, sur la large base de son étrier qui a 12 centimètres et
demi de largeur et au moins 20 centimètres de longueur. Il s'y
tient solidement, se dresse sur cette base, et appuyant le bas de
ses reins sur le troussequin de sa selle qui a 30 centimètres de hauteur, pousse son cheval à son allure ordinaire qui est le galop.

Nos cavaliers du moyen âge avaient des selles et des étriers qui
se rapprochaient de ceux des Arabes, parce qu'ils y prenaient leur
point d'appui lorsqu'ils voulaient faire usage de leurs fortes lances
de combat ou de tournoi. Telle ne devait pas être la manière de combattre des cavaliers gaulois et germains, qui n'employaient que des
armes légères. On doit donc supposer que leurs étriers n'étaient
guère que des anneaux. Tels sont ceux qui font l'objet de cette
note.

J'ai recherché parmi les nombreux dessins que j'ai rapportés de
Suisse et d'Allemagne, si je trouverais quelques anneaux à belière
qui, n'étant pas des bracelets ou des anneaux de jambes, pourraient
avoir servi d'étriers.

J'en ai rencontré un provenant de la palafitte du lac de Genève
et conservé au musée de cette ville. Il a été fortement altéré par le
voisinage de matières corrosives. D'ordinaire les objets en bronze
trouvés dans les lacs sont lavés et ne présentent même pas une légère patine.

J'ai aussi remarqué quatre anneaux conservés au musée de la Société historique du Wurtemberg, à Stuttgard. Ils sont oblongs et
sans solution de continuité. Leurs dimensions sont de 8 et 12 centimètres.

Ce qui peut faire supposer que ce sont des étriers, c'est qu'à l'intérieur se présente une surface plate qui pourrait bien avoir été
façonnée ainsi pour y poser le pied, tandis qu'à la partie opposée

la tige de l'anneau est beaucoup plus mince et semble avoir été destinée à recevoir la courroie d'attache. Sont-ce encore là des étriers? Le musée de Stuttgard est riche en pièces qui ont dû appartenir à des harnais de chevaux.

Quoi qu'il en soit, il serait intéressant de passer en revue les anneaux qui se trouvent dans les musées et les collections, afin de s'assurer si quelques-uns d'entre eux, munis ou non de belières, ont pu servir d'étriers. La question est nouvelle et ne peut manquer d'intéresser les archéologues.

Ch. Cournault,
Membre non résidant du Comité.

Deux pierres tumulaires de l'abbaye de l'Ile-Dieu.

(Séance du 8 décembre 1879.)

Les deux planches qui accompagnent ces lignes sont la reproduction de deux belles pierres tumulaires du xive siècle, conservées au musée des antiquités de la Seine-Inférieure.

Ces deux pierres ne figurant pas encore au catalogue, et n'ayant jamais été publiées, nous avons pensé devoir les décrire à cause des détails intéressants qu'elles renferment sous le rapport de l'architecture et du costume.

Elles proviennent toutes deux de l'abbaye de l'Ile-Dieu (Eure, canton de Fleury-sur-Andelle), fondée en 1187 par Renauld de Pavilly.

Ce qui restait de cette abbaye à notre époque fut converti en filature de coton, et détruit par un incendie en 1836.

Fort heureusement, les deux pierres tumulaires avaient été transportées en 1830 dans l'église d'Auzouville-sur-Ry. Elles en sont sorties, acquises par le musée des antiquités de la Seine-Inférieure.

La plus importante de ces pierres, que nous désignerons par le n° 1, recouvrait les deux tombes d'Eustache, sieur d'Erneville, et de sa mère, née Jeanne du Plessis. Elle nous montre les effigies de ces personnages, placées sous deux arcatures ogivales trilobées, surmontées de frontons à crochets, avec rosace à jour au centre.

Cette architecture est supportée par de fines colonnettes avec chapiteaux feuillagés. Elle est terminée en amortissement par la représentation d'Abraham recevant l'âme du défunt.

Deux anges thuriféraires, se détachant sur un fond d'ornements de vignes, encensent d'une main et tiennent de l'autre la navette.

Sur les côtés de la pierre, des niches étagées les unes sur les autres se terminent par des pinacles. Elles contiennent des personnages accomplissant les cérémonies des funérailles.

Le défunt a la tête nue, le visage entièrement rasé et les cheveux courts. Il porte le costume complet, à part la coiffure, d'un chevalier armé en guerre, de la fin du xive siècle.

Son corps est garanti par le haubergeon depuis le col, entouré d'une collerette à bords rabattus et dentelés, jusqu'à la naissance des cuisses. Le haubergeon est recouvert par la cotte d'armes, ornée du blason du défunt. Une ceinture de chevalier est posée sur le haut des cuisses du personnage; elle se compose de pièces carrées d'orfèvrerie reliées entre elles par des charnières, et remplies par des quatre-feuilles alternant avec les initiales du défunt. Une épée à deux tranchants est suspendue au côté gauche, et la dague au côté droit. Les bras sont protégés par des brassards en fer à coudières articulées, et les jambes par des cuissards, des genouillères et des grèves. Enfin les pieds sont chaussés de solerets, et posés sur un lévrier.

La dame a la tête recouverte d'une guimpe qui enveloppe les cheveux enroulés en nattes sur les oreilles, et entoure le menton, le col et les épaules. Un voile plissé sur les bords à très petits plis, posé sur la guimpe, encadre l'ovale du visage; il est attaché sous le menton, et disparaît sous le corset fendu, qui, lui-même, couvre le surcot et la cotte. La cotte est ornée d'une ceinture placée sur les hanches. Deux petits chiens sont couchés aux pieds de la dame.

Les mains des deux personnages, croisées sur la poitrine, sont en marbre ainsi que les têtes.

Les inscriptions mortuaires encadrent la pierre.

On lit à la droite du défunt :

Cy gist noble homme Messire Ytasse de Derneville, chevallier, seigneur d'Erneville qui trespassa l'an de grace mil ccc iiii^{xx} et vii, le mardi iie d'otembre.

A la gauche de la dame :

Ci gist noble dame Johanne du Plessis, jadis dame d'Erneville, mère dudit Mess. Ytasse, laquelle trespassa l'an de grace mil ccc lxi, le iiiie jour de septembre.

20.

Les armoiries, trois fois répétées sur la pierre, sont, pour Eustache d'Erneville, d'argent au chevron de sable et à trois merlettes de même, et pour sa mère, née Jeanne du Plessis, palé d'argent et d'azur de six pièces, au chef de gueules.

Les armes de la dame sont accolées à celles de son époux, Eustache d'Erneville, chevalier, seigneur du lieu, qui était décédé en 1314[1].

La pierre tumulaire que nous désignerons par le n° 2 recouvrait les deux tombes de Guillaume, châtelain de Beauvais, et de sa femme, née Jeanne d'Estouteville.

Les détails d'architecture qui encadrent les effigies sont à peu de chose près les mêmes que sur la pierre que nous venons de décrire; cependant l'ornementation est plus simple. Ce sont toujours, il est vrai, des arcatures ogivales trilobées, surmontées de frontons à crochets avec rosace à jour au centre, et fleurons en amortissement, le tout supporté par de fines colonnettes, avec chapiteaux ouvragés. Seulement les montants ne sont ornés que de fenêtres sans personnages.

Le défunt a la tête nue, le visage rasé, les cheveux courts sur le sommet du crâne, mais longs sur les côtés et frisés à leur extrémité.

Il est revêtu du haubert de mailles avec camail retombant sur les épaules et gantelets pendant aux poignets. Le haubert est recouvert par la cotte d'armes sans armoiries, mais descendant jusqu'aux genoux.

Un ceinturon militaire entoure les hanches et soutient l'épée placée en travers du corps.

L'écu est appendu sur les cuisses.

Les jambes et les pieds du personnage (appuyés sur un lion) devaient être protégés par des chausses de mailles, si l'on en juge par la forme des cavités pratiquées dans la pierre.

Nous supposons également que ces cavités étaient remplies par des plaques de bronze, ainsi que semblent l'indiquer les tenons en fer qui subsistent encore.

La dame porte sur la tête un chapel recouvert par une guimpe, et un voile qui retombe en plis flottants. Elle est revêtue de la cotte,

---

[1] On voit aussi dans les anciens registres, le nom d'Erneville écrit *Ernainville*, *Reneville* et *Renierville*.

du surcot pourfilé sous les bras, et enfin d'une cotte-hardie à traîne
relevée avec agrément sous le bras gauche.

La cotte-hardie est recouverte aux épaules par un chaperon
fourré de vair qui descend en pointe sur la poitrine, et dont le camail est façonné par derrière en une longue queue que l'on voit ramenée sur le bras gauche de la défunte.

Les deux personnages ont la tête appuyée sur des coussins à
compartiments losangés, remplis par des fleurs de lis pour le défunt
et de quatre-feuilles pour la dame.

Les têtes sont en marbre, ainsi que les mains croisées sur la
poitrine.

On lit sur les côtés de la pierre les inscriptions mortuaires.

A la gauche du défunt :

*Cy gist mon segneur Guillaume, jadis chastellain de Beauvès, chevalier,
qui trespassa l'an de grace M CCC XXIX, le jour de la conversion saint Pol.
Dix ait merchi de s'ame. Amen.*

A la droite de la dame :

*Cy gist Jehanne d'Estouteville, jadis chatelaine de Beauvès, qui trespassa
l'an de grace M CCC XXIX, le darain samedi de février. Proiés que Dieu ait
pitié de s'ame. Amen.*

Aux quatre angles de la pierre sont les armoiries des personnages
également répétées de chaque côté de la tête de la dame. Ces armoiries sont en partie effacées.

Elles étaient, pour le défunt, d'argent à une croix de gueules,
chargée de cinq coquilles d'or ; et pour la dame, d'argent à une
fasce de sable de six pièces, et un lion rampant de sable sur le
tout.

Guillaume, châtelain de Beauvais, seigneur de Vascueil, de Saint-
Denis-le-Thiboust, Ry, Ferrières, etc., était fils de Guillaume,
châtelain de Beauvais, et d'Aliénor Crépin.

Sa femme, née Jeanne d'Estouteville, était fille de Robert IVᵉ du
nom dit Passemer, sire d'Estouteville et de Valmont, baron de
Cleuville, etc., et de Jeanne ou Alix Bertrand, fille de Robert Bertrand IVᵉ du nom, baron de Briquebec, etc.

Gaston le Breton,
Directeur du musée céramique de Rouen.

(Séance du 8 décembre 1879.)

J'ai l'honneur de vous adresser le fac-similé de dix-huit inscriptions inédites, provenant de la démolition de nos remparts. Leur état de détérioration ne m'a pas permis d'en prendre l'estampage; l'une d'elles, cependant, gravée sur un autel quadrangulaire en pierre calcaire, m'a paru mériter une reproduction photographique. Il est à remarquer que le musée lapidaire de Narbonne possède un autre autel, dont la face antérieure présente une statue, en tout semblable à celle dont je vous adresse l'épreuve : même pose, même agencement dans les draperies; on distingue, dans cette dernière, le volumen maintenu par le pli du bras gauche, volumen que les anciens manuscrits plaçaient aussi au bras du *Genius Patron*. . ., mais qui n'existe plus dans l'original. Seulement, elle est anépigraphe; le latéral droit porte simplement une couronne de laurier, le gauche est dépourvu de tout ornement.

Ces inscriptions closent la série des monuments retirés des bastions Saint-Cosme et Saint-François, aujourd'hui entièrement démolis; il ne reste plus, comme dernier vestige des fortifications de Narbonne, que le bastion Damville, qu'un récent arrêté municipal condamne, lui aussi, à une démolition prochaine; cette partie des murailles est peu riche en inscriptions et en bas-reliefs, et sa disparition marquera le terme de l'œuvre de sauvetage à laquelle la Commission archéologique de Narbonne s'est vouée, depuis dix ans. Pour la mener à bonne fin, nous n'avons épargné ni notre temps ni nos peines, mais ces efforts n'ont pas été stériles, puisque, grâce à eux, notre cité possède un musée épigraphique et lapidaire dont le pays a le droit de s'enorgueillir.

Le but que nous allons désormais poursuivre sera de trouver, pour cette magnifique collection, un local digne de son importance. Par suite d'une convention récemment passée entre notre municipalité et l'administration de la guerre, la ville doit bientôt rentrer en possession de l'église de Lamourguié; cette heureuse solution va, pour le moment, nous permettre d'abriter les nombreuses pierres que nous avions été obligé d'entasser, à leur grand détriment, dans le jardin de l'archevêché; mais, que cette installation soit provisoire ou définitive, vous pouvez être assuré, Monsieur le Président, que la Commission archéologique ne montrera pas moins de sollicitude pour conserver ces précieux débris, qu'elle n'a mis de persévérance à les sauver de la destruction.

Je joins à mon envoi l'estampage d'un fragment d'inscription chrétienne récemment découverte dans une maison située près de l'église Saint-Just, dans le quartier jadis connu sous le nom d'*ad claustra*, qu'habitaient les chanoines et dignitaires de cette église. Elle semble se rapporter à un certain Bernardus ou Bertrandus Udalgarii, nom qui apparaît fréquemment dans l'histoire du pays pendant les x°, xi° et xii° siècles.

Il est regrettable que le millésime manque avec la première ligne; à en juger, cependant, par l'irrégularité et l'appauvrissement des lettres qui, pour la plupart, appartiennent encore à l'époque romaine, la forme carrée des C et des S, la fréquente substitution de la voyelle E à la diphtongue Æ, la hardiesse des interversions, etc., on pourrait, je crois, l'attribuer au xi° siècle; il n'est pas jusqu'à la singularité de sa composition : huit vers hexamètres et un pentamètre, dont quatre seulement sont léonins, qui ne semble devoir la rattacher à cette époque, dont un des caractères distinctifs était l'irrégularité et l'incorrection.

J'ai pensé que le Comité accueillerait avec intérêt la communication de ce curieux monument épigraphique, qui fait actuellement partie du musée de Narbonne.

Je ne terminerai pas ma lettre, Monsieur le Président, sans vous parler de nos fouilles des Moulinassés. Bien que je me propose d'en faire prochainement l'objet d'une communication spéciale, avec plan à l'appui, je crois devoir, dès aujourd'hui, vous en signaler brièvement les principaux résultats.

L'ensemble des constructions que nous avons découvertes paraît se composer d'un vaste péribole entourant une cour, au centre de laquelle s'élève, sur un soubassement, l'édifice principal. C'est le péribole qui a été, jusqu'ici, l'objet à peu près exclusif de nos recherches; il est formé d'une rangée de piliers cannelés d'ordre ionique, flanquée, à droite et à gauche, de deux murs parallèles en petit appareil. Les cinq piliers que nous avons découverts, au commencement de l'année dernière et dont je vous signalais la forme étrange, font partie de cette colonnade.

J'attirerai votre attention, Monsieur le Président, sur la singularité de cette disposition qui me paraît avoir été motivée par les dimensions insolites de ce vaste promenoir; les murs, en effet, étant distants d'environ 13 mètres, il était nécessaire qu'un point d'appui intermédiaire vînt diminuer la trop grande portée de la toiture.

Ces dimensions inusitées montrent l'importance que devait avoir le monument en question; nous en trouvons, d'ailleurs, une autre preuve dans le développement de la face postérieure, que nous possédons en entier. Elle compte dix-sept piliers, en comprenant les deux piliers d'angle, et le mur extérieur correspondant ne mesure pas moins de 85 mètres.

Nous avons aussi mis au jour une douzaine de piliers d'une des faces latérales, dont la suite va se perdre dans la cour de la caserne Saint-Bernard; la face latérale correspondante, ainsi que la façade principale sont engagées sous des propriétés privées et sous les constructions de la caserne. Quoi qu'il en soit, le champ de nos recherches reste assez vaste et peut nous donner encore de beaux résultats; le plus heureux de tous serait la constatation de ce fait important que nous soupçonnions depuis longtemps et que chaque découverte nouvelle tend à confirmer : c'est que ces ruines appartiendraient à l'ancien Capitole narbonnais et que l'édifice central, à peine exploré, ne serait autre que ce fameux temple en marbre de Paros, qu'Ausone nous représente comme pouvant lutter, par ses dimensions et sa splendeur, avec le Capitole de Rome.

Le plan que j'aurai l'honneur de vous adresser, dans quelques jours, avec toutes les explications complémentaires qui ne peuvent trouver place dans cette lettre, vous permettra d'apprécier, Monsieur le Président, la valeur de cette supposition et de juger, dans tous les cas, si l'importance de nos découvertes ne serait pas de nature à mériter le concours de l'État. Cette intervention nous serait bien nécessaire, au moment où, après avoir épuisé le crédit de 1,800 francs que nous avait ouvert la municipalité, nous nous trouvons forcés d'interrompre les travaux, faute de fonds.

Je suis, etc.

L. Berthomieu,

Correspondant du Ministère, à Narbonne.

Bains romains de Cemenelum.

Communication de M. F. Brun, correspondant du Ministère.

(Séance du 12 janvier 1880.)

J'ai déjà eu l'occasion, en 1877, dans un rapport sur le tome IV des *Annales de la Société des lettres, sciences et arts des Alpes-Maritimes,* de vous entretenir des substructions découvertes à Cimiez, dans la propriété du comte Garin, et du savant mémoire auquel elles avaient donné lieu de la part de M. Brun. La nature de ces substructions ne laissait aucun doute sur la destination de l'édifice auquel elles appartenaient. On était en présence d'un établissement de bains; mais les déblais n'avaient pas été poussés assez loin pour permettre à M. Brun une restitution complète.

Les fouilles, interrompues en 1876, furent reprises l'an dernier. L'espace mis actuellement au jour forme, d'après le plan au $\frac{1}{100}$ qui accompagne le mémoire, un rectangle d'environ 42 mètres sur 21. Le *caldarium,* caractérisé par son hypocauste, le *frigidarium* et la salle de transition ou *tepidarium* qui les sépare, semblent presque entièrement dégagés. Je ne suivrai pas M. Brun dans les détails de sa description; il est préférable d'attendre que les fouilles soient terminées et que cet habile archéologue ait dit sur elles son dernier mot.

Comme la première fois on a découvert des colonnes et des débris de placages en marbre de diverses couleurs, qui témoignent d'une décoration élégante; mais les épigraphistes regretteront qu'on n'ait plus rencontré de plaques de marbre à inscriptions ayant servi de matériaux.

P. Charles Robert,
Membre du Comité.

<hr>

Lettre de bronze trouvée à Nasium.

(Séance du 12 janvier 1880.)

La lettre R que j'ai l'honneur de soumettre à votre examen ne présente, dans son isolement, aucun intérêt épigraphique; toutefois son étude ne m'a point paru devoir être dédaignée. Une pièce de cette dimension est rare, sinon unique; aussi ai-je cru devoir en

donner deux dessins de grandeur naturelle, afin de pouvoir la faire
connaître sous ses divers aspects.

Cette lettre a été trouvée sur l'emplacement de Nasium qui fut la
seconde ville du pays des Leukes et qui, par le nombre et l'importance de ses édifices, devint une des principales villes de l'est de
la Gaule, sous la domination romaine. Ruinée complètement à la
suite des invasions des barbares du v° siècle, elle ne se releva jamais,
et c'est seulement en fouillant le sol qu'on retrouve quelques débris de son ancienne splendeur[1]. Le petit village de Naix est bâti
sur une faible portion du territoire de la ville antique.

La lettre R qui nous occupe doit avoir fait partie d'un édifice
considérable, à en juger par ses dimensions qui sont un peu plus
fortes que celles des lettres de l'inscription de la Maison carrée,
à Nimes. D'après le relevé de l'ingénieur Séguier, les lettres du
fronton de ce dernier édifice devaient avoir 12 pouces ou 325 millimètres, tandis que celle de Nasium est haute de 334 millimètres.
Notre lettre R était fixée au monument par quatre crampons d'environ 17 millimètres d'épaisseur. Ces crampons ont été rognés à une
époque ancienne et il est difficile de préciser quelle fut leur longueur. On peut supposer, d'après la profondeur des trous de l'inscription de Nimes, qu'ils pouvaient avoir 30 millimètres au moins
de longueur. L'épaisseur de cette lettre est de 25 à 28 millimètres.
Son poids est de 8 kilog. 500.

Afin d'épargner le métal ou d'en diminuer le poids, on a pratiqué, au revers de la pièce, un canal qui a 10 millimètres environ
de profondeur sur 18 à 20 millimètres de largeur, ce qui donne
encore 15 à 18 millimètres d'épaisseur dans la partie la plus
mince.

L'aspect monumental que présente cette lettre ne permet pas de
douter qu'elle appartenait à un édifice qui pouvait rivaliser d'importance avec les grands monuments du midi de la Gaule romaine.
Est-ce à la façade d'un temple, à celle d'un théâtre qu'il faut la restituer? Les traditions tout aussi bien que l'histoire sont muettes à

[1] Le Cabinet des médailles et antiques de la Bibliothèque nationale possède de
précieux bijoux trouvés à Naix, bourg qui a succédé à Nasium; on citera seulement
le remarquable collier d'or, orné de camées et de quatre rares deniers d'or d'Hadrien,
de Septime-Sévère, de Caracalla et de Geta. Voyez n° 2558 du *Catalogue des camées*
publié par M. Chabouillet en 1858. (Note du Secrétaire de la section d'archéologie.)

1. Lettre R, en bronze, pesant 8 kilogrammes 5oo grammes,
   trouvée dans les ruines de Nasium *(Naix, Meuse)*.
2. Lettre T, en bronze doré, trouvée à Nasium.

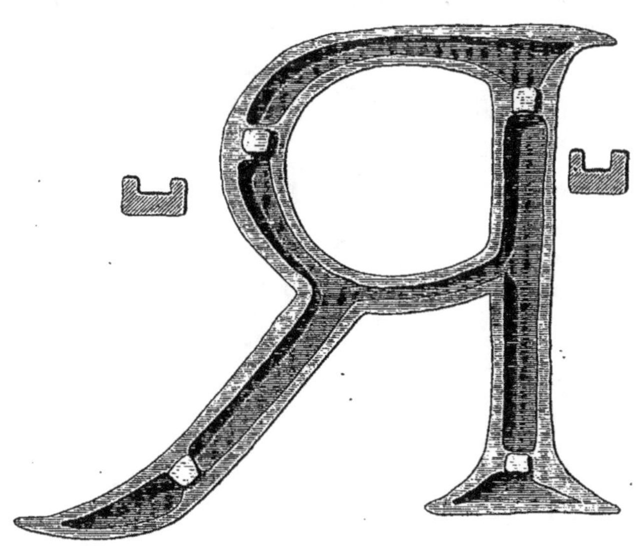

Revers de la lettre R, trouvée à Nasium.

ce sujet. On désigne encore à Nasium l'emplacement d'un théâtre; mais pas un débris d'architecture n'est venu révéler, comme à Scarpone, comme à Tarquimpol, le style que pouvait avoir cet édifice.

La lettre I qui accompagne la lettre R a été aussi trouvée à Nasium en 1878. Elle est en bronze doré. Ses crampons ont été conservés, en sorte qu'elle est complète. Voici ses dimensions : hauteur, 83 millimètres; largeur, 10 millimètres; épaisseur, 5 millimètres. Ses crampons ont l'un 6 millimètres, l'autre 10 millimètres de saillie.

Ces deux lettres viennent d'être données au Musée lorrain [1].

Ch. Cournault,

Membre non résidant du Comité.

---

[1] Peu de temps après avoir entendu l'intéressante lecture qui précède, j'ai appris que la question qui y est traitée venait de faire l'objet d'un mémoire publié à Nancy, dans les mémoires de la Société d'archéologie lorraine pour 1880, par M. Bretagne, sous ce titre : «Inscriptions métalliques sur les édifices publics des Leuci à l'époque gallo-romaine.» J'ai sous les yeux un tirage à part de ce mémoire qu'on ne lira pas sans profit, même après la note de notre collègue. C'est un bref traité de la matière, comprenant 12 pages in-8° avec 2 planches, sur l'une desquelles on voit les lettres R et I, tandis que sur l'autre paraît un V et un fragment d'une lettre indéterminée. (Note du Secrétaire de la section d'archéologie.)

BIBLIOGRAPHIE

DES SOCIÉTÉS SAVANTES.

PARTIE HISTORIQUE, ARCHÉOLOGIQUE ET LITTÉRAIRE.

Société d'émulation de Cambrai. — *Mémoires*, t. XXXV.
Cambrai, 1879, in-8°.

Procès-verbal de la séance du 16 août 1878, par M. A. Durieux. P. 5.
Discours d'ouverture, par M. Renard. P. 9.
Rapport sur les cités ouvrières, par M. Berger. P. 17.
Rapport sur le concours d'histoire, par M. de Vendegies. P. 27.
Rapport sur le concours de poésie, par M. Blin. P. 37.
Rapport sur le concours de moralité, par M. Durieux. P. 47.
De la littérature des feuilletons, par M. Avon. P. 59.
Les cités ouvrières, par M. Vrau. P. 101.
Notice sur la citadelle de Cambrai; par M. de Cardevacque. P. 143.
Notice historique sur Villers-Autréaux, par M. l'abbé Cailliez. P. 333.
Notice historique sur la consolidation du clocher Saint-Géry, par M. Petit.
P. 143.
Procès-verbaux des séances, par M. Durieux. P. 153.

Société d'agriculture, sciences et arts de Douai. — *Mémoires*, 2° série,
t. XIV, 1876-1878. Douai, 1879, in-8°.

Procès-verbal de la séance publique du 17 novembre 1878. P. 1.
Rapport de M. le Dr Faucheux, secrétaire adjoint, sur les travaux de la
Société en 1877 et 1878. P. 3.
Un coup d'œil sur le musée Foucques, par M. Dutilleul. P. 43.
Souvenir d'une collection douaisienne, par le même. P. 75.
Le trépied de Bacchus du musée de Douai, par M. Dechristé. P. 119.

Gautier de Hainaut, abbé d'Hasnon (1207-1237), additions et rectifications au *Gallia christiania*, par M. Brassart. P. 131.

Étude sur le combat de Denain, par M. le conseiller Leroy. P. 155.

De quelques lacunes dans l'enseignement secondaire, par M. Fleury. P. 171.

Mémoire sur les établissements religieux du clergé séculier et du clergé régulier qui ont existé à Douai avant la Révolution, par M. l'abbé Daucoisne, membre correspondant (suite et fin), ouvrage couronné par la Société en 1865 :

Deuxième partie. — Établissements britanniques. P. 183.

Troisième partie. — Supplément et pièces justificatives. P. 273.

Notice nécrologique de M. Chappuy, décédé membre résidant, par M. le conseiller Maurice. P. 389.

Notice nécrologique de M. le président Tailliar, décédé membre honoraire, par M. le conseiller Hardouin. P. 397.

Notice nécrologique de M. le premier président Grandgagnage, membre correspondant, par M. le conseiller Hardouin. P. 431.

Relevé des travaux particuliers des membres de la Société en 1877 et 1878. P. 442.

———

Société d'agriculture, commerce, sciences et arts du département de la Marne. — *Mémoires*, année 1878-1879. Châlons-sur-Marne, 1880, in-8°.

Procès-verbal de la séance publique. P. 3.

Discours prononcé par M. le colonel Virlet, président de la Société. P. 5.

Compte rendu des travaux de la Société, par M. le Dr Giraux, secrétaire. P. 21.

Rapport de M. le chanoine Lucot sur le concours de poésie. P. 49.

Poésies couronnées. P. 79.

Notice biographique sur Eugène Perrier, par M. le Dr Salle. P. 141.

Rapport de M. Eugène Perrier sur un manuscrit d'Étienne de Bourbon. P. 217.

Souvenirs lorrains et champenois, par M. le colonel de Boureulle. P. 235.

Rapport de M. Vagny sur la galerie nord du grand comble de la cathédrale de Reims. P. 247.

Jeanne d'Arc en Champagne (documents inédits), par M. le chanoine Lucot. P. 257.

Études sur différentes écoles de violon, par M. Huet. P. 275.

———

*Société d'études scientifiques et archéologiques de la ville de Draguignan.
— Bulletin*, t. XII (1878-1879). Draguignan, in-8°.

Le couvent royal de Saint-Maximin, par M. l'abbé J.-H. Albanès. P. 1 à
455.

———

Académie de Nimes. — Mémoires, 7° série, t. Ier, année 1878.
Nimes, 1879, in-8°.

Allocution prononcée à la séance publique du 21 mai 1878, par
M. F. Verdier, président. P. v.

Rapport sur le concours de poésie de 1878 (la statue de Jean Reboul),
par M. Irénée Ginoux, membre résidant. P. xxi.

De la mode, discours prononcé à la séance publique par M. Ernest Roussel,
membre résidant. P. xxxi.

Archéologie. — Histoire.

Encore le pied gaulois. Restitution d'une inscription antique du musée
de Nimes, par M. Aurès, membre résidant. P. 1.

Notes archéologiques. Découvertes faites à Nimes pendant l'année 1878,
par M. Albin Michel, membre résidant. P. 31.

Mémoire sur la céramique antique dans la vallée du Rhône, d'après les
notes et la collection d'Émilien Dumas, de Sommière, par M. A. Lombard-
Dumas, membre non résidant. P. 39.

Le collège de Nimes, par M. l'abbé P. Azaïs, membre honoraire. P. 133.

Les chirurgiens d'autrefois à Nimes. Étude historique d'après des documents inédits, par M. le Dr Albert Puech, membre résidant. P. 345.

Littérature.

Leçons et remarques sur le texte de divers auteurs, par Reynhold
Dezeimeris. Compte rendu par M. Ch. Liotard, membre résidant. P. 257.

Sur l'institution et la publication de la Société de «La Diana», par le
même. P. 265.

Le moine de Montaudon, par M. Ernest-Sabatier, membre résidant.
P. 277.

Une note de Raynouard, adressée à l'Académie du Gard, par le même.
P. 303.

Poésie.

Lou Lou et la Cigogno, fable imitée de la Fontaine, par M. Ant. Hipp.
Bigot, membre résidant. P. 311.

Les Chants du foyer domestique, par M. P.-E. Delépine, membre résidant. P. 315.

Philosophie.

A propos de l'ouvrage de M. Gaston Boissier : «La religion romaine,
d'Auguste aux Antonins», par M. Eug. Bolze, membre résidant. P. 319.
Résultat du concours de poésie de 1877. P. 495.
Publications de l'Académie de Nimes. P. 517.

*Société de statistique, sciences, lettres et arts du département
des Deux-Sèvres. — Mémoires*, 2ᵉ série, t. XVII, 1879. Niort, in-8°.

La dîme royale à Niort et à La Rochelle en 1718, par Léo Desaivre. P. 2.
Journal de Messire Paul de Vendée, seigneur de Vendée et de Bois-
Chapeleau, publiée par l'abbé Drochon. P. 159.
Notice. P. 161.
Journal. P. 199.
Pièces justificatives. P. 343.
Table alphabétique des noms de lieux et de personnes mentionnés dans
le Journal et la Notice. P. 351.

Société d'émulation des Côtes-du-Nord. — Comptes rendus et Mémoires,
t. XV, 1878. Saint-Brieuc, 1878, in-8°.

Première partie. — Comptes rendus.

Communication archéologique, par M. Micault. — Note sur l'origine et
l'époque du tumulus de Danouëdou ou Tanouëdou en Bourbriac. P. 3.
Trouvaille d'une cachette de fondeur à Lesconil (Finistère), d'un certain
nombre de coins en bronze à Caulnes, et d'une certaine quantité de débris
d'épées en bronze près Lannion (Côtes-du-Nord). — Compte rendu d'une
fouille faite par M. Thubé dans la Loire-Inférieure. — Note sur Saint-
Sauveur et Saint-Malo de Dinan, par M. J. Le Sage. P. 15.
Notice sur les foyers dans les églises. — Exploration d'un monument
circulaire à Kerbascat en Tréguenec (Finistère). — Note sur quatre lettres
inédites de Mᵐᵉ de Maintenon, par J. d'Auriac. P. 36.
Fouilles de la Grand'ville en Hillion, par M. de la Chenelière. — Étude
sur la composition des couleurs, des enduits peints trouvés dans ces fouilles,
par M. V. Micault. — Note sur le port et la ville de Tréguier, par M. Jourjon. P. 39.
Note archéologique, par M. Paul du Châtellier, sur un menhir sculpté,
trouvé par lui près Pont-l'Abbé. P. 41.

Société polymathique du Morbihan. — Bulletin, année 1879.
Vannes, in-8°.

Société des sciences et arts de Vitry-le-François. — T. IX, 1878.
Vitry-le-François, 1878, in-8.

Extraits analytiques des procès-verbaux des séances. P. 3.
Séance solennelle du 10 octobre 1878. P. 22.
Discours de M. le sous-préfet. P. 23.
Allocution de M. le Dr Vast, président annuel. P. 28.
Rapport sur les travaux de la Société, par M. le Dr Mougin, secrétaire.
P. 36.
L'ancien Ponthion en Perthois, lecture par M. Barrat de Bignicourt.
P. 63.
Rapport sur divers travaux envoyés au concours, par M. L. Moulé, ar-
chiviste. P. 87.
Rapport sur le concours de poésie, par M. Julien de Felcourt. P. 94.
Rapport sur le concours facultatif, par M. G. Pestre, architecte. P. 104.
Liste des lauréats du concours de 1878. P. 110.
Sujets mis au concours pour l'année 1879. P. 111.
Documents inédits sur les états généraux, 1482-1789, tirés des archives
de Vitry-le-François, par M. G. Hérelle, professeur de philosophie. P. 115.
Étude sur la seigneurie et les villages de Changy, Merlaut et Outrepont,
par M. L. Moulé. P. 375.
Essai sur la topographie et la géologie du canton de Sézanne, par M. le
Dr Robert. P. 458.
Quelques mots à propos de la pierre tombale de Jean de Mutigny, en
l'église Notre-Dame de Vitry (avec une planche), par M. A. Barrat de
Bignicourt. P. 498.
L'église de Chanzy et ses défenses militaires, par M. G. Pestre, archi-
tecte. P. 532.
Cimetières de la Marne. — Études archéologiques (avec deux planches),
par M. le Dr Mougin. P. 537.
Catalogue de la bibliothèque de la Société, par M. Moulé, archiviste.
P. 568.

Société historique et archéologique du Maine. — *Revue*, t. Ier, année 1876.
Le Mans, in-8° avec planches.

A nos lecteurs. P. 5 à 9.
Un épisode de la guerre des Anglais dans le Maine. — La bataille de la
Brassinière (1423), par M. Jules le Fizolier. P. 28 à 42.
Étude historique et archéologique sur l'église et la paroisse de Souvigné-
sur-Même, par M. l'abbé Robert Charles. P. 43 à 76.

Généalogie de la famille Gaucher, publiée par M. René de Chauvigny. P. 77 à 90.

Les prêtres déportés dans la rade de Rochefort en 1793 et 1794, lettre de Simon Guilloreau, publiée par le R. P. Dom Piolin. P. 91 à 108.

Bibliographie du Maine en 1875, par M. Louis Brière. P. 147 à 154 et 284 à 286.

Les Mersenne et l'hospice de Mansigné, par M. l'abbé Persignan. P. 155 à 167.

Les cordeliers de Notre-Dame-de-la-Salle, à Prévigné, par M. l'abbé Amb. Ledru. P. 168 à 191.

Les sires de Braitel-sur-Maine, du xie au xiie siècle, par M. S. Menjot d'Elbenne. P. 192 à 250.

Les chroniques de la paroisse et du collège de Courdemanche-sur-Maine, par M. l'abbé R. Charles. P. 287 à 320.

Études féodales. — Le fief de Chèves et ses seigneurs, par M. V. Alouis. P. 321 à 384 et 563 à 608.

Notice sur les églises de Sablé, par M. E. Chevrier. P. 399 à 424.

Les artistes du Maine au Salon de 1876, par H. A. Varet. P. 425 à 436.

Légende du pèlerin et de la Sainte-Épine d'Évran, par M. l'abbé Gourdelier. P. 437 à 442.

Le bas Maine après la mort d'Henri III, par M. Jules le Fizolier. P. 461 à 485.

L'œuvre de Sainctos Chemin, sculpteur fertois, par M. S. Menjot d'Elbenne. P. 486 à 489.

Fondation du prieuré de Collé, par M. l'abbé L. Froyer. P. 490 à 496.

Dom Jean Colomb, bénédictin de l'abbaye Saint-Vincent du Mans, notice et correspondance, par M. Louis Brière. P. 497 à 518.

Bollan au xie siècle, par M. E. de Lestang. P. 537 à 550.

De la qualité de baron au moyen âge, par M. le vicomte Hervé de Broc. P. 551 à 562.

Deux capitaines manceaux de l'époque des guerres de religion, par M. l'abbé C. Pointeau. P. 609 à 629.

Lettre du maréchal de Lavardie au connétable de Montmorency, publiée par M. S. Menjot d'Elbenne. P. 630 à 635.

Croquis et dessins de monuments du Maine, par M. G. Bouet; notice par M. l'abbé R. Charles. P. 636 et 637.

Société historique et archéologique du Maine. — *Revue*, t. II, 1877. Le Mans, in-8° avec planches.

Le Maine à l'Académie française. — Marin Cuveau de la Chambre, par M. René Kerviler. P. 26 à 78 et 131 à 182.

Société historique et archéologique du Maine. — *Revue*, t. III (1er semestre 1878). Le Mans, in-8° avec planches.

21.

Notes archéologiques sur divers monuments de Château-Gontier, par M. l'abbé R. Charles. P. 97 à 121.

Urbain de Laval-Bois-Dauphin, marquis de Sablé (suite), par M. l'abbé Ledru. P. 122 à 164, 246 à 278 et 371 à 414.

Un coup de main d'Ambroise de Loir en basse Normandie, par M. Robert Triger. P. 279 à 303.

Les établissements de charité à Saint-Calais, par M. l'abbé L. Froyer. P. 309 à 346.

Chartes nouvelles de l'abbaye Saint-Florent, près Saumur (848-1200), par M. Marchegay. P. 347 à 370.

Société historique et archéologique du Maine. — Revue, t. IV
(2ᵉ semestre 1878). Le Mans, in-8° avec planches.

L'abbaye cistercienne de Persvigne, par M. Gabriel Fleury. P. 5 à 53 et 133 à 196.

Urbain de Laval-Bois-Dauphin, marquis de Sablé, maréchal de France (fin), par M. l'abbé Ledru. P. 54 à 110.

Bibliographie du Maine pour 1877, par M. Louis Brière. P. 121 à 132.

Les croisés de Mayenne en 1158, par M. l'abbé Ch. Pointeau. P. 197 à 214 et 339 à 408.

Les artistes du Maine au Salon de 1878 et à l'Exposition universelle, par M. A. Varet. P. 215 à 228.

Quatre pièces tirées du Chartrier de Thouars, par M. Marchegay. P. 229 à 235.

Dom Claude Chantolan, bénédictin de la congrégation de Saint-Maur, par le R. P. Dom Piolin. P. 247 à 261.

Saint Gourgalois, ses reliques, son culte et son prieuré à Château-du-Loir, par l'abbé R. Charles (1ᵉʳ article). P. 262 à 293.

Le Passais, Domfront et ses comtes de Montgommery, depuis leur origine jusqu'au XVIᵉ siècle, par M. le marquis de Beauchesne. P. 294 à 338.

CHRONIQUE.

Société d'émulation de Cambrai. — Composition du bureau.

MM. L. Renard, *président.*
C. de Verdegiès, *vice-président.*
A. Durieux, *secrétaire général.*
J.-B. Blin, *archiviste.*
C. Roth le Gentil, *trésorier.*

—————

Société d'agriculture, de sciences et d'arts de Douai. —
Composition du bureau.

MM. Fleury, *président.*
Maurice, *premier vice-président.*
Preux, *deuxième vice-président.*
H. Leroy, *secrétaire général.*
Favier, *premier secrétaire adjoint.*
Faucheux, *deuxième secrétaire adjoint.*
Paix, *trésorier.*
Brassart, *archiviste-bibliothécaire.*

—————

Société d'études scientifiques et archéologiques de Draguignan. —
Composition du bureau.

MM. le comte de Musset, *président.*
L. Guérin, *vice-président.*
Azam, *secrétaire.*
Sivan, *conservateur.*
Imbert, *trésorier.*

—————

Académie de Nîmes. — Composition du bureau.

MM. Léon Penchinat, *président.*
N. Gouazé, *vice-président.*
A. Aurès, *secrétaire perpétuel.*
Albin Michel, *secrétaire adjoint.*
Ch. Liotard, *trésorier.*
E. Germer-Durand, *secrétaire-archiviste.*

Société de statistique, sciences et arts du département des Deux-Sèvres.
— Composition du bureau.

MM. Auguste Tonnet, *président.*
Auguste Ducroq, Laugaudin, *vice-présidents.*
Desaivre, *secrétaire.*
Gaston Nourry, *secrétaire adjoint.*
Sicard Mangou, *trésorier.*

Société d'émulation des Côtes-du-Nord. — Composition du bureau.

MM. Ernoul de la Chènelière, *président.*
le général Marquisan,
Micault,
le Dr Lemoine,
de Séré,   *vice-présidents.*
Massieu,
Fornier,
Le Coz, *secrétaire général.*
Jourjon,
Le Giemble,
J. Morvan,   *secrétaires.*
d'Auriac,
Fraboulet, *trésorier..*

Société polymathique du Morbihan. — Composition du bureau.

MM. Burgault, *président.*
Fontès, *vice-président.*
Huchet, *secrétaire.*
du Boisdaniel, *trésorier.*
Le Gall de Kerlinou, *secrétaire adjoint.*
Le Roux, *bibliothécaire.*

CORRECTIONS.

Page 2, ligne 7 en remontant, au lieu de : *1786*, lisez : *1686*.
Page 3, ligne 12, au lieu de : *des Indes*, lisez : *d'Irlande*.
Page 4, ligne 17, au lieu de : *M. de Fierville*, lisez : *Fierville*.
Page 10, ligne 10, au lieu de : *1869*, lisez : *1769*.

TABLE DES MATIÈRES

C

D

E

F

G

H

I

J

L

22.

M

N

O

P

Q

R

Ramé. Rapport sur la destruction déjà commencée de l'église paroissiale de Guignen (Ille-et-Vilaine), p. 19.

Rapports sur les communications manuscrites :

Barthélemy (Anatole de). Divers, p. 249.

Bellaguet (L.). Documents relatifs à la principauté de Sedan, p. 230.

Boislisle (A. de). Les chevauchées d'un maître des requêtes en Provence (1556), p. 159. — Une lettre inédite de Jean Cavalier, p. 231. — Lettres relatives à l'Université de Pont-à-Mousson, p. 233. — Pièces extraites des archives du grand-duché de Luxembourg, p. 235.

Chabouillet. Découverte de monnaies romaines dans le département de la Mayenne, p. 269. — Recherches sur l'emplacement du *Prætorium* d'Aquitaine, p. 269.

Darcel (Alfred). Inventaire du château de Coursan, p. 253.

Douët d'Arcq (L.). Communications diverses sur des sceaux, p. 291.

Lasteyrie (Robert de). La Vierge de Beaulieu (Corrèze), p. 270. — Inscriptions de l'église d'Yèvre-le-Châtel (Loiret), p. 277.

Longnón (A.). Documents relatifs à Marly-le-Roi et ses environs, p. 158.

Luce (Siméon). Ordonnance de Jean de Soissons relative à la défense de la ville de Compiègne, p. 236. — Diplômes d'Édouard III et documents relatifs à la Guyenne, p. 240.

Mas-Latrie (L. de). Divers, p. 135.

Mofras (E. de). Acte de naissance de Louis Chénier, p. 131. — Un édit de Louis XV; Une proclamation du grand chancelier Joseph Masseri, p. 236.

Picot (Georges). Pénitence expiatoire imposée au premier président d'Oppède, p. 222.

Robert (Charles). Bains romains de *Cemenelum*, p. 313.

Servois (G.). Notes sur les gages des serviteurs de Daniel Huet, p. 243.

Wey (Francis). Charte, p. 137. — Titres concernant l'affranchissement des habitants de Semmadon (Haute-Saône), p. 146.

Rapports sur les publications des Sociétés savantes :

Bellaguet. Société des lettres, sciences et arts de Bar-le-Duc, p. 42.

Bertrand (Alexandre). Société éduenne, p. 103. — Société de statistique du département de l'Isère, p. 122.

Boislisle (A. de). Société nivernaise des sciences, lettres et arts, p. 73.

Desnoyers (J.). Société académique de l'Aube, p. 35. — Académie des sciences, belles-lettres et arts de Besançon, p. 56.

Douët d'Arcq. Société archéologique d'Ille-et-Vilaine, p. 115.

Jourdain. Société d'agriculture, de sciences et d'arts de Douai, p. 65. — Société d'émulation d'Abbeville, p. 67.

Le Blant (Edmond). Société scientifique, historique et archéologique de la Corrèze, p. 81.

Le Clerc (L.). Société académique d'agriculture, des sciences, arts et belles-lettres de l'Aube, p. 120. — Société archéologique de Bordeaux, p. 124.

Luçay (Comte de). Société académique des sciences, arts, belles-lettres, agriculture et industrie de Saint-Quentin, p. 59.

Marty-Lavaux (Ch.). Académie des Jeux Floraux, p. 49. — Société d'émulation du Jura, p. 50. — Académie

S

T

U

V

W

Y

Z

TABLE CHRONOLOGIQUE

DES DOCUMENTS PUBLIÉS DANS CE VOLUME.